EINST
HAFIZA KARTLARI KULLANMAZDI

ÇOCUKLARIMIZ GERÇEKTEN NASIL ÖĞRENIR? VE ÇOCUKLAR NEDEN DAHA ÇOK OYUN OYNAYIP DAHA AZ EZBER YAPMALIDIR?

Çeviri

Gökçe Müderrisoğlu Aktaş

Çocuk Gelişimi: 31
ISBN: 978-605-297-064-5
Yayıncı Sertifika No: 16238

EINSTEIN
HAFIZA KARTLARI
KULLANMAZDI

Yazar: Dr. Kathy Hirsh Pasek - Dr. Roberta Michnick Golinkoff
Çeviri: Gökçe Müderrisoğlu Aktaş
Yayın Yönetmeni: Ender Haluk Derince
Kapak ve İç Tasarım: Faruk Derince
Editör: Begüm Öztürk

Baskı: Melisa Matbaacılık
Matbaa Sertifika No: 12088 Çifte Havuzlar Yolu Acar Sitesi No: 4
Davutpaşa/İSTANBUL

Orijinal Adı: Einstein Never Used Flash Cards

Bu kitabın Türkçe yayın hakları AnatoliaLit Telif Hakları Ajansı
aracılığıyla alınmıştır.

YAKAMOZ KİTAP / SONSUZ KİTAP
Gürsel Mah. Alaybey Sk. No: 7/1 Kağıthane/İSTANBUL
Tel: 0212 222 72 25 Faks: 0212 222 72 35
www.yakamoz.com.tr / info@yakamoz.com.tr
www.facebook.com/yakamozkitap
www.twitter.com/yakamozkitap www.instagram.com/yakamozkitap

KİTABA ÖVGÜLER

"Çocuk gelişimi konusunda zihin ve beyin biliminin bize neler söylediğinin mükemmel bir özeti. Yazarların oldukça mantıklı ve güvenilir çıkarımları, popüler medyanın yanıltıcı reklamlarına ve çarptırmalarına karşı, anne babaların ihtiyacı olan desteği sağlıyor. Sonunda birileri gerçeği söylüyor!"

– ***John T. Bruer,*** *James S. McDonnell Foundation'ın kurucusu*

"Anne babalar, çocuklarının kapasitelerini keşfedip içlerindeki gizli yetenekleri açığa çıkarmak için neler yapmaları gerektiğini merak ettikleri kadar, neler yapmamaları gerektiğini de merak ederler. İşte tam da bu noktada, bu harika kitap onlar için büyük bir bilgi ve tavsiye hazinesi görevi görüyor."

–***Linda Acredolo,*** *California Üniversitesi Psikoloji Bölümü Profesörü*

"Bu kitap, iyi birer ebeveyn olmayı kolaylaştırıyor! Size, çocuğunuzun öğrenmeye duyduğu hevesi günden güne güçlendirerek onun içindeki yaratıcılığı, keşfetmeye duyduğu merakı, empati kurma yeteneğini, öz güvenini nasıl ortaya çıkaracağınızı açıklıyor. Daha ne isteyebiliriz ki?"

–***Janet Rice Elman,*** *Association of Children's Museums in Washington, D.C. Yöneticisi*

"Anne babalar, çocukların ilk yıllarının öğrenme yılları olduğunu bilmelerine rağmen, bu süreç onlar için her zaman kafa karıştırıcı olmuştu. En azından şimdiye kadar! "Einstein Hafıza Kartları Kullanmazdı" pratik ve bilimsel araştırmaların hayatımızla uyum gösterdiğini ve reklamların iddialarının abartılı olduğunu ortaya koyuyor. Bu kitap okuyucuya, öğrenmenin aslında nasıl gerçekleştiğini açık, güçlü ve bilimsel bir dille anlatıyor. "Einstein Hafıza Kartları Kullanmazdı" ebeveynlerin, büyükannelerin ve büyükbabaların, bakıcıların, çocuk doktorlarının; bir diğer deyişle, gelecek nesilleri düşünen herkesin mutlaka okuması gereken bir kitap."

–***Ellen Galinsky,*** *The Families and Work Institute in New York City Kurucusu ve Yöneticisi*

İÇİNDEKİLER

GİRİŞ

Ebeveynlerin ve eğitimcilerin çok yorgun ve bitkin olduklarına şüphe yok. Bir sonraki nesli nasıl büyütüp eğitmemiz gerektiği ile ilgili toplumsal bir varsayımlar hortumu içerisindeyiz. Ne kadar hızlı olursa o kadar iyi olacağını, bu nedenle öğrenmeyi hızlandırmamız gerektiğini dinleyip duyuyoruz. Çocukların yaşamlarının her dakikasını değerli kılmamız gerektiğini; onların, yetişkinlerin iç tasarımını üstlenmesi gereken boş odalar olduğunu sürekli duyarız. Çocuklarla ve nasıl öğrendikleriyle ilgili bu varsayımlar, çocuk gelişim uzmanlarının, çocukların gelişimini ve öğrenmesini incelediği üniversitelerden gelen mesajlarla tamamen çelişmektedir. Bu kitap, çocuk gelişimini bilim adamlarının bakış açısından anlatmaktadır. Bu nedenle de sadece acele ettirilen çocuklar için değil, aceleci ebeveynler ve öğretmenler için de ilaç niteliğindedir!

Bu kitabın tohumları, Tufts Üniversitesi'nden Profesör David Elkind'in 1980'lerin ortasında, klasikleşen kitabı *The Hurried Child* ile ilgili konuşmak için Philadelphia'ya gelmesiyle atıldı. Çocukların, Baby Gap kıyafetleriyle giydirilmiş bir şekilde, okul öncesi çocuklara uyarlanan yetişkinlere has etkinlikleri —bilgisayar bilimlerinden, yemek yapma sınıflarına ve futbol liglerine kadar— yaparak, yetişkinleşmeleri onu endişelendirmişti. Yani, Dr. Elkind; ebeveynler, internetten iki tuşa dokunarak çocuk yetiştirmeyle ilgili tavsiyeler almaya kalkışmadan çok daha önce bu fikri ortaya atmıştı. Ben (Kathy) Haverford College'da yeni bir profesördüm ve "acele ettirilen çocuklar" *(hurried children)* konusunda araştırma yapıyordum. Ziyareti sırasında Profesör Elkind'i ağırlamak benim için büyük bir heyecandı. Ben de 4 yaşındaki John ile 2 yaşındaki Benj'in annesiydim. David'in çocuklarımızla daha fazla zaman geçirmemiz ve daha fazla oyun oynamamız konusundaki fikirlerine teorik olarak katılıyordum ancak ben de "aceleci ebeveynler" *(hurried parents)* sorunundan muzdariptim. Arkadaşlarım, çocukları için ayarladıkları bir resim dersinden ya da bir diğer futbol liginden bahsettikleri anda, çocuklarımın başarı yolunda geride kalmasından endişe ediyordum.

Bir gelişim psikoloğu olarak, Dr. Elkind'in, günümüz ebeveynleri ve çocukları konusundaki sözlerinin doğru olduğunu biliyordum. Yine de çocuklarımı daha ileriye ve daha hızlı olmaya itmekten kendimi alıkoymak için çok çaba sarf etmem gerekti. Çocuk gelişimini rehber alıp, onların oyun oynamasına izin verdim. Ve 16 yıl sonra, iki büyük oğlumun da (artık üç oğlum var) kendi seçtikleri üniversitelere gittiklerini ve mutlu olduklarını söylemekten çok memnunum. Gayet zeki ve yaratıcı insanlar oldular.

Ben de (Roberta) o sıralarda hem Delaware Üniversitesi'nde profesörlük yapıp hem de iki çocuğumu birden yetiştiriyordum. O zamanlar, Jordy (artık Jordan) 9, Allison 5 yaşındaydı. Oğlum, bir özel okula giriş mülakatına alındığı sırasında, ona okumayı öğretmemekle hata edip etmediğimi sorguladığımı hatırlıyorum. Ancak, henüz dört yaşındaydı! Toplum baskısı benim üzerimde de etkili oluyordu ancak benim bundan daha iyisini bilmem gerekiyordu zira bir gelişim psikoloğuydum! Ancak direndim çünkü çocuğu zorlamanın ters tepebileceğini ve onu öğrenmekten korkan bir çocuk hâline getireceğini biliyordum. Tabii ki bu, sadece evde oturduk anlamına gelmiyor. Biz de müzik derslerinden ve dinî eğitimden payımıza düşeni aldık ancak, çocukların değerli oyun zamanlarından çalacak olan ekstralara izin vermemeyi de bildik.

Çocuklarıma bir spor kulübünden, kızlarla erkeklerin bir arada olacağı balo dansı dersi teklifi geldiğinde, bir ıslık çaldım. Buna, "hayır" demek hiç kolay değildi. Davet oldukça fiyakalıydı! Ve arkadaşlarımın çoğunun çocukları da katılacaktı. Ancak çocuklarım (şimdi 20 ve 24 yaşlarındalar), evde ve akranlarıyla oynadıkları zamanlara çok değer veriyorlardı. Yakın zamanda kızım, bana, küçükken parmaklarıyla elinin üzerinde oynadığı bir oyunu utanarak anlattı. Parmaklarının bir aile olduğunu ve her birinin bir role sahip olduğunu hayal ediyormuş. Bu oyunu çok severmiş. Oğlum, mutfağımızı yenilemeden önce sahip olduğumuz fazla merdivenleri çok severdi çünkü orası saklambaç oynamak için mükemmel bir yerdi. Ve her ikisi de, aldığımız herhangi eşyanın kutusunun içine girip burada saklambaç oynarlardı. O dans dersini almamış olmaları ve karşı cinsle nasıl olgun ilişkiler kurabileceklerini öğrenmemiş olmaları onlar için büyük bir kayıp mıydı? Bu dört tempolu dansın ya da dans adımının eksikliği, onlarda sosyal bir eksikliğe neden oldu mu? Hiç zannetmiyorum. Oğlum Ivy League üniversitelerinden birinden mezun oldu ve *Teach for America (Amerika için Öğret)* programına üye olarak, şimdiden topluma katkıda bulunuyor. Hâlâ iyi bir üniversitede olan kızım da bir tecavüz kriz merkezinde gönüllü olarak yer alarak, üzerine düşeni yapıyor. İkisi de şefkatli, mutlu ve becerikli insanlar.

Size bunları söylüyoruz çünkü çocukların nasıl büyüdüğünü ve geliştiğini anlamak için eğitim almış olan bizlerin bile kendimiz ve çocuklarımızın istekleri arasında bir denge kurmakta zorlandığımızı görmenizi istiyoruz. Bunları anlatıyoruz çünkü cesaretinizi toplayıp, diğer tüm çocukların yaptığı ekstra etkinliklere "hayır" dediğinizde yalnız olmadığınızı bilmenizi istiyoruz. Bunları size söylüyoruz çünkü çocuklarınız büyüdüğünde, onlar da geriye bakıp, arkadaşları ve aileleri ile geçirdikleri zamanının onlar için ne kadar önemli olduğunu, gelişimlerine ve mutlu bireyler olmalarına ne büyük katkı sağladığını söyleyebilsinler.

PEKİ NEDEN BU KİTAP?

Bu kitabın sayfaları, çocuk gelişimiyle ilgili dikkat çekici hikâyelerin, ebeveynler, doktorlar ve yetkililer ile paylaşılması için yazıldı. Önceki kırk yıl boyunca, bebekler ve çocuklar üzerinde birbiriyle paralel olmayan bir bilimsel çalışma patlaması yaşandı ve bizler de dünya genelindeki meslektaşlarımızla beraber, bu devrimin bir parçası olma ayrıcalığını yaşadık. Araştırma alanında her biri 25 yıldan daha deneyimli bilim adamları ve aynı zamanda ebeveynler olarak bizler, gerçekten çocuklara ve ebeveynlere hayatlarının kontrolünü yeniden ellerine almaları konusunda yardım etmek istiyoruz. Çocukların nasıl geliştiği ile ilgili hikâyeyi bilmenizi ve böylece bilimsel kanıtlara dayanan mantıklı seçimler yapmanızı ve bu bilgileri evinizde, sınıfınızda, çocuklar için uygulanan planlarda kullanmanızı istiyoruz.

Medyanın, çocuk gelişimi konusunda sunduğu araştırmaların çoğunluğu bilimsel gerçeklerden pek az nasibini almış durumda. Haberler ve reklamlar, anne babalara, oyuncakların, beyinleri daha iyi geliştirdiğini ve bu sayede bebeklerle, çocukların matematik dâhileri olduğunu anlatmakta. Burada olası yanlış anlamaları önlemek için açıklamalar yapmamız gerekecek. Bilimsel dergilerdeki, araştırmaların pratik uygulamasına geçmenize yardım ederken, çocukların gerçekte nasıl öğrendiğini sizlere anlatacağız. "Öğretilebilir anlarla" dolu olan ve çocuklarınızdaki "gizli yetenekleri keşfetmenizle" ilgili bölümler içeren bu kitap, küçük dâhiler üretme arzunuza karşı koymanız için size güç verip, bundan ziyade, mutlu, sağlıklı ve zeki çocuklar yetiştirmeniz için donanım sahibi olmanızı sağlayacak.

BİZ KİMİZ?

Kathy Hirsh-Pasek, Pennsylvania Üniversitesi'nden doktorasını aldı. Philadelphia'da Temple Üniversitesi'nde profesörlük yaparken, aynı zamanda Temple Üniversitesi Infant *(Bebek)* Laboratuvarı'nın da yöneticisidir. Roberta Michnick Golinkoff, doktorasını New York, Ithaca'daki, Cornell Üniversitesi'nden aldı. Aynı zamanda Newark, Delaware'deki Delaware Üniversitesi'nde, *Infant Language Project*'i *(Bebek Dili Projesi)* yönetmektedir. İkimiz de uluslar arası düzeyde tanınan bilim insanlarıyız ve 1980'den beri birlikte araştırmalar yapmaktayız. Birbirimizin en iyi dinleyicisi ve çocuk gelişimi danışmanı olmanın yanı sıra, tam olarak 10 kitap yazıp düzenledik ve profesyonel dergilerde de 80'den fazla makale yazdık. Alandaki meslektaşlarımızla, insan gelişiminin hikâyesini keşfetmekteyiz.

Dünya genelindeki profesyonel toplantılarda, çocuk gelişimi ile ilgili düşüncelerimizi farklı açılardan paylaştık. Sizlerin vergileri sayesinde elimize ulaşan federal bursları, "geri ödemeye" ve çalışmalarımızın meyvelerini ebeveynler ve profesyonellerle paylaşmaya kararlıyız. Birlikte çocukların dili nasıl öğrendiklerini araştırıyoruz. 3 yaşında başarılan o gizemli beceriyi! Önceki kitabımız *How Babies Talk* dört dile çevrildi ve konumuza karşı beslediğimiz hevesimiz, bulaşıcı bir hâl aldı.

Daha önce de belirttiğimiz gibi, kısıtlı zamanlarında ellerinden geleni yaptıklarını düşünen ebeveynlerle kendimizi bir tutuyoruz. Bizler de çocuklarımızı yetiştirirken, sürekli yükselen bir kaygı durumu hissettik. Bazen fazla yoğun programlarımız hata verdi ve sonuç olarak kimin bundan en çok etkilendiğini gördük: biz. Neden? Çünkü çocuklarımız aksi, yorgun ve stresli çocuklara dönüşüyorlardı. Ebeveyn olmak kolay değildir! Çoğu zaman işe gitmek, çocuk yetiştirmekten çok daha kolaydır! Bizler, çocuklarımızla hiçbir zaman eğitici kartlar kullanmamış olsak da, beşi de tuvalet eğitimlerini aldılar, okuma yazmayı öğrendiler ve öğrenmekten hep keyif aldılar.

Temple Üniversitesi'nde bir psikolog olan ve annelik ile ilgili yedi kitabın yazarı olarak ün salan Dr. Diane Eyer da bize katıldı. Kitapları *Mother Guilt* ve *Mother-Infant Bonding, New York Times* tarafından çok iyi yorumlar aldı. Diane'in yardımları, sizinle paylaşmak istediğimiz araştırmaları bir araya getirmek ve yazıların anlaşılır ve merak uyandırıcı olmasını sağlamak adına çok önemliydi.

UYARI İŞARETLERİNİN ÖTESİNE GEÇMEK

Profesör Elkind ve diğer birçoğu, alarm çanlarını çaldı. Çoğu uzman, günümüzün telaşlı dünyasında çocukların ve ebeveynlerin yersiz stresi ile ilgili konulardan konuşup bunlarla ilgili yazılar yazıyordu. Bu kitap, alarm çanlarını çalmaktan ileri geçiyor: Soruna çözüm öneriyor. Bilim adamlarının zihinsel ve sosyal gelişim üzerine bir araya getirdikleri ipuçlarını incelediğinizde, neden OYUN = ÖĞRENME olduğunu anlayacaksınız. Çocuklarınızın yeteneklerine ve gerçek ihtiyaçlarına bambaşka bir gözle bakıp, onları derinlemesine anlayacaksınız.

Elinizdeki, sıradan bir ebeveyn kitabı değil. Bebeğinizin ne zaman gazını almanız gerektiğini, tuvalet eğitimine ne zaman başlamanız gerektiğini ya da okul öncesi çocuğunuzu nasıl disipline etmeniz gerektiğini sizlere anlatmayacağız. *Bunun yerine sizlere, kendiniz ve aileniz için daha dengeli bir hayat oluşturacak gücü sunacağız.* Bu kitapta bulunan, medyanın ve profesyonel pazarlamanın yanıltıcı objektifinden uzak bilgiler, laboratuvardan doğrudan sizlerin oturma odalarınıza ve sınıflarınıza gelecek. Çocuk gelişimcilerin *aslında* ne söylediğini anlayarak, bundan sonra konuyla ilgili medya raporlarını daha eleştirel bir gözle okuyacaksınız. Daha da önemlisi, bir ebeveyn olarak kendinizden daha emin bir şekilde ilerleyecek ve gelecek nesillere de bu şekilde eğitim vereceksiniz.

BÖLÜM 1

MODERN EBEVEYNLERİN DURUMU

Cumartesi sabahı, ilk hamileliğinin 6. ayındaki Felicia Montana, kısa süre sonra bebeğine gerekecek temel şeyleri almak için arkadaşlarıyla birlikte mağazaya gitti. Ancak, aldığı şey temel ihtiyaçlar yerine, "Modern Anne Babalık Bilimine Giriş" oldu.

Felicia'nın eğitimi, gökkuşağı renklerinde tabelası olan bir mağazada başladı Burası, alışverişe başlamak için kesinlikle doğru yer gibi görünüyordu. Hatta mağazanın adı da tam olarak buydu: The Right Start *(Doğru Başlangıç)*. "Bebeğimiz için istediğimiz şey tam olarak bu," diye düşündü Felicia arkadaşlarıyla birlikte içeri girerken. Ancak, dışarı çıktığında artık tam olarak ne istediğini bilmiyordu.

Felicia, eskiden standart olan bebek çantası, bebek arabası ve bebek koltuğu listesinden, çok daha farklı olan "olmazsa olmaz" bebek malzemeleri listesini hemen fark etti. Ön tarafında resimlerin, arka tarafında da kelimelerin olduğu ve üzerinde "bebeğinize yeni bilgileri öğretmenin en iyi yolu" yazılı olan kartlardan almalı mıydı? Eğer alacaksa, hangi kartlar daha etkiliydi? "Baby Dolittle" hayvan tanıtma kartları mı yoksa "Baby Webster" kelime kartları mı? Hepsi deneyimli anneler olan arkadaşları da kendi bebeklerinin en sevdiği hangisiyse onu öneriyordu.

"Jeremy, 18 aylıkken tüm hayvanları tanıyordu," diye övündü Anna.

"Alice 'Webster'ı daha çok severdi. 17 aylıkken uzun uzun kelimeler kullanıyordu," dedi Erica gururla.

Felicia'nın bu kararı verdikten sonra "Baby Einstein", "Baby Shakespeare" ya da "Baby Van Gogh" CD'lerinden birini de alması gerekiyordu çünkü bunlar "dil, müzik, edebiyat ve sanat kültürüne mükemmel bir giriş sağlıyordu". Ya da bebeğinin üçüne birden mi ihtiyacı vardı acaba? Peki ya bebeğinin "6-36 aylar arasındaki" beyin gelişimini sağlayacak olan "Babybrain" CD'si? Bu CD olmazsa, bebeğinin beyni doğru bir şekilde gelişmez miydi?

Tüm bu ürünleri alırsa bebeğinin gelişimi için çok önemli adımlar atmış olacaktı. Almazsa da çok olumsuz sonuçları olacağını düşündü. Sonuçta, Babybrain, bebeklere "akademik ve profesyonel anlamda zekâ gelişimi" konularında uzmanlık sağlıyordu. Zaten anne baba olmak, çocuğunuza mümkün olan tüm fırsatları sunmak demek değil miydi?

Alışveriş merkezine yeniden gittiğinde sinirleri gerilmiş, güveni yok olmuştu. Kitapçıya girdiğinde ise daha da huzursuz oldu.

Felicia'nın eşi Steve, ondan anne babalık üzerine birkaç kitap seçmesini istemişti. Konuyla ilgili iyice okuyup, çocuklarını yetiştirirken iyi bir ebeveyn olmak istiyordu.

Felicia, kitapçıya girdiğinde, ebeveyn bölümüne gitti ve elinin ilk gittiği kitabı seçti. *Prenatal Parenting* kitabı "cenin anne babalığı" konusunda rehber olduğunu söylüyor, "beyin mimarı olmak" konulu da bir bölüm içeriyordu. Felicia, kitabı kalabalık rafa geri koydu ve elini alnına götürüp, kendi baskı altındaki beynini rahatlatmaya çalıştı.

Cenin anne babalığı mı? Beyin mimarlığı mı? Yeni anne babaların endişe etmeleri gereken konular *bunlar* mıydı? Felicia, bebeği doğmadan önce, onun zihinsel gelişimi ile ilgili endişelenirken buldu kendini!

ÇOCUKLUĞU ACELEYE GETİRMEK

Felicia'nın da artık bildiği üzere, çocukları sınıftaki en yetenekli çocuklar hâline getirme yarışı, artık beşikten önce hatta karında başlıyor. Dergi makaleleri, sabırsız ebeveynlere, hamilelik döneminde egzersiz yapmalarını, bunun bebeklerinin zekâsını geliştireceğini söylüyorlar. Hemen bir sonraki sayfadaki reklam ise, onları doğmamış çocuklarına dil CD'leri almaya zorluyor. Birçok anne baba hâlâ karında olan bir "bebeğin" televizyonla eğitimi için hazırlanmış olan bir fiber optik tüpü almaktan kaçınmazdı! Neyse ki henüz bu aşamada değiliz... En azından şimdilik.

Bu bebekler doğduklarında, onları yetişkin yeteneklerine doğru bir an önce ulaştırma çabası daha da yoğunlaşmaktadır. Onlardan bir an önce okumaları beklenir. Kısa sürede toplama çıkarma işlemleri yapmaları ve hatta yıllar önce ölmüş olan müzik bestecilerinin fotoğraflarını, bu bilgiye ihtiyaçları olmasa bile (gerçi buna hiçbir zaman ihtiyaçları olmayabilir) ayırt etmeleri beklenir.

Bebek eğitimi endüstrisi, yavrularını geliştirmeye hevesli olan anne babalardan büyük ilgi görmüştür. Bir araştırma, anne babaların yüzde altmış beşinin, eğitici kartların, 2 yaşındaki çocukların zihinsel gelişimi için "çok yararlı" olduğunu düşündüğünü göstermektedir. Ve araştırmadaki anne babaların üçte birinden fazlası da, bebeklerine Mozart dinletmenin, beyin gelişimini desteklediğine inanmaktadır.

Belli ki anne babalar, oyuncak şirketlerinin pazarlama numaralarını dinliyorlar. Bebek eğitimini amaçlayan oyuncak kategorisi, yılda 1 milyar dolarlık bir iş sahasıdır. Açıkçası bu, ticaret adına gayet büyük bir başarıdır. 2001 yılında Disney tarafından satın alınan Baby Einstein gibi şirketler, üretim hatlarına, 3 ila 5 yaş arası çocukları hedefleyen "Little Einstein"ı da bünyelerine dâhil ederek, giderek büyüdü.

Bu piyasa, hiç umulmadık bir kitleye etki etmeye başladı. "Büyükannem —ne yazık ki kendisi huzurevinde— bana Mozart ve Bach çalan bir telefon gönderdi," diye bildiriyor, biri 2 yaşında ve diğeri yeni doğmuş iki çocuk annesi olan Diane, San Fransisco'dan. "Büyükannem, bebeğimin sınıfının birincisi olmasını istediğini söyledi!"

Bu bebekler büyüdüklerinde, birçoğu geniş çaplı —ve pahalı— öğrenme fırsatlarına sahip oluyorlar. Bunlara keman dersleri, at binme, özel okul ve özel dersler de dâhil.

TELAŞ TOPLUMU: DAHA HIZLI, DAHA İYİ, DAHA ÇOK

Günümüz dünyasında, bebeklerin ve çocukların —bin yıldır olduğu gibi— kendi başlarına, kendi meraklarını takip edip, ailelerinin sınırlı desteğini alarak öğrenmelerinin artık yetersiz olduğu düşüncesi yaygın bir hâl almıştır.

Ancak bu küçükler, hızlandırılmış ve yarışçı modern toplumumuzun en genç üyeleridir. Yetişkinler, daha fazla çalışmaya, işverenlerinin rakiplerinden daha fazla üretmeye zorlanır. Mikrodalga fırınlarda ısıtılan, paketlenmiş yiyecekler yeriz ve boş vakitlerimizi göz açıp kapatana kadar geçen tatillerle değerlendiririz. Yetişkinler, daha hızlı olunursa daha iyi olacağı mesajını alıp bunu çocuklarına da aktarırlar.

Tipik bir Amerikan ailesinin bir gününü düşünün. Örneğin, Smith Ailesi olsun. Bir öğretmen olan Marie Smith, her sabah saat 6'da kalkar. Sonraki saat içinde, çocuklarını —Gerry 11, Jessica 3 yaşında— giydirir, kahvaltıyı hazırlar, ev işlerini yapar ve Jessica'yı kreşe bırakmadan önce birkaç dakikalığına günlük haberleri izler. Eşi Brian, saat 6.20'de, McDonnell-Douglas'a gitmek için evden çıkar ve işe gidiş yolunda, Gerry'yi basketbol kursuna bırakır. Marie, Gerry'yi 7.35'te alıp, hem kendisinin çalıştığı hem oğlunun okuduğu okula götürür.

Marie, işten sonra Gerry'yi, 17.00'da okul sonrası etüdünden; Jessica'yı da kreşten alır. Mutfak alışverişini yapıp Gerry'nin ev ödevleri için ihtiyacı olan karton, renkli marshmallow gibi şeyleri arar. Saat 18.00'de, akşam yemeği hazırlığını yarıda kesip Gerry'yi futbol kursuna, kilisenin gençlik grubuna ya da gitar kursuna götürür. Sonunda, saat 19.30'da Brian'ın, Gerry'yi de alarak bir saatlik yoldan gelmesiyle, hep birlikte akşam yemeği yerler.

Ne yazık ki bu tür yoğun tempolu yaşamlar artık istisna değil, oldukça sıradandır. Yeni nesil aile hayatının en önemli değişikliklerinden biri, çift meslekli ailelerin artmış olmasıdır. 1975 yılında, çocuklu annelerin yüzde 34'ü iş hayatına dâhildi. 1999'a kadar bu sayı neredeyse iki katına çıktı ve annelerin yüzde 61'i iş hayatında yer almaya başladı. Çalışan annelerin çoğu, küçük bebeklere sahipti. Tabii ki babaların çoğunun, bir yüzyıldan fazla zamandır ev dışında çalıştıklarını biliyoruz. Ancak toplum, artık anne babaların sadece çalışmasını değil, uzun saatler çalışmasını talep ediyor.

Aslında Amerikalılar, Japonya da dâhil, dünyanın her yerindeki insanlardan daha fazla çalışıyorlar. Uluslararası İş Örgütü'nün 1997'deki araştırmasına göre babalar, haftada 51 saat çalışırken anneler de 41 saat çalışıyorlar.

Anne babalar üzerinde yapılan bir araştırmanın sonucuna göre, anne ve babaların yüzde 25'inin, işlerinden dolayı aileleriyle zaman geçiremediklerini söylemeleri çok da şaşırtıcı değildir. Ancak, zaman kullanımı çalışmalarına göre, annelerin çocuklarıyla geçirdikleri zaman son elli yılda çok fazla değişmemiştir. Değişen şey, ebeveynlerin bu süre içinde çocuklarıyla yaptıklarıdır. Çocuklar her geçen gün, bir "geliştirici" etkinlikten diğerine daha fazla sürüklenmektedir. Ebeveynler ise çoğunlukla arabayla etkinliklere gidip durmakta; çocuklarını yan taraftan destekleyip, onlara koçluk yapan "futbol anne ve babaları" rolünü oynamaktadır.

1970'lerde türeyen bir "nitelikli zaman" örneği vardır. Anne babalar bu konsepti çok çabuk benimsemiştir çünkü söz konusu zaman olduğunda *nicelik,* bulunması çok daha zor olandır. Anne ve babalar, "düzenli çocuklar" üreterek, —her bir anı verimli bir şekilde planlanan— çocuklarıyla geçirdikleri zamanın kalitesini arttırmışlardır.

Ne yazık ki, dünyanın en büyük zevklerinden biri olması gereken ebeveynlik, bizler için pek de eğlenceli sayılmaz. Ve kısaca göreceğimiz üzere, zorunlu etkinlikler ve öğrenmeyle yoğunlaştırılan bu zaman, çocuklar için de pek iyi sayılmaz. Son zamanlarda çıkan bir *Newsweek* makalesinde, annelerden dörtte birinin, çocuklarını etkinliklere götürmek için sürekli araba kullandıklarını ve 1 yaşındaki çocuklarının neredeyse aile arabasında büyüdüğünü söylediklerini yazmaktaydı. "Bebek, arabada olmadığı zamanlarda, bocalıyor," demişti bir anne.

Belli ki, aileler çocuklarını bir şeylere teşvik etmekle çok meşguller ve bu yüzden de sadece birbirleriyle güzel zaman geçirmek için giderek daha az zaman bulabiliyorlar. Belki de New Jersey kasabalarından Ridgewood'da, bir kış akşamının "Aile Gecesi" olarak ilan edilmesi, şaşırtıcı olmamalıdır. Okul yöneticilerinin desteğiyle, o gün için kasabadaki tüm spor etkinlikleri, ev ödevleri, özel dersler ve hatta dinî dersler bile iptal edilmiş, böylece anne ve babalar, o tek gecede evde birlikte zaman geçirebilmişlerdir.

GELİŞME YARIŞI NASIL BAŞLADI?

Küçük yaşta, daha akıllı çocuklar üretme yarışının nasıl ortaya çıktığını anlamak için, tarih boyunca çocuk gelişimine yaklaşıma kısa bir göz atmak iyi olacaktır. On dokuzuncu yüzyılın başlarına kadar çocukluğun, yetişkinlikten önceki ayrı bir dönem olduğuna dair net bir bilinç yoktu. Hatta o zamanki sanat eserleri; çocukların, minyatür yetişkinler olarak giydirildiğini göstermekteydi. Fransız filozof Jean-Jacques Rousseau'nun yazdıkları, çocukluğa bakışımızı kalıcı bir şekilde değiştirdi. Rousseau, 1762 yılında yazdığı ve artık bir klasik olan kitabı *Emile*'de şöyle yazmıştı: *"Çocukluğun kendine has bir görüş, düşünüş ve hissediş tarzı vardır. Bizim duygularımızla onlarınkilerin yer değiştirebileceğini düşünmek kadar aptalca bir şey olamaz."* Bu görüş, sahadan, uygulamaya doğru katlanarak arttı ve gençleri, çalışma hayatına hazırlamak için bir çaba olan yaygın eğitimin ilerlemesini sağladı.

On dokuzuncu yüzyılın sonunda, çocuk psikolojisinin doğuşuyla, çocukların incelenebileceği ve geliştirilebileceği fikri kendini gösterdi. 1940'larda, çocukları incelemeye adanmış bilimsel dergiler yaygın bir şekilde bulunmaya başladı. Dr. Spock, 1946 yılında yayımlanan kitabı *Baby and Child Care*'de *(Bebek Bakımı ve Çocuk Eğitimi)* klinik bir bakış açısı ve sağduyu ile anne babalara, çocuklarını nasıl yetiştirmeleri gerektiği ile ilgili yol göstermiştir. Böylelikle tavsiye endüstrisi doğmuştur.

2. Dünya Savaşı'ndan sonra, Rosy the Reveter[1], fabrikadan yuvasına döndüğünde anneliğin, özel bilgi ve eğitim gerektiren, değerli bir iş olduğunu düşünmek zorundaydı. Aileler, çocuklarını nasıl yetiştirecekleri konusunda, çocuk gelişim uzmanlarının bilgilerine bağımlı hâle geldiler. Aslında 1950 yılında Beyaz Saray'da gerçekleşen, çocuklar üzerine bir konferansta uzmanlar, anne ve babaların uzman tavsiyelerine çok fazla güvenmeye başladığından endişe ettiklerini dile getirmişlerdi! 1970'lerin başında, ebeveynlerin her ikisinin de çalıştığı aileler ve çocuk gelişimi ile ilgili bilgiler arttıkça anne ve babalar, çocuklarıyla geçirdikleri zamanın her anı-

---

1 Rosie the Riveter: II. Dünya Savaşı sırasında fabrikalarda çalışan ve birçoğu cephane ve savaş malzemeleri üreten Amerikalı kadınları temsil eden ABD'nin kültürel bir simgesidir. (ç. n.)

nın değerli olması için çabalamaya başladılar. Giderek azalan aile zamanı ile anne ve babalar, çocuklarını hayata karşı en iyi nasıl hazırlamaları gerektiği konusunda çocuk gelişim uzmanlarına iyiden iyiye bağımlı hâle geldiler.

Çocuğun gelişimini hızlandırmakla ("büyümüş de küçülmüş olmalarına neden olmakla") ilgili şüpheler, bu alana daha da destek verdi. Ken Adam tarafından yazılan *Bring Out the Genius in Your Child* ile Marilee Robin Burton, Susan G. MacDonald ve Susan Miller tarafından yazılan *365 Ways to a Smarter Preschooler* tüm kitapçılardaki yerini aldı. Çocuklarımızın zihinsel gelişiminin mimarı olma konusundaki merak, giderek kontrolden çıktı. Geçmişimize ironik bir dönüş yaşıyorduk: çocuklarımızın çocukluğunu onlardan alıp, onlara minyatür yetişkinler gibi davranıyorduk.

Çocukluğa bu yaklaşım ile ilgili üniversite koridorlarından uyarılar yükseldi. Tufts Üniversitesi'nde çocuk gelişimi profesörü olan David Elkind, 1980 yılında artık klasikleşen kitabı *The Hurried Child*'ı yazmak için kalemini eline aldı. Yakın zamanda Illinois State Üniversitesi'nden Profesör Laura Berk de etkileyici kitabı *Awakening Children's Minds* kitabını literatüre eklerken, Ralph Schoenstein da *Toilet Training for Yale* kitabında esprili anekdotlara yer verdi. Ancak, bunca uyarı işaretinin arasında bir ebeveyn ya da öğretmen ne yapabilir ki? Uzmanların endişelendiği bu tavrı nasıl değiştirebiliriz? Durumu kavramak, sorunun yalnızca bir ayağı. 2000 yılının yazında, *International Conference for Infancy Studies*'ta (Uluslararası Bebekler Üzerindeki Çalışmalar Konferansı) çoğu kişi, gelişim psikologlarının, bu krize bir tepki göstermeleri gerektiğini savundu. Sayısız araştırma, bebeklerin yeteneklerinin ve okul öncesi çocuklarda yeni keşfedilen yeteneklerin yanlış anlaşılıp yanlış yönlendirildiğini gösteriyordu. İnsan zihninin iç çalışmalarını ortaya çıkarmak için yapılan araştırmalar, yanlış bir şekilde daha iyi bir ırk üretmek için kullanılıyordu.

BAŞARI MODASI VE ÇOCUKLUĞU KAYBETME

Hızlandırılmış fırsatlar ve etkinliklerde yer almak istemeyen ebeveynler, çoğu zaman bu çocuk yetiştirme ortamında kendilerini kaygılı hissederler. Ebeveynliğin kendisi de bir yarış hâline dönüştüğünden, çoğu anne baba, çocuklarının mümkün olan her fırsatı değerlendirmezse, geride kalacağından korkmaktadır.

Bir tanıdığımız, bir kreşi işletmek için Arizona, Tucson'da bir banliyöye taşındı. Şu anki okulunda, "gelişen bir müfredat" var. Bu da konuların, çocuğun ilgilerine yer vermesi ve müfredatın akademik olmaktan ziyade tecrübeye dayanması anlamına geliyor. "Şu anki okulumda, aileler ziyarete geldiklerinde, onlara çalışma kâğıtları vermediğimizi ve doğrudan yetenek çalışmaları yapmadığımızı söylüyorum. Çocuklarının okula hazır olup olmayacağını sorduklarında, onlara hazır olacaklarını çünkü merak duygularının uyanacağını ve keşfetmeye yöneleceklerini açıklıyorum," diyor. "Bunu kabul etseler de, çoğu zaman yeniden gelip, çocuklarının neden bilgisayar kullanmadığını, neden okumadığını soruyorlar. Bir eğitimci olarak, okuryazarlığın, matematiğin ve diğer öğrenme yollarının, onlar için engel olduğunu ben biliyorum ancak aileleri sürekli gelip, 'Sadece oyun oynuyor. Ben çocuğumun çalışmasını istiyorum!' diyorlar."

Katı inançlarına rağmen, bu tanıdığımız bile kendi çocuklarını nasıl yetiştirmesi gerektiği konusunda bir baskı hissetmeye başladı. "Burada rahat edebilmek kolay, ancak gittiğim yerdeki anne babalar, çocukları üzerinde oldukça baskıcı bir tavra sahipler. Ilımlı olmakta fayda olduğunu biliyorum ancak herkesin çocuğu dört yaşına kadar keman çalmayı öğrenmiş olursa, eşimle birlikte aldığımız kararlardan şüphe mi etmeliyim?"

9 yaşında bir erkek çocuk ile 7 yaşında bir kız çocuk annesi olan bir diğer tanıdığımız, yakın zamanda San Diego'da yeni ve lüks bir

siteye taşındı. Çevresindeki rekabeti bizlere şöyle anlattı: "5-12 yaş aralığındaki çocukların yarısından fazlası okuldan sonra özel ders alıyor. Bu hocalar, onların başarısını arttırmıyor, sadece diğerlerinden ileride olmasına yardım ediyor."

Bu ebeveyn kaygıları nedeniyle, Kaplan ve Princeton Review gibi, aslında lise öğrencilerine ve SAT ve ACT gibi üniversite giriş sınavlarına hazırlık dersleri vermeleri planlanan test kitabı şirketleri, artık kreş çağından başlayarak tüm çocukları hedef alıyor. Çocukların yıllık sınavlardan aldıkları puanlarını yükseltmeyi hedefleyen bu materyaller, artık Başkan Bush'un *No Child Left Behind Act* (Hiçbir Çocuk Geride Kalmasın Kanunu) nedeniyle, devlet okullarında da kullanılmakta.

Dahası, bizler —yazarlar— sürekli olarak çocuklarının IQ'sunun test edilmesini isteyen anne ve babalardan telefonlar alıyoruz. Bizi aramalarının nedeni herhangi bir sorun olması değil, çocuklarının ayrıcalığını belgeleyerek, tüm arkadaşlarının, çocuklarının IQ'sundan haberdar olmasını istemeleri. Çocukların zekâsı konusu da bu sayede, yeni araba ve güzel aletlerin yanı sıra, sosyal çevreye hava atmak için bir araç hâline gelmiş oluyor.

Eğer anne babalar; çocuklarının, hayatlarının en dertsiz dönemi olan çocukluklarını yaşamalarına izin verip duygusal tatminlerden arınsalar, çocuklar için her şey daha iyi olur. Artık, modern anne babalar üzerinde üzücü bir şekilde büyük baskı uyandıran, savunmacı bir ebeveynlik dünyasına adım attık. Çocuklarımızın her konuda iyi olmasını ve böylece hiçbir işverenin onlara hayır diyememesini, fazlasıyla zeki olmalarını ve hiçbir üniversitenin onları reddedememesini istiyoruz. Cenin evresinden, küçük çocuk beyninde hâlihazırda büzüşen sinapslara kadar ne kadar, çok şey öğrenirsek bu konuda bir şeyler yapmamız gerektiği fikrine daha fazla kapılıyoruz. Çocuklarımızı sadece besleyip giydirmemiz ve yetiştirmemiz değil, aynı zamanda zihinsel gelişimlerini de sağlamamız gerekiyor.

Peki, oyun oynamaya ne olacak? Oyun, artık sadece 4 harflik bir kelimeden ibaret hâle geldi! 1981 yılında, okul çağındaki sıradan bir çocuğun zamanının yüzde kırkı, oyun oynamak için ayrılmış durumdaydı. 1997'ye kadar bu zaman dilimi yüzde yirmi beşe indi. Hatta Amerika'daki bazı okullardan bu zaman tamamen kaldırıldı!

Yakın zamanda, üzerine çok fazla yük binen bir çocuk, bir gazeteye şu mektubu yazdı:

"Sevgili Abby,

11 yaşındayım ve hayatım öyle karmaşık ki ne yapacağımı bilemiyorum. Yorgunum ve ailem ile arkadaşlarıma ayıracağım zamanım yok. Haftalık okul sonrası programım şu şekilde: pazartesi: ileri düzey okul matematiği, salı: buz pateni, çarşamba: ileri düzey okul matematiği, perşembe: jimnastik, cumartesi: futbol, pazar: matematik ev ödevi."

Fazla sıkışık bir programın baskısının dışında, çocuklar bir de sürekli değişen müfredattan dolayı zorluk çekmekte. Bunlardan biri de eskiden bir yıl sonra öğretilenlerin, artık bir yıl önce öğretiliyor olması. Örneğin, okuma eskiden birinci sınıfta öğretiliyordu. Artık, kreşte ve okul öncesinde çocuklara harfler tanıtılmaya başlandı. Çoğu çocuk uzmanı, anaokulu ve kreşte geçirilen zamanın deneysel oyunlar ve ilişki geliştirme ile değerlendirilmesi gerektiğini söylese de, birçok kreşte ana sınıfına gitmeden önce okuma yetenekleri kazandırmak bir *gereklilik* hâline getirildi.

Çocuklarımızın aşırı stres ve kaygıdan muzdarip olmaları hiç şaşırtıcı değil. Amerikan Çocuk ve Ergen Psikiyatrisi Akademisi'nin belirttiğine göre; " Amerika'daki, 'aşırı' derecede stresli çocuk ve ergenlerin sayısı 3.4 milyon ya da çocukların yüzde beşi oranındadır." Ve kimi zaman bu stres, ölümcül hâller de alabilmektedir. 1980 yılından 1997 yılına kadar, 10 ila 14 yaş aralığında intihar eden çocukların sayısı yüzde 109 artmıştır.

Ayrıca, çocukların kaygı seviyeleri de 1950'lerden beri belirgin şekilde artmaktadır. Dokuz yaşındaki çocuklar bile artık kaygı atakları yaşamaktadır. Bazı çalışmalar, muhtemelen okullarda artan sınavlar ve anne babaların yüksek akademik beklentileri nedeniyle, çocuklar arasında sınav kaygısının da giderek arttığını göstermektedir. Bu kaygı, tabii ki performansa ve öğrenmeye de etki etmektedir. Diğer bir kaygı da, anne babalar ile daha az sosyal bağ konusundadır. Çocuklar güvenlik duygusunu, aileleri ile daha fazla zaman geçirerek kazanırlar. Suç, boşanma ve şiddet gibi çevresel etmenler de bu konuda etkilidir.

Psikologlar, özellikle okul fobisi gibi fobilerde ve küçük çocuklarda bedensel şikâyetlerde de büyük bir artış olduğunu gözlemlemektedir. UCLA Pediyatrik Psikoloji Bölüm Başkanı Psikolog Dr. Jack Wetter şöyle söylemektedir: "Küçük çocukların programlarının çok yoğun olduğunu ve hiç boş zamanları olmadığını görüyorum. Mart ayının ortasında, özel anaokullarından kabul mektupları aldıkları andaki gerginliklerini rahatlıkla hissedebilirsiniz. Küçük çocuklar ofisime gelip, 'Carlthrop tarafından reddedildim,' diyorlar."

Terapistler çok uzun zamandır, anne babanın gerginliğinin çocuklara da yansıdığını biliyor. Anne babalar, zamanlarını ve paralarını geliştirme programlarına harcamakta ve bu "yatırımın" geri dönüşünü de ummaktalar. Çocuklar için öğrenme deneyimi, başarısızlık tehdidi ile lekelenmekte. Tamamen sonuca odaklanılmış durumda: test sonuçları, anaokulunun şiir ya da ezber resitalleri... Çocuğun deneyimlerinin ya da ihtiyaçlarının hiçbir önemi yok. Bir çocuk şunu merak edebilir: "Benim sorunum ne ki bu kadar çok desteğe ihtiyaç duyuyorum?" Baskıcı eğitim çocuğa, öğrenmenin; merak etmenin ve keşfin doğal bir sonucu olmaktan ziyade, bir görev olduğu izlenimini vermekte. Hayatlarını çok fazla programlıyor olmaları, çocukların yaratıcı zevklerinden, hünerlerini sergilemekten ve bağımsızlıklarını kazanmaktan uzaklaşmalarına neden oluyor.

Bu başarı modasının bir diğer problemi de, çocuğun IQ gelişimine çok fazla odaklanıp bir diğer önemli özelliğin gölgede kalmasına neden olması. Yale Üniversitesi Çocuk Çalışmaları Merkezi, Sosyal ve Çevresel Öğrenmede İşbirliği'nin kurucu ortağı Psikolog Daniel Goleman, taşları yerinden oynatan kitabı *Emotional Intelligence: Why It Can Matter More Than IQ?*'da *(Duygusal Zekâ (EQ) Neden IQ'dan Daha Önemlidir?)* "EQ" tanımını ortaya atmıştır.

Dr. Goleman, hayatı zekice yaşayabilme yeteneğinin merkezine duyguları koyar. Yüksek IQ'ya sahip insanlar çokça çabalarken, ortalama IQ'ya sahip olanların şaşırtıcı bir şekilde rahatlıkla her şeyin üstesinden gelmelerini, "duygusal zekâ" faktörüne bağlar. Buna irade, gayret, kararlılık ve kendini motive etme de dâhildir.

Duygusal zekâ, ayrıca irade ve kişiliğin de özüdür. Ani kararlar alanlar —iradesi güçlü olmayanlar— başkalarınca kınanacak tavırlar sergileyebilirler. Duygusal olarak zeki olan kişilerin bir diğer özelliği de, diğerlerine olan tutkularıdır. Bunda da duyguları okuyabilme, empati kurma ve doğru zamanda doğru nedenlerle ve doğru ölçülerde sinirlenme yetenekleri yatar.

Çocuklar ve ebeveynleri için duygusal zekâ kavramı, ilişkilerinden keyif almalarını ve çocuğun, hayata en doğru başlangıcı yapmasını sağlar. Çocuklarıyla eğlenmek için zaman ayırmak —onlarla oynayıp, dünyada neler olduğunu tartışmak— ebeveynlerin, çocuklarının zihinsel ve duygusal gelişiminin başarılı olmasını garanti etmek için yapabilecekleri en doğru şeylerdir.

AKILLI ÇOCUKLAR YETİŞTİRMENİN DAHA İYİ BİR YOLU

Kitabı *The Hurried Child*'da Profesör David Elkind, şöyle yazmıştı: *"Geleneksel Amerikan yaşamı için çok büyük önem taşıyan çocukluk kavramı, yarattığımız toplumdaki tükenmişlik nedeniyle tehdit altındadır. Bugünün çocukları hızlı ve sürekli sosyal değişimin ve hep yükselen beklentilerin neden olduğu stres nedeniyle isteksiz ve amaçsız hâle gelmişlerdir."*

Çocuk gelişim uzmanları olarak, bizler de çocukların zihnindeki kaygının, toplumu nasıl etkilediğinin farkındayız. Tabii ki, hepimiz çocuklarımızın okulda öğrenmeye ve gelişmeye hazır olmasını istiyoruz ancak, onlar henüz bebekken zihin egzersizlerine başlamamız gereksiz. Çocukların zihin gücünü arttırma baskısı öyle zararlıdır ki sosyal, duygusal ve bilişsel gelişim için çok kritik olan çocukluk yönlerini ortadan kaldırmakla tehdit eder.

Çocukların programlarını yaparken ve eğlenirken başkalarına bağımlı olmalarına neden olarak, onların kendi oyunlarını üretmelerine, becerilerini sergilemelerine ve kendi hayatlarını idame ettirirken ihtiyaç duyacakları bağımsızlık özelliklerini geliştirmelerine engel oluyoruz. Eğlenmek, saçmalamak, oynamak gibi kavramlar arka plana atılıyor. Hiçbir şey yapmayacağımız, kendimize çekidüzen verip kendimiz gibi davranacağımız zamanlar olan toparlanma zamanlarımız, yeni başarı modasıyla artık imkânsız hâle geliyor.

Anne babalar da, çocuklarının hızlı gelişimini yakalayamıyorlar. Çocukların zihin gelişimi inanılmaz bir süreçtir. Düşünmek, insanlar için çok merkezi bir yetenektir ve bunu çocukların gözüyle gözlemlemek çok heyecan vericidir. Ancak birçok anne baba, başarıya çok fazla odaklandıkları için, bu benzersiz fırsatı kaçırıyorlar.

Ulusal Araştırma Konseyi Tıp Enstitüsü'nün "Nöronlardan Çevreye" raporlarında sonuçlarını sundukları kapsamlı araştırmasına göre, sağlıklı düşünsel ve duygusal gelişimin anahtar göstergeleri "anne babaların ve bakıcıların sağladığı istekli ve korumacı ilişki" olarak belirtilmiştir. Çocuğunuzla birlikte sadece bulaşıkları yıkadığınızda, aslında çok önemli bir şey yapıyorsunuzdur. Çocuklarınızla yaptığınız sıradan konuşmalar onlara dünya ile ya da kendileriyle ilgili şeyler öğretir. Anne babalar, çocuklardan gün içinde olanları anlatmalarını, küçük öfkelerini ya da karmaşık duygularını çözümlemelerini isterler. Bunlar da "filtre" görevi görür. Belli bilgileri onlara verip, bir korku filmi ya da televizyondaki akşam haberleri gibi, küçük bir çocuğun üstesinden gelemeyeceği bilgilere engel olur. Sonuç olarak, çocuklar kendi önemlerinin ve yeteneklerinin farkına varır.

Çocuklarımızla paylaşımlarımız, onların düşünsel gelişimini hiç farkında olmadan geliştirmemize neden olur. Konuşmalarda, anne babalar genellikle çocuklarını gün içinde olanları aktarmaları yönünde teşvik ederler. Bunu yaptıklarında, çocuklarının kendi hayatlarından olayları hikâyeleştirmesine yardım etmiş olurlar. Bu da ileride okulda onlardan beklenen eğlenceli bir oyun olacaktır. "Neler olduğunu" anlatmak ayrıca, çocuğun hafızasını çalıştırıp günlük olaylardan "senaryolar" oluşturmasına da neden olur. Çocuklara hikâye anlattırmak, deneyimlerini anlamaları ve ifade etmelerine; bir diğer deyişle düşünmelerine, öğrenmelerine ve kelime bilgilerini arttırmalarına, neşeli bir şekilde yardım eder.

İçimizden biri (Hirsh-Pasek), anne babaların "akademik" anaokullarına gönderdiği çocuklara karşı oyun ve keşfi destekleyen geleneksel anaokuluna gönderilen çocukları inceledi. Akademik anaokullarındaki çocukların ne kısa dönemde ne de uzun dönemde akademik bir avantaja sahip olduklarını ortaya çıkardı. Birinci sınıfa geldiklerinde, akademik eğitim alan ve almayan çocukların düşünsel yetenekleri arasında bir fark görülmedi. Ancak iki grup arasında tek bir fark vardı: Akademik ortamda olan çocuklar, diğer gruptaki çocuklardan daha kaygılı ve daha az yaratıcıydılar!

Bu kitapla birlikte anne babaları, öğretmenleri ve yetkilileri başarı hevesinden sıyırıp, onlara belirli bakış açıları ve kavramlar sunarak, çocuklarının anlamlı bir şekilde öğrenmelerini, çocukların kapasiteleri konusundaki sansasyonel beklentilerinden ve onları zorlama eğilimlerinden kurtulmalarını hedefliyoruz. Bu bilgiyle donanan anne babalar, bir çocuğun doğal öğrenme eğilimine ve yeteneğine uyum sağlayacak, çocuklarının hiçbir yerde kullanmayacakları ezbere bilgilerden ziyade, gerçek bilgiye ulaşmasını sağlayacak olan öğretilebilir anları gündelik hayatlarında daha kolay bulacaklardır.

DÜŞÜN, KARŞI KOY, TOPARLAN: YENİ EBEVEYNLİK MANTRASI

Anne babaların, eğitimcilerin ve yetkililerin çocuk gelişimi konusundaki karmaşada kendilerine yol gösterecek olan bir mantraya[2] ihtiyaçları olduğunu anlıyoruz. Bahsettiğimiz dengeyi sağlamak için bir yola ihtiyaçları var. Bizler başlangıç için yeni bir "Üçleme" olan: "Düşün, Karşı Koy, Toparlan"ı öneriyoruz. Bunun nasıl işlediğini sizlere şöyle anlatalım:

Bir dahaki sefere bir ebeveynlik dergisinde sansasyonel bir başlık okuduğunuzda ya da bir toplantıda ya da televizyon programında en son çocuk gelişim araştırmalarını dinlediğinizde, çılgınlar gibi elinize bir kalem alıp farklı yapmanız gereken şeyleri, çıkıp neler almanız gerektiğini ya da yoğun programınıza neleri dâhil etmeniz gerektiğini not etmeyi bırakın. Onun yerine bir dakika durun ve

- *Düşünün.* Yapmanız gereken şeyin medyanın yaygarasına kulak vermek ve hayatınızda toplumumuzun, ebeveynlerin üzerine yüklediği yükü devam ettirmek olup olmadığını düşünün. Sürekli koşturan bir ebeveyn olup, her yere yetişmeye çalışırken çocuğunuza yararı olup olmayacağı şeylerle uğraşmanız gerekip gerekmediğini düşünün. Bir diğer deyişle, kendinize şunu sorun: "Bu deneyim/ders/etkinlik/aktivite, çocuğumun kaygısız oyun zamanını azalttığıma,

2 İnanarak tekrarlandığı takdirde insanın odaklanmasına ve rahatlamasına yardımcı olacağına inanılan söz ya da sözler. (e. n.)

onu arabayla oradan oraya sürüklediğime değer mi?" En azından ara sıra düşünmek, size rehberlik edecektir.

- *Karşı Koyun.* Karşı koymak cesaret ve yüreklilik gerektirir ve... İyi hissettirir! Karşı koymak, kendinizi çılgınlığa kaptırmamayı başarmaktır. Zamanın yeniden yavaş akmasına izin vermektir. Sadece "hayır demeniz" anlamına gelir. (Teşekkürler Nancy Reagan!) Ve karşı koyduğunuz zaman, bu kitapta geçen bilimsel kanıtlarla uyumlu davranmış olursunuz. Bu kanıt bize, *az ama öz olmanın* yararını gösterir. Bize, "yetişkinleştirmenin" ve çocukluğu hızlandırmanın olumlu bir seçim olmadığını, çocukların özgürlüklerini çaldığını gösterir. Bize mutlu, uyumlu ve akıllı çocukların her kursa gitmesine ve her eğitimsel oyuncağa sahip olmasına gerek olmadığını gösterir. Tabii ki, karşı koymak, size başta kendinizi kötü hissettirebilir. Bu nedenle;

- *Toparlanın.* Toparlanmak, kendinizi, iyi bir tercih yaptığınıza, çocukluğun gerçek odağının çalışma değil oyun olduğunu anladığınıza ikna etmeyi kapsar. Sonuçta, oyun, çocukların öğrenmek için programlandıkları temel şeydir! Başta kararınızdan dolayı kendinizi suçlu hissetseniz ve kaygılansanız da, çocuğunuz için en doğrusunun ne olduğunu en iyi siz bilirsiniz. Toparlanmanın en iyi yolu, çocuğunuzla oynamaktır. Çocuğunuz oyunlara katılıp, ufkunu genişlettikçe yüzünde beliren neşeyi ve tatmini izleyin.

Düşünme, karşı koyma ve toparlanma yetenekleri, bu kitabı okumanın olumlu sonuçlarından olacaktır. Yeni "Üçleme" ebeveynler ve profesyoneller için yazılan kitaplarda, "kanıt odaklı ebeveynlik" adını verdiğimiz bir şekilde karşımıza çıkar. Bu ebeveynlik türü sizleri, sürücü koltuğuna oturtup her gün farklı bir etkinliğe koşturmaktan kurtarır. Çocukların nasıl öğrendiği ile ilgili bilimsel kanıtlarla aydınlanan kanıt odaklı ebeveynlik sayesinde, kendiniz ve çocuklarınız için en iyisine siz karar verirsiniz.

Sorun yaşayan ebeveynlere vereceğimiz haber de şu: Evet, çocukların anne ve babalarıyla zaman geçirmeye ihtiyaçları var (öğretmenleri ve çocuk bakım uzmanlarıyla da). Ancak araştırmalar, *bir çocuğun zihinsel uyanışının, yetişkin ile çocuk arasında her gün gerçekleşen ve bir amacı olan etkinlikler sayesinde gerçekleştiğini* gösteriyor. Anne babalar, çocuklarını gelişim seviyelerinin ucuna kadar zorlayarak —ilerisine değil— kendine güvenen öğreniciler olmalarını sağlayabilirler. Oyun dolu çevreler ve anlık gelişen öğrenme fırsatları; mutlu, duygusal olarak sağlıklı ve zeki çocuklar için bir anahtardır. Ve tabii mutlu ebeveynler için de.

BU SAYFALARDA NELER BULACAKSINIZ?

Bu kitapta sizlere evde yapabileceğiniz gözlemler, çocuğunuzun araştırma prensiplerini görebilmesi için oyunlar ve deneyler gibi bilimsel bulgulardan yola çıkarak kullanışlı ve pratik öneriler sunacağız. Sık sık kullanacağımız kurgularda kendinizi bulabilirsiniz çünkü bunlar; bizlerin, arkadaşlarımızın ve gözlemlediğimiz insanların hayatlarından kesitler. Bu nedenle, sanki kapı komşunuzdan bahsediyormuşuz gibi hissedip, "Bu kişiyi tanıyorum!" diyecek olursanız, bunun tek nedeni çoğumuzun hayatlarında benzer şeyler yaşıyor oluşudur!

"Öğretilebilir Anlar" bölümlerinde, her gün öğrenmek için sıradan deneyimlerin nasıl sağlanabileceğini vurguladık. "Gizli Yetenekleri Keşfetmek" isimli diğer bölümler, kendi evlerinizdeki araştırmacılar olup, çocuklarınızdaki şaşırtıcı kapasiteyi yeniden keşfetmenizi sağlayacak. Çocuklarımızın tavırlarını daha iyi gözlemledikçe, onların bizden aldıkları bilgilerden en çok ne zaman faydalanabileceklerini de öğreniriz. Her bir bölümde zaten aşırı yüklenmiş olan ebeveynlerin, öğretmenlerin ve çocukların gereksiz yükünü azaltması için eğlenceli, ucuz ve uygulamalı etkinlikler sunacağız. Ayrı yetenekleri (okuryazarlık ve sayılar gibi) betimleyen bölümler, yeri geldiğinde kullanılabilir. Tüm bölümler, kitabımızın ana teması olan oyun konusunu beslemektedir. OYUN = ÖĞRENME'dir ve oyunlarla çocuklarımıza, çocukluklarını yeniden verebiliriz. Son bölüm, tüm konuyu özetleyip stresli ebeveynlere öneriler sunmaktadır.

Tüm bunlar nasıl işe yarayacak? İlk matematik bilgilerinin öğrenimini ele alalım. Yeni öğrenme tekniklerinin birçoğu, sizleri videolar ve CD'ler kullanmanız için teşvik eder. Bebekler için şekilli videolar bulunmakta ve anaokulu öğrencilerine bilgisayarı öğretirken, matematiksel oyunlara interaktif olarak dâhil eden sayısız bilgisayar oyunu yer almaktadır. Birçok araştırmaya göre, sayıları öğrenmenin en iyi yolu, el becerisini kullanmaktır. Üst üste koyduğunuz blokların, kaç tane koyarsanız düşeceğini denemek de matematiktir. İskambil kâğıtlarıyla oyunlar oynamak da matematik öğrenmek için en iyi yöntemlerden biridir. "Eğitsel" olmak için endişelenmenize gerek yok. Eğer çocuğunuzun matematiksel ilgilerini —ki bu oldukça fazla olacak— takip ederseniz, onlarla oynayacağınız oyunlar matematiksel öğrenme ve merak konularında onları teşvik edecektir.

Bu kitap sizlere ayrıca dünyayı farklı görmeniz konusunda da yardım edecektir. Baktığınız her yerde öğrenme fırsatları vardır. Tıpkı binalarda dikdörtgenleri, trafik levhalarında altıgenleri, hayatınızın her anında sayıları bulabileceğiniz gibi. Çocuklarımızla patates kızartmalarımızı bölüştüğümüzde ve masadaki herkes için yeterince kek olup olmadığını hesap ettiğimizde matematikle ilgileniyoruzdur. Masadaki herkes için bir peçete koyduğumuzda bu, "birebir eşleştirmedir". Kitapları yerine koyduğumuzda gruplara ayırıyoruzdur. Sadece dünyayı çocuklarımız gibi algılayıp, onların öğrenmelerine yardım etmek için doğal fırsatları kollamamız gerekir.

Dünyayı sosyal ve öğrenme fırsatlarıyla dolu bir yer olarak gördüğümüzde çocuklarımızın büyümesine yardımcı olmuş oluruz. Daha fazlasını yapmaya çalışmak —bebeklerle hafıza kartları kullanmak, "doğmamış bebeklere" Mozart dinletmek— bir kaseti koyup, "oynat" tuşu yerine "ileri sar" tuşuna basmaya benzer. Çocuğunuzu "ileri sar" moduna geçirmek, onun öğrenmek için beslediği doğal arzuyu yok edip; kaygılı, stresli ve mutsuz olmasına neden olmak demektir.

Çocukluk, keşif yapmaktır. Çocukların kendileri ve kapasiteleri ile ilgili detayları öğrenmeleri gereken zamandır. Bu keşifler, planlanmış derslerde yer almaz ya da sizlere kutularda ve bilgisayar ekranlarında sunulmaz.

Bu kitapta bir araya getirdiğimiz bilgileri sizlere ulaştırmamız için bizimle iş birliği yapan binlerce bilim insanı var. Bu insanlar hayatlarını, çocukların gelişimi için daha iyi bir dünya oluşturmaya adamış durumdalar. Çocuğunuzun varlığına sevinmeniz ve geleceğin Einstein'larını yaratma konusunda daha az endişelenmeniz için hepimiz tek bir ses olduk. Bizlerin bulgularını öğrenmekten keyif alacağınızı düşünüyoruz. Ellerinizde bu bilgiyle, çocuklarınıza çocukluklarını verip onları daha zeki, mutlu ve duygusal olarak sağlıklı yetişkinler hâline getirebilirsiniz.

BÖLÜM 2

ZEKİ ÇOCUKLAR YARATMAK

"Bu gerçek," diye açıkladı Martha. "Tüm ürünler öyle söylüyor. Klasik müzik, beyin gelişimini arttırıyor." Harold onun lafını kesti, "Çocuklarımızın hayattaki tüm fırsatlardan yararlanmalarını istiyoruz. Beyin gelişimlerini şimdiden destekleyip, bu karmaşık dünyayla başa çıkmalarına yardım edebileceksek, bunu yapacağız."

Harold ve Martha Goodwin, kızları Brenda dünyaya geldikten hemen sonra beyin-müzik ilişkisini öğrendiler. Martha, Blockbuster'da "Baby Genius: Mozart and Friends" (Dâhi Bebek: Mozart ve Arkadaşları) isimli bir videoya rastladı. Bu videoda iki animasyon bebek dahi, nasıl bu kadar zeki olduklarını anlatıyordu. Videodaki küçük erkek çocuk Harrison şöyle anlatıyordu: "Klasik müziğin belli türlerinin, bebeğin beyin gelişimini hızlandırdığı kanıtlanmıştır. Bu, bilimsel bir gerçektir. Müzik, bebeklerinizi daha zeki yapar." Sasha adındaki diğer çocuk karakter de izleyicilere, bebeklerinin beyinlerinin üç yaşına kadar tamamen geliştiğini, bu yaştan önce gördükleri ve işittikleri her şeyin bebeğin beyin gelişimine katkıda bulunduğunu anlatıyordu. Goodwinler, neredeyse hamile kalındığı andan itibaren, bebeklerinin beyninin "mimarı" olmaları gerektiğini öğrenmişlerdi.

İkinci bebeklerini beklerken, Harold ve Martha, koltuğa birlikte oturup ellerinde taşıdıkları "karın kulaklığını" Martha'nın karnına yerleştirdiler. Bir CD ve 24 sayfalık bir kitap kullandılar. Klasik müzik sayesinde doğmamış çocuklarıyla aralarındaki bağı güçlendireceğini vaat eden *Love Chords, Classical Music, and Cre-*

ative Exercises to Enhance the Bond with Your Unborn Child kitabı, müzik eğitimcisi ve yazar Don Campbell tarafından derlenmişti. Bebekler ve çocuklar için satılan klasik müzik CD'lerinden bir düzine almışlardı. Goodwinler, doğumdan önceki kısmı kaçıran Brenda için endişeleniyorlardı çünkü Martha ona hamileyken, bu ebeveynlik sorumluluğunun henüz farkında değillerdi.

Bu kitapta, Campbell okuyucuya, "Müzik çocuğunuzun zekâsını arttırabilir mi?" diye soruyordu. Ve cevabı da şöyle veriyordu: "Kesinlikle evet! Çünkü bebeğinizin beynindeki nöron bağlantılarının sayısı bu sayede artar ve böylece sözel becerisi gelişir…" Kitap ayrıca şunu da iddia ediyordu: "Yakın zamanda yapılan bir araştırma, hamilelik döneminde müziğe maruz kalan pilot uygulama grubundaki annelerin bebeklerinde görsel izleme, el-göz koordinasyonu ve diğer olumlu davranışların daha hızlı geliştiğini gösteriyor." Goodwinlerin, Mozart çaldıklarında, bebeklerinin beyinlerinin gelişeceğini düşünmesine şaşırmamalı.

Ancak, Mozart dinlemek sizi gerçekten daha zeki yapar mı? Sizi hayata daha yüksek bir IQ ile hazırlar mı? Bilimsel kanıtlar buna net bir cevap vermekte: "Hayır!" Klasik müziğe erken yaşta maruz kalmak, beyin gelişiminizi sizi daha zeki yapacak şekilde etkilemez. Peki, neden öyle olduğunu düşünülüyor? Bu da ilginç bir hikâye.

"Mozart Etkisi" olarak adlandırılan bu olayın tarihi, 1993 yılında, Wisconsin Üniversitesi'nin Oshkosh Kampüsü'ndeki Profesör Francis Rauscher ve arkadaşlarının yayınladığı bir araştırma ile başladı. Mozart'ın sonatlarından 10 dakika dinledikten sonra, üniversite öğrencilerinin zihinsel performans gerektiren sınavlarda daha başarılı oldukları ortaya çıktı. Dr. Rauscher, bir araştırma yapmak için öğrencilerinden 79'unu aldı. Onlara, Standford Binet zekâ testinin küçük bir bölümünü, Mozart dinlemeden önce ve dinledikten sonra uyguladı. "Uzamsal akıl yürütme" kısmı birkaç dakika sürüyordu: Test kâğıdınızın üzerinde bir dolarlık bir banknotun taslağını gördüğünüzü hayal edin. İkinci taslakta, dolar ikiye katlanmış ve dolayısıyla kare şeklinde görünüyor. Üçüncü taslakta, birileri iki alt kısmı da katlamış ve böylece banknot bir adamın kravatının ucuna benziyor. Test daha sonra, doları bir kez daha katladığınızda nasıl görüneceğini soruyor ve size aralarından seçmeniz gereken beş grafik veriliyor. Kâğıt katlama testi, uzamsal akıl yürütmenizi test eden bir sınav. Dr. Rauscher öğrencilerinin, 10 dakika boyunca (tam olarak 8 dakika 24 saniye) *Sonata for Two Pianos in D, K. 448*[3] dinledikten sonra, 9-10 puan daha yüksek sonuçlar çıkardığı ortaya çıktı. Etkiler sadece 10-15 dakika devam ediyordu. Ancak sonuç ortadaydı: Mozart dinlemek, bir zekâ testinin alt testi olan "uzamsal akıl yürütme" yeteneğinizi 10 dakikalığına arttırıyordu! Dr. Rauscher, ekibin mütevazı bulgularının çarpıtılmaması konusunda uyarıda bulundu Ancak, medya sonuca takıldı ve bunu "Mozart Etkisi" olarak damgaladı. Hemen ardından hızla zekileşme formülü akımı başladı. Dr. Rauscher deneyi birçok kez tekrarladı ve her seferinde Mozart dinleyen grup, sessizlikte olan gruptan daha başarılı oldu.

Bu kulağa kafa karıştırıcı geliyor olabilir evet, ancak 1999'da bu çalışmanın bulguları resmî olarak reddedildi. İki önemli bilimsel dergi olan *Nature* ve *Psychological Science*'ta raporların yazarları, Dr. Rauscher'ın bulgularını kanıtlayamadıklarını söylediler. Sessizliğe ya da Philip Glass'a (oldukça ahenksiz ve kendini tekrarlan türde bir müzik) karşı Mozart dinlemenin, dinleyicinin ruh hâlini etkilediğini ancak, ortalama IQ'su üzerinde etkisi olmadığını söylediler. Ünlü bir makalede, Harvard Üniversitesi Project Zero'dan Profesör Lois Hetland, 4.564 katılımcı üzerindeki 67 adet Mozart etkisi çalışmasını inceledi. Uzamsal akıl yürütmede (kâğıt katlama testi) Mozart etkisinin kısa süreli olarak etkili olduğunu belirtti. Ancak, sonuç olarak "Müziğin uzamsal-mekânsal performansı yetişkinlerde kısa süreli arttırıyor oluşuna dayanarak, çocukların klasik müziğe maruz kalmaları hâlinde zekâlarının ya da akademik başarı-

3 Mozart'a ait, "İki Piyano için Sonat K 448" adlı sonat. (e. n.)

larının ya da uzun süreli uzamsal yeteneklerinin artacağı sonucu çıkarılamaz," bulgusuna ulaşılmıştır.

Bu mütevazı Mozart sonucundan, nasıl oldu da her bebeğin beyin hücrelerinin uyarılması için klasik müziğe ihtiyacı olduğu sonucuna ulaştık? Göreceğimiz üzere, Mozart vakası, daha iyi beyinler oluşturmak için geliştirilen efsanelerin bir parçasıdır. Tüm topluma yayılan o efsanelerin...

DUYDUKLARINIZ: İYİ ANNE BABALAR, KÖTÜ SÖYLENTİLERİN ETKİSİNDE KALINCA

Beyin gelişimi ile ilgili hâkim olan iki söylenti, çocukların yetiştirilmesine müdahale etmektedir. İlk söylenti, *anne babaların beyin mimarları oldukları ve çocuklarının zekâsını ve yeteneklerini şekillendirmekle sorumlu olduklarıdır.* Anne babalara, aslında milyonlarca yıllık bir süreçte programlanan, çocuklarının beyin gelişiminin tek bir nesilde, alınan derslerle değişebileceğini söylüyorlar! Sanki beyin doğal ve kutsal bir altyapısı olan bir organ değil de, bir hamur yığınıymış gibi... Çocuklarımızın zihinsel olarak değişebilmesi için sorumlu olduğumuza bizleri inandıran da bu söylentidir.

Goodwinlerin de pençesinde olduğu bir diğer söylenti de *bilimsel araştırmaların bizlere daha iyi beyinler elde etmek için bir kullanma talimatı vermesi.* Bilim tarafından esir alınmış bir toplumda olduğumuzdan dolayı, beyin fonksiyonları ile ilgili her türlü kanıtı alıp, bunları insan davranışlarını açıklamak için geniş bir şekilde inceliyoruz. Ancak sınırlı araştırma sonuçlarını bu kadar genele yaydığımızda mantıklı bir sonuca ulaşamıyoruz.

Beyinle ilgili bu söylentilerin bazılarını daha önce de duymuştuk. Sol beynimizi mi yoksa sağ beynimizi mi daha fazla kullandığımızla ilgili tartışmaları hatırlıyor musunuz? Yirmi yıl kadar önce bilim, beynin bazı fonksiyonlar için sağ; bazıları için de sol tarafını daha fazla kullandığını açıkladı. Ancak, bilim adamları daha fazla araştırınca, beynin tek bir tarafıyla bağlantılı olan bu fonksiyonların bile beynin diğer yarı küresiyle iletişimine bağlı olduğunu ortaya çıkardı. Bu nedenle, sadece sağ beyninizi ya da sol beyninizi kullanmanız gibi bir durum söz konusu değil çünkü ikisini de kullanıyorsunuz ve yaptığınız her şey ikisini de harekete geçiriyor.

Bunu nereden biliyoruz? Beyin yarı küreleriyle ilgili en geniş araştırma, insanların dili nasıl öğrendiği konusundaydı. Yarı küreler, doğumla uzmanlaşmaya başlamış oluyor. Yenidoğanlar, sesleri dinledikleri sırada sol yarı küreleri, sağ yarı kürelerinden daha fazla beyin etkinliği gösteriyor. Konuşma ve dil bilgisi, çoğu insanda sol yarı kürede yer alıyor gibi görünse de, metaforların ve esprilerin anlaşılması sağ yarı kürede yer almaktadır. Anne ve babalar, bu karmaşık bulguları, sol yarı kürenin "mantıksal", sağ yarı kürenin de "yaratıcı" olduğu yönünde kendi yararına kullanan endüstriden etkilenmektedirler.

Vicdanlı ebeveynler olan Goodwinler, en son ve en kapsamlı araştırmalardan elde edilen bilimsel kanıtlara inanıp, çocuklarının hayatının ilk yılları olan "kritik" dönemde onlara klasik müzik dinletmenin en iyi başlangıç olacağını düşündüler. Bunu yapmazlarsa, çocuklarının zihinsel gelişimini geri dönüşü olmayacak bir şekilde sekteye uğratmış olacaklardı.

Harold ve Martha bu efsanelerle çok ilgileniyorlardı. Onlar iyi ebeveynlerdi. Sadece bebek mağazalarındaki ambalajları okumakla kalmıyor, hızlandırılan toplumumuzun eğilimlerinin de tam ortasında yer alıyorlardı.

BU EĞİLİM NASIL BAŞLADI?

Liderlerimiz bu konuya çok fazla önem verirken, bizlerin erken çocukluk dönemi konusunda rahatlamamız çok da mümkün değil. 1996 yılında, Erken Çocukluk Gelişimi ve Öğrenme konulu bir Beyaz Saray Konferansı'nda, Hillary Clinton, erken dönemde öğrenme ile beyin arasında bir bağ kurmuş ve şöyle demiştir: "Bir çocuğun ilk deneyimleri, ebeveynleri ve bakıcısı ile ilk ilişkileri, gördükleri, duydukları, kokladıkları, hissettiği duygular ve karşılaştığı zorluklar, beyninin nasıl şekillendiğini belirler."

Yetkililer, eğitim harcamaları için kampanyalarını desteklemeliydi. Bu nedenle sonsuz "fırsatlar penceresinden" bahseden araştırmacıları bir araya toplayıp, bebeklerin hızlı beyin gelişimleri için "kritik dönemlerden" bahsetmeleri sağlandı. İlk Deneyimler konulu bir Beyaz Saray Konferansı'nda, Pozitron Emisyon Tomografisi (PET) taramasını kullanarak beyin gelişimi ile ilgili ilk raporu yayınlayan Michigan Üniversitesi'nden Dr. Harry Chugani bir konuşma yaptı. Dr. Chugani, "İlk yıllarda, beynin bağlantılarının nasıl olacağı konusunda benzersiz bir fırsata sahip oluyoruz," dedi. Bir dizi "kritik dönemden" ya da beyin gelişimi için belirli teşviklerin çok önemli olduğu bazı zamanlardan bahsetti. "Görme için ilk iki yıl kritik dönemdir. Eğer bir bebeğin, iki yaşına kadar geçmeyen yoğun bir kataraktı varsa, onun için artık çok geçtir. Görme merkezi, diğer görevlere tahsis edilir ve katarakt daha sonra kaldırılsa bile çocuk göremez."

Dr. Chugani, "Fazla kullanım nedeniyle belli bir eşiğe ulaşan bağlantılar 'sağlam bağlantılar' olur," diye bir iddia ortaya attı. "Daha az kullanılan bağlantılar daha kırılgan olacaktır. Bu nedenle ilk yıllar, beynimizin nasıl bağlantılardan oluşacağına karar vermek için eşsiz bir fırsattır..." dedi. Beyni şekillendirme yeteneğimiz ile ilgili uç bir resim çizdi ve birçok yeteneğin kritik dönemlerde şekillendiğini ima etti.

Ancak, eğitim masrafları için bilimsel gerekçeler arayanlar, sadece Goodwinleri yanıltan yetkililer değildir. Bebek ürünleri pazarlamacıları da bu fırsatın farkına varmış ve hevesli bir şekilde ebeveynleri, bebeklerinin beynini yönetme konusundaki reklamlarla etkilemişlerdir. *Parents* dergisinin yakın zamandaki "Akıllı Bir Çocuk Yetiştirin" sayısı —yoğun ebeveynler için— "her bebeğin ihtiyacı olan 5 dakikalık beyin güçlendiricilerini" vermektedir. Medyanın tavrı da tabii ki, dikkatimizi çekip bizlere daha fazla etki etme yönündedir. Araştırma, popüler basında anlatıldığında, ilk yılların önemini çok fazla vurguladığından, daha da fazla sayı satacaktır. Örneğin, *Newsweek* dergisi şunu rapor etmiştir:

Bir bebek dünyaya geldiğinde, beyni karmaşık nöronlardan oluşur ve hepsi de zihnin karmaşık dokusuna işlenmeyi bekler. Nöronların bazıları birleşmiştir...ancak trilyonlarcası, bilgisayarların fabrikalarda monte edilmeden önceki Pentium çipleri gibidir. Saflardır ve neredeyse sonsuz bir potansiyele sahiplerdir... Nöronlar kullanılırsa, diğer nöronlara bağlanarak beynin devre sistemine dâhil olurlar. Kullanılmazlarsa ölebilirler. (Burası oldukça vurgulanmıştır. Anne babaların bu cümleyi okuduklarında ne kadar kaygılanacaklarını tahmin edersiniz!) Hangi nöronların kullanıldığına karar verecek olan, çocukluk deneyimleridir ve bunlar, beynin devre sistemini, bir bilgisayarın devresini ayarlayan bir bilgisayar programcısı gibi bağlarlar. Hangi tuşlara basıldığı —çocuğun hangi deneyimleri yaşadığı— çocuğun zeki mi aptal mı olacağına karar verir...

Bu tür ifadeler, ebeveynlerin üzerinde büyük baskı yaratmaktadır. Doğal olarak, çocuklarının beyinlerinde gerçekleşen kritik süreçlerin programcısı olduklarını öğrenmek onları kaygılandırır. Bu karmaşık ve hassas sistem için ne yapmaları gerekir? Ebeveynlik piyasasının, bu cevapları keyifle vermesi hiç şaşırtıcı değildir. Neredeyse tüm ürünler, (tabii ki bilimsel olarak) bebeğin beyinsel gelişimini desteklemek için tasarlanmıştır. Oyuncaklardan oyunlara; egzersiz sınıflarından sınıfların malzemelerine; hikâyelerden bebek yiyeceklerine kadar...

Neyse ki daha yakından bakıldığında bulgular, anne babaların çok fazla çalışmasına gerek olmadığını gösterir. Göreceğimiz üzere, milyonlarca yıllık evrim, kendi başlarına öğrenmeyi seven çocuklar yaratmıştır. Bu, doğanın hayatta kalmamızı sağlama şeklidir. İnsanoğlu, bilgiye kendisi ulaşır ve hayatın ilk anından beri bilgi arayışına başlar ve bunun dışarıdan zorlanmasına hiç gerek yoktur. Çok büyük bir yalnızlık ya da sefalet içinde yaşamıyorsanız, ailelerin ve çocukların parçası olduğu doğal ve sıradan bir çevre, beyin gelişimini destekler. Onları eğlendiren, onlarla oyunlar oynayan, onlara rehberlik edip çevreyi keşiflerinde tavsiyelerde bulunan anne babalara sahip olan çocuklar sağlıklı, duygusal olarak dengeli ve psikolojik olarak avantajlı olmaktadırlar. Bu araştırma sonuçlarını keşfederken bize eşlik ederseniz, neden rahatlayıp bebeğinizle oyunlar oynamanız ve bebeğinizin beyin gelişimini Tabiat Ana'ya bırakmanız gerektiğini anlarsınız. Hikâyemizin de göstereceği gibi, binbir zorlukla kazandığınız paranızı bebeklerinizi "eğitmek" için harcamanıza gerek yoktur.

BEYİN GELİŞİMİ İÇİN GERÇEKTEN GEREKLİ OLANLAR: TEMEL PRENSİPLER

Kendinizi bu eğilime karşı korumanın en iyi yolu, beyin ve fonksiyonları ile ilgili daha fazla şey öğrenmenizdir. Bu yolculuk, metaforik bir şekilde gerçekleşir. Dünyanın etrafında yörüngede dönen bir uzay mekiği gibi, kendimizi beynin etrafında dönerken hayal edelim. Eğer bunu yapabilsek, düşünme şeklimizin farklı yönleriyle ilgili olan anahtar yapıları görebilirdik. Özellikle de dünyanın çoğunu saran geniş kıtaların —beyin zarı— beynin hacminin yüzde 80'ini oluşturduğunu görmek ilgimizi çekerdi. Erken dönemde öğrenme ile ilgili araştırmaların çoğu beynin dış katmanına odaklanmaktadır. Bu, dört ülkeye bölünmüş bir kıta gibidir:

istekli hareketler ve düşünmede yer alan ön lop, görüşte yer alan arka lop, duymada yer alan temporal lop ve dokunma gibi beden hislerinin verisini işleyen yan lop.

Dünyanın doğu ve batı yarı kürelere bölünmesi gibi, serebral korteks de sol ve sağ yarı küreler olarak ikiye bölünmüştür. "Lateralizasyon" terimi, beynin iki yarısının uzmanlaşması anlamında kullanılır. Örneğin, konuşma ve dil bilgisi çoğu insanda sol beyinde yer alma eğilimindedir.

Daha yakından bakmak için beyne doğru bir uçuş yaptığımızda, nöronlar üzerine yumuşak bir iniş yaparız. Bunlar sinir sistemini birbirine bağlayan ve bilgi işlemeyle baş eden 80 milyar sinir hücresidir. Nöronların etkinliklerini destekleyen ve ayarlayan 100 milyar *gliyal hücre* vardır. Nöronlar, kıtalardan akıp, insanların ulaşımına ve yüklerin bir bölgeden diğer bölgeye aktarılmasına imkân sağlayan nehirlere benzer. Her biri, bir kaynaktan ya da hücre çekirdeğinden ortaya çıkıp, bir hücre gövdesi ile çevrelenir. Hücre gövdesinden iki tür dal belirir ve iniş sistemimiz, *dendrit* adı verilen dallara takılır. Gelen bilgileri almak onların görevidir ve taşıdıkları şeyi *akson* adı verilen uzun kuyruğa ve oradan da sinaptik aralığın dışına, bir diğer dendrite yollamadan önce, dikkatle incelerler. Bu, bir tür güvenlik kontrolünden geçmek gibidir.

Bir anlığına, bir tekerleme taşıdığımızı düşünün, "Karga karga gak dedi..." Güvenlik engelini aşıp, bir aksondan ışık hızıyla ilerliyoruz. Yağ hücrelerinden oluşan bir *miyelin kılıfı* aksonu kılıfa sarıyor ve bir nehir yatağı gibi davranıp, bizi bir sinaptik terminalin dışına fırlayana kadar rotada tutuyor. Daha sonra, sinaps adı verilen bir nakliye bölgesine götürülüyoruz. Farklı sinir taşıyıcı kimyasalları bizi bu bölgeden geçirip, bir sonraki dendrit setine taşıyor. İlk kâşifler gibi, bu tekerlemenin beyindeki gezisini tamamlıyoruz. Bir sonraki seferde, aynı tekerleme ile aynı beyin yollarından geçtiğimizde, uzay gemimiz yolunu daha rahat bulacak çünkü bu yolu zaten gittik ve beyin "karga karga"yı hatırlayacak. İşte zafer! Ancak bu nasıl oluyor? İlerledikçe, beyin fonksiyonları ile ilgili farklı şeyler öğrenebilir miyiz?

BEYNİN DAHA BÜYÜK OLMASI, DAHA İYİ OLDUĞU ANLAMINA GELMEZ

California Üniversitesi'nde bir nörobiyoloji profesörü olan Dr. Carla Shatz, beynin nörolojisini karmaşık bir telefon sistemine benzetiyor:

...kimyasallar ve elektro sinyallerin birleşimi sayesinde diğer beyin hücreleri ile iletişim kurar. Bu nedenle bir bağlantı kurduğunuza, bir telefon da çalabilir, 10.000 telefon da. Toplamda, beynin yüz trilyon bağlantıdan daha fazlasını kurması gerekir. Dahası, bağlantıların çok net olması gerekir ki aradığınız zaman yanlış bir yere değil, eve bağlanabilesiniz. Bu karmaşayı canlandırmak için her bir gözde milyonlarca bağlantı ve bu bağlantıların her birinin ulaşabileceği 2 milyon olası hedef vardır. Ve yine de bu büyük sayıdan 100 bağlantıdan daha azı, "sinaptogenez" adı verilen bir süreçle seçilir.

Peki, "sinaptogenez" nedir? Böylesine büyük bir ilgi uyanmasına neden olan kavram budur. Sinapsların bebeklikte çok hızlı ve yoğun bir şekilde gelişiyor olması nedeniyle yaratılan kamuoyu, onlardan mümkün olduğunca fazla muhafaza etmeye çalışmamıza neden oluyor. Daha fazlası daha iyidir diye düşünüyoruz. Daha büyüğü daha iyidir. Peki, gerçekten öyle mi? O hâlde beyin neden bu değerli sinaptik bağlantıların bazılarını budar? Çünkü sağa mı sola mı dönmemiz gerektiğine beş yüz bağlantının birden karar vermesi, çok iyi olmayacaktır. Beyin, çabuk ve keskin olabilmek için budanmak *ister*.

Bağlantılar öyle çabuk oluşur ki, çocuklar üç yaşına ulaşana kadar beyinleri, yetişkinlikte ihtiyaçları olan bağlantıların iki katına sahip olur. Bu trilyonlarca sinaps, yetişkin beyni ebatlarından küçük olan beynin içinde yer sahibi olmak için yarışır. Üç yaşına kadar, küçük bir çocuğun beyni, doktorunun beyninden iki kat daha aktiftir. Eğer çocuklar, yetişkinliklerinde sahip olacakları sinapslardan çok daha fazlasına sahiplerse, trilyonlarca bağlantıya ne oluyor? Cevap, çocuk büyüdükçe onların, daha büyük bir bedene geçecek olan yılanın deri değiştirmesi gibi sıyrılıp atılması. Beyin de diğer birçok "organizma"yla aynı nedenlerle küçülmeye gider ancak geliştirilen ağlarla, daha etkili işleyebilir. Budama doğal bir gelişimdir. Bu yenilenme iyidir. Frajil X Sendromu isimli genetik bozukluk, zekâ geriliği, öğrenme güçlüğü ve dikkat bozukluğu gibi durumlar, budama *eksikliğinden* kaynaklanır.

Beynin ve bedenin normal ve sağlıklı büyümesi için budama gerekli olduğundan, sinaptik elemenin kapsamı "normal" sinaps kaybı seviyesine karar vermek için dikkatli bir şekilde incelenir. Bebeklerde bulunan kortikal sinapsların yüzde 40'ının, yetişkinliğe kadar yok olduğu tahmin edilmektedir.

Hangi bağlantıları yok sayıp, hangilerini devam ettirmesi gerektiğine beyin nasıl "karar verir"? Hayatın ilk yıllarından itibaren, sinapslar her elendiklerinde daha sağlam ve dayanıklı hâle gelirler. Sık kullanılanlar hayatta kalırken, yeterince kullanılmayanlar tarih olurlar. Bu yolla, bir çocuğun hayatının ilk yıllarında yaşadığı deneyimler, aslında beyninin kalıcı devreler şemasını oluşturur. Ancak, bilim adamları gelişim süreci boyunca, beynin yeni sinapslar ürettiğini, var olanları genişlettiğini ve sıklıkla kullanılmayan sinapslardan kurtulduğunu rapor eder. Aslında, araştırmaların gösterdiği tutarlı sonuç şudur: Beyin sürekli gelişir ve değişir.

"Sinaptogenez"in bir yöntemi olduğunu gösteren ilk araştırmacılardan biri, Chicago Üniversitesi çocuk nörologlarından Profesör

Peter Huttenlocher'dır. Profesör Huttenlocher, insanların beyin zarının, sinapların hızlı çoğalması ve üremesi ile şekillendiğini ve ardından da yetişkin seviyesindeki ortalama sinaps sayısına ulaşana kadar budama sürecine gittiğini göstermiştir. Profesör Huttenlocher aslında bu keşfi yapmak için zorlu bir şekilde hücre sayılarını saymıştır! Beynin farklı fonksiyonları olan farklı kısımlarının, farklı zaman dilimlerinde geliştiğini bulmuştur.

Kaygılı aileleri ilgilendirecek olan şey, sinapsların, beynin birçok bölgesinde gelişiyor olmasıdır —çevreden herhangi bir teşvik olmasa bile. Örneğin, bir farenin gözleri açılmadan önce, biyolojik zaman çizelgesine göre, sinaptik büyüme işe koyulur. Kitabı *Neural Plasticity*'de Profesör Huttenlocher, Nörojenez'in (beyin gelişiminin) çoğunun primatlarda bile çevreden bağımsız olarak geliştiğini yazmıştır. Buna ilk sinaps bağlantılarının da dâhil olduğunu söylemiştir. Örneğin, bazı maymunlar, bizlerden daha büyük beyinlere sahiptirler ancak onların sinaptik boşluklarına muhtemelen asla sonatlar ya da bilgisayar oyunları taşınamayacaktır. Beyin bağlantılarının budanması kötü bir şey değildir.

Ancak, fazladan uyarma her zaman iyi değildir. (Bir obur olmaktansa, gurme olmayı tercih etmez miydiniz? Baş ağrınız için altı aspirin almak, size altı kat daha iyi mi hissettirir?) Daha fazlanın, her zaman daha iyi olmadığına dair bir diğer örnek de, yenidoğan ünitelerinden verilebilir. Yaygın toplumsal varsayımlara göre, daha fazla uyarıcı daha iyidir ve başlamak için hiçbir zaman erken değildir. Yenidoğan üniteleri eskiden parlak ışıklar ve rahatlatıcı, ancak uyarıcı seslerle doluydu. Fakat daha sonra bilim adamları, yenidoğan ünitelerindeki bu ses ve ışıkların, dikkat bozukluğu ve hiperaktivite gibi sorunları tetiklediğini keşfetti! O yüzden artık bu üniteler daha karanlık ve yumuşatılmış durumda. Bebeklerin anne karnında tanık olduğu karanlık ve boğuk ortamı andırıyor! Kimi zaman uyarıcı mevzusu abartılabiliyor.

ZENGİNLEŞTİRİLMİŞ ÇEVRELER OLUŞTURMAK İÇİN BİR ÖRNEK VAR MI?

Sinaptik büyüme ve budama, bebeklik döneminde kendi kendine olabiliyorsa, o hâlde beyni daha iyi hâle getirme hevesi nereden çıktı? Pazarlamacıların bizleri bebeklerimizin hayatlarını tüm bu eğitsel ürünlerle "zenginleştirmemiz" için teşvik etme isteklerinin altında yatan nedir? Özellikle fareler üzerinde yapılan hayvan beyni araştırmaları, zenginleştirilmiş çevrenin, daha büyük ve daha iyi beyinler oluşturduğunu göstermektedir. Ancak, göreceğimiz üzere bu araştırma, insan beyni için de zenginleştirmenin gerekli olduğunu yanılgısına kapılmamıza neden olmuştur.

FARELERİ DAHA ZEKİ YAPMANIN YOLLARI: BU MANTIK ÇOCUKLAR İÇİN DE İŞLER Mİ?

Zenginleştirilmiş bir çevre fikrini kavramak için hayatı bir fare gibi yaşamanın nasıl bir şey olacağını düşünmemiz gerekir. Kemirgen büyük büyükanne ve büyükbabanızın bir gemide yaşadığını ancak girişimci bilim adamları tarafından ele geçirilip ailenizin geri kalanının, dört katlı bir binadaki kafeslerde dünyaya geldiğini hayal edin. Hepiniz parmaklıkların arkasında, içlerine su şişeleri yerleştirilmiş bu fare dairelerinde yaşıyor, kendi küçük bölümlerinizde yemeklerinizi yiyip, duvarlarla çevrelenmiş bir hâlde, gökyüzü niyetine floresan lambaları görüyorsunuz. Bazılarınızın, diğerlerinden daha güzel kafesleri var ve bilim adamları bunları bilerek o şekilde ayarlamış durumda. Ara sıra, beyaz önlük giymiş insanlar, sizinle oyun oynayıp size aptalca şeyler yaptırmaya çalışıyor. Düzenli olarak besleniyorsunuz ve hayat çoğunuz için fena sayılmaz. Tek bir istisna var ve o da genellikle iki yıl —beklenen yaşam süresi— boyunca yaşayamıyor oluşunuz. (Büyük büyükanne ve büyükbabalarınızın bu yaşlara kadar yaşayıp yaşamadıklarını da bilmiyoruz.) Ancak, öldüğünüz zaman bilim adına büyük ve önemli bir fedakârlık yapmış oluyorsunuz. Peki, hayatınızı bilime armağan etmeniz, nasıl bir bilgiye ulaşılmasını sağlıyor?

Kanada, Montreal McGill Üniversitesi'nden merhum araştırmacı Profesör Donald Hebb, büyükanne ve büyükbabanızı bebekken, çocuklarına evcil hayvan olarak hediye ettiği dönemde, yani elli yıl önce bu tür fare incelemelerine başladı. Atalarınız, ev halkının özgür ruhlu üyeleriydi ve böylece bu evi özgürce sahiplenmişlerdi. Dr. Hebb onları daha sonra laboratuvarına götürdü ve labirentleri, laboratuvarda yetişen kuzenlerinden daha kolay çözdüklerini ve daha az hata yaptıklarını fark etti. Evcil hayvan olarak yetiştirilen farelerin "zenginleştirilmiş ortamda" büyütüldüğü düşünüldü.

Bunu takip eden diğer araştırmacılar da, farelerinin yaşadığı laboratuvar ortamlarını çeşitlendirip, beyinlerindeki değişimleri gözlemlediler. 1960 yılında Berkeley, California Üniversitesi'nde Psikoloji Profesörü olan Dr. Mark R. Rosenzweig, zenginleştirilmiş ortamlarda yaşayan farelerin, kafeslerde yalnız yaşayan farelere kıyasla daha ağır beyinlere ve belirli beyin bölgelerinde daha kalın beyin zarına sahip oldukları bulgularını yayınladı.

1970'lerde, Urbana-Champaign Illinois Üniversitesi Psikoloji Bölümü'nden Profesör William Greenough, farelerin yaşadığı ortamı çeşitlendirip, bunun davranışlarını ve beyin gelişimlerini nasıl etkilediğini incelemeye başladı. Tipik olarak üç farklı durum oluşturdu: Bir fare, küçük bir kafese tek başına kapatıldı. Bir fare, büyük bir kafeste diğer farelerle birlikte bırakıldı ve bir fare de Disneyland'i andıran oyuncakların, kaydırakların ve dönen tekerlerin olduğu bir kafese kondu. Tahmin edeceğiniz üzere, Disneyland farelerinin beyinlerinde daha fazla sinaps (yalnız olan farelere göre, her bir nöronda yüzde 20 ila 25 daha fazla sinaps) bulundu. Böylece labirentleri daha hızlı ve etkili bir şekilde geçiyorlardı.

Çocuk yuvanızı, maddi olarak altından kalkabileceğiniz (ya da kalkamayacağınız) bir diğer zenginleştirilmiş Disneyland ortamına çevirmeden önce, Dr. Rosenzweig'ın yaptığı bir diğer yararlı gözlemi de duymalısınız. Gemide yaşayan büyük büyükanne ve büyükbabalarınızın beyinleri hepsinden daha iyiydi. Gemide rahatça dolanıyorlardı, yüksek hızla günde birkaç kilometre yürüyorlardı. Güvertede, kabinlerde bir oraya bir buraya dolanıp yiyecek şeyler arıyorlardı. İnsan kokularından, farklı yiyeceklerinden ve deniz suyundan uyarılıyorlardı. Kabuklu deniz hayvanlarıyla, kanatlı karıncalarla, örümceklerle ve kedilerle buluşuyorlardı. Gruplar hâlinde olduklarından sosyalleşiyorlar, kendi liderlerini ve arkadaşlarını seçip bit ve pirelerle uğraşıyorlardı. Hatta zaman zaman gülüp eğleniyorlardı. Bir diğer deyişle doğal ortamları, onların fare beyinleri için en iyi olandı. Ortamları, araştırmacılarının kafeslerine yaptıkları Disneyland'den bile daha iyiydi. Fareler üzerinde yapılan bu araştırma, bizlere insanlarla ilgili ne anlatıyor? Rosenzweig'ın araştırması, çocuklarda daha büyük beyinler oluşturma hevesini başlatan en önemli kanıtlardan biri olmuştur. Zenginleştirilmiş ortamlardaki farelerin, kısıtlı ortamlardaki farelerden daha başarılı olması, zenginleştirilmiş ortamlardaki insanların da, *normal* ortamlardakilerden daha başarılı olacakları düşüncesini doğurmuştur. Ancak bu benzetmenin hata verdiği iki nokta vardır. Öncelikle küçük ve sıkıcı bir kafeste tek başına büyüyen farelerle eş değer olan bir çocuk yaşamı yoktur (çok aşırı mahrumiyet durumları haricinde). Yani, insanlar çocuklarını dolaplarda değil, diğer insanların ve oyuncakların olduğu evlerde büyütürler. İkinci sorun da, farelerin kısıtlı ortamdan zenginleştirilmiş ortama geçişi ile insanların bu iki ortam arasında geçişi birbirine benzemez. Aslında bebekler, zenginleştirilmiş ortamlardansa, doğal ortamlardan daha fazla faydalanabilirler. Bunun nedenini açıklayalım.

Profesör Greenough ve meslektaşları, beyin gelişiminin büyük kısmının deneyimlerden *bağımsız olarak* gerçekleştiğini belirtir. Örneğin, daha önce de bahsettiğimiz gibi, fareler üzerinde yapılan araştırmalar sonucunda, hızlı sinaps oluşumunun, doğumdan iki gün sonra farenin görme merkezinde başladığını ve fare üç haftalık olana kadar da hızla devam ettiğini öğrenmiştik. Bu hızlı sinaps oluşumu, hayvanlar çevrelerinden herhangi bir duyusal uyarım almadan başlar. Yenidoğanlar daha gözlerini açmadan önce, görme sinapsları neden hızla gelişmeye başlar?

Bu sorunun cevabı, bizleri doğrudan, erken öğrenme konusundaki tartışmanın kalbine götürür. Yaşamın ilk dönemlerinde gerçekleşen beynin erken gelişimi doğa tarafından programlanmıştır. Görmemiz, konuşmamız ve muhtemelen atletik yeteneklerimiz Tabiat Ana'nın bize verdiği fonksiyonlardır. Profesör Greenough bunlara "deneyim beklentili" davranışlar der. Milyonlarca yıllık evrimin sonucu olarak, beyin bir şeyleri görmek, dili duymak ve uzuvları hareket ettirmek ister. Bu nedenle de çevrede bu deneyimlerle karşılaştığı müddetçe normal bir şekilde gelişir. Bu deneyimlerden aşırı bir şekilde mahrum bırakılmadığı sürece, beyin kendi kendini inşa eder. Genç fareler ya da çocuklar, kendilerine deneyimlerini aktarmak isteyen ebeveynlerin mimarlığına ihtiyaç duymaz.

Tabii ki öğrenebileceğiniz tüm şeyler "deneyim beklentili" kategorisine girmez. Beyniniz, okuma, satranç ya da bilgisayar oyunu oynama gibi deneyimlerle karşılaşacağını tahmin edemez. Bu kültürel edinimler, beynin yaşamlarımız süresince alması tasarlanan ve "*deneyim bağımlı*" olarak adlandırılan kavramlardır. İnsanlar bu yetenekler olmadan da hayatta kalabilir ancak deneyim beklentili yetenekleri geliştirmeden hayatta kalamazlar. Deneyim beklentili yeteneklere kıyasla, deneyim bağımlı yetenekler, erken öğrenmeye bağlı değildir. Bizlerin kültürel deneyimlerine bağlıdırlar. Deneyim bağımlı öğrenme, hayat boyunca devam eder ve beynin gelişimini destekleyip, beyin yapısını her bir birey için farklı şekilde yeniler.

Sıradan ve gündelik deneyimler ya da doğal olarak yapılan şeyler, deneyim beklentili beyin gelişimi için gereklidir. Tabii ki anne baba ya da eğitmen olarak, sizler görme ya da yürüme gibi deneyim beklentili yetenekler için endişe etmezsiniz ancak, okuma ve satranç oynama gibi deneyim bağımlı yetenekler için endişelenirsiniz. Neyse ki deneyim bağımlı davranışların çoğu, çocukların gelişimi için geniş bir pencere açar. Yani bunları hayatınızın ilk 3 hatta 5 yılında öğrenmek zorunda değilsinizdir. Öğrenme için bir pencerenin olduğu bu alanlar için bile, pencere, duyduklarınızdan çok daha geniştir. Profesör Huttenlocher şöyle yazmıştır: "İkinci dil öğretimi ve müzik eğitiminin erken okul yılları olan (5 ila 10 yaş) verimli yaşlarda, yani erken başlaması hâlinde daha etkili olması söz konusudur." Bu nedenle, müzik ve dil eğitimini dahi beşiğe kadar indirmemize gerek yoktur!

Erken öğrenmeyi hızlandırmaya karşı koyan bir diğer inandırıcı argüman da potansiyel nörolojik "yükleme" sorunudur. Yükleme nedir? Yükleme, bilginin beyindeki sinaptik bağlantılara doğru yarışmasıdır. Bir sinemada bilet beklediğinizi ve yan yana iki sıra olduğunu düşünün. Görevlinin dışarı çıkıp sıralardan birini kapattığını hayal edin. Sizin sıranız daha kalabalıklaşacak ve bilet almanız daha uzun sürecektir. Nörolojik yüklemede de durum budur. Profesör Huttenlocher'ın dediği gibi, "Erken zenginleştirme ve öğretme programlarının; aşırı yükleme etkisine neden olup, beynin henüz tam olarak belirlenmemiş olan, ergenlikte ve yetişkinlikte yaratıcılık konusunda işe yarayacak bölümlerinin, boyut ve sayı olarak daralmasına neden olabileceği unutulmamalıdır." Erken dönemde aşırı öğrenme, belli ki sonraki zamanlardaki zekâ için iyilikten ziyade kötülüğe neden olacaktır! Profesör Huttenlocher'ın dediği gibi, "Albert Einstein'ın ilk yıllarında ortalama bir çocuk olması bir tesadüf değildir," ki bu durum, beyninin aşırı yükleme etkisinden kaçınmasını sağlamıştır.

Şimdiye kadar, çocuğunuzun ortamını zenginleştirme ve onları zihin geliştirici oyuncaklara maruz bırakma yoluyla, daha büyük bir beyne giden sinaptik bağlantıları arttıramayacağınız konusunda sizleri ikna etmiş olmayı umuyoruz. Kesinlikle beyin gelişimi için hayatın ilk yıllarının çok kritik olduğunu duymuşsunuzdur. Çocuklarınızın daha fazla sinaptik bağlantıları ve daha büyük beyinleri olmasa da, hayatının ilk üç yılında ona daha fazla fırsat penceresi sunmak istersiniz, değil mi? "Kritik dönem" varsayımı muhtemelen piyasada gözlerimizin önünde olan en büyük argümandır. Psikoloji Profesörü Edward Zigler ve Yale Üniversitesi'ndeki meslektaşları şöyle söylemektedir: "...medyanın öğrenme konusunda kritik ve hassas dönemlerle ilgili çizdiği portre, anne ve babaları müzik eğitimi, matematiksel oyunlar ya da yabancı dil derslerine, henüz daha oyun parkında ve hatta beşikte başlamaları için zorlamaktadır."

ÇOCUĞUN BEYİN GELİŞİMİNDE İLK ÜÇ YIL KRİTİK DÖNEM MİDİR?

"Kritik dönem" biyolojiden gelen bir kavramdır. Bazı önemli gelişimlerin yaşandığı bir dönemdir ve kesin bir başlangıcı ile sonu vardır. Bu kavramı anlatabilmek için, 1960'lı yıllarda hamile kadınlara sabah bulantılarına engel olması için verilen *talidomit* adında bir sakinleştirici kullanan bir kadının trajik konusunu ele alalım. Eğer hamile bir kadın, hamile kalışından 26 gün sonra bu hapı alırsa, embriyonun gelişmekte olan kollarının gelişimi engellenir ve bebek kesik kollarla doğardı. Eğer ilacı iki gün sonra alırsa, embriyonun kolları gelişir ancak, dirsekten sonrası olmazdı. Bu gelişim dönemini bir çocuğun daha sonra tamamlaması mümkün değildir. Bu dönem *kritiktir.* İnsanlarda, kritik dönemdeki hasar, fetüsü etkileyecek bir ilaç kullanımı gibi ciddi bir nedenden kaynaklanıyorsa, bir daha asla düzeltilemeyecek sonuçlar doğurur.

Kritik dönemler, biyolojik gelişimde kesinlikle mevcuttur. Ancak çoğu kişi, bu dönemlerin psikolojik gelişime de etki ettiğini iddia etmektedir. Genie'nin şaşırtıcı yaşantısını ele alalım. Bu olay,

"13 Yaşındaki Kız, Bebekliğinden Beri Mahkûm" başlığıyla 17 Kasım 1970'te *LA Times* gazetesine çıkmıştır. Bu, 13 yaşındaki bir çocuğun, 20 aylık olduğu andan itibaren küçük bir odada tutulması ile ilgili korkunç bir hikâyedir. Küçük odasındaki, lazımlıklı bir iskemleye bağlı olan bu çocuğa yemekleri, açılan kapıdan anne babası tarafından veriyordu. Neredeyse kör olan annesi kazara sosyal hizmetlere gittiğinde, çocuk çok küçük, çelimsiz ve yetersiz beslenmiş hâldeydi. Dört yıl süren kapsamlı bir müdahalenin ardından bile Genie'nin dil yetenekleri çok sınırlıydı. Beş yaşındaki bir çocuk kadar kelime biliyordu ancak dil bilgisini hiçbir zaman etkili kullanamadı. Genie aşırı mahrum bırakılma durumuna bir örnektir. Onun durumu, dil öğrenmeye açık olduğunuz dönemde dile maruz kalmamanız durumunda, bir daha asla yeterli dil gelişimine ulaşamayacağınızı kanıtlamaktadır. Tabii ki, kritik dönem konseptini anlatan tüm örnekler bu denli aşırı mahrumiyet içermemektedir.

Profesör Elissa Newport, Amerikan İşaret Dili "konuşucularının" becerileri ile ilgili bir çalışma yaptı. Bu konuşucuların bazıları, bu dili bebekken ebeveynlerinden öğrenmişlerdi. Diğerleri ise 12 13 yaşlarına gelip, okula gidene kadar bu dile maruz kalmamışlardı. Profesör Newport, ilk çocukluk dönemine kadar bu dile maruz kalmayan bu çocukların, hiçbir zaman erken yaşta öğrenenler kadar iyi olamadıklarını gördü. Üstelik bu dili 30 yıl boyunca kullanmış olsalar bile!

Profesör Newport'un çalışması, Standford Üniversitesi'nden Profesör Kenji Hakuta ve her ikisi de Kanada, Tokyo, York Üniversitesi'nden Ellen Bailystok ve Edward Wiley tarafından yürütülen ikinci dil öğrenimi ile ilgili bir diğer ilginç çalışmayla desteklenmiştir. İspanyol ya da Çinli altyapıları olan 2.3 milyon göçmenin cevaplarını kullanarak, İngilizceyi geliştirmelerinde, göç ettikleri yaşın bir etkisinin olup olmadığı araştırılmıştır. Sonunda, Amerika Birleşik Devletleri'ne ne kadar erken yaşta gelirlerse, dil yeterliliklerinin o kadar arttığı görülmüştür. Ancak, yeni bir dilin öğrenilmesine engel olacak bir "kritik" yaş olmadığı rapor edilmiştir. Daha da olumlu bir yorum yapacak olursak, bugün Romanya'ya taşınacak olsanız, öncesinde Romenceye bir gün bile maruz kalmamış olsanız da, bu yeni dili yine de öğrenebilirsiniz!

Sonuç olarak, bu çalışmalardan üç sonuca ulaşıyoruz. Birincisi, dil gibi belli davranışları öğrenmemiz için daha çok ve daha az alıcı olduğumuz dönemler bulunmaktadır. Alıcı olduğumuz bu dönemdeki davranışların neredeyse tamamı türlerin onlarsız yaşayamayacağı, deneyim beklentili davranışlardır. Bu nedenle, dil öğrenimi ya da görsel öğrenme, "kritik dönem" davranışı olmak için uygun adaylardır.

İkincisi de önemli bir maddedir. 3 yaşındakiler 30 yaşındakilere göre daha başarılı olsalar bile, bu tür davranışları öğrenmek için aniden sona eren bir "kritik dönem" yoktur. Yani dil öğrenimi penceresi, hayatın ilk üç yılından sonra sonuna kadar kapanmamaktadır. En azından ergenliğe kadar açık kalmaktadır. Hatta bazı durumlarda ömür boyu da açık kalabilir. Nebraska Üniversitesi'nden Profesör Thompson ile Minnesota Üniversitesi'nden Profesör Charles Nelson'ın yazdığı gibi, "Erken uyarıcı fırsatları, temel duyusal ve motor kapasitesi için, yüksek zihinsel ve kişisel süreçlere kıyasla daha belirleyicidir. Ancak, bu tür pencerelerin çoğu gelişim süresince çok yavaş kapanır."

Üçüncü ve son madde de, hassas dönemlerin satranç ve jimnastik gibi deneyim bağımlı davranışlar için aslında var olmadığının görülmesidir. Öğrenmek için gelişim açısından verimli olan hassas dönemler varsa, çocuğun öğreneceği her şey için de bir kritik dönem olacağını düşünmek yersiz bir genelleme olacaktır. Öğrenmeyi hızlandırırsak, çocuğa çok faydası olmayan ve daha sonraki yaşlarda öğrenmesinin iyi olacağı şeyler öğretmiş oluruz.

Princeton, New Jersey'deki Eğitici Test Hizmetleri'nde kıdemli bir bilim adamı olan Dr. Irving Siegel'in yazdığı gibi, "...kavramların ve yeteneklerin çok erken dönemde öğretilmesi zaman kaybıdır çünkü öğrenme deneyiminde anlama yer almadığı zaman, öğrenme daha zordur." Bir diğer deyişle, bestecilerin isimlerini ve yüzlerini ezberlemek (evet, bu şekilde eğitici hafıza kartları var) bir çocuk için de bu bilgiyi dünyasındaki anlamlı herhangi bir şeyle birleştiremeyecek olan bir okul öncesi öğrenci için de faydasız bir deneyimdir. Üzerinde renk isimleri ve sayıların olduğu eğitici kartlar bile çocukların günlük deneyiminin parçası olmadıkları müddetçe yeterlilik sağlamazlar. Dahası, bu erken öğrenme deneyimlerinin beyni geliştirip geliştirmediğiyle ilgili de herhangi bir kanıt yoktur.

Bu nedenle, ilk üç yıl öğrenme için altın yıllar mıdır? Bu dönem, çocukların hayata geleceğin dâhileri olarak hazırlanmasını sağlayan, hızlı beyin gelişimi için kritik bir dönem midir? Bu sorunun cevabı tabii ki HAYIR'dır. Eğer çocuklar oyuncaklarıyla, binalarla, kendilerini sevip onlarla konuşan yetişkinlerle dolu normal gündelik çevrelerinde büyüyorlarsa, beyinleri de kendiliğinden büyüyecektir. Anne babalar, çocuklarının beyinlerinin mimarı da değillerdir, kritik dönemde, sinaptik bağlantıların sağlanması için belirli deneyimlere karar vermekle yükümlü de değillerdir.

Sakin olun! Dil öğrenimi gibi temel davranışlar bile, çocuğunuzun uluslararası piyasadaki avantajlardan hiçbirini kaybetmesine neden olmayacak kadar uzun bir döneme yayılmaktadır. Çocuğunuz 2 ila 5 yaşlarındayken, İspanyolca konuşan bir bakıcı tutarsanız, çocuğunuz İspanyolca konuşmayı öğrenir. Ancak, bu dili ilk olarak 8-9 yaşlarında duysa da, herhangi bir dezavantajı olmaz.

Tüm bunların ilk üç yılda öğrenilmesi gerektiği varsayımı doğru değildir. Hatta St. Louis, Missouri'deki James McDonnell Vakfı Başkanı Dr. John Breu, buna "İlk Üç Yıl Efsanesi" der. Aynı isimli kitabında da, genç beyinlerin gelişmesi için çevreyi zenginleştirmeye çalışmamıza gerek olmadığını anlatır. Kritik dönemlerin, daha iyi beyinler için daha iyi ortamlar gerektiği şeklinde yorumlanamayacağını söyler. Bizler, çocuklarımızın beyinlerinin mimarı değiliz.

Hangi verileri sağlamamız gerektiğini kendimize dert etmemize gerek yok. Milyonlarca yıllık evrim süreci, bizler için beyin gelişimi konusuyla ilgilenmiştir ve bizlerin de bu gelişimi tek bir nesille değiştirme şansımız yoktur.

UYGULAMAKTA FAYDA VAR

Öğrendiklerimiz, Goodwinler gibi ebeveynlerin bir şey yapmaması gerektiği anlamına mı geliyor? Bebeklerin, anne babaları çalışmaya gittiği zamanlarda et kancalarına asıldığı Orta Çağ'a geri mi dönelim? Çocuklarımızın beyin gelişimini sıradan ve günlük deneyimlerle sağlayabileceğimize ve onlara bu şekilde daha iyi bir gelecek temin edebileceğimize dair olumlu mesajlar var mı? Bilimsel veriler sayesinde bu konuda almamız gereken birkaç ders var. Biri uyarıcı bir not sunarken, diğerleri de dünyayı farklı görmeniz için yollar önerip, çocuğunuzun beynini daha doğal yollarla uyarıyor.

ALIRKEN DİKKAT EDİN! Süslü ürünlerin üzerindeki bebeğinizin beyin gelişimini arttıracağı mesajlarına aldanmayın. Reklamlarda yetişkinlere bazı ürünleri cinselliği kullanarak satmaya çalıştıkları gibi, beyin gelişimiyle de ebeveynleri hedef alıyorlar. *Ancak, belirli eğitsel programların, yöntemlerin ya da tekniklerin, beyin gelişimi konusunda etkili olduğuna dair bir kanıt yok.* Kısacası, belirgin çevresel girdiler ile beyinde neden oldukları gelişim arasındaki ilişki ile ilgili çok az bilgiye sahibiz.

Örneğin, Mozart dinlemek çocuğunuz için kötü değildir. Yani eğer Mozart'ı seviyorsanız, bunu çocuğunuza da dinletmenizde bir sakınca yoktur. Ancak, bunun yanı sıra, ninniler söyleyip, sevdiğiniz diğer grupları da dinletebilirsiniz. Müzik, mükemmeldir. Bu konuda hiç şüphe yoktur. Ancak araştırma sonuçları Mozart, Madonna ya da Mama Cass dinlemenin, çocuğunuzun bir matematik dâhisi olmasında ya da gelecek vaat eden bir mimar olmasında hatta genel anlamda zekâsını geliştirmesinde herhangi bir payı olmadığını göstermektedir.

KALIPLARI YOK SAYIN. GERÇEKTEN. Çocuklarınıza "teknoloji harikası" olduğunu iddia eden ve fahiş fiyatlara beynini geliştirecek olan süslü paketler almak yerine, onlarla oyunlar oynadığınızda, çok daha fazla öğreneceklerinden emin olabilirsiniz. Peki, oyun zamanını kullanarak neler yapabilirsiniz? İpuçlarınızı çocuğunuzdan alın. Neyle ilgilendiğini anlayınca çevrenize, çocuğunuzu uyaran doğal fırsatlara farklı bir gözle bakabilirsiniz. Daha sonra bu fırsatları daha da zenginleştirebilirsiniz.

SUSAM SOKAĞI'NDAN, BARNEY VE TELETUBBIES'E GEÇİN. Susam Sokağı'nı seviyoruz ancak, Barney ve Teletubbies gibi yavaş ilerleyen ve kendini tekrarlayan programlarda da belirli dersler vardır. Örneğin ünlü program Blue's Clues, bölümlerini daha ilginç hâle getirmek için çocukların tercihlerini dikkate alır. Çocukların tekrarlardan hoşlandığını fark etmişlerdir. Aslında, bizler için sıkıcı olsa da (kaçımız cümlenin ortasında uyuyakalmışızdır?) çocuklar her gece aynı hikâyeleri dinlemekten hoşlanırlar. Her seferinde yeni bir şeyler bulup, tahmin edebildikleri şeylerden keyif alırlar. Ayrıca, yakın zamanda yapılan araştırmalar, sınırlı (günlük 1 saat) eğitsel programların izlenmesinin çocuklar için avantaj olduğunu göstermiştir. Bu avantajlar, çocuklarımız okula gittiğinde okuma ve sayma yetenekleri sırasında kendini göstermektedir.

Göreviniz şu: Çocuğunuzla birlikte eğitsel bir program izleyin ve neyden hoşlandığını görün. Araştırmalar, ebeveynleri de kendileriyle birlikte izlediği zaman, çocukların televizyondan daha fazla faydalandığını gösteriyor. Çocuğunuz programda neyi heyecan verici buluyor? Çocuğunuzun ilgilerini geliştirmek için bunları kullanın. Belki kütüphaneden bu konularla ilgili kitaplar alabilirsiniz. Bu ilgi alanlarından, çocuğunuzun hakkında konuşmaktan keyif alacağı malzemeler de çıkabilir.

EZBERDEN, BAĞLAM İÇİNDE ÖĞRENMEYE GEÇİN. Eğer gerçekten bebeklerde, çocuklarda ve okul öncesi öğrencilerinde öğrenmeyi ve beyin gelişimini arttırmayı hedefliyorsak, onların eğitici kartlarla ya da hafıza kartlarıyla *değil,* bağlam içerisinde öğrenmelerini sağlamalıyız. Ezberlemek bir işe yaramamakta ve kimi zaman gerçek öğrenmeyle karıştırılmaktadır. Konuyla ilgili bir çocuk "dahi" örneği aklınıza gelsin. Çocuğun annesi, çocuğunun aşırı zeki olduğunun reklamını yapıp durur. Çocuk 3. doğum gününün hemen sonrasında birçok kelimeyi okuyabilmektedir. Bu nedenle, akademik yeteneklerini göstermesi için yakındaki bir psikoloğa gitmesi istenir. Geldiğinde, bana (Kathy) konuşma ve heceleme üzerine bir kitap gösterir. Annesi de ona tek tek kelimeleri göstererek okumasını sağlar (kitap, ayakkabı, fincan... Liste bu şekilde devam eder). Gösteri bitince çocuğu alkışladım ve ondan üzerinde "renk, ses, kanal" gibi tanıdık kelimelerin yazılı olduğu televizyonuma gitmesini istedim. Bunları okumasını ondan kibarca istedim. Sonuçta, nasıl okuması gerektiğini gerçekten bilen bir çocuk tüm yeni kelimeleri okuyabilirdi. Harfleri bildiğiniz ve onları bir araya getirebildiğiniz zaman "thurld" gibi anlamsız bir kelimeyi bile okuyabilirsiniz. Ancak, çocuk kelimelere baktığında çok heyecanlanıp kaçtı ve gösteri burada sona erdi. Kelimeleri muhtemelen şekillerine (Mesela, "top" kelimesinde iki yuvarlak harf vardı) bakarak ezberlemişti ancak, okumayı tam olarak öğrenememişti.

Çocuklarımızın okula gitmeden önce okumasına gerek yoktur. Ancak, bize mısır gevreği kutusunda ya da sokaktaki levhada ne yazdığını sorduklarında, bunu onlara okumamız, okumanın keyifli ve yararlı bir şey olduğunu onlara gösterir. Bağlam içerisinde öğrenmekten kastımız budur. Diğer "okuma", ezberden farksızdır ve pek bir yararı yoktur. Bu nedenle, piyasadaki kimi alet ve ürünler, performansı desteklese de, gerçek bir öğrenme sağlamakta başarısızdır. Öğrenmek, bağlam içerisinde gerçekleştiğinde her zaman daha güçlü ve daha kalıcıdır.

BİR ALAN GEZİSİ DÜZENLEYİN —KENDİ ARKA BAHÇENİZE. Çiftliğe ya da hayvanat bahçesine gitmek çok güzeldir ancak, beyinlerimizi inşa etmek için oralara gitmek zorunda değiliz. Otların rüzgârla uçuştuğuna, karıncaların evlerini inşa ettiğine ve toprağın altındaki tüm o yaşama tanık olabileceğimiz arka bahçemizde de yeterince uyarıcıya ulaşabiliriz. "Honey, I Shrunk the Kids" ("Eyvah Çocuklar Küçüldü") filminde, bizlerin fark etmediği gizli yaşam çok güzel konu edilmiştir. Çocuklar için bu etkinlik, bilim dersleri, fizik dersleri, doğa ve renklerle ilgili derslerle dolu bir deneyim olacaktır.

Arka bahçedeyken, 4 5 yaşındaki çocuklarınızı, bir karınca boyutunda olmanın nasıl bir şey olacağını hayal etmelerini isteyerek teşvik edebilirsiniz. Neler farklı görünürdü? Neler duyardın? Nelerden korkardın? Çocuklar başkalarının korkularını hayal etmekten hoşlanırlar çünkü böylece kendilerini yalnız hissetmezler.

Ve bu çizgiler dâhilinde, onlara arka bahçenin müziğini duyup duymadıklarını sorabilirsiniz. Çubuk ve taştan yapılan aletler var mı? Yaprakların ıslığını ve yağmur damlalarının ritmini duyabiliyor mu? Bir battaniye getirip, gözlerinizi kapatarak uzanın. Ne duyabiliyorsun? Rüzgârda ıslık çalan yaprakları duyabiliyor musun? Arı vızıltısını? Araba motorunu? Gök gürültüsünü? Kuş cıvıltılarını ve alaycı kuşun tiz sesini? İki yaşındaki çocuklar bile bu oyunları severler.

Bahçenizdeki hayvanlar ve böcekler nerede yaşar? Her bir canlının evini keşfedin. Mary Anne Hoberman'ın yazdığı ve mükemmel bir kitap olan *A House Is a House for Me*'de yazar, bizden bir arı ve bir kuşun evlerini düşünmemizi ister. Hayvanlar evlerini nasıl inşa ederler? 4 ila 5 yaşlarındaki çocuklarımız da yuva yapabilirler mi? Onlar için yazacağımız bir hikâyeyi bize anlatabilirler mi? Çocuklar, hikâye anlatmayı ve bizim de bunları bilgisayara yazmamızı çok severler. Birlikte bir karınca ile ilgili bir hikâye yazıp, arkadaşı Libby'yi ormanda nasıl bulduğunu anlatabilir miyiz? Arka bahçenizin boyutu ne olursa olsun, orada oynarken saatlerce keyif alabileceğiniz bir sürü oyun var. Ve arka bahçenizde bile bu kadarını bulabiliyorsanız, bir hayvanat bahçesinde karşılaşabileceğiniz uyarıcı ortamın kapsamını varın siz düşünün! Ya da bir çocuk müzesinde!

Alışveriş merkezlerinden, tenis toplarına geçin. Alışveriş merkezleri kesinlikle eğlencelidir ancak çocuklarımız için uğultulu ve kalabalık bir karmaşadan ibarettir. Bütün insanların sizden uzun olduğu, renklerin ve seslerin çok yoğun olduğu ve yetişkinlerin sizden daha çok arkadaşlarıyla ilgilendiği bir ortam hayal edin. Alışveriş merkezlerinden uzak durmamıza gerek yok ancak çoğu zaman, her daim etrafımızda olan günlük nesnelerle neler yapabileceğimizi fark edemiyoruz. Dahası, alışveriş merkezine giderken, arabada ne yapıyorsunuz? Bu süre, çocuğunuzun sevdiği şarkıları kaset ya da CD çalarınızda çalıp, onunla birlikte söylemek için mükemmel bir fırsattır. Çocuğunuz biraz daha büyüdüğünde, "Gördüm!" oyunu oynayabilirsiniz. "Bir köpek gördüm!", "Bir polisin gördüm!" Ahhh, anne biraz yavaşlasan iyi olur.

Evde, oturma odası halısının üzerinde bir topu yuvarlamak bile, küçük çocuğunuz için keyifli bir oyun olabilir. Nasıl yuvarlarsan, top diğer kişinin yanında durur? Ne kadar sert itmen gerekir? Kullanman gereken açı nedir? Top, giderken bir şeylere çarpacak mı? Bu, doğal ortamında deneyim beklentili fizik ve matematik öğrenmenin en iyi yollarındandır. Ve maddi olarak da bir topun fiyatından daha fazlası tutmaz.

Ve alışveriş merkezindeki o eğitsel oyuncak için 25 dolar vermeden önce, evde bulunan ve aslında bebeğinizin çok etkileyici bulacağı tüm nesneleri düşünün. Tencere ve tavalar, plastik kutular mutfaktaki hazinelerdir ve tahta bir kaşıkla (bunun huzur verici olduğunu elbette söylemiyoruz) mükemmel bir senfoni oluşturabilir. Çamaşır sepetlerinin içine girip çıkmak da en az karton kutulara girip çıkmak kadar keyiflidir. Her nedense, çocuklar saklanmayı, bir şeylerin arkasına girmeyi, üzerine tırmanmayı çok severler. Battaniyeleri sandalyelerin üzerine örterek oluşturulan battaniye çadırları, büyükannenin evine gittiğinizi hayal edip birkaç saat eğlenmek için gayet iyidir. Bir yastık, birkaç pelüş hayvan ile kitap da içeriyi bir arkadaşının evine ya da anaokulu sınıfına çevirebilir. Peki, bebekler neden hep çekmecelerdeki şeyleri çıkarmak ister? İçinde ne olduğunu görmek için! Altlardaki çekmecelerden birini alıp, şaşırtıcı ve eğlenceli şeylerle (pelüş hayvanlar, kitaplar, arabalar, aile üyelerinin fotoğrafları vs.) doldurun ve belli aralıklarla bunları değiştirip, bebeğinizin bunu boşaltarak eğlenmesini sağlayın. Sıradan nesnelerin çocukların gözüyle bakıldığında ne kadar değerli olduğunu unutmayın. Çocuklar için, o nesneler hiç sıradan değildir. Ve bu deneyimler —hepsi ücretsiz ve eğlencelidir, eğitsel bir şeyler yapma kaygısından uzaktır— daha iyi bir beyin oluşturmaya yardımcıdır.

BÖLÜM 3

BAŞIN DERTTE BEBEK!

2 yaşındaki Jess'in annesi Amy, gazeteyi açıp da, "Bebekler Toplama ve Çıkarma İşlemlerini Yapabilir" başlığını görünce çok sarsıldı. Jess, 10'a kadar sayabiliyordu ve Amy, *bunun* gerçek bir başarı olduğunu düşünüyordu. Ancak, 5 aylık bebekler toplama ve çıkarma yapabiliyorsa, o hâlde Jess çok gerideydi!

Amy, o gün hemen alışveriş merkezine gitti ve Jess'in toplamayı ve çıkarmayı öğrenmesi için üzerinde noktalı desenlerin olduğu eğitici kartlar satın aldı. Artık üzerinde bir baskı hissediyordu! Ya Jess kreşe gider de, matematikten anlamayan tek çocuk o olursa?

KÜÇÜK ÇOCUKLARIN SAYABİLDİĞİ VE MATEMATİK ÖĞRENEBİLDİĞİ İLE İLGİLİ DUYDUKLARINIZ

Amy'nin okuduğu başlıkta az da olsa doğruluk payı var. Bu başlık, yorumu elden ele dolaşıp, sonunda medyaya ve bebek ürünleri piyasasına mal olan, artık klasikleşmiş bir çalışmadan doğmuştur. Piyasada, küçük çocuklardaki matematiksel gelişimi destekleyen oyuncakları şüphesiz görmüşsünüzdür. Ebeveynlere, çocukların aritmetiği öğrenebilecekleri ve öğrenmeleri gerektiği düşündürülmektedir. Bu bölümde anlayacağınız üzere, gerçekten matematik öğrenmek ile miktarlar arasındaki farkı öğrenmek ya da sayıları 1'den 10'a kadar ezberlemek arasında fark vardır.

Çocuklar, temel matematiksel kavramlara doğuştan hazırlıklı gibi görünseler de, anlayışları belirli dönüm noktalarından sonra gelişir ve "ileriye sıçramaya" çalışmak sadece zaman kaybı değil, aynı zamanda çocuk için endişe verici bir durumdur. Çocuklar toplama ve çıkarmayı öğrenmeden önce, saymanın temel prensiplerini öğrenip sayı doğrusu kavramını anlamalıdırlar. Ve bu kavramları öğrenmenin de en iyi yolu, çocuğunuzun kendi dünyasında nesnelerle oyun oynamasından ve onları ağır ağır keşfetmesinden geçer.

İKİ ÇALIŞMA, İKİ FARKLI SONUÇ

Bebeklerin toplama ve çıkarma yapabileceği yanılgısına düşülmesine neden olan, 1990'lı yıllarda Yale Üniversitesi profesörlerinden Karen Wynn tarafından yapılan çalışmadır. Karen Wynn, toplama ve çıkarmanın temelleri ile ilgili bebeklerin ne bildiğini keşfetmekle ilgileniyordu.

Bir perşembe günü öğleden sonra, Profesör Wynn'in laboratuvarına, annesi Cindy ile birlikte 5 yaşındaki Derrick'in gittiğini hayal edin. Derrick, bir Mickey Mouse oyuncağının üzerinde olduğu küçük bir sahnenin karşısında, bir bebek sandalyesinde Oshkosh marka fitilli kadife kıyafetleriyle, oturuyor. Büyülenmiş bir şekilde oyuncağa bakıyor. İlgisi biraz dağıldıktan sonra, bir öğrenci gizli bir kabloyu sahnenin altından çekip, bir paravanı kaldırıyor. Paravan, Mickey Mouse oyuncağını tamamen kapatıyor ama sahnenin geri kalan kısmını açıkta bırakıyor. Derrick daha sonra, başka bir Mickey Mouse oyuncağını tutan uzanmış bir el görüyor. Bu elin, diğer Mickey Mouse oyuncağını da paravanın arkasına koyuşunu izliyor.

Derrick'in annesi —aynı anda yürüyüp, sakız çiğneyebilecek olan tüm yetişkinler gibi— paravanın arkasında artık iki Mickey Mouse olduğunu tahmin edebiliyor. Bizler "toplama" yapabilir, bir artı birin iki olduğunu bilebiliriz. Ancak, bebekler de aynı varsayımda bulunabilir mi? Bunu bulmak için Dr. Wynn, Derrick ve onun gibi diğer bebekleri bildikleri şeyleri göstermesi için kandırıyor. Mezun öğrenci, paravanı indirdiğinde, sadece bir tane Mickey Mouse oyuncağı oluyor. Derrick, sanki kendi kendine "Hey, diğer Mickey'ye ne oldu?" der gibi uzun süre kocaman açtığı gözlerle tek başına duran Mickey'ye bakıyor. Belli ki çok şaşkın. Bu, Derrick'in de bizim de beklentilerimizi yanıltan *imkânsız bir durum*. Mezun öğrenci paravanı ikinci kez indirdiğinde, bu kez sahnede iki Mickey Mouse oyuncağı görünüyor. Bu *beklenen bir durum* çünkü paravan indirildiğinde iki oyuncak görmeyi umuyoruz. Sonuçta, sahneye bir diğer Mickey'yi getiren bir el gördük. Onu paravanın arkasına götürdü ve sonra boş döndü. O elin, oyuncağı, paravanın arkasına bırakmış olmasını umuyoruz.

Araştırmacıların sorduğu soru, bebeklerin imkânsız durumu gördüklerinde, beklenen durumdan daha uzun süre dikkatlerini buna verip vermedikleri. Bebeklerin yarısı imkânsız durumu, diğer yarısı da beklenen durumu önce gördü. Peki, ne oldu? Derrick ve Yale'deki laboratuvara gelen diğer 5 aylıkların çoğu, imkânsız duruma, beklenen durumdan daha uzun süre baktılar. Yani bu durumda, Derrick "toplayabiliyordu"!

Bebeklerin "çıkarma" yapıp yapamadığını görmek için, mezun öğrenci bebeklere başlangıçta iki Mickey Mouse oyuncağı gösterdi. Paravan yeniden, Mickey Mouse oyuncaklarını örttü. Bu kez, bir kol, paravanın arkasına uzanıp Mickey Mouse oyuncaklarından birini aldı ve Derrick bu anı gördü. Daha sonra paravan indirildi. Derrick, iki tane Mickey Mouse oyuncağının orada olduğunu görünce, bir tanesinin götürülmemiş olmasına çok şaşırmış gibi uzun süre sahneye baktı ve çıkarmayı anladığını belli etti. Araştırmacıların ve haber başlıklarının neden bebeklerin toplayıp çıkarabildiğini söylediğini anlamışsınızdır. Derrick, kesinlikle sayılarla ilgili bir şeyler biliyordu ya da en azından kendisine gösterilen "şeylerin" miktarı ile ilgili bilgi sahibiydi. Miktarın nasıl değiştiğini bile anlayabiliyordu. Ancak, Derrick'in annesi onun adına Yale'e bir başvuru yapmadan önce, bunun gerçekten toplama çıkarma olup olmadığını sorgulamamız gerek. Bu sorunun cevabı, göründüğünden daha karmaşıktır.

Chicago Üniversitesi psikoloji departmanından Profesör Janellen Huttenlocher'dan bahsedelim. O ve meslektaşları, 2 ila 4 yaşlarındaki çocukları araştırıp, ne kadar iyi "toplama" ve "çıkarma" yapabildiklerini inceliyorlar. Tabii ki eğitici kartlar kullanmıyorlar. Çocukların anlayabileceği, tutup oynayabileceği üç boyutlu nesneler kullanıyorlar. Bir araştırmacı, 2.5 yaşındaki Amanda'nın "3+1" işlemini yapıp yapamayacağını gözlemliyor. Amanda, kendisine 3 kırmızı blok gösteren araştırmacının tam karşısında oturuyor. Amanda, araştırmacının blokları büyük bir kutuyla kapatmasını dikkatle izliyor. Amanda'nın oyunu anladığından emin olmak için, bir diğer blok setini kullanarak, araştırmacıya kutunun altına kaç blok saklandığını göstermesi isteniyor. Amanda yardımda bulunduğu için çok mutlu! Masanın kendi tarafına üç blok diziyor. Asıl bloklar hâlâ saklanmış durumdayken, araştırmacı, kutunun altına bir blok daha ekliyor ve Amanda'ya "Senin bloklarının da benimkiler gibi görünmesini sağlayabilir misin?" diyor. Amanda'nın tek yapması gereken, bir blok daha alıp, dört blok olacak şekilde, diğerlerinin yanına eklemek. Bunu başarabiliyor mu? Bu kez hayır. Tek bir blok yerine, iki blok daha alıyor! 2.5 yaşında, bu tür problemlere doğru cevabı veremiyor. Bir yıl sonra, bir A+ öğrenci olup, 1+1=2 ya da 3-1=2 gibi işlemleri yapabilecek. Ve üçüncü yılının sonuna kadar, 2+2=4 gibi büyük sayılarla bile uğraşabilecek.

Kafanız mı karıştı? Öyle olmalı. 5 aylık bebekler Dr. Wynn'in laboratuvarında Mickey Mouse testini "geçerken", Profesör

Huttenlocher'ın laboratuvarında benzer bir görevi 2.5 yaşındaki çocuklar neden yapamıyor? Cevap şu: Bebeklerin henüz gelişmemiş sayı yetenekleri ile miktara karşı hassasiyetleri varken, toplama ve çıkarma derken kastettiğimiz türden matematiksel yetenekleri yoktur. Derrick'in 5 aylıkken verdiği tepkiler çok etkileyici. Ancak bazı bilim adamları, Derrick'in yaptığı şeyin az ya da çok gibi miktarların farkına varmak olduğunu, ancak, 2 ya da 4 gibi belirli miktarların farkında olmadığını söylüyorlar. Bu yeteneğin, geliştikçe yerleşeceğini düşünüyorlar.

SAYI HASSASİYETİ, MATEMATİKLE AYNI ŞEY DEĞİLDİR

"Eğitim Başkanı" Başkan George W. Bush, Amerika'daki tüm çocukların, ilkokula başlamadan önce "öğrenmeye hazır" olmalarını zorunlu tuttu. Bu ne demekti? Çoğu kişi bunun, çocukların özel ders alarak ya da anaokullarına kaydolarak sayısal yeteneklerini arttırmaları demek olduğunu düşündü. Çocukların tam olarak ne bilmesi isteniyordu? Şu anki standartlara göre, 3 4 yaşındaki çocuklar, 10'a kadar saymayı ve sayıların isimlerini bilmeli. Bunlar önemli yetenekler olsalar da, matematiğin sadece görünen yüzünü ifade etmekte ve çocuklar için doğal hesaba dayalı yeteneklerin olgunlaşması konusunu yok saymaktadır. Saymayı bilen çocuk, matematiği biliyor mudur?

Sayısal "deha" Zeki Hans'ın bu yüzyılın başındaki hikâyesi, sorunu çözmektedir. Zeki Hans, eğitmeninin toplama, çıkarma, çarpma ve bölme yapabildiğini iddia ettiği bir attı! Ancak eğitmeni, Hans'ın toplama, çıkarma, çarpma ve bölme yapabildiğini nereden biliyordu? Hans, işlemlere cevabı ön ayaklarını vurarak verebiliyordu. Zeki Hans'a bir toplama problemi verip, "Hans! İki artı iki kaç eder?" diye sorarsanız at, ayağını yere dört kere vuruyordu. İzleyiciler, atın performansından çok etkileniyorlardı. Zooloğlar ve doktorların da içinde olduğu bir grup bilim insanı neler olduğunu açıklamakta başarısız olunca, bir psikolog —Oskar Pfungst— devreye girdi. Pfungst, atın gözlerini bağladı ve eğitmeninden ona bir matematik problemi vermesini istedi. Bu kez Hans doğru cevabı veremedi. Neler oluyordu? Hans gerçekten zekiydi. Hatta fazlasıyla zekiydi. Ancak, yapabildiği şey matematik değildi. O, sadece eğitmeninin verdiği sözsüz sinyalleri okuyordu. Eğitmen, soruyu sorarken öne doğru eğilip, at cevabı verirken de ağır ağır doğruluyordu. Hans doğru sayıya ulaştığında, sahibi "İşte bu!" der gibi dik duruyordu. Hans'ın sözsüz ipuçlarını okuma konusundaki inanılmaz yeteneği sahibi tarafından takdir görmedi. İnsanlar tarafından bir sahtekâr olarak anılmaktan korkup intihar etti. Zeki Hans zekiydi ama sosyal anlamda. Ancak matematik konusunda hiçbir şey bilmiyordu!

Zeki Hans hikâyesi, bizlere çocukların yetenekleriyle ilgili ne anlatmaktadır? Bize, doğru sonuca ulaşsalar bile, çocukların bir görevi, bizim yaptığımız gibi yapamayacağını anlatır. Çocuklar, kendilerine verilen problemleri çözmek için yollar bulma konusunda Zeki Hans'tan çok daha iyidirler. Örneğin, bir şeyleri ezberlemekte —araba isimleri, vücudun bölümleri, alfabenin harfleri (MNOP harfleri genelde tek harf gibi düşünülür) ve evet, sayıları bile ezberlemekte— çok iyilerdir. Bu nedenle, sayıları sırayla ezberlemek için, bir çocuğun matematikle ilgili herhangi bir şey bilmesine gerek yoktur. Aslında, kutunun altında üç nesne olduğunu bilmeleri bile bize, çocukların üçün ikiden fazla ya da dörtten az olduğunu bildikleri gibi bir bilgi vermez. Bir çocuk, tıpkı "mavi"nin bir renk adı olduğunu bilmesi gibi, üç'ü de bir "isim" zannediyor olabilir. Eğitici kartlar ve hafıza kartları bu şekilde çalışırlar. Çocuklar, bir karttaki iki noktaya yüksek sesle cevap verebilir ancak, "iki"nin ne anlama geldiğini bilip bilmediği net değildir.

Bu bölümden, çocukların matematik yeteneklerinin sığ ve yüzeysel olduğu sonucuna ulaşabilirsiniz. Çocukların komutlara karşılık vermek için yapay bir şekilde yönlendirilmeleri durumunda bu doğru olsa da, konunun dahası da vardır. Bilim adamları, çocukların erken (okula bile gitmeden önceki) sayısal yetenekleri ile ilgili az da olsa bilgi sahibidirler. Buldukları en önemli bulgulardan biri de, çocukların tüm matematik öğrenmelerini, bebeklik ve erken çocukluk döneminde, anne babalarından bağımsız bir şekilde oluşturmasıdır. Doğanın, çocukları sayıları öğrenmek üzere programladığını düşünüyoruz!

SAYI NEDİR?

Bir an için sayıların fiziksel oluşumlar olmadığını düşünün. "5"i hiçbir zaman bir fincanı ya da uçağı gördüğünüz şekilde görmezsiniz. "Beş" fincanları ve uçakları sayarken onlara yüklediğimiz bir anlamdır. "Beş" —ya da herhangi bir sayı— bir sembol, insanların dünyalarını daha iyi anlamaları için görsel bir işarettir. Fransa'da bulunan, tarih öncesinden kalan mağara resimlerinde bile miktarı belirtmek için atılmış çentikler görülmüştür.

Sayısal düşünebilme yeteneği, insan olmanın bir parçası olarak bizlerde vardır. Yine de, miktarın çevrede önemli bir faktör olduğunu düşünen tek tür biz değiliz. Hayatta kalmamız ve genel anlamda hayvanların hayatta kalması, erişilebilir "şeylerin" miktarını bilmemize ve bilmelerine bağlıdır. Hayvanların, yiyecek ararlarken, onları ayakta tutmaya yetecek kadar besin olduğundan emin olmaları gerekir. Stoklarının tükendiğini ve daha yeşil otlaklara gitmeleri gerektiğini de bilmeleri gerekir. Hayvanlar da, sürü ya da grup hâlinde dolaşarak, kendilerini korurken temel sayısal yeteneklerini kullanırlar. Aslında bu da, "Birlikten kuvvet doğar!" sözünü doğrular. Hayvanların miktar konusundaki hassasiyetlerini bilinçli olarak avantajlarına kullandıklarını söylemiyoruz. Sadece miktar algıları hayatta kalma stratejileri için önemli bir rol oynar ve bu şüphesiz, evrim sayesinde onlara verilmiştir.

Aslında, en yakın hayvan akrabalarımız, Derrick bebeğin, Dr. Wynn'in laboratuvarında yaptığının çok benzerlerini yapabilirler. Harvard Üniversitesi'nden araştırmacılar yakın zamanda, Santiago, Cayo Adası'na gidip, bir grup makak maymununu incelediler. Yanlarında taşınabilir bir sahne ve Dr. Wynn'in Mickey Mouse oyuncakları ile birlikte kullandığına benzer bir paravan götürdüler. Maymunlar, sebzeleri Disney karakterlerinden daha ilginç bulacağı için, araştırmacılar patlıcan kullandılar. Araştırmacılar, bir maymun kendi başına gelene kadar sessizce beklediler. Ardından, sahneye bir ya da iki patlıcan ekleyip, paravanın ardından bir patlıcanı aldılar ya da bir diğer patlıcanı arkaya eklediler. Paravanı indirdiklerinde, maymunlar imkânsız sonuca, beklenen sonuçtan daha uzun süre baktılar ki bu da, onların da alınan ya da eklenen bir şeye karşı miktar konusunda duyarlı olduklarını gösteriyordu.

BEBEKLER SAYILARLA İLGİLİ NE BİLİRLER?

Bebekler ve maymunlar en azından farklı ve küçük miktarları birbirinden ayırabilirken, sayılarla ilgili ne anladıkları, son zamanlarda tartışma konusu hâline gelmiş durumdadır. Hiçbir araştırmacı, bebeklerin *az ve çok* ile ilgili bir şeyler bildiği konusunda şüphe etmiyor ve çoğu 6 ila 8 aya kadar, bebeklerin küçük setler hâlinde olan aynı miktardaki "şeylerin" farkına vardığını kabul ediyor. (3 top ile 3 oyuncağın aynı miktarda olduğu gibi.) Ancak araştırmacılar, bebeklerin nesnelerin miktarının eşit olduğunu anladıklarını nereden anlıyor? Bunun için 7 aylık Harry ile laboratuvara geri dönelim.

Harry, bir bebek sandalyesine oturtulmuş, yan yana duran iki televizyona bakıyordu. Bir ekranda tarak ve ayakkabıdan oluşan iki nesne görüyor. Diğer ekranda da, bir tablet, spatula ve sandalye olmak üzere üç nesne görüyor. Her iki ekranda da, nesneler gelişigüzel sıralanmış ve neredeyse eşit miktarda yer kaplıyorlar. Harry bunları dikkatle izlerken, aralıklı bir davul sesi duyuyor: *dum dum*. Aparatın arkasında saklanan bir araştırmacı, televizyonların arasındaki bir boşluktan gizlice bakıp, bir bilgisayara bağlı olan tuşa basarak Harry'nin sol ve sağ ekranlara ne zaman baktığını kaydediyor. Araştırmacı, ekranları görmüyor ve davul sesini duymuyor. Araştırmacıların merak ettiği soru, Harry'nin iki nesnenin olduğu ekranı, üç nesnenin olduğu ekrandan daha fazla izleyip izlemeyeceği. Eğer Harry ekranı davul sayısına eşit izlerse, araştırmacılar, ekrandaki sayılarla davul sesini eşleştirdiğini düşünecekler.

İster inanın ister inanmayın, Harry ve diğerleri bu görevi yapabildi! Araştırmacılar resimleri değiştirip davula üç kez vurduklarında, Harry üç nesnenin olduğu ekrana baktı. Bu deney neyi gösteriyor? Harry gibi bebeklerin, gördükleri şeylerin sayıları ile duydukları sesin sayısını bildiklerini ve bunları *eşleştirdiklerini* gösteriyor. Bebekler, nesneleri sayılarına göre eşleştirmek istiyor gibi görünüyorlar tıpkı daha küçük yaşlarda, gördükleri yüzlerle duydukları sesleri eşleştirdikleri gibi. Araştırmacılar, bebeklerin bu görevde başarılı olmalarının tek yolunun *sayıya* dikkat etmiş oldukları olduğunu belirtmiştir.

Ama bir dakika! Bu konuda karşıt düşünceler de vardır. Harry'nin sayılara değil, ekrandaki "şeylerin" miktarına dikkat ettiğini iddia eden araştırmacılar da vardır. Aşağıdaki deney, bebeklerin sayısal yetenekleri konusunda bu diğer alternatifi ayırt edebilmek için yapıldı.

Walla Walla, Washington'daki Whitman Üniversitesi'nden Profesör Melissa W. Clearfield ile Bloomington'daki İndiana Üniversitesi'nden Kelly Mix tarafından yürütülen deneylerde, 7 aylık bebekler "alıştırma" yöntemi kullanılarak test edildi. Bu tür çalışmalarda, çocuk —ona bebek Carla diyelim— bir nesneyi sıkılana kadar tekrar tekrar görür. Gizli bir araştırmacı, Carla'yı izleyip bakma süresini kaydetmek için bilgisayara bağlı tuşa basar. Bakma süresi belli bir seviyenin altına düşünce, Carla'ya yeni bir şey gösterilir. Yeniyi eskiden ayırt edebilirse yeniden bakmaya başlar. Eğer ayırt edemezse o zaman sıkılmaya devam eder.

Carla'nın sayıları mı yoksa nesnelerin miktarlarını mı kullandığını anlamak için araştırmacılar ona ne gösterdiler? İki, orta boy kare. Kareler, bir tahtaya kondu ve tekrarlanan aralıklarla tahtanın farklı yerlerinde belirdi. Carla başta bundan etkilendi ve uzun uzun baktı. Sonunda, hareket hâlindeki iki kareye bakmaktan sıkılan Carla, "Bu kadar yeter, anladım," der gibi ilgisini yitirdi. Soru, Carla'nın *ne* anladığıydı. Bunu anlamanın bir yolu, Carla'ya iki farklı görüntü göstermekti: iki daha büyük kare *(aynı sayı ama farklı miktar —yani farklı hacim—)* ya da üç küçük kare *(farklı sayı ama aynı miktar —yani aynı hacim—)*. Carla, nesnelerin sayısının önemli olduğunu düşünürse, üç karenin olduğu ekrana daha uzun bakması gerekirdi. Önemli olanın miktar olduğunu düşünürse de, o zaman miktarı artmış olan iki karenin olduğu ekrana bakmalıydı.

Kazanan? Nesnenin miktarıydı. Carla, iki büyük karenin olduğu ekrana daha uzun bakıp, üç küçük karenin olduğu, ilk andakiyle aynı miktarda nesnenin olduğu ekrana ilgi göstermedi. Carla, belli ki bu görevde sayıya değil, sadece miktara bakmıştı.

Bu bulgu ne işimize yarar? Bunun bir sonucu, bebeklerin sadece nesnelerin miktarını anlayabildikleri ama sayılarla ilgilenmedikleri olabilir. Nesnelerin miktarına odaklanmaları da küçümsenecek bir yetenek değildir! Bu, bebeklerin daha sayısal yollarla toplama çıkarma yapabildikleri iddiasını desteklemese de, kritik bir yetenektir. Belki de tüm bebekler *az ve çok* gibi basit kavramlara sahiptir. Bazıları temel miktara bağlı anlayışın, beyinde oluştuğunu ve yiyeceğini arayan hayvanlarla ortak yönümüz olduğunu iddia etmektedir. Bu konuda daha ayrıntılı bilgi beklemeliyiz. Ne olursa olsun, bebeklerin toplama ve çıkarmayı, bize ya da anaokulu öğrencilerinin yaptıklarına benzer bir şekilde yapmadıkları gayet açıktır.

SAYI FARKINDALIĞI: SAYMAK

Çocuklar büyüdükçe sayı gelişimi hikâyesi de devam eder. 2.5 yaşına kadar çocukların çoğu, "1, 2, 3 ve 4" gibi sayı dizilerini söyleyebilirler. Kendilerine üç tane top gösterildiğinde üçlü bir top dizisi oluşturabilirler. Üç yaşına geldiklerinde, çocuklar orta boylu nesneleri saymaya başlayabilir, hatta 3 ve 4 nesneden ilerisine bile gidebilir. Ancak bu yaştaki çocuklar, başka bir kişinin doğru ya da yanlış saydığını bilemez. Hatta bir sayıyı, birden fazla kez söyleyebilirler. Örneğin, 1, 2, 2, 3, 2 diye sayabilirler.

4 yaşına kadar, çocuklar sayı yeteneklerini toparlarlar. Nesne gruplarını sayıp bir kukla ya da insan yanlış saydığında onu uyarır, bir çocuk programındaki sayma etkinliklerine (örneğin Susam Sokağı'ndaki Sayıların Kontu adlı karaktere) eşlik edip ekrandaki nesneleri sayarlar. Bu yaşta çocuklar gruptaki nesneleri birbiriyle kıyaslayabilirler. Bir grup nesnenin, diğer gruptan daha büyük olduğunu ve üçüncü bir gruptan da küçük olduğunu fark edebilirler. Örneğin, dört kurabiyelik bir grubun, üç kurabiyelik bir gruptan büyük olduğunu ama beş kurabiyelik bir gruptan küçük olduğunu bilebilirler.

Sonunda, 5 yaşına gelene kadar çocuklar hem sayma hem de okul öncesi sayı başarısı olarak bilinen, miktar kıyaslama yeteneklerini edinmiş olurlar. Bu noktada bazıları, çocukların bir sayı dizisindeki sayıyı doğru yerine yerleştirip diğer sayılarla olan ilişkisini bilebileceğini iddia eder. Bu yaşta, ayrıca çocuklar iki set nesneyi birbirine eklemek gerektiğinde, "hesaba katma" işlemini de yapabilirler. Bu strateji geç gelişse de, izlemesi çok zevklidir. Çocuğa sayması için 3 oyuncak verin. "Bir, iki, üç" diyecektir. Sonra iki oyuncak daha verip, "Şimdi kaç oldu?" diye sorun. Bizler, "4, 5" şeklinde saymanın ardından, doğru cevabı alırsınız. 3 4 yaşındaki çocukların ne yapacağını izleyin. İlk üç oyuncağı da saymaya başlayıp, "1, 2, 3, 4, 5" diyerek aynı sonuca ulaşacaklardır. 5 yaşına kadar, bu çocuklar zaten ellerinde 3 oyuncak olduğunu fark edip, onu da "hesaba katarak" bizim yaptığımızı yaparlar. Ancak bu yaştan önce hesaba katmayı beceremeyeceklerinden, her seferinde en başından başlarlar.

GİZLİ YETENEKLERİ KEŞFETMEK

HESABA KATMAK

Yaş: 4-6

Çocuğunuzun "hesaba katma"yı kullanıp kullanmadığını gözlemleyin. 5 oyuncak alıp çocuğunuzun onlarla oynamasına izin verin. Daha sonra onları ayırıp 3 ve 2 oyuncaklık iki set hâline getirin. Çocuğunuzdan, önce üç nesneli grubu sayıp size kaç oyuncak olduğunu söylemesini isteyin. Daha sonra da ona diğer seti verip, "Şimdi kaç tane oldu?" diye sorun. Çocuğunuz ne yapacak? Hesaba katacak mı? Katmıyorsa, bu deneyi bir ay sonra bir daha yapıp, çocuğunuzun bu yeteneği geliştirip geliştirmediğine bakın. Genellikle 5 yaş civarında bu yetenek gelişir.

ÇOCUKLAR SAYMAKLA İLGİLİ GERÇEKTEN NE BİLİYORLAR?

Çocuklar küçük nesne gruplarını saymak gibi kolay bir iş yaptıklarında, gerçekten ne yaptıklarının farkına varırlar mı? Dünyaca ünlü, İsviçreli, merhum gelişim psikoloğu Jean Piaget, çocukların sayılarla ilgili bir şeyler bildiğinden şüphe ediyordu. Piaget kendi çocuklarıyla da diğer çocuklarla da küçük deneyler yapıp, onların dünyayı nasıl anlamlandırdıklarını anlamayı severdi.

"Sayı korunum sorunu" olarak bilinen şeyi test etmek için Piaget, 5 yaşındaki Francoise'nın karşısına 5 tane mavi disk dizisi koydu. Sonra kendisi için de bir dizi ekledi. Diziler birbirinden birkaç santimetre uzaklıktaydı ve birbirlerine paralel duruyorlardı. Piaget ardından, "Francoise, bunlar senin disklerin (diskleri göstererek), bunlar da benim disklerim (kendisininkileri gösterir). Senin mi daha fazla diskin var, benim mi? Ya da ikimizin de aynı sayıda mı diski var?" diye sordu. Francoise fazla emin olmasa da, daha iyi bir fikir edinebilmek ister gibi, iki diziye de göz atar. Francoise saymayı bilse de, cevap vermekte tereddütlü görünür. Sonunda cevabı, "İkimizin de aynı," olur.

Piaget, Francoise'yı daha dikkatle incelemek için, bunun ardından kendi dizisini dağıtır. Dizi artık birbirinin ardı ardına sıralı görünmemektedir. Piaget'nin dizisi daha fazla yer kaplamaktadır. Francoise'ya aynı soruyu yeniden sorar: "Francoise, şimdi senin mi daha fazla diskin var yoksa benim mi? Ya da ikimizin de eşit mi?" Francoise bu kez tuhaf bir şekilde kendinden emin ve neşeyle cevap verir. "Seninki daha fazla. Bak, nasıl da etrafa yayılmış senin dizin!"

Yetişkinler için bu tür bir cevap şok edici olabilir. Peki, çocuk nasıl bu şekilde cevap verebilir? Ancak, bazı psikologlar bile bu araştırmanın bulgularına inanmakta zorlandılar. Yine de sonuç tüm dünyada duyuldu. Psikologlar, soru farklı sorulursa ya da gösterilen nesnelerin çocuklar tarafından dizilmesine izin verilirse, çocukların basit gibi görünen bir testin içinden doğru bir şekilde çıkmalarına yardımcı olabileceklerini düşündü.

Yapılan pek çok çalışmanın ardından, Rutgers Üniversitesi profesörü Rochel Gelman'ın çalışması, çocukların sayılar konusunda Piaget ve onun izinden gidenlerin inandığından çok daha fazlasını bildiğini ortaya çıkardı. Bu, kendi çocuklarınızın sayı korunumu testinden başarısız olmayacağı —ya da şekerleme kullanacak olursanız, uyarıcıyı yemeyeceği— anlamına gelmiyor! Ancak, Dr. Gelman çocukların bu testte neye dikkat etmeleri gerektiğinden emin olmadıklarını belirtti. Çocukların kendi kendilerine, "Burada önemli olan ne? Her sıradaki nesnelerin sayısına mı odaklanmalıyım? Yoksa ne kadar yer kapladıklarına mı? Yoksa ne kadar sıkışık durduklarına mı?" diye soruyor gibi göründüklerini söyledi.

Çocuğunuzun odaklanması gereken şey konusunda onu eğitebileceğiniz ve bu sayede doğru cevap vermelerini sağlayabileceğiniz düşünülüyor. Dr. Gelman bunu, oyuncak fareleri kullanarak yaptı. Çocuklara her seferinde fare sayısını ve/veya fareler arasındaki boşluğu değiştirdiği bir sayı problemi sundu. Kimi zaman birbirinden uzak iki fare, kimi zaman birbirine çok yakın üç fare gösterdi. Bazen aynı boyuttaki sıralar hâlinde fareleri gösterdi. Sonra da daha fazla farenin olduğu tabağı —'kazananı'— almalarını istedi. Üç farenin olduğu tabak her zaman kazanan oldu —fareler nasıl yerleştirilmiş olursa olsun— ve iki farenin olduğu tabak da hep 'kaybedendi'. Çocuklar doğru yanıtı verdiğinde, Dr. Gelman onları ödüllendirdi. Bu test, önemli olanın sayı olduğunu onlara öğretmişti. Daha sonra sayılarla ilgili ne öğrendiklerini göstermeleri için çocukları istediği şekilde yönlendirdi (bir psikoloğun en sevdiği şeydir bu!). Gizlice sıranın sonundan ya da ortasından bir fareyi aldı ve sıraları eşit uzunlukta ya da yoğunlukta bırakıp, sayıca *aynı hâle* getirdi. Çocuklar şaşırdı. Sözlü yanıtları, burada önemli olanın sayılar olduğunu anladıklarını gösteriyordu. Hepsi kayıp farenin nerede olduğunu sordu ya da onu aradı.

Dr. Gelman'ın çalışmasının önemi iki yönlüdür. Öncelikle bu çalışma, küçük çocukların sayılara dikkatlerini verip Piaget'nin korunum testini geçebildiklerini gösterir. Bir ikinci önemi de, çocukların bu tür basit testlere, yetişkinlerin yaklaşacağından çok daha farklı bir şekilde yaklaşıyor olmalarıdır. Korunum testinde önemli olanın sayı olduğunu anlamaları için çocukların zamana ve deneyime ihtiyaçları vardır. Aslında, diğer araştırmacıların da gösterdiği gibi, standart korunum testinde başarısız olan çocuklar, cevaplarının doğruluğundan eminmiş gibi davranmışlardır. Francoise kendinden çok emin bir şekilde cevap vermiştir çünkü ona göre, nesnelerin nasıl göründüğü, kaç tane olduklarından daha önemlidir. Ancak, Dr. Gelman'ın tezinin gösterdiği üzere, çocuklara asıl önemli olanın sayı olduğunu göstermenin yolları vardır. İronik bir şekilde, bu çocuklara öğretilmesi gerekmeyen bir bilgidir. Bunu, çocuklar kendi deneyimleri yoluyla öğrenirler. Tabii ki ebeveynleriyle yaptıkları bazı konuşmalar, onların bu bilgiye ulaşmalarını hızlandırabilir. Örneğin, çocukların sayıları anlamasına katkıda bulunabilecek olan etkinliklerden biri, çocukların paralel bir şekilde çift sıra olmalarıdır. Bunun eğlenceli adı "bire bir eşleşmedir" ve çocukların dizileri karşılaştırmalarına yardım eder ve çocuklara gayet olağan gelir. 3 yaşındaki çocuklarımızdan biri (Josh) dünyada oyuncak arabalarını sıraya dizmekten daha güzel bir şey olamayacağını düşünüyordu. Tüm arabalarını uzun bir sıraya dikkatle yerleştirdikten sonra, ayakta duran küçük plastik bebeklerini alıyor ve arabaların her birinin yanına bir bebek koyuyordu. Çocuklar bu "oyunu" her şey ile oynayabilir: ayakkabı, çorap, kitap, hayvan vs. Çocuğunuzun aslında nesneleri sıklıkla düzene sokup bire bir eşleştirdiğini görmek sizi şaşırtacaktır.

GİZLİ YETENEKLERİ KEŞFETMEK

KORUNUM SORUNU

Yaş: 3-6

Yukarıda Piaget'nin, Francoise ile yaptığı testi takip ederek, çocuğunuzla korunum deneyini yapın. Her korunum sorunun üç bileşeni vardır: Birincisi, çocuğun öncelikle önündeki aynı nesnelerden (nesne her neyse) oluşan iki setin aynı sayıda olduğu konusunda hemfikir olması gerekir. İkincisi, çocuk gözlemlerken, bir yetişkin setleri ayarlayıp nesneleri birbirine yaklaştırır ya da uzaklaştırır. Son olarak da yetişkin, çocuğa setlerin aynı mı farklı mı olduğunu sorar.

Setlerin görünüşünün çocuğunuzu aldatması çok şaşırtıcıdır. Sonuçta, hiçbir şey ekleyip çıkarmamışsınızdır. Ancak çocuklar bu tuzağa sık sık düşerler. Dahası, nesneleri yeniden sıraya dizerseniz, yine iki setin de aynı olduğunu kabul ederler! Kardeşlerin, kimin daha fazla hediyesi olduğu konusunda tartıştıkları bir gerçektir. Hediyeler farklı görünüyorsa —aynı sayıda olsalar da olmasalar da— çocuklar, birilerinin aldatıldığı konusunda ısrarcı olurlar! 3 ila 5 yaşındaki çocuklar, bu korunum deneyini çoğunlukla geçemezken, 6 yaşındaki çocuklar deneyi "geçmeye" başlarlar.

SAYMA İLKELERİ: ÇOCUKLAR NE ZAMAN NE YAPABİLİR?

Profesör Gelman devam ederek, eşi Profesör Randy ile iş birliği yaptı ve çocukların korunum testini geçmeleri için gerekli olan yetenekleri inceledi. Çocukların sayılarla ilgili ne bildiği ve bunu ne zaman öğrendikleri gibi önemli soruların cevaplarını aradılar. Birçok çalışmanın sonucunda, saymayı yönlendiren 5 ilkeye ulaştılar. Çocuklar bu ilkelere kendi başlarına, dünyalarındaki oyuncaklarla oynayıp, insanlarla sayılar hakkında konuşarak ulaşıyordu. Bu bilgi, çocukların kendi başlarına, gözlemlenmeden, ellerinin ulaşabileceği her nesneyle yapmayı sevdikleri şeylere bağlıydı. Bir diğer deyişle, çocuklar bu prensiplere, bizlerin *oyun* adını verdiği sihirli etkinlikle ulaşıyorlardı.

BİRE BİR İLKESİ YA DA BİR NESNENİN YALNIZCA BİR SAYI "ETİKETİ" ALMASI

Bir grup nesneyi sayarken neler yaşandığını düşünün. Aynı nesneyi birden çok kez sayarsak yanlış sonuca ulaşabiliriz. Ancak, küçük çocuklar bunu ne zaman öğrenirler? Bu bire bir ilkesidir ve Profesör Gelman, çocukların 2.5 yaşına geldiklerinde bir nesneye sadece bir sayı "etiketi" verdiğini —henüz doğru sayamasalar bile— ortaya çıkarmıştır. Dört nesnelik bir set kendilerine gösterildiğinde ve bunu saymaları istendiğinde, "Bir, iki, üç, dört," deyip, (yanlış sayı bile olsa) her bir nesneye tek bir sayı verirler. Bu çok etkileyicidir. Her nasılsa nesnelerin sadece bir kez sayılacağını anlarlar.

DÜZENLİ SIRA İLKESİ VE SAYILARIN SABİT BİR DÜZENDE BULUNMASI

Yine, çocuklar sayı listesini düzene sokmuş olsalar da olmasalar da, öğrendikleri sayıların düzenli bir sırada olduklarının farkındadırlar. Bir diğer deyişle, bir nesne setini sayarken, ilk seferinde "bir, iki, üç" deyip, diğer seferde "iki, üç, dört" dememeleri gerektiğini bilirler. İki yaşındaki bir çocuktan bir grup nesneyi saymasını istediğinizde yaptığı şey sizi şaşırtabilir. Kullanması gereken sayı sözcüklerini bilir ve size örneğin "mavi, kırmızı, yeşil..." diye cevap vermez. Ancak, rakamları sizin beklediğiniz sırayla söylemeyebilir. "Bir, iki, üç, dört, yedi." Yine de sayması için iki ayrı seti ona verdiğinizde, bu sayıları (kişisel sayı listesini) *aynı sırada* sürdürür. Bu da çok etkileyicidir çünkü kimse oturup da çocuğa bu ilkeyi öğretmemiştir. İnsanların saymalarını izleyip kendileri de saymış ve bunu geliştirmişlerdir.

GİZLİ YETENEKLERİ KEŞFETMEK

BİRE BİR VE DÜZENLİ SIRA İLKELERİ

Yaş: 2-4

Çocuğunuz bire bir ilkesi ile düzenli sıra ilkesini kullanmaya başladı mı? Üç küçük set nesneyi bir araya getirip setlerin her birinde 3 4 nesne bulundurun. Çocuğunuzdan, setlerden birini saymasını isteyin ve her bir nesneye tek bir sayı verip vermediğini, yani bire bir ilkesini kullanıp kullanmadığını görün. Eğer bunu yapamıyorsa birkaç ay sonra yeniden deneyin. Birkaç yaşın ne kadar etkili olduğunu görmek için bunu farklı çocuklarla yapmak da çok şaşırtıcı olacaktır.

Çocuğunuzu sayarken dinleyin ve böylece kendi (kendine özgü) sayı listesini her seferinde tekrar edip etmediğini, yani düzenli sıra ilkesini takip edip etmediğini gözlemleyin.

KARDİNAL DEĞER İLKESİ YA DA BİR SETTEKİ NESNELERİN SAYISI, SON SAYI ETİKETİ İLE AYNI MIDIR?

Çocuklar düzenli sıra ilkesini edindikten sonra, önemli bir diğer ilke olan kardinal değer ilkesini —sayılan son rakamın, setin büyüklüğünü ifade ettiğini— öğrenmek için hazırdırlar. Bu ne anlama gelir? Üç fincanı sayacak olursam, saydığım son rakam —3— nesne setindeki fincan sayısını ifade eder. Bunu çocuklarımızda gözlemlemek keyiflidir çünkü bir seti saymanın sonuna ulaştıklarında, çoğunlukla kafalarını kaldırıp, seslerini yükselterek ve gururla, "Altı!" derler. Kendilerine has sayı listelerini kullanmış olup olmamalarının bir önemi yoktur. Saydıkları son rakamın, var olan nesne sayısı ile aynı olması durumunda, bu ilkeyi edindiklerini anlayabilirsiniz.

SOYUTLAMA İLKESİ YA DA HER ŞEYİ SAYABİLİRİM DÜŞÜNCESİ!

Susam Sokağı'ndaki Sayıların Kontu karakteri, bir sonraki ilkemiz olan soyutlama ile ilgili bilgi vermektedir. Her şey sayılabilir, her şey. Ayakkabılarımızı, penceremizin önünden geçen arabaları ve hatta öğle yemeğinden beri tele pazarlamacılardan aldığımız aramaların sayısını bile sayabiliriz. Sayılar, her yere ve her şeye uyarlanabilecek olan verilerdir. Ve neyse ki —kelimeler dilden dile değişse de, (un, deux, trois ya da bir, iki, üç)— bu ilkeler tüm dünyada aynıdır.

SIRA-BAĞIMSIZLIK İLKESİ/ SAYMAYA NEREDEN BAŞLADIĞININ ÖNEMİ YOK

Piaget, bizlere matematikçi olan ve çocukken yaşadığı bir anıyı hatırlayan arkadaşını anlattı. Arkadaşı taşlarla oynayıp, onlardan bir çember yapıyormuş. Bir taştan başlayarak, saydığında "altı" sonucuna ulaşmış. Daha sonra, başka bir taşı "bir" olarak seçip, yeniden saymış ve yine "altı" sonucuna ulaşmış! İnanılmaz. Saymaya hangi taştan başlarsa başlasın, hep aynı cevabı alıyormuş. Piaget'nin arkadaşı, Sıra-Bağımsızlık İlkesini, tıpkı diğer çocuklarımız gibi kendi başına keşfetmiş.

Bu ilke bize, istediğimiz her şeyi sayabilmenin yanı sıra, onları istediğimiz nesneden başlayarak da sayabileceğimizi söylemektedir. Yapamayacağımız şey, sayıların ismi olan kelimeleri istediğimiz sırayla kullanmaktır. Yani bir seferinde "1,2" diye sayıp, bir diğer seferde "2,1" diye sayan çocuk, saymaya istediği nesneden başlayacağını bilse de, sayılara verilen isimlerin doğru sırasını bilmemektedir. Şaşırtıcı bir şekilde, çocuklar 3 yaşındayken sayılarla ilgilendiklerinde dolaylı olarak sıra-bağımsızlık ilkesini bilirken, bunun nesnelerin isimleri için geçerli olmadığını da bilirler. Bir bebeğe önce "bebek" ardından "köpek" diyemeyeceğinizi bilirler. Ancak bir gruptaki her nesne, saymaya başladığınız yere bağlı olarak, tek bir numarayla adlandırılabilir. Bu da, çocukların tek başlarına ulaştıkları bir sezgidir.

GİZLİ YETENEKLERİ KEŞFETMEK

KARDİNAL DEĞER İLKESİ, SOYUTLAMA İLKESİ VE SIRA-BAĞIMSIZLIK İLKESİ

Yaş: 2-4

Çocuğunuza nesne setleri vererek, sayı ilkelerini kullanıp kullanmadığını anlayabilirsiniz. Örneğin, çocuğunuzun kardinal değer ilkesini edinip edinmediğini anlayabilirsiniz. "Kaç köpek, kuş, oyuncak vb. var?" diye sorduğunuzda çocuğunuz, cevabın sette saydığı en büyük sayı olduğunu biliyor mu? Çocuğunuz her şeyi saymaya istekli davranıp, soyutlama ilkesinin farkında olduğunu gösteriyor mu? Çocuğunuzdan, somut bir nesne grubunu saymasını isteyip, ardından da ona gökyüzündeki bulutları sayıp sayamayacağını sorun ya da geçtiğimiz hafta kaç kez "büyükanne" dediğinizi. Buna itiraz ediyor mu? Ya da sorduğunuz her şeyi çok uzak ya da erişilmez olsa da saymaya istekli mi?

Son olarak da, çocuğunuz sıra-bağımsızlık ilkesini kullanıp kullanmadığına bakın. Beş nesnelik bir setin içinden bir nesneyi gösterin ve ondan, kaç tane olduğunu saymasını isteyin. Sonra da başlaması için farklı bir nesneyi gösterip yeniden saymasını isteyin. İki seferinde de aynı sonuca mı ulaştı? Bunu yapmaya istekli mi? Nasıl her seferinde aynı sonuca ulaştığını ona sorun. Size, anlamlı bir cevap vermesini beklemeyin ama bir çocuğun ne tür bir makul kılma yolu izlediğini görmek keyifli olacaktır.

Çocukların çoğu, üç yaşına kadar, çoğu zaman bu beş ilkeye göre hareket etmektedirler. Bu ilkeler, gelişimin normal akışında ortaya çıkar ve erken yaştaki matematik müfredatında ve değerlendirmelerinde kullanılır. Çocuklarımıza sayma ilkelerini öğretmek için derhâl koşup uygun materyalleri almamız mı gerekiyor? Hayır. Öncelikle 2 yaşındaki bir çocuğa isteseniz de (zaten bunu neden isteyebileceğinizden tam olarak emin değiliz) sayma ilkelerini öğretemezsiniz. 2 yaşındaki bir çocuğa, bir setteki nesneleri hangi sırayla saydığınızın bir önemi olmadığını nasıl anlatacaksınız? Çocuklar bunları kendi başlarına, doğal akışında fark edeceklerdir. Bu tür ilkelerden bahsetmek, çocuklarınız için fazlasıyla somuttur. Bu nedenle, onların bu ilkelere ulaşabilmek için nesnelerle kendi başlarına fiziksel deneyime ihtiyaçları vardır.

Dahası, oyuncak arabalarla, çay fincanlarıyla ya da evinizdeki diğer günlük eşyalarla "matematik" oyunları oynayabilirsiniz. Özel bir şey almanız gerekmiyor. Soyutlama ilkesinin de bizlere öğrettiği gibi, çocuklar anlaşılması güç "sayıları" baktıkları her şeyde görürler ve biz de onlarla birlikte bakarsak kurtları, sümüklü böcekleri ve patates kızartmalarını (tabii patates kızartmalarının diğerleriyle bir arada olmamasını umuyoruz!) sayarak eğlenebiliriz. Toplama ve çıkarmayı öğrenmek için, sadece sayılardan daha fazlasını bilmeniz gerekir. Bu da bizi bir diğer dengeleyici adıma, sayı doğrusuna götürür.

SAYI DOĞRUSU KAVRAMI

Sayılar, boşlukta dalgalanmazlar. Birbirleriyle olan ilişkilerinde kararlılardır. Toplama ve çıkarma gibi yeteneklerde, tam anlamıyla uzmanlaşmak için çocukların, örneğin 5'in 4'ten bir değer, 3'ten iki değer daha büyük olduğunu anlaması gerekir. Dahası, 5'in 4'ten bir değer büyük olduğunu ancak, aynı zamanda da 6'dan bir değer *küçük* olduğunu anlamaları gerekir. Araştırmalar bunun, uzmanlaşılması daha zor bir kavram olduğunu ve çocukların bunu 2.5 ila 3 yaşları arasında edindiğini göstermektedir.

3 yaşındayken bir sayının, kendisinden daha küçük ya da büyük sayılarla ilişkisi olduğunu anlamak kolayken, kendisinden çok az farklı olan sayılarla nasıl ilişkili olduğunu anlamak zordur. Örneğin, çocuklar 5'in 1 ya da 8 ile olan ilişkisini, 5'in 4 ya da 6 ile olan ilişkisinden daha kolay fark ederler. Bunun nedeni belki de çocukların (ve yetişkinlerin de) daha büyük farklar söz konusu olduğunda, (daha önce bebeklerde de gördüğümüz gibi) daha rahat değerlendirebilmeleridir. Araştırma, düşünmeye nesnelerin miktarından başladığımızı söylediğine göre; nesne miktar olarak çok farklı olduğunda, küçük farklarla ilgili sayı doğrusunu hayal edip bir karara vardığımızdan daha az yoruluruz. Bu yeteneğin gelişmesi zaman alır. Çocuklarımızdan biri (Benj) 5 yaşına gelene kadar, annesi ve babasının, neden ağabeyinden daha fazla dondurma aldığını ve aynı şekilde ağabeyinin kendisinden, kendisinin de küçük kardeşi Mike'tan daha fazla dondurma aldığını tam olarak anlayamadı. Ancak, ailesinin yaşlarını bir sayı doğrusu üzerinde düşünüp, dondurma porsiyonlarının bu doğru ile bir ilgisi olduğunu fark ettiğinde, bu durum ona bir anlam ifade etti.

GİZLİ YETENEKLERİ KEŞFETMEK

SAYI DOĞRUSU

Bu soru sizin için: 56+75, 125'e mi yoksa 150'ye mi daha yakındır? 56+75 işleminin sonucu 131'e mi yoksa 136'ya mı daha yakın? Fransa Ulusal Sağlık Enstitüsü'nden Profesör Stanislas Dehaene, bunlardan ilkinin ikincisinden daha kolay olacağını çünkü çocuklarınız gibi sizlerin de, birbirinden uzak olan sayılar konusunda, matematiksel mantık yürütme gerektiren sayılara kıyasla daha iyi olduğunuzu söylüyor.

Bu soru da 3-6 yaş çocuğunuz için: Üç set nesneyi alın (birinde 3, diğerinde 5, sonuncuda da 7 nesne olsun) ve çocuğunuza hangi setin en büyük, hangi setin en küçük olduğunu sorun. Çocuğunuz bunu yapabiliyor mu? Bu, birbirinden miktarca farklı olan iki setin kıyaslaması olduğundan, bunun zor olmaması gerekir. Daha sonra çocuğunuza ortadaki seti sorun. Şimdi işler biraz zorlaşabilir çünkü ortadaki set, miktar açısından küçük bir farka sahip. Bu setten (en küçük olanı işaret edin) daha mı büyük? Bu setten (büyük olanı işaret edin) daha mı büyük? Çocuğunuzun bu teste nasıl cevap vereceğini gözlemleyin.

EN BÜYÜK BAŞARI: SAYMA VE KIYASLAMA

Toplama ve çıkarmayı tam anlamıyla öğrenmek için, çocuğunuzun sayma ilkeleri ile sayı doğrusu bilgisini birlikte kullanabilmesi gerekir. Bu da, çocuğunuzun sadece saydığı sette üç top olduğunu değil; aynı zamanda da üç topun iki toptan fazla, dört toptan az olduğunu anlaması demektir. Okul öncesi matematiğindeki bu son adım, çoğu çocukta 5 6 yaşlarında meydana gelir.

Sayı doğrusunun keşfi, çocukların setleri birbirine ekleyip, üç nesnelik bir setleri olduğunda ve bunu dört nesnelik bir sete eklediklerinde, sayı doğrusunda 7'ye gidebileceklerini anlayabilmelerine imkân sağlamıştır. Ancak o zaman çocuk, 3 ve 7 arasındaki farkı anlamış olur. Ancak o zaman, dolaylı olarak ekleme ve azaltma işlemlerinin aynı düzlemde —sayı doğrusunda— gerçekleştiğini anlayabilir. Çocuklar, sayı doğrusunu hemen açıklamaya başlayamayabilirler. Bu, bilinçsiz oldukları bir bilgi de olsa, bu bilginin farkındadırlar. Sayı doğrusunun kavranması, okul öncesi çocuklar için en büyük başarıdır. Ve çocuğunuzun bu zirveye ulaşmasının en iyi ve kolay yolu, oyun oynamak ve günlük hayatın bir parçası olarak toplama ve çıkarma işlemlerini yapmaktır.

ÖĞRETİLEBİLİR ANLAR

EV YAPIMI BİR SAYI DOĞRUSU OYUNU

Çoğu masa oyununun temelinde sayı doğruları vardır. Bu oyunların amacı, başlangıç noktasından bitiş noktasına gitmek ve oraya ilk ulaşan kişi olmaktır. Oyundaki boşluklar, bir tür sayı doğrusudur ve zar atarak bunlar arasında ilerleriz. Zar 6 geldiğinde, 6 boşluk ilerleriz ve sadece 3 boşluk ilerlemiş olan oyuncunun önüne geçeriz. Çocuklar burada, sadece bire bir eşleşmeyi değil (zardaki her bir nokta için bir boşluk) aynı zamanda sayı doğrusu ilkesini de öğrenmiş olurlar. Hedeflerine doğru ilerlerler (mesela bunun da 50 boşluk olduğunu söyleyelim).

Daha da çok eğlenmek isterseniz kendi oyununuzu bile yapabilirsiniz. Kâğıttan sütunlar kesip üzerlerine 0'dan 50'ye kadar sayıları yazabilirsiniz. Çocuklar, parçaların, sayı doğrusunun üzerinde hedef sayıya doğru ilerlediğini seyredebilirler. Daha da tecrübeli ebeveynler, boşluklara "İki boşluk geri git" gibi uyarılar yazıp, çocuklarının bu çift yönlü sokakta toplama ve çıkarma arasındaki ilişkiyi görmesini sağlayabilir.

Oynarken bir yandan da çocuğunuzu zorlayabilirsiniz: Kim daha önde? Neden? Ne kadarlık bir fark var? Oyunu oynarken, sayı gelişimine yepyeni bir şekilde bakmaya başlayacağınızı göreceksiniz.

ARAŞTIRMANIN ÇOCUĞUNUZ İÇİN ANLAMI NEDİR?

1970'lerde, insanlar (ve bilim adamları) okul öncesi çağdaki çocukların, sayıları anlama konusunda çok yetersiz olduğuna inanıyorlardı. Ancak o zamandan beri çok uzun bir yol kat ettik. Artık beyinde, sayıların işlenmesi için ayrılmış özel bölgeler olduğunu; hayvanların ve bebeklerin bile sayıların yapısıyla ilgili az da olsa bilgi sahibi olduklarını biliyoruz. Sayılar konusunda içgüdüsel bir altyapımız olmasa, sayılar konusunda nasıl hatalar yapacağımızı hayal etmek bile zor. Sayılar her yerde karşımıza çıksalar da, hiçbir yerde bulunmazlar. Soyutturlar ve fiziksel bir şekilde —tam anlamıyla fiziksel olmasa da— karşımıza çıkarlar. Besinlerin, düşmanların ya da taliplerin sayısını bilmenin ne kadar önemli olduğunu düşünecek olursak, hayatın bizleri günlük yaşamımızdaki miktar ve sayılara karşı hazırlamış olmasının gayet iyi bir şey olduğunu anlayabiliriz.

Bundan ne anlamalıyız? Araştırma geliştikçe, bu sorunun cevabı da gelişmeye devam etmektedir. En azından, yenidoğanlar bile, *az ve çok* gibi kavramları seçebilirler ve ilk yılın ikinci yarısında bebekler, eşitlik ile ilgili bir anlayış geliştirip, görüntü ve ses şeklinde karşılarına çıkan miktarları fark edebilirler. Bazı araştırmacılar bu erken dönemin bebeklerde, sayıdan ziyade miktara odaklanılan bir dönem olduğunu söyler. Ancak, bazı araştırmacılar da bebeklerin sayılarla ilgili belirsiz de olsa bir bilgisi olduğuna —çok küçük setler konusunda— ve bu bilginin, sonrasında da sayıları anlamlandırma yeteneği olarak şekilleneceğine inanırlar.

Bebekler büyüdükçe sayı sayıp kıyaslama yapmaya başlarlar. 3.5 yaşına kadar uzun bir süre boyunca, çocuğun sayma ve karşılaştırma yetenekleri, farklı uçaklardaymış gibi ilerler. Sonra birden sihirli bir şekilde, okul öncesi çağındayken bu iki sistemi bir araya getirip saymayı, bir sayı doğrusu üzerindeki sayıları karşılaştırmayı ve gerçekten matematiksel bir şekilde karşılaştırmayı başarırlar.

Tüm çocukların anaokuluna gittiği bir döneme girerken eğitimciler ve araştırmacılar, anaokulundaki sayı gelişiminin doğal rotasına ve çocukların sayma ve karşılaştırma konusundaki doğal yeteneklerinden faydalanan müfredatlara ciddi bir şekilde odaklanmaya başladılar. Araştırmacılar, çocukların, anaokulu dönemindeki *süreçlerini* aydınlatacak oyunlar geliştirmek için çok çaba sarf etmektedirler. Ve önemli olan, *ürünler* değil, *süreçlerdir*. Örneğin, sayıların özelliklerini ezberlemiş olan 2 yaşındaki bir çocuk, saymanın ilkelerini anlayan bir diğer çocuktan "önde" sayılmaz çünkü ilk çocuk bir papağandan farksızdır. İkinci çocuk ise gelişmekte olan bir matematikçidir.

Mükemmel okul öncesi matematik programlarından biri de *Big Math for Little People*'dır. Bu müfredat yukarıda bahsettiğimiz keşifler üzerine kurulmuştur. Ayrıca, 4-5 yaşındaki çocukların, günlerinin çoğunu sayılarla ilgili yetenek gerektirecek oyunlar oynayarak geçirmesini ister. Big Math'i geliştiren New York, Columbia Üniversitesi Eğitim Fakültesi eğitmeni Profesör Herbert Ginsberg, matematiksel yetenekleri kullanarak, doğal oyunlar oynayıp oynamadıklarını görmek için 80 çocuk üzerinde çalıştı. Çocukların, %46 oranında, serbest oyun zamanlarında ya nesneleri gruplandırdıklarını (kaşıklar şuraya, çatallar buraya) ya nesneleri saydıklarını ya da desenleri ve şekilleri keşfettiklerini buldu. Çocuklarımızın, matematiksel düşünmeyle bu kadar çok zaman geçirdiklerine inanabiliyor musunuz? Çocuklarımıza belirgin matematiksel bilgiler vermek için endişelenmemiz gerekmediğini gösteren bir kanıt da budur. Çünkü onlar zaten sürekli matematikle iç içeler!

ÖĞRETİLEBİLİR ANLAR

BİR PİKNİK PLANLAMA

Big Math for Little People'da kullanılan oyunlardan biri de *Poşetle*. 4 5 yaşındaki çocuğunuza, beş plastik poşet verin. Her birinin ön tarafında sayılar yazılı olsun (1, 2, 3, 4 ve 5). Ardından bir paket fıstık ya da çoklu nesne içeren bir paket çıkarın. Çocuklarınızın pelüş hayvanlarını alıp, bir pikniğe gidiyormuş gibi de davranabilirsiniz. Her hayvanın kaç tane fıstık hak ettiğini çocuğunuza sorun. Oyun, sadece doğru sayıda nesneyi poşetlere koymaktan ibaret. Oyunun bir diğer versiyonunda da, çocuğunuz iki poşetin içindekileri boşaltıp hangisinde daha fazla nesne olduğunu bulabilir.

Çocuklarımızın, sayısal yetenekleri, kendi kendilerine edindiklerinden fazlasıyla bahsettik ama anne babaların konuyla ilgili yapıcı rol oynayabileceklerine çok az değindik. Ancak çocukların, bahsettiğimiz ilkelere ve bilgiye ulaşabilmelerinde ebeveynlerin önemli rolü vardır. Profesör Geoffrey Saxe ve Berkeley, California Üniversitesi'ndeki meslektaşları 2 ila 4 yaşındaki çocukları incelediler ve araştırmacıların onlara verdiği matematik problemleri konusunda, evde anneleriyle nasıl etkileşim içinde olduklarını gözlemlediler. Bir gruptaki nesneleri saymaları ya da grupları sayılarına göre birbirleriyle eşleştirmeleri istendiğinde, çocuklar ve annelerinin verdikleri doğal tepkileri kaydettiler. Buldukları sonuç, çocuğunun temel matematik kavramlarını öğrenme konusundaki arzusunu beslemek isteyen ancak bu konuda kendi yeteneklerinden şüphe eden her anne babayı rahatlayacak türden.

Araştırmacılar, annelerin doğal olarak çocuklarının yeteneklerine karşı çok hassas olduklarını ve 2 yaşındaki çocuklarına, 4 yaşındaki çocuklarına kıyasla daha fazla belirgin yardımda bulunduklarını gördü. Farklı bir testte, çocukların yeteneklerini yaş grupları hâlinde değerlendirdiklerinde, annelerin yine çocuklarının seviyelerine karşı hassasiyet gösterip, daha yetersiz çocuklara daha fazla rehberlik ettiklerini gördüler. Çocukların seviyelerine göre onlara edilen yardımı, merhum ve başarılı Rus Psikolog Lev Vygotsky "yapılandırma" olarak adlandırmıştır. Bununla, yetişkinlerin çoğu zaman çocukların daha yüksek bir seviyeye ulaşmasına yardım ettiği ve bu yardımlara zamanla gerek kalmadığı kastedilmektedir. Bu da tam olarak araştırmacıların bulduğu şeydir: Çocuklar kendi başlarına başaramayacakları matematiksel görevleri, yardım aldıklarında (yapılandırma sayesinde) başarırlar.

Ancak araştırmacıların, annelere ve çocuklarına matematik problemlerini çözmelerini söylediği zamanların dışında neler yaşanıyor? Araştırmacılar evlerine gittiklerinde de anneler ve çocukları matematikle ilgili etkileşim içinde oluyorlar mı? Araştırmacılar, annelerle yaptıkları görüşmeler sonucunda, anneler ve çocuklarının sayılarla ilgili konuştuklarını, küçük ve hazırlıksız matematik oyunları oynadıklarını öğrendi. Çocuklar, sayılar hakkında daha fazla fikir sahibi oldukça da, oyunların ve sayılarla ilgili konuşmaların karmaşıklığı artıyordu. Dahası, bir çocukla, yetişkin arasındaki bu tür sosyal iletişimlerle ilgili bir diğer araştırma, kendisine destek olan bir yetişkinle iletişime girdikten sonra, çocuğun bağımsız performansının da arttığı yönündeydi. Matematiksel etkileşim için bu doğruysa —öyle olması için yeterince nedenimiz var— o hâlde, evde bir ebeveynle ya da çocuğun sorularına cevap verecek kadar vakti olan hassas bir bakıcıyla sağlanan doğal iletişim, çocukların matematiksel sezgilerini geliştirip, okuldaki matematik başarısı için bir temel oluşturabilir.

Ancak bunu, süslü kartlar ve oyunlar almanız gerektiği şeklinde yorumlamayın. Sadece doğal olarak gelişen şeyler yapmalısınız. Çocuğunuzla günlük, sıradan ve hazırlıksız matematiksel etkileşimler kurmanıza rehberlik edecek bazı ilkeler vardır.

DİKKAT ETMEKTE FAYDA VAR

Aklınıza eşyalar gelsin, videolar değil. Yeni öğretme tekniklerinin çoğu video desteklidir. Bebekler için şekilli videolar, okul öncesi çocukları bilgisayar konusunda bilgi sahibi yapan, onları interaktif bir şekilde matematiksel oyunlara dâhil eden sayısız bilgisayar oyunları gibi... Ancak, sayıları öğrenmenin en iyi yolu, nesnelerle iç içe olmak, onları sıralamak, grupları karşılaştırmak ve benzer etkinlikleri yapmaktır. Nesnelerle oynamanın yerine geçebilecek hiçbir şey yoktur ve bu etkinlikler oldukça etkilidir. Ayrıca, bu tür oyunlar, çocukların kendiliğinden sevdiği şeylerdir

Her yerde sayıları bulun. Binalarda dikdörtgenler ve trafik levhalarında altıgenler bulabileceğiniz gibi, hayatınızın her anında sayıları bulabilirsiniz. Kardeşlerimizle patates kızartmalarımızı eşit bir şekilde bölüştüğümüzde ve masada herkese yetecek kadar kek olduğundan emin olmak istediğimizde, uğraştığımız şey matematiktir. Her bir yeni renk için farklı bir fırça kullandığımızda, arkadaşlarımızın her biri için bir peçete koyduğumuzda, bire bir eşleştirme yapıp, grupları karşılaştırmaya başlıyoruzdur. Ve yeni gelen kişiye fazladan dondurma koyduğumuzda miktar ekliyoruzdur. Daha sonra dondurmayı yediğimizde de çıkarma yapıyoruzdur!

Büyük çocukları alışverişe götürmek (her şeyi alışveriş arabasına atma çağını geçtikten sonra) sayı ve miktara bakarak, kıyaslama ve farklarını bulma konularını öğrenmek için çok büyük bir fırsattır. Hangi kutu daha büyük ya da küçük? Hangisinin fiyatı daha fazla? Ya da az? Çocuklar yaklaşık 5 yaşına geldiklerinde, mağazadan bir şeyler alıp para üstünü alabilirler ve bu da toplama çıkarmaya örnektir. Artık nereye bakmanız gerektiğini bildiğinize göre, sayıların hayatımızın her alanında olduğunu anlayabilirsiniz. Sadece bunları fark etmeniz —çocuklarınız gibi— ve öğrenmek için doğal fırsatları kollamanız gerek.

Oynamak = Öğrenmek. Çocukların oyun vasıtasıyla öğrenmelerine hep çok şaşırırız. Kesirlerle sorun yaşayan ilkokul çocukları, en sevdikleri oyuncunun vuruş averajını karmaşık ondalıklarla hesaplarken hiç zorlanmaz. Brezilyalı sokak çocukları okuldaki matematik problemlerinde sorun yaşarlar ancak, sokaklardaki alım satım işlerinde birer uzmandırlar. İskambil kâğıtlarıyla basit oyunlar oynamak, mükemmel bir matematik egzersizidir. Para, sadece saymak için değil, aynı zamanda gruplandırmak için de büyük fırsatlar sunar. Çocuğunuz oluşturduğunuz seti eşleştirebiliyor mu? Üç senti ayırdığınız zaman? Bir senti alınca? Üç sent mi daha değerli yoksa beş sent mi?

Çocuklarımızın yanında "eğitici" olmak için endişelenmemeliyiz. Yapmamız gereken tek şey, *onların öncülüğünü takip edip*, onların sevdiği ve matematiksel meraklarını giderecek olan oyunları oynamamızdır.

Çocuğunuzu, bağlam içerisinde öğrenmesi için cesaretlendirin. Anlamlı bir şey öğrenmek hepimiz için daha kolaydır. Beş yaşındaki bir çocuk, bir limonata standında kendi bir dolarını kazanmak zorunda kaldığında ve bununla neler alabileceğini gördüğünde paranın gücünü, eğitici kartlardan asla öğrenemeyeceği kadar iyi öğrenir. Çocuklar bir süpermarkette büyük ve küçük elmalara bakarken, bilgisayar oyunlarından öğrenemeyecekleri kadar çok şey öğrenirler. 3 4 yaşlarında çocukları kutu oyunları oynamayı çok severler. Çocuğunuzla birlikte zar atıp pulunuzu ilerlettiğinizde, bire bir eşleştirmeyi kullanıyorsunuzdur ve sonuç, çocuk için gerçekten önemlidir! Öğretmen ve anne baba olarak bizlerin görevi, çevremizdeki fırsatların farkına varıp, çocukların bağlam içerisinde öğrenmesini sağlamaktır.

Unutmayın: Sadece günlük hayatta karşınıza çıkan şeyleri bile yaparak, evinizde sayısal yetenekleri inşa ediyor olacaksınız. Fazladan hiçbir şey almanıza ya da diğerlerine üstünlük sağlamak için endişelenmenize gerek yok. Oğullarımızdan biri, Josh, 4 yaşındayken çarpmanın temelini keşfettiğinde, bizlere bir ders verdi. Muffin kabında muffin yaparken, birden, "Anne, 2 sıradan oluşan 3 muffinin, 3 sıradan oluşan 2 muffinle tamamen aynı olduğunu fark ettin mi?" dedi. Deneyim ve oyunla matematiksel yetenekler canlanır. Bizim görevimiz sadece, günlük hayatımızdaki öğretilebilir anları fark etmektir.

BÖLÜM 4

DİL: ANLAMSIZ SÖZLERİN GÜCÜ

Linda Caplow, 20 aylık oğlu Jason ile yerde oturuyor. Elinde, Jason'ın kelime dağarcığını geliştirmeyi hedefleyen kartları tutuyor. Kartın üzerindeki kelimeleri okuyup, aynı anda da oğlunun kendisine odaklanması için çabalarken eğilip kalkıyor. "Zürafa," diyor Linda, zürafanın resmini işaret ederek. Jason ise "Top nere?" diyor parkenin üzerinde, içinde zil olan büyük topunu arayarak. Linda bebeğinin dikkatinin dağıldığını düşünüp etkinliği değiştirmeye karar veriyor. Bilgisayarı açıp, "Little Linguist" (Küçük Dilbilimci) programını açıyor. Bu da Jason'ın İngilizce ve İspanyolca kelime dağarcığını geliştirecek olan bir program. Jason ile aynı yaşta olan komşusunun kızı şimdiden İspanyolca ve Fransızca sayı saymayı biliyor. Linda, Jason'ın gelişiminin kritik döneminde ona bunları öğretememekten korkuyor.

Linda, Jason'ın asıl ilgilendiği şeyleri bilse de, anne babaların dil gelişimi konusunda öğretmen olmaları gerektiği konusundaki popüler inanca yenik düşüyor. Düzenli dersler olmadan, Jason'ın, kelime bilgisini geliştirmekle kalmayıp, aynı zamanda ikinci bir dil öğrenen yaşıtlarından geri kalacağından korkuyor!

KONUŞMAYI SÜRDÜRMEK

Linda'nın korkularına rağmen, gelişim bilimi, anne babaların eğitici kartlar, dil programları ya da diğer öğretme araçlarını kullanmadan da, çocuklarının dil yeteneklerine katkıda bulundukları konusunda net kanıtlar gösteriyor. Bunu bir süreliğine düşünün. Dünyanın dört bir yanında ahırda, kulübede ya da çok katlı binalarda büyüyen tüm çocuklar konuşmayı öğreniyor! Araştırmalar, çocuklarınızla yaptığınız sıradan, alışılmış ve olağan günlük konuşmalarınızın, mükemmel dil gelişimi sağlamak için yapmanız gereken en iyi şey olduğunu gösteriyor. Anne babaların çocuklarıyla doğal olarak yaptığı şeyler, çok etkili oluyor. Günlük rutininiz dâhilinde çocuğunuzla konuştuğunuzda, onu dinlediğinizde ve onun söylediğine cevap verip, onunla resimli kitaplar okuduğunuzda, ihtiyacı olan dil yeteneklerini ona veriyorsunuzdur. Ve sizlerin çocuğunuza sunduğunuz dil, hiçbir bilgisayarın veremeyeceği kadar zengindir.

Ancak bir dakika! Çocuğunuzun hızlanmasını istiyorsunuz. Sadece dili *öğrenmesini* değil, aynı zamanda bu konuda uzmanlaşmasını da bekliyorsunuz. Sonuçta dil, okul eğitiminin büyük bir parçasıdır ve dil yetenekleri de çocuğun okuma ve matematiksel yetenekleriyle bağlantılıdır. Dilde uzmanlaşmanın yolu nedir? Şaşırtıcı bir şekilde, bunun yolu egzersizler ve bilgisayar programları değildir. Çocuklara motivasyon ve yeterlilik sağlayan şey, günlük konuşmalardır. Çocuklar sosyal ortamlarda gerçek insanlarla konuştuklarında, ihtiyaçlarını, düşüncelerini ve hislerini ifade etme konusunda motive olurlar. Doğa, bizleri sosyal ilişkiler yoluyla dili öğrenmek üzere programlamıştır. Bilgisayar ekranları âcizane bir şekilde interaktif olsalar da, çocuklarımızın ilgilerine adapte olamazlar. Bizler, çocuklarımızın konuşmak istedikleri konuları takip edebiliriz. Çocuklarla dikkatlerini çeken konularda konuştuğumuzda, konuya yoğunlaştıkları için, bu tür sohbetler dil gelişiminin temelini oluşturur. Aşağıdaki "sohbeti" düşünün:

Jordan: (annesi dönene kadar tekrar tekrar sesler çıkarır)

Anne: (dönüp çocuğuna bakar)

Jordan: (tezgâhtaki nesnelerden birini işaret eder)

Anne: "Bu jöleyi mi istiyorsun?" (Jöle kavanozunu kaldırır)

Jordan: (başını "hayır" anlamında sallar)

Anne: "Kaşığı mı istiyorsun?" (kaşığı kaldırır)

Jordan: (başını hayır anlamında sallar ve mama sandalyesinde sinirle kıpırdanır)

Anne: "Bu mu?" (peyniri gösterir) "Peyniri mi istiyorsun?"

Jordan: (başını "hayır" anlamında sallar ve tüm bedenini işaret etmek ister gibi eğer)

Anne: "Bu süngeri mi?" (İnanamayarak süngeri kaldırır)

Jordan: (mama sandalyesinde arkasına yaslanıp kollarını indirir ve bedeni gevşer)

Anne: (çocuğa süngeri verir)

Bunun gibi kesitleri izlerken, içimizden biri (Roberta) *henüz konuşamayan* bebeklerin, anne ve babalarının "mesajlarını" anlamasını istediklerinde çok sayıda iletişimsel yola başvurduklarını görmüştür. Çocukların dikkat sürelerinin kısa olduğunu bildiğimiz için, bu durum şaşırtıcıdır. Bebekler, belirgin olmayan işaretlerini ve homurdanmalarını anlamakta zorlanan (ne utanç verici!) anne babalarına tahammül edebilmektedirler.

11 aylık bebekler yemek zamanında kayda alındıklarında, ortalama olarak 7 kez konuşma başlatma çabasına girmektedirler. Örneğin, istediklerinin kurabiye değil, üzüm olduğunu anlatmaya çalışırlar. Ya da adını duymak istediklerinin, saatin altındaki inek resmi *olmadığını,* duvardaki saat olduğunu anlatmaya çabalarlar. Hayal edebileceğiniz gibi, bu tür anlar, çocukların adını duymak istediği nesneleri anne babalarından ya da bakıcılarından duyarak kelime öğrenmeleri açısından çok önemlidir. Anne babalar, bebeğin duymak istediği kelimeye gelene kadar çabalarken, bebek bir-

çok kelimeyi duymuş olur. "Üzüm" kelimesini duymak için 7 kez uğraşsaydınız, kelimeyi öğrenir miydiniz? Bu tür anlarda, kelime öğrenimi için motivasyon oldukça yüksektir. Bunlar, televizyon programlarının, oyuncakların ya da bilgisayarların asla sağlayamayacağı anlardır. İletişimi kendi ilgi alanları doğrultusunda yönlendirmelerine izin verdiğimizde, yetki bebeklerde olur. Bu tür etkileşimler, dil öğrenimi için uygun bir ortam hazırlar.

GİZLİ YETENEKLERİ KEŞFETMEK

PAZARLIK SÜRECİ

Yaş: 9-18 ay

Bunu denemek için henüz pek fazla konuşamayan bir çocuğa ihtiyacınız var. Çocuğunuz cümle kurabildiğinde, pazarlık sürecini gözlemlemeniz pek mümkün olmayacaktır. Bu deneyi başka birinden yapmasını isterseniz, gözlemlemeniz daha kolay olacaktır. Seçtiğiniz yetişkinin eline ilginç bir nesne almasını ve çocuğunuz bununla ilgilenene kadar nesneyi ona göstermesini sağlayın. Daha sonra yetişkinin bu nesneyi yüksek bir rafa ya da çocuğun ulaşamayacağı ancak hâlâ nesneyi görmeye devam edebileceği uzak bir masaya koymasını isteyin. Yetişkinden, bebeğin ne istediğini anlamıyormuş numarası yapmasını isteyin ve böylece bebek ile kişinin birbirlerine nasıl tepki vereceklerini gözlemleyin. Çocuğun nesne için isteğini nasıl ifade ettiğine bakın. Homurdanıyor mu? İşaret mi ediyor? Bir şeyler mi söylemeye çalışıyor? Peki, yetişkin çocuğa nasıl tepki veriyor? Etraftaki diğer alternatif nesnelerin isimlerini mi sayıyor? Çocuk nesneyi ele geçirmek için kaç deneme yapıyor? Tabii ki burada yapılmasını istediğimiz şey işkence değil. Birkaç denemeden sonra, yetişkinin nesnenin adını söyleyip bebeğe vermesine izin verin!

Çocuğunuzun istediği bir nesneyi anlatmak için gösterdiği kararlılık, çocuğunuzun görünmeyen şekillerde dili öğrenmek için gösterdiği kararlılığın yanında hiçbir şeydir. Bu bölümde, çocuğunuza dili "öğretmeniz" gerektiği efsanesini bir kenara bırakacağız. Bunun yerine size, bebeklerin kendi başına nelerin farkına varabildiğini göstereceğiz. Tabii ki onlara kaynakları verdiğiniz müddetçe. Peki, bu kaynaklar nelerdir? Dilin merkezde ve ön planda olduğu etkileşimler. Çocuğunuzla aranızdaki oyunlara, yemeklere, kitap okumaya ya da onların günlük yaşamının bir parçası olan herhangi bir şeye odaklanan konuşmalarınız.

En önemlisi, erken dil gelişimindeki bireysel farklılıklardan bahsedeceğiz. Kimi çocuklar 16 aylıkken bile hiçbir kelimeyi söylemezken, kimi 100 kelimeye kadar kullanabilmektedir. Kimi çocuklar 18 aylıkken kısa cümleler kurabilir ancak kimi çocuklar 28 aylık olana kadar cümle kuramaz. Erken dil gelişimindeki büyük farklılıkları bilmek, çocuklarının yeteneklerini hızlandırmak isteyen ancak hâlihazırda gösterdikleri etkileyici dil yeteneklerinden hiç de tatmin olmayan Linda Caplow gibi ebeveynler için faydalı olacaktır! *Burada aslında ironi şudur ki; her bir çocuk birer sözel dâhi olarak dünyaya gelir*. Çocuklar, dil öğreniminde bizden daha iyidirler. Tehlikeli ekipmanları kullanan ve yöneten (çim biçme makinesi ve araba gibi) biz akıllı ve büyük yetişkinler, dil öğrenimi konusunda, kendi ayakkabısını bağlayamayan ya da restoranlarda hangi çatalı kullanması gerektiğini bilmeyen 3 yaşındaki çocuklar kadar yetenekli değilizdir!

Bu nedenle, şöyle düşünebilirsiniz: O hâlde neden bilgisayar programları ve videolara yatırım yapıp, bu deneyime hazır olan çocuklarımıza diğer dilleri de öğretmiyoruz? Bu bölümde de anlatılacağı üzere, diller bilgisayar programlarından ya da videolardan öğrenilmez —ürünlerin ambalajında yazanların aksine. Dil, iletişim yoluyla bağlam içerisinde öğrenilir —yemek yemek, oyun oynamak, nesnelerin isimlerini sormak gibi etkileşimlerle. Bilgisayar ekranına hiçbir şey yapmadan bakarak değil. İşte anne babalar ile bakıcıların devreye girdiği yer de tam olarak burasıdır: Etkileşimi mümkün kılmamız gerekir!

DİL İÇGÜDÜSÜ

Bazı araştırmacılar, örümceklerin ağ örme yeteneğiyle doğduğu gibi, insanların da dil öğrenme yeteneğiyle doğduğunu söylerler. Aslında, dilin bir "içgüdü" olduğu tek tür bizleriz. Maymunlarla, bazı memelilerle ve hatta çok zeki olmalarıyla bilinen yunuslarla yapılan birçok deney gösteriyor ki, dili olan tek tür biziz. Dil sayesinde, kültürel bilgileri aktarıp başkalarına öğretebilir, böylece her neslin "tekerleği yeniden icat etme" ihtiyacı duymasının önüne geçebiliriz. Dil, bize gelecek hakkında konuşup, geçmişi hatırlama imkânı verir. Dil aynı zamanda iyilik ve kötülük için de bir araçtır. İkinci Dünya Savaşı sırasında, Churchill'in sözleri uluslara yol gösterirken, Hitler'in sözleri de insanların akılalmaz şeyler yapmasına neden olmuştur. Beyinlerimizin binlerce yıllık evrimi ile ağzımız ve gırtlağımız gibi dil üretim mekanizmalarımız, dil başarısını oluşturmuştur.

Çocuklarımız ve dil gelişimleri için ne kadar önemli olursak olalım, dil gelişimi sadece ebeveynlerin sorumluluğunda değildir.

Dünyanın yaşayan en ünlü dilbilimcisi, MIT Profesörü Noam Chomsky, bebeklerin, "dil edinim aygıtı" adında, dil gelişiminden sorumlu olan metaforik bir organ ile dünyaya geldiklerini söylerken, bundan bahsediyordu. Nasıl ki kalp, kan pompalamak için tasarlanmışsa; Chomsky, bu dil edinim aygıtının da çocuğun kendini içinde bulduğu dil topluluğu her ne olursa olsun, o dili öğrenmeye programlı olduğunu iddia ediyordu. Hiçbir dil, bir çocuğun öğrenmesi için zor değildi. Bunu nereden biliyoruz? Çünkü bir bebek doğduğunda, kendini sonunda Almanya'da mı Çin'de mi bulacağı belli değildir. Bebekler, çevrelerindeki dil her neyse onu öğrenmeye hazır olmak zorundadırlar yoksa uluslararası kabullenme başarısız olur. Bu da dillerin, yüzeysel olarak çok farklı *görünseler* de, aslında ilk bakıştakinden daha fazla ortak yanları olduğu anlamına gelir. Çince kulağa, İngilizceden çok daha farklı gelir. Ancak, bebekler, Çinceyi de İngilizceyi öğrendikleri kadar hızlı ve iyi öğrenirler. Dr. Chomsky, tüm dillerin paylaştığı daha derin ve daha ortak benzerlikler olduğunu iddia etmiştir. Tüm dillerin temelinde paylaştığı bu derin benzerliklere "Evrensel Dil Bilgisi" adını vermiştir.

Dr. Chomsky'nin teorisi hâlâ ateşli bir şekilde tartışılmaktadır. İnsanların dil öğrenme yeteneğine sahip oldukları ile ilgili toplanan bilgilerin nasıl değerlendirildiğine bir göz atalım. Kanıtların ilki, prestijli bir dergi olan *Science*'ta yayınlanan, yakın tarihteki bir araştırmadır. Bu çalışma, 5 aylık bebeklerin, dil için sol beyni; duyguları ifade etmek için de sağ beyni kullanarak, en başından itibaren uzmanlaşmaya başladıklarını göstermiştir. New Hampshire, Hanover, Dartmouth College'tan Profesör Laura-Anne Petitto ve meslektaşları, bu gerçeği keşfetmek için basit bir test kullanmıştır. Sonuçta, hepimizin konuşurken ağızlarımızın *sağ* tarafını kullandığı ortaya çıkmıştır. Bir arkadaşınıza ya da televizyon karakterine yakından bakın. Konuştukları sırada, belli belirsiz ağızlarının sağ tarafını kullandıklarını görürsünüz. Peki neden? Çünkü dil, beynimizin *sol* tarafını merkez almıştır ve beyindeki tüm bağlantılar "kontralateral" ya da çaprazlanmış durumdadır. Bedenin sağ tarafını, beynin sol tarafı yönetir ve bedenin sol tarafını da, beynin sağ tarafı. Bebekler, agularken ağızlarının sağ tarafını kullanıyorlarsa o hâlde agulamak, beynin sol yarı küresi tarafından yönlendirilen, dilsel bir fonksiyondur —5 aylıkken bile. Bu da sahneye, dil öğrenmeye hazır bir şekilde çıktığımız anlamına gelmektedir. Bebekler, agularken herhangi bir taraf tercihinde bulunmuyorlarsa, o hâlde belki de o yaşta beyinleri henüz özel olarak uzmanlaşmamıştır.

Peki, bebekler ne yapar? Şaşırtıcı bir şekilde, bebekler ağızlarının sağ tarafını kullanarak agularlar! Ancak, gülümsediklerinde, ağızlarının sol tarafını kullanırlar! Araştırmacılar buna bakarak, baştan itibaren, beynin sol tarafının dil konusunda uzmanlaşmış olduğu sonucuna ulaşmıştır. Bizler biyolojik olarak dil öğrenmeye programlanmışızdır.

Agulama çalışması, küçük çocuklardaki doğuştan gelen dil yetenekleri konusundaki deneyler dizisinden sadece birisidir. Kulakları duyan anne babaların, sağır çocukları üzerinde yapılan araştırma da, bu sonuçları desteklemiştir. Illinois, Chicago Üniversitesi'nden Profesör Susan Goldin-Meadow ve meslektaşları, anne babaları duyabilen ancak kendileri sağır olan ve ebeveynlerinin dudak okumayı öğrenmesini beklediği çocuklar üzerinde çalıştılar. İşaret dilinden "destek" almadıklarından emin olmak için bu anne babalar, çocuklarını hiçbir işarete maruz bırakmadılar. Aslında bu anne babalar, işaret dili eğitiminden *sakınıp* kendileri de bu dili öğrenmediler çünkü çocuklarının sağırlar için olan sözlü dil okullarına kaydolmasını istiyorlardı.

Peki, çocuklar 6 7 yaşına kadar bir ana dil edinmediklerinde ne oldu? Bu sorunun cevabı çok şaşırtıcı. Anne babalarından ya da öğretmenlerinden hiçbir destek olmamasına rağmen, bu küçük çocuklar, kendi başlarına el hareketleriyle bir dil geliştirdiler. Bu, resmî işaret diline maruz kalan sağır çocuklar gibi zengin bir işaret sistemi olmasa da, çocukların dilin ortaya çıkmasına engel olamadıklarını gösteriyordu!

Çocukların dili icat ettikleri başka örnekler de bulunmaktadır. Honolulu'daki Hawaii Üniversitesi'nde dilbilimci olan Profesör Derek Bickerton; Japon, Koreli ve Filipinli göçmenler, şeker kamışı tarlalarında çalışmak için Hawaii'ye geldiklerinde olanları anlattı. Göçmenler, birbirleriyle alışveriş yapabilmek ve iletişim kurabilmek için farklı dillerden aldıkları parçaları birleştirerek, oldukça kısıtlı ("Pidgin[4]") bir dil oluşturdular. Bu toplumda doğan çocukların Pidgin diliyle yaptıkları ise daha da etkileyici. Çocuklar, doğal olarak kısıtlı Pidgin dilini duydular. Ancak, bunu tazeleyip, geliştirerek, bunu yetişkinlerin kullandığına kıyasla daha bütün bir dil hâline getirdiler ve bu dilin adı da "Creole[5]" oldu! Bir Creole dilinde, dilin tüm yapıları mevcuttur —isimler, fiiller, çekim ekleri vs. Çocuklar, hiç duymamış oldukları dil parçalarını nasıl eklediler? Hangi parçaları eklerse, Creole dilinin, dünyadaki diğer dillere benzeyeceğini nasıl kestirdiler? Dr. Chomsky gibi, Dr. Bickerton da bu dillerin ortaya çıkışının, insanların bir "biyo-program"a —her insanda ortaya çıkacak olan bir temel dil bilgisi— sahip olmalarından kaynaklandığını söylüyordu. Bir diğer deyişle, Dr. Bickerton'a göre, bir insan dilini öğrenme kapasitesi —ya da bazı durumlarda icat etme— doğuştan gelmekteydi!

Dilin evrensel olduğuna bir diğer kanıt da, dünya genelindeki çocukların, dil gelişimindeki aşamaları ortalama aynı zamanlarda geçiyor olmalarıdır. Bir çocuğun Kalamazoo'da ya da Katmandu'da doğmuş olması hiç önemli değildir. Dil öğrenimi zamanlaması aynı ilerlemektedir. Yani, tüm çocuklar ortalama bir yaşındayken, tek kelimeler kullanmaya başlar ve üç yaşına gelene kadar da kendi topluluklarının —hangi dili konuşuyor olurlarsa olsunlar— üyeleri gibi konuşmaya başlarlar!

---

4 Pidgin, birbirlerinden farklı diller konuşan, kendi anadilleri ile anlaşmayı sağlayamayan birden fazla grubun kendi aralarında iletişim kurmak için kullandıkları dile verilen addır. (e. n.)

5 Kreyol ya da Kreol (İngilizce: Creole), yöreye ve kişiye göre gelişen ve birkaç dilin karışımından oluşan bir dil türüdür. Pidgin dillerinden türediği varsayılır. (e. n.)

Gördüğünüz üzere, küçük çocuklar dil dâhileridir. Ancak yine de onların dil gelişimini harekete geçirmek için yapabileceğimiz çok fazla şey vardır. Ne yapabileceğimizi anlamak (ve oturup dikkatli bir şekilde onlara isimleri, fiilleri öğretmemiz ya da cümle taslakları çizmemiz gerekmediğini anlamak) için, dilin nasıl geliştiğini keşfedelim. Burada bilimin bize anlatacağı, konuyla çok ilgili bir hikâye var.

BEBEKLER KONUŞMAYI NASIL ÖĞRENİR?

Dil gelişimi ne zaman başlar? Çocuklarımız ortalama bir yaşına gelene kadar onlardan herhangi bir sözcük duymayacağımızı hepimiz biliriz. Ancak sizinle birazdan paylaşacaklarımız, bebeğinize farklı bir açıdan bakmanızı sağlayacak. Dil gelişimi, bebeğinizin ilk doğum gününden çok önce aslında, tam olarak anne karnında başlar.

Hamileliğin yedinci ayında, bebekler, annelerinin konuşmalarına kulak kabartmaya başlarlar. New York City, Columbia Üniversitesi'nden gelişim psikoloğu Profesör William Fifer ve meslektaşları tarafından yürütülen araştırma, bebeklerin anne karnındayken duydukları hikâyeleri ya da şarkıları hatırladıklarını göstermektedir. Ve bebekler, annelerinin sesini duymayı, başka bir kadının sesini duymaya tercih etmektedirler. Bunu nasıl bilebiliyoruz? Birkaç yöntem sayesinde, bilim adamları anne karnının içerisine mecazi anlamda bakış atabilmektedir.

Bu araştırmalardan bazılarında, bilim adamları annelerin uzanmasını isteyip (hiçbiri buna hayır demedi), fetüsün kalp atışlarını kaydetti. Bebeklerin ilgilerini çeken bir şey olana kadar kalp atışlarının oldukça sabit olduğu ortaya çıktı. Profesör Fifer ve meslektaşları, annelerin, "Selam bebeğim. Bugün nasılsın?" gibi bir cümleyi tekrar etmelerini istediler. Annelerinin sesini duyduğu anda, fetüslerin kalp atışları değişti! Beklendiği üzere, kalp atışları yavaşladı. Ve sonra yeniden normale döndü. Bunun annenin konuşurken kaslarının büzülmesiyle değil de, bebeğin annesinin *sesini* duymasıyla ilgili olduğunu nereden biliyoruz? Çünkü anneleri sessiz kaldığında ya da aynı kelimeleri *fısıldadığında*, bebeklerin kalp atışları yavaşlamıyordu. Bu fetüsler, resmen annelerinin sesini dinliyordu! Bebekler, annelerinin konuştuğunu anlıyordu. Gün içinde annenin konuşmaları sayesinde, bebekler dile maruz kalıyordu.

Bebeklerin, anne karnındayken dil konusunda neler öğrenebileceklerini keşfetmenin tek yolu kalp atışları değildi. Bebekler, amniyotik kozalarında süzülürken, küçük zihinlerinde olanları anlamak için bir diğer ipucu da emmeleridir. Fransa'da, Profesör Jacques Mehler'in laboratuvarında yapılan çalışmada, bebeklerin emme şekilleri daha 2 günlük oldukları andan itibaren, kendi ana dillerini, başka bir yabancı dile tercih ettiklerini göstermiştir. Profesör Mehler'in, çalışmalarında iki grup bebek (bireysel olarak incelenmişlerdir) mutlu bir şekilde emziklerini emmektedir. Bir grup, Fransızca bir kaydı tekrar tekrar dinler. Sonunda biraz sıkılırlar ve emmeleri yavaşlar. O sırada, deneyi yapan kişi, dili Rusçaya çevirir (konuşan kişi aynıdır) ve bebeklerin ne yapacağını takip eder. Diğer gruba, önce Rusça sonra Fransızca dinletilir. İlk grupta, Fransız bebekler, Rusçayı duyduklarında gayet umursamaz görünürler. Odanın çevresine bakınırken, emziği emişleri hâlâ yavaştır. İkinci gruptakilerse, dil Rusçadan Fransızcaya döndüğünde, sanki *Yaşa Fransa!* der gibi emziklerini hızla emmeye başlarlar. Sonuç? Bebekler iki dili ayırt edebilir ve kendi dillerini tercih ederler. Bu bulgu sadece Fransız bebeklere has değildir. Atlantik Okyanusu'nun diğer ucunda, Amerikalı bebeklere İngilizce ve İtalyanca dinletildiğinde de aynısı yaşanmıştır. Bu bebekler de İngilizceyi tercih etmişlerdir. Bebeklerin ana dillerini tercih etmelerinin nedeni, anne karnındayken annelerini dinlemiş olmalarıdır. O anda bir ılık su kuyusunda yüzüyor olsalar ve arkadan kalp atışları ile guruldamaları dinliyor olsalar da fetüsler, konuşmaların melodisine kulak kabartmaktadırlar. Bebekler doğuştan buna hazırlardır. Bir dilin ritmini dinlemek için —anne karnındayken bile— okula gitmiş olmaya ihtiyaç duymazlar.

GİZLİ YETENEKLERİ KEŞFETMEK

ANNE KARNINDAYKEN DİNLEMEK

Hamileyseniz ya da hamile olan bir tanıdığınız varsa, yedi aydan daha büyük bebeklerin anne karnındayken duyduğunu test edebilirsiniz. Hamile kadından uzanmasını isteyin ve bir tencere ile büyük bir kaşık alın. Tencereye birkaç kez vurduğunuzda bebek ne yapıyor? Bebeğin anne karnında sıçradığını görebiliyor musunuz? Siz göremeseniz bile, anne bebeğin kıpırdadığını söylüyor mu? Bu kez anneyi konuşturun. Bunun, bebek üzerinde nasıl bir etkisi oluyor? Annenin fısıldamasını isteyin ve ne olduğuna bakın. Bunu birkaç kez yapabilirsiniz ve isterseniz bir yabancının sesini de kullanıp sonuçları karşılaştırabilirsiniz.

Bebekler iki günlükken bile "kavrayabiliyorlarsa", haftalar ve aylar geçtikçe, kullandığımız dile fazlaca dikkat ediyor olmaları da şaşırtıcı olmamalıdır. Öğrenmeleri gereken çok fazla şey vardır. Dil öğrenen bir bebek olmanın nasıl bir şey olduğunu hayal edin. Bir benzetmeyle anlatacak olursak, (çok benzemese de) şirketiniz tarafından habersiz bir şekilde, sizin dilinizde hiçbir kelime konuşmayan ancak iyi insanlarla çevrili olduğunuz yabancı bir ülkeye gönderildiğinizi düşünün! Yeni ülkenizdeki insanlar, size dakikada bir mil konuşuyor gibi görünüyorlar. Bu dili iki ya da üç yılda öğrenip, yerliler gibi konuşmaya başlayabilir misiniz? Bu, tam olarak bebeklerin yaptığı şeydir! Eğer birkaç dile maruz kalacak kadar şanslılarsa, bu diller doğal bağlamlarda (babanın İspanyolca, annenin İngilizce konuşması, ya da evde kalan Fransız bir bakıcı olması gibi) konuşulduğu müddetçe, o dillerde de uzmanlaşabilirler. Ama nasıl? Bebekler, yürümeye programlı oldukları gibi duydukları dili analiz etmeye de programlıdırlar. Doğa onlara, kendilerine verilen karmaşık dili alıp, hiç bitmeyen akışını parçalara ayırabilen araçlar vermiştir. Bunu nasıl yaptıklarını anlamak için laboratuvara gelin ve bilim adamların bulduklarına bir göz atın.

DİLİ OLUŞTURAN BİRİMLERİ —CÜMLELERİ— BULMAK

Bebeklerin kullandığı gizli taktiklerden biri, dil melodisini alıp cümlelere ayırmaktır. Cümlelerin sınırlarını bulabilirlerse, bir yapbozun parçalarını bulmuş gibi olurlar. Daha sonra yapboza (cümlelere) bakarak içindeki parçaları —kelimeleri— keşfederler. Çocuklar, 4.5 yaşına kadar bunu yapmaya başlarlar. Bir cümlenin nerede bittiğini ve diğerinin nerede başladığını anlayabilirler. Bu yetenek, yeni ve devrimsel bir yöntem olan *Headturn Preference* (Kafa Çevirme Tercihi) sürecini kullanarak test edilmiştir. Rebecca'nın, 4 aylık bebeği Jason'ı, bir üniversite laboratuvarına getirdiğini hayal edin. Onlardan küçük bir odaya girmeleri isteniyor. Rebecca, Jason'ı kucağında oturturken, kendisi de yaklaşık 3 metrelik, üç tarafı kapalı bir yerin ortasında oturuyor. Tam karşıda yeşil bir ışık ile bir gözlemci için küçük bir delik bulunuyor. Rebecca ve Jason'ın doksan derece sağında ve solunda, her bir tarafta iki ek ışık ile iki hoparlör var. Rebecca'ya müzik dinlemesi ve Jason yeteneklerini sergilediği sırada onu duymaması için bir kulaklık veriliyor.

Şimdi deney zamanı. Jason, çocuğuyla konuşan bir annenin konuşmalarından kesitler duyacak. İlkinde —sol tarafta— Jason doğal cümlelere bölünmüş, aralarında 1 saniyelik boşlukların olduğu bir konuşma duyuyor. Lütfen aşağıdaki metni yüksek sesle okuyun ve bölme işaretlerinin olduğu yerde durarak bunun kulağa ne kadar doğal geldiğini fark edin.

Külkedisi güzel büyük bir evde yaşıyordu/ ancak ev çok karanlıktı çünkü kötü kalpli üvey annesi de oraya yaşıyordu./ Ve ah, iki de çok çirkin üvey kız kardeşi vardı./ Onlar da çok kötü kalplilerdi.

Kesit sona erdiğinde, ortadaki bir ışık yanıyor ve Jason bu kez sağ taraftan aynı annenin konuşmasını duyuyor. Bu kez kesit, biraz değiştirilmiş ve duraksamalar, dilin akışını *kesintiye* uğratmış durumda. Lütfen aşağıdaki metni yüksek sesle okuyup, kesme işareti olan yerlerde duraksayınız.

Külkedisi güzel büyük bir evde/ yaşıyordu ancak ev çok karanlıktı çünkü kötü/ kalpli üvey annesi de oraya yaşıyordu. Ve ah, iki de çok çirkin üvey/ kız kardeşi vardı. Onlar da çok kötü kalplilerdi.

Kulağa yanlış geliyor, değil mi? Jason, hangisini tercih ettiğini bizlere söylemesi için bunun gibi farklı kesitler dinleyecek. Kimse Jason'dan metnin anlamını anlamasını beklemiyor. Araştırmacılar sadece, cümlelerin ne zaman başlayıp ne zaman bittiğini bize haber veren ipuçlarına karşı hassas olup olmadığını görmek istiyorlar çünkü bu, yapbozun kenarlarını bulmak gibi bir şey olacak. Jason, normal olan kesiti (üstteki) dinlemeyi mi tercih edecek yoksa duraksamaların yanlış yerlerde belirdiği (alttaki) kesiti mi? Bize dolaylı yoldan, cümlelerin nerede başlayıp nerede bittiğinden haberdar olduğunu gösterecek mi? Her bir metinde aynı sayıda sözcük bulunuyor. İkisinde de üç duraksama var. O hâlde bunları nasıl ayırt edecek?

Şaşırtıcı bir şekilde, içimizden biri (Kathy) bu deneyi kendi meslektaşlarıyla yaptığında, 4 aylık bebeklerin iki set arasındaki farkı fark ettiklerini buldu. Bu kadar küçükken bile bebekler kulağa daha doğal gelen kesitleri dinlemeyi tercih ediyorlar! Jason ve onun yaşındaki diğer bebekler, başlarını her iki yana basitçe çevirerek, bitmek bilmeyen konuşma akışlarında "aralıklar" bulabildiklerini bizlere gösteriyorlar. Ve bu bir gelişme! Cümlelerin nerede başlayıp nerede bittiğini bulabilmek bir tür analizdir ve bebekler, bu yetenekle doğuyorlar.

DİLİ OLUŞTURAN BİRİMLERİ BULMAK: BENİM ADIM OLAN KELİME

Çocuklar, dilin parçalarını fark ettiklerinde, kelime ile ilgili ne bildiklerine de bakabiliriz. Bir sonraki ipucu, bebeklerin 4 aylıkken sadece konuşma melodilerini bilmekle kalmayıp, birkaç kelimeyi ayırt edebildiklerini de gösteriyor. Kendi isimlerini biliyorlar!

Kendi adınızı bilmek aslında gayet önemli bir şeydir. Sizinle konuşulduğunu duyduğunuzda, birkaç kelimeyi seçebilmeniz, size yardım edecektir. Daha sonra, dil akışında kendi adınızı kullanıp, adınızın önünden ya da arkasından gelen yeni şeyleri ayırt edebilirsiniz.

Yeniden, Kafa Çevirme Tercihi sürecine gidelim ve bir diğer anne ve bebeği, Sheila ve Morris'i gözlemleyelim. Burada, gözlemci bir cihazın arkasına saklanıp, Morris'in ışığa bakışını takip ederek kasetçaları çalıştırıyor ve Morris'in sağ tarafındaki ışığı kırpıştırıyor. Morris sağa dönüp, güzel bir sesin, "Harry. Harry. Harry..." dediğini tekrar tekrar dinliyor. Ta ki başını çevirene kadar. Neden *Morris* yerine *Harry*? Çünkü araştırmacılar, Morris'in kendi adına verdiği tepki ile yine iki heceli olan ve vurgunun ilk seslide olduğu *başka* bir ada verdiği tepkiyi kıyaslıyor: "HARry" & "MORris". Morris başını çevirince, ortadaki ışık yeniden yanıp sönüyor. Morris buna bakıyor. Gizli araştırmacı ışığı söndürüyor ve Morris'in sol tarafındaki ışığı yakıyor. Bu kez hoparlörden yine aynı hoş bayan sesi, "Morris. Morris. Morris..." diyor ta ki Morris başını çevirene kadar. Bu tür denemeler 4 dakika kadar daha devam ediyor. Sol ve sağ taraflar rastgele çalıyor. Morris, kendi adının olduğu tarafa Harry adının söylendiği taraftan daha uzun süre bakacak mı? Eğer bakarsa, o hâlde en azından iki isim arasındaki farkı duymuş olacak. Cevap: evet! Morris, kendi adını tercih ediyor. *Kendisinin* Morris olduğunun farkında olmayabilir ancak kendi adını tanıyor.

Ancak bu bilgi Morris'in bir işine yarar mı? Bundan şüpheniz olmasın. İçimizden birinin (Golinkoff) de parçası olduğu Brown Üniversitesi'nde yürütülen araştırma, bu konuya ışık tuttu. Morris gibi bebekler, 6 aylıkken, bir metnin içinde geçen ve kendi isimlerinin arkasından gelen kelimeleri tanıyabilirler. Başka birinin adının arkasından gelen kelimeyiyse öğrenmezler. Başka bir deyişle, kendi isimlerinin arkasından gelen bir kelimeyi hatırlamaya değer bulurlar.

Bu bulgu bize, kendi adınızı bilmenin sadece akşam yemeğine çağrıldığınızda işinize yaramayacağını gösterir! Bu bilgi, bebeklerin dil blokları —kelimeler— oluşturmalarına ve onları hatırlamalarına yardımcı olur. Ve sadece bebeklerle konuşarak bile onların dil değirmenlerine öğütülmüş tahıl sunmuş oluruz. Doğal desen arayışında olan bebeklerimiz, kendileriyle her konuşmamızda dili keşfediyordur. Onların ismini çok sık tekrar etmemiz ve cümle başlarını ve sonları abartılı bir şekilde seslendirmemiz yanlış değildir. Bunlar, çocuklarla iletişim kurduğumuz zamanlarda doğal olarak verdiğimiz tepkilerdir ve erken dil gelişimi için birer anahtardır.

GİZLİ YETENEKLERİ KEŞFETMEK

ADINI BİLMEK

Yaş: 4-8 ay

Bebeğinizin adını bilip bilmediğini görmek için aynı sayıda hecesi olan ve aynı vurguya sahip başka bir isim bulun. Sonra bebeğiniz uyanık ve ayıkken ona gizlice yaklaşın. Bebeğin bir tarafında, biraz gerisinde durun ve bebeğiniz sizi görmek için dönmek zorunda kalsın. Ona adını söyleyin. Örneğin "COrey!" Bebeğiniz size dönüp baktı mı? Eğer baktıysa, bu adının Corey olduğu için henüz yeterli kanıt sayılmaz. Bu kez "JAson," deyin ve sonra "Corey"yi bir kez daha deneyin. Bebeğiniz Corey'ye dönüp, Jason'a dönmedi mi? Bunu hangi yaşta yaptı?

Şu ana kadar bahsettiğimiz gizli hazineler sayesinde, bebeğinizin konuşmaya başlamadan önce, dil akışını çözmek için çok fazla uğraştığını gördünüz. Başta, bebekler kendilerine "çapa" olarak yardımcı olacak, tanıdık bir kelimeye ihtiyaç duyarlar ve böylece duydukları kelimeleri hatırlarlar. Ancak, 7.5 aya gelindiğinde, artık kelimeleri hatırlamak için kendi isimlerine ihtiyaç duymazlar. Kafa Çevirme Tercihi sürecindeki testte, bu yaştaki bebekler, tanıdık kelimeler kullanılmasa da, kısa metinler içindeki kelimeleri hatırlayabilmişlerdir. Başta, belirli bir kelimenin —mesela "şapka"— içinde geçtiği kısa bir metin duyarlar. Daha sonra, Kafa Çevirme Tercihi sürecinde bu kelimeyi (şapkayı), daha önce duymadıkları, "fincan" gibi bir sözcüğe kıyasla daha fazla dinleyip dinlemedikleri gözlemlenir. Metinde duydukları bir kelimeyi daha fazla dinlemeyi tercih etmeleri, bize konuşmaları hatırlama yeteneklerini gösterir.

Sonraki 5 6 ay boyunca da herhangi bir kelime söylemeyecek olan bir bebek için bu oldukça zorlu bir iştir. Ancak, bizim de bahsettiğimiz tam olarak budur: Dil, sahneye çıkmadan aylar önce, bebekler cümleleri ve kelimeleri nasıl bulacaklarını hesaplayıp sık duydukları kelimeleri hatırlıyorlardır.

8 aylık olana kadar, bebekler kalıpları seçmekte daha da uzmanlaşırlar. Bir araştırmada, bebekler tekdüze bir sesle, anlamsız heceler dizisini iki dakika boyunca dinlemişlerdir. Kafa Çevirme Tercihi sürecinde, bir yandan tanıdık olan üç heceli diziler, bir yandan da listede daha önce duymadıkları üç heceli diziler duymuşlardır. Bebekler, hangi hecelerin, hangi diğer heceler tarafından takip edildiğini hatırlayarak bilim dünyasını şok etmişlerdir. Bu, 8 aylık bebeklerin küçük istatistikçiler olduğu anlamına gelmektedir! Daha sonra gördüğümüz şey, bebekleri test edebildiğimiz en erken zamanlardan itibaren, bebeklerin, ana dillerini öğrenmek için dili parçalarına ayırdıklarıdır. Metinleri cümlelere ayırıp, tanıdık kelimeleri seçiyorlar; bu kelimeleri de yeni kelimeler öğrenmek için kullanıp, kelime olabilecek ses kalıplarını hesap ediyorlar. Onlara bunları öğretmemize ihtiyaç duymuyorlar. Bunu yapabiliyorlar çünkü onların dil partnerleri olarak bizler, onlara verileri sunuyoruz ve onlar da çözümleri üretiyorlar.

BAKINMAK VE İŞARET ETMEK: DİL OLMADAN İLETİŞİM KURMAK

Bebeklerin bildiği ancak sizlerin göremediğiniz şeylerden bahsettik ama bebeklerin ilk yıl süresince öğrendikleri bazı şeyler çıplak gözle görülebilecek türdendir. Örneğin, bebeklerin 6 aylıkken bizlerin bakışlarını takip edip, ilginç bir oyuncağı görebileceğini ve 9 10 aylıkken bir noktayı takip edebileceğini biliyor muydunuz?

Bizlerin bakışlarını takip edip ilginç bir nesneyi ya da sahneyi görmeleri, bizlerin *onların* baktığı nesneye bakıp bakmadığımızı takip etme yeteneklerinden önce gelir. Aynı şey işaret etme için de geçerlidir: Bizlerin ilgisini çekmek için işaret etmeden önce, bizlerin işaretlerini takip etmeyi öğrenmeleri gerekir.

Araştırmalar, 6 aylıkken anne babalarının bakışlarını takip etmekte daha iyi olan bebeklerin, 18 ila 24 aylıkken daha geniş bir kelime dağarcığına sahip olduklarını gösteriyor. Diğer bir deyişle, küçükken annenizin baktığı yere bakabiliyorsanız, muhtemelen kelimeleri kullandığında da, neyden bahsettiğini anlayabilirsiniz. Bakışları takip etmenin, daha geniş bir kelime dağarcığına *neden olacağını* söyleyemesek de, annelerinin bakışını takip etmesi, bebeklerin *düşündüğümüz* şeyin önemli olduğunu anladıklarını ifade edebilir. Bebeklerimizle birlikteyken, genellikle konuşmayla desteklenen bakışlarımızı takip etmeleri, onlar için bir anlam ifade etmektedir. Bu da, bebeklerin dil öğrenmek için doğuştan sahip oldukları bir diğer yetenektir. Bu da ebeveynlerle ve bakıcılarla yapılan konuşmaların, gelişim konusunda fark yaratacağını destekleyen bir noktadır. Daha önceden, işaret etme ya da bakışları takip etme gelişmelerini fark etmemiş olabilirsiniz ancak umarız ki artık bunları incelersiniz. Bebekler gerçekten inanılmazlar.

GİZLİ YETENEKLERİ KEŞFETMEK

BİR BAKIŞI YA DA İŞARETİ TAKİP ETMEK

Yaş: 6-12 ay

Bebeğiniz, ilginç bir yere baktığınızda, bakışlarınızı takip edebiliyor mu? Bu deneyi tek başınıza yapabilir ya da bebeğinizin tepkilerini daha kolay takip edebilmeniz için başka birini yönlendirebilirsiniz. Bebeğinizin mama sandalyesini, evdeki farklı bir yere çekin. Bebek rahat bir şekilde yerine yerleşince (bunun için biraz yiyecek vermeniz gerekebilir), bebeğinize dönük duran bir nesneye bakın ve bebeğinizin adını söyleyip yeniden nesneye dönün. Mesela, "Irving!" deyin ve sonra ilginç nesnenin olduğu yere bakın. Irving de bakışlarınızı takip ediyor mu? Bebeğin dikkatini çekmek için adından daha fazla bir şey söylemeyin. Nereye bakması gerektiğini bulmak için, sadece sizin bakışlarınızı takip edip etmediğini inceleyin. Bebeğiniz bunu yapamıyorsa, bunu ayda bir tekrarlayın. Sonunda yapabildiğini görünce, mutlu olacaksınız.

Aynı şeyi işaret ederek de yapabilirsiniz. Bebeğiniz mama sandalyesindeyken, uzaktaki ilginç bir şeyi işaret edin. Hatta "Bak, Irving!" de diyebilirsiniz. Bunu 8 aydan itibaren deneyebilirsiniz. İşaret ettiğiniz anda, bebeğiniz parmağınızın ucuna bakarsa şaşırmayın! Böyle yaparsa, bir ay sonra yeniden deneyin. 9 10 aylık olana kadar, ne yapıyor? Konuşmacının işaret etmesinin, karşısındakinin bir şeyi görmesini istediği anlamına geldiğini öğrendikçe, bu gelişen yetenekte bir farklılık göreceksinizdir.

AGULAMANIN YARARLARI

Bebekler iletişimde iyilerdir ve hepimizin de bildiği gibi repertuvarlarında sadece işaret etmekten daha fazlası vardır. Yaşamlarının ilk aylarından itibaren çığlıklarını, ağlamalarını ve gülüşlerini duyarız. Ağlamanın 2 aylıkken zirve yaptığı ve bunun ardından azalmaya başladığını bilmek rahatlatıcıdır. Karından gelen ilk kahkahalar da aynı zamanlara denk gelir. Doğanın iç parçalayan ağlamalarına karşı verdiği bir telafi olmalı bu. Ve ilk aylardan itibaren, gırtlağın gerisinden gelen ("aaaa", "eeee" vb. gibi) bir dizi çığlık duyarız. Amerikalı anne babaların bunlara, hatta bedenden gelen her sese (!), sanki "sohbetin" bir parçasıymış gibi karşılık vermeye çalışmaları çok şaşırtıcıdır. Hatta kanıtların aksine, kendi kendimizi bunların anlamlı ifadeler olduğa ve her ağlamanın evlatlarımızın farklı beden durumlarını (açlık ya da ıslaklık gibi) belli ettiğine ikna etmeye çalışırız.

Bebekler 7 aylıkken agulamaya başladıklarında, bir sonraki dönemece ulaşırlar. İlk sessiz harfler (ba, ga, ma) bebekler dudaklarını kapatıp, aynı anda ses çıkarmaya karar verdikleri anda ortaya çıkar. Ebeveynler, bu seslerin daha çok konuşmaya benzediğini fark eder. Bebekler artık Barney Moloztaş'ın oğlu Bam Bam gibi sesler çıkarıp, kimi zaman da sadece kendilerinin anlayabilecekleri diyaloglar sürdürürler ("ba gag a g aba ba?" gibi). Ve ilk yılın sonuna kadar çocuklarımız agulamaya başlamıştır. Agulamak kendi başına anlamsız olsa da, kişinin gırtlağını (larinks) ve sesini kontrol etmesi açısından önemli bir adımdır. Bu nedenle bebekler sık sık umursamaz bir şekilde çığlık atıp fısıldar ve kendi seslerinin nasıl çalıştığını keşfederler!

Bunun ardından, artık karşımızda ihtiyaçlarının bilinmesi için daha kapsamlı stratejiler uygulayan bir çocuk vardır. Bölümün başında gördüğümüz gibi Jordan, sünger için ya da kendisine sunulan nesneler için herhangi bir kelimeye sahip olmasa da, süngeri istediğini anlatmayı başardı. Belli ki, iletişim girişimine karşılık verecek olan bir ebeveyn ya da bakıcı olmasaydı, hiçbir ilerleme kaydedemeyecekti. Çocuklarımızın "mesajlarına" öyle olmasalar da, net ya da kolay anlaşılabilirmiş gibi karşılık vermemiz, burada da büyük bir rol oynamaktadır.

Şu ana kadarki yolculuğumuz, bizleri ilk kelimenin üretildiği zamana getirdi. Bu dönemecin dil gelişimi ile doğal olarak bağlantılı olduğu düşünülür. Bebeklerin ilk kelimeden önce yaptığı tüm mükemmel şeyler, görmezden gelinir ya da onlardan bahsedilmez. Ancak ilk kelimeye gelene kadar, çocukların dili analiz etmek için neler yaptığını, var olan çalışmalarla göstermeye çalıştık.

DİL ORKESTRASI

Bebeklerin ilk yılda yaptıklarını düşünmenin bir yolu da, dil gelişimini bir orkestrayla kıyaslamaktır. Dil, birlikte çalışıp, birleşik bir ses oluşturan pek çok kısımdan oluşur. Nasıl orkestrada farklı bölümler varsa (yaylılar, vurmalılar ve üflemeliler gibi); dilin de ses, anlam, kelime, dil bilgisi ve dili kültürel olarak uygun kullanma kuralları gibi parçaları vardır. Dil ediniminden bahsettiğimizde, dil sisteminin pek çok parçasının gelişiminden ve insanın konuşması "hedefine" ulaşmak için eş zamanlı çalışmasından bahsediyoruz. Aklımızda bu benzetmeyi tutarak, ilk yıldaki dil öğreniminin çoğunun, orkestranın ses bölümüne yoğunlaştığını görürüz. Bebekler, en azından ilk yılın son çeyreğine kadar kelimelerin ne anlama geldiğini bilemezler. Bu zamana kadar, dillerindeki ses kalıplarına odaklanırlar. Örneğin, dillerinde hangi ses dizilerinin kabul gördüğünü anlamaya çalışırlar. Dikkat etmeniz gereken kısım, ilk yılki başarılarının çoğunu kendi başlarına yapıyor olmalarıdır. Onların üzerinde çalıştığı şeyleri bizler normalde fark etmeyiz ve bu nedenle de onlara doğru şeyleri öğretmemiz pek mümkün olmaz.

İKİNCİ YIL: DİL ORKESTRASININ "ANLAM" BÖLÜMÜ ÜZERİNDE ÇALIŞMA

Çoğu ebeveyn, asıl dilin, 13 ay civarında ilk kelimelerle ortaya çıktığını düşünür. Kabul edilmelidir ki, anlaşılabilir seslerle, ilk kelimeler arasında belli belirsiz bir bağ vardır. Ah, bebeğiniz ilk "baba" ya da "dede" dediği gün ne mutluluk vericidir. Doğal olarak, ebeveynler bunların bebeklerinin ilk kelimeleri olduğuna inanırlar. Ancak, gerçekten öyle midir? Pekâlâ, öyle olabilirler ya da sadece agulamadan ibaret de olabilirler. Mom (anne) sözcüğü çoğu dünya dilinde, kulağa "mama" sesine benzer gelir. Peki, neden?

Bir an için durun ve "baba" ve "bebek" gibi kelimeleri söyleyin. Bu kelimeler nerede sesletiliyor? Evet, ağzın ön tarafında, dudaklarla sesletilir. Şimdi de "kaka," ya da "nana"yı deneyin. Neredeyse evrensel olan "mama" uyarlamasının gerekçesini şimdi anlamışsınızdır. Ağzın ön kısmıyla oluşturulan sesleri üretmek daha kolaydır ve bebeğin, başkalarının bunları söylediğini görmesi kolaydır. Örneğin, dudak okuyanların söylediğine göre, birinin dudaklarını kullanarak söylediği kelimeleri anlamak, ağızlarının iç tarafını kullanarak söylediklerini anlamaktan daha kolaydır.

Şimdi konumuza geri dönelim. "Baba" ya da "dede"nin *gerçekten* kelime olduklarını nereden bileceğiz? Araştırmacılar genellikle, çocuğun bir kelimeyi gerçek bir kelime olarak kullandığını —çocuk bunu doğru bir şekilde sesletmiş olsa bile— doğrulamak için 3 kriterin doğrulanmasını bekler. Öncelikle, gerçek bir kelime olarak kabul edilmesi için, kelimenin her kullanımında aynı anlama gelmesi gerekir. Yani, "Baba" bir gün baba, diğer gün köpek anlamında kullanılıyorsa, çocuk henüz "Baba"nın ne demek olduğunu kavramamıştır. Diğer taraftan, Baba, büyükbaba, sokaktaki diğer adamlar (ki bu anne için biraz utanç verici olabilir) ve babanın eşyalarını belirlemek için kullanılıyorsa, o hâlde bebeğiniz doğruya yaklaşıyordur! İkincisi, gerçek bir kelime kabul edilmesi için, bebeğinizin kelimeyi, iletişim kurma niyetiyle kullanması gerekmektedir. Sadece tekrar tekrar "Baba" demeyi seviyor ancak babası yanındayken bunu söylemiyorsa, bunu henüz bebeğin defterine işlemememiz gerekiyordur. Son olarak da, gerçek kelimeler, bebeğin babasının fotoğrafını, McCoy'unki gibi isimlendirebilmesiyle belli olur. Bağlam içerisinde esnektirler. Bir kelimeyi farklı durumlarda kullanabilmek, bebeğin kelimeyi gerçek bir kelime olarak kullandığının kanıtlarından biridir.

GİZLİ YETENEKLERİ KEŞFETMEK

BEBEĞİN İLK KELİMELERİ

Yaş: 9-18 ay

Bebeğinizin ilk birkaç kelimesini yakalamaya çalışın. Bunları alt alta bir deftere listeleyin ve yanlarına da ilk kullanıldığı tarihleri yazın. Yan yana üç sütun hâlinde "ısrarcı anlam", "iletişim kurma girişimi" ve "durum çeşitliliği" yazın. Sonra da, bebeğinizin bu kelimelerle bu üç başlığa uygun davranıp davranmadığına bakın. Bu üç başlığı her bir kelime için gözlemlediğiniz günlerin tarihini yazın. Çocuğunuzun kullandığı bir kelimenin ilk ortaya çıkışından itibaren, bu üç kriteri de karşılaması ne kadar zaman aldı? İlk kelimelerin kullanıldığı durumları da not etmek ilginç olabilir. Birkaç yıl içinde, geriye bakıp, çocuğunuzun ilk kelimelerinin nasıl ortaya çıktığını hatırlamak gerçekten keyifli olabilir.

KELİMELERİ DESTEKLEYEN BEBEK İŞARETLERİ

Bazı insanlar, işaret dilinde kullanılan işaretlere benzer "bebek işaretlerini" ('şapka' kelimesi için kafaya vurmak gibi) kullanarak kelime öğrenimine hızlı bir başlangıç yapmayı denemek ister. İşaretler, dil ve ağızdan daha görünür olduğu için, belki de işaretleri kullansak, bebekler biraz daha hızlı öğrenebilir. Bu yeni ve ilginç bir iddiadır ve aslında içinde doğruluk payı da vardır. California, Davis, California Üniversitesi'nden Profesör Linda Acredolo ve Susan Foodwyn tarafından yürütülen çalışmaya göre, işaretleri öğrenmek, kelimeleri öğrenmekten biraz daha kolaydır. Bebeğinizle konuşurken işaretleri kullandığınızda, iletişim kurmak için yeni yollar türetiyorsunuzdur. İletişimi teşvik etmek de dil gelişimine yardımcı olur. Bu nedenle, bebeğinize işaretleri kullanmalı mısınız? Bunun bir zararı olmaz ve yeni kelimeleri tanıtırken böylece hem eğlenceli hem de ilginç bir yol sunmuş olursunuz.

GİZLİ YETENEKLERİ KEŞFETMEK

"BEBEK İŞARETLERİ"

Yaş: 10-18 ay

Bebeğinize işaretleri öğretmek konusunda ciddiyseniz, bebeğiniz yaklaşık 10 aylıkken, ona birkaç işaret göstererek başlayabilirsiniz. Bunu tercihen çocuklarınızın kullandığı el/kol hareketleriyle yapıp, örneğin uçak için gökyüzünü gösterin. Eğer bunu çocuğunuzla birlikte birkaç kez yaparsanız, bu işaret artık uçak anlamına gelecektir. Daha sonra birkaç başka işareti de ekleyebilirsiniz:

Şapka: Avucunuz aşağı bakacak şekilde, elinizi başınıza vurun.

Çiçek: Kokluyormuş gibi burnunuzu kırıştırarak nefes alın.

Daha fazla: Bir elinizin işaret parmağını, diğer elinizin avucuna vurun.

Konuşma dilinde olduğu gibi, ne kadar çok işaret kullanırsanız, bebeğinizin o kadar çok öğreneceğini unutmayın. Araştırmacılar, bebek işaretlerini öğrenen çocukların, işaretleri kullanmayan çocuklara kıyasla dil açısından avantajlı olduklarını iddia ediyorlar. Peki, neden öyle? Bunun nedeni, ebeveynlerin her işaret kullandığında, bir de kelime söylüyor oluşu olabilir. Ve belki de çocuklar, hedeflerine ulaşabilmek için gerginlik yaşamayacaklarından, öğrenmek için daha fazla enerjiye sahip oluyor olabilirler.

DAHA UZUN CÜMLELERDE DAHA BÜYÜK ANLAM: DİL ORKESTRASININ "DİL BİLGİSİ" BÖLÜMÜ

Bebek işaretlerini de kullansalar kelimeleri de kullansalar, bebekler aynı şeylerden bahsederler. İlk kelimeler genellikle vücudun bölümleri ya da özel isimlerdir (ailenin evcil hayvanının adı gibi) ve bunlar büyük zahmetlerle ve her seferinde birer tane öğrenilir. 18 aylık olana kadar, çoğu çocuk yaklaşık 50 kelime kullanabilir ve bunların da çoğu nesne isimleri ve çevrelerindeki insanlardır (köpek, baba, kulak, elma, su, şişe gibi). Çocuklar 50 kelimelik önemli bir bilgiye ulaştıklarında, içlerinde bir "isimlendirme patlaması" yaşanır. Kelimeler kendiliğinden dökülür! İşte bu dönemde, meraklı çocuklarımız nesnelerin isimlerini sormaya başlar. "Bu ne?" Bazı araştırmacılar, bu dönemlerde, tipik 18 ila 20 aylık çocukların, her gün ortalama 9 kelime öğrenebileceğini söylüyor! Haftada 63 yeni kelimeyi hayal edin! Ve bu dönemde çocuklar, kelimenin kullanımını bir kez duyduktan sonra, gayet uygun bir şekilde kullanmaya başlayabilirler. Sonuç genellikle iyidir ancak bu aynı zamanda, söylediklerinize dikkat etmeniz gerektiği anlamına da gelir. Birinde bir muhabir bize, "Çocuklar neden küfür etmeye başlar?" diye sormuştu. Buna cevabımız hazırdı, "Ne ekerseniz onu biçersiniz!"

50 kelimelik dönüm noktasının bir diğer önemi daha vardır: Çocuk, bu kritik kelime sayısına ulaşınca, kelimeleri ilk kez birleştirmeye başlar ve iki kelimelik cümleler kurar. Bu zamandan önce, her seferinde sadece bir kelimeyi kullanmaktadır —bazen Jordan da ardı ardına, durmadan "Köpek" ya da "Ev" der. Her bir kelimeyi sanki ayrı ve farklıymış gibi kullanılır. 18 aylıkken, çocuk aniden kelimelerin ifade ettikleri anlamı genişletip dil orkestrasının, "dil bilgisi" kısmı üzerinde çalışmaya başlar. Artık, köpeğin eve henüz girdiğini anlatmak için güzelce, "Köpek ev," diyebilir. Ancak, cümlede eksik olanlara dikkat edin. İsmin bulunma hâli olan "-de" ve ek fiil olan "-dir" cümlede kullanılmamıştır. Çocukların ilk türettiği kelime kombinasyonlarında bu tipik bir durumdur. Bebeklerin konuşmaları, bilim adamlarının "telegrafik" dediği şekildedir çünkü konuşmaları eski tip bir telgraf gibi gelir kulağa: "Cumartesi atta. Altı kamyon git. Oda gel. Bekle araba."

Dünyanın her yerinde, çocukların ilk kelime kombinasyonları bu şekilde aynı anlamları içerir. Çocuklar, "Çok süt," diyerek bir şeyleri daha fazla isteyip, "Şişe yok!" diyerek bir şeyleri reddeder, "Aa kedi," diyerek bir şeylere dikkat edip, bir şeylerin yok olduğunu, "Tüm süt gitti," diyerek ifade edebilirler. Bu sınırlı cümleleri kullanıp, birçok kısmı eksilten çocuklar yine de kısa kalıplarla anlamı tamamen ifade edebilirler. Bu şekilde konuşan bir modelin önlerinde olmadığını bir düşünün. Etraflarındaki hiçbir yetişkin onlarla telegrafik şekilde konuşmaz. Peki, bebekler bunu neden yapar? Çocuklar *kalıpları araştırırlar*. Bütün cümleleri kullanacak kapasiteleri henüz yoktur, ancak iletişim kurma ihtiyacı duyarlar. Duydukları cümleleri analiz edip, anlamı en çok ifade eden kelimeleri seçer ve bunları genellikle doğru sıralamayla etkileyici bir şekilde kullanırlar. Bebeklere bunu nasıl yapacaklarını kimse öğretmez. Bunu yaparken sadece analitik yeteneklerini kullanıp, ilerlerler!

GİZLİ YETENEKLERİ KEŞFETMEK

KELİME KOMBİNASYONLARI

Yaş: 18-30 ay

Çocuğunuzun ilk kelime kombinasyonlarını dinleyip kaydedin ya da bir kenara yazın. Birkaç yıl sonra bunlara bakmak eğlenceli olacaktır. Ayrıca, çocuğunuzun ne demek istemeye çalıştığını da not edin çünkü ilk kombinasyonlarında çok önemli dil bilgisel bilgileri kullanmayacaklardır. Eksiltilmiş olanlara da dikkat edin. "bir" ve "iki" gibi sıfatları kullandı mı? Fiilin sonuna "-yor" ya da "-di" takılarını ekledi mi? "İçinde" ya da "Altında" gibi yer belirteçlerini kullandı mı? Çocuğunuzun ilk konuşmalarını dinlemek, bu ayları zenginleştirir!

Genellikle bu süreç çok hızlı geçer ve bizler bunun nasıl bu kadar hızlı geçtiğini anlayamayız. Bunları kaydetmek ve eksiltilen şeylere dikkat etmek —ve sonrasında nelerin eklendiğine de— tüm dil gelişim dönemini daha az gizemli ve daha büyüleyici hâle getirecektir!

ÜÇÜNCÜ VE DÖRDÜNCÜ YILLAR: DAHA GÜZEL CÜMLELER

Çocuklar kelime kombinasyonları oluşturmaya başladıklarında, cümleleri giderek uzamaya başlar. Artık dil orkestrasının "dil bilgisi" kısmıyla ilgileniyorlardır. Düşüncelerimi ifade etmek için cümleleri nasıl bir araya koyarım? Koltuğun altındaki toplarını istediklerinde, "Top," demek gibi, tek kelimelik cümlelerden başlayarak, "Top istiyor!"a ve oradan da daha karmaşık olan, "Jason top istiyor!"a, sonrasında "Jason koltuk altında top istiyor!"a oradan da en önemli kısım olan iki cümlelik ifadelere geçerler: "Topumu istiyorum. Koltuğun altında!"

Dil bilgisel ayrıntıların, telegrafik konuşmalarda kendini parça parça göstermeye başladığına dikkat edin. Bu kademeli gelişim çok önemlidir. Sözlü olarak dile getirebildikleri şeyler çok kısıtlı olduğundan, "Şu anda öğle yemeği yemek istemiyorum," demek yerine, "Yemek yok," ya da "Öğle yemeği yok," derler. Kimi zaman zihinlerinin ağızlarından daha hızlı çalışması da şaşırtıcıdır. Bizlere söyleyecek çok fazla şeyleri vardır ancak hepsini düzgün olarak ifade edemeyip kimi zaman kekelerler. Ancak bu gerçek bir kekeleme olmadığından, endişelenmenize ya da dikkate almanıza gerek yoktur. Bu sadece, ağızdan daha hızlı çalışan bir zihnin göstergesidir! Gerçek kekeleme, bambaşka bir olgudur. Kekemeler, bir cümle içinde birkaç yerde kekelerler; sadece cümle başında değil. Gerçek kekemeler genellikle erkektir ve bazı genetik yatkınlıkları vardır. Mesela babaları ya da amcaları da kekemedir.

Bu noktaya kadar, çocuklar kapsamlı dil kullanıcılarına dönüşmeye başlamış olurlar. Ancak, sizler de titiz bir gözlemci ve kaygılı bir anne olan Jane gibi tuhaf bir şey gözlemleyebilirsiniz. Jane bize, bunu bir telefon görüşmesinde anlattı. 3 yaşındaki Allison'ın diliyle ilgili bir tuhaflık fark etmişti. Allison, "I goed[6] to the bathroom," (Banyoya gittim) demişti. Jane, Allison'ın eskiden "went" dediğini bildiği için kaygılıydı. Kızının bir dil problemi olabilir miydi? Yolunda gitmeyen bir şeyler mi vardır?

Bunun net cevabı: "HAYIR"dır. Yolunda gitmeyen bir şey olmadığı gibi, Allison aslında dil yeteneğini sergilemektedir. Walk (yürümek) fiilinin geçmiş zamandaki hâlini söylemek isterseniz "walked" (yürüdü) dersiniz. Jump (zıplamak) fiilinin geçmiş zamanı için "jumped" (zıpladı) dersiniz. Uydurma bir fiil olan "blix" fiilinin geçmiş zamanı için de "blixed" demeniz gerektiği sonucuna ulaşabilirsiniz. Allison, bizlere bu kuralı öğrendiğini göstermektedir! Bunu ona kimse öğretmemiştir. Kimse Allison'ı oturtup, "Dinle, geçmiş zamandan bahsettiğimiz çoğu zaman, fiile "-ed" takısı ekleriz," diye açıklamamıştır. Bu kuralı keşfeden Allison, farkında olmadan, "Daha önce yanlış kullanıyordum. Genel kuralı uygulamam gerek," diye düşünmüş olmalı. Bu, zamanla düzelecektir. Endişelenmeye hiç gerek yok! Bu, birçok araştırmacıyı yıllarca çok etkilemiş bir hatadır.

Allison'ın, ebeveynlerinden öğrenmemesine rağmen, geçmiş zamanın nasıl yapıldığını biliyor olması, dil öğreniminin nasıl gerçekleştiği ile ilgili popüler algıları sarsmaktadır. Yeteneksiz ve beceriksiz olduğunu sandığımız çocuğumuzun böyle düşünsel güçler sergilediğini kabul etmek çok mantıksız gelebilir! Ancak, hiçbir ebeveyn "goed" demez. O hâlde cevap "taklit"se, bu nereden or-

---

6 İngilizcede "Go" –gitmek– fiilinin geçmiş zamandaki hâli *goed* değil, *went*'tir. (ç. n.)

taya çıkmıştır? Çocukların buna kendi başlarına ulaşmış olmaları, dil öğrenimi konusunda sahip olduğumuz en büyük yanlış inancı çürütmektedir. Çocuklarına dil dersleri vermeleri gerektiğine çok inanan anne babaların, çocukların duydukları dili alıp, bitiş çizgisine tek başlarına ulaştıklarını bilmeleri gerekir. Çocukların dili duymalarına gerek olmadığını söylemiyoruz. Buna ihtiyaçları vardır. Ancak anne babalar, çocuklarının 7/24 kişisel hocası olmak zorunda değildir. Çocuklar, dil konusunun çoğunu kendi başlarına hallederler.

DÖRDÜNCÜ YIL: ÇOCUKLAR, DİL ORKESTRASININ BAĞLAMSAL DİLBİLİM NOKTASINA ODAKLANIRLAR

Dilin ses sistemi üzerinde uzmanlaşıp, birçok kelimenin anlamını öğrenen ve cümleleri nasıl yapılandırmaları gerektiğini keşfeden çocuklar, 3 4 yaşlarında dikkatlerini, dilin sosyal durumlarda nasıl kullanıldığına çevirirler. Buna "bağlamsal dilbilim" denir. Bir şeyi ne zaman ve nasıl söylemeniz gerektiği bilgisi, konuştuğunuz kişiye bağlıdır. Dili uygun bir şekilde kullanma eğitimi Amerika'da çok erken başlar. Henüz konuşamayan bebeklere Cadılar Bayramı'nda evleri dolaştıkları sırada "lütfen" ya da "teşekkürler" dedirtilmeye çalışılır. Ve dil ortaya çıktığında, çocukların, "Daha çok süt," demeleri; ebeveynlerinin "sihirli kelimeyi kullan: lütfen" tepkileriyle karşılanır. Çocukların ne söyleyeceğini bilmesi, cümleleri bir araya getirmesi kadar önemlidir. Hiçbirimiz patavatsız çocuklar yetiştirmek istemeyiz. Ancak bu konuda da rahatlayabiliriz. Çocuklar kalıpları araştırmaya alışık olduklarından, bizlerin dili kullanışını dikkatle gözlemlerler. Bunu, hiç ummadığınız bir anda çocuğunuzun, çok yerinde bir söz kullanmasından anlayabilirsiniz. 4 yaşındaki Amanda, misafirleriniz evden ayrılırken, coşkuyla, "Sizi görmek çok güzeldi!" dediğinde, bu sizi şaşırtır çünkü bunu nereden öğrendiğini bilirsiniz!

GİZLİ YETENEKLERİ KEŞFETMEK

BAĞLAMSAL DİLBİLİM

Yaş: 12-14 ay

"Lütfen", "teşekkürler" gibi sosyal iletişimimizi kolaylaştıran kelimeleri kullanmaları için çocuklarınızı nasıl eğittiğinizi —ve başkalarının da farklı yaşlardaki çocuklarını nasıl eğittiğini— gözlemlemeye çalışın. Küçük bebeklerin anne babaları bile bunu yapar ve bunu fark etmek çok komiktir. Ayrıca, çocuğunuz bu kelimeleri kullanmaya başladığında, bunları yerli yerinde kullanıp kullanmadığına da dikkat edin. Yoksa "teşekkürler"i "lütfen" anlamında ya da tam tersi anlamda mı kullanıyor? Anne babaların daha büyük çocuklarına bir şeyleri nasıl ve neden söylemesi gerektiğini açıkladığını duyuyor musunuz? Kendinizi, "Merhaba" ("Tara'ya merhaba der misin?") denmesi gerektiği ile ilgili bağlamsal dilbilim dersleri verirken bulup, dün gidilen yerin anlatılmasını isterken (Bay Dork'a dün nereye gittiğimizi söyler misin?) mi yakalıyorsunuz? Çoğumuz çocuklarımıza, konuşmaya nasıl başlamaları ve ne anlatmaları gerektiğini öğretiriz.

Hepimiz çocuklarımıza bir ya da iki kez "bağlamsal dilbilim" dersleri vermişizdir. Çocuklarımıza öğretmeye çalıştığımız sosyal yetenekler, okuldaki öğretmenleriyle nasıl konuşmaları gerektiğini öğrenmeleri için önemli olabilir. Konuşkan küçüklerimiz nasıl kibar olunması ve hikâyelerin nasıl anlatılması gerektiği ile ilgili bizleri model alırlar. Bunlar her kültürde farklılık gösterdiğinden, çocuklarımızı bunu bir şekilde yapmaları konusunda cesaretlendirdiğimizde, onlara kültürümüzde sosyal yapının nasıl olduğunu da öğretmiş oluruz. Örneğin orta sınıf Anglo sınıfında, insanlarla konuşurken ayaklarına değil, gözlerine bakılır. Bu nedenle kendinizi, "Lütfen Bayan Robinson'la konuşurken gözlerine bak," derken bulabilirsiniz. Ancak Meksika kökenliyseniz ve Teksas'ta yaşıyorsanız, tam tersini söylersiniz! "Lütfen Bayan Robinson'la konuşurken, ona bakma." Peki, neden? Çünkü bu kültürde, büyüklerinizle göz göze gelmek saygısızlık ve kabalık göstergesidir. Her kültürün, konuşma konusunda kendi kuralları vardır.

Dili uygun bir şekilde nasıl kullanacağımızı öğrenmek için önemli bir diğer konu da, insanların *gerçekten* neyi kastettiklerini anlamaktır. İnsanların bize söylediği her şeyi sadece kelimeden ibaret olarak anlamlandırdığımız bir yerde olduğumuzu hayal edin.

Sokaktaki Kadın: Saatiniz var mı?

Siz: Evet. (Yürümeye devam edersiniz!)

Kadının merak ettiği, sizin bir saate *sahip* olup olmamanız değildir. Ona *saati söylemenizi* istemektedir. Bu soruyu dolaylı olarak sormuştur ve yapmanızı istediği şeyi doğrudan söylememiştir çünkü kültürümüzde böylesi, daha kibar olarak algılanır. Kelimeleri ve cümleleri bir araya getiren dil bilgisel yapıları bilmek, dil gelişiminin sadece bir kısmıdır. 4 5 yaşlarında çocuklar, dillerini iletişim kurmak için kullanmak adına donanım edinmeye başlarlar. Dileklerini ve ihtiyaçlarını, öğretmenleri ve bakıcıları gibi çok iyi tanımadıkları insanlara bile anlatmaya ihtiyaçları olacaktır. Ayrıca, sohbetlerimizdeki ince anlamları da fark etmeleri gerekir. 4 yaşındaki çocuklar, her şeyi sözcük anlamıyla anlamak konusunda ün yapmışlardır.

4 yaşındaki Jane, annesinin arkadaşı Samantha ile telefonda konuşuyor:

Samantha: "Selam Jane! Annen evde mi?"

Jane: "Evet." (Bunun ardından Jane telefonda beklerken uzun süren bir sessizlik oluyor, çünkü Jane, Samantha'nın gerçekten annesinin evde olup olmadığını öğrenmek için aradığını düşünüyor.)

Samantha: "Jane? Orada mısın? Anneni çağırır mısın benim için?"

Jane: (Cevap vermeden telefonu bırakır ve annesini çağırmaya gider.)

Jane kendisine sorulan soruya cevap vermiştir. Ancak soru sadece yüzeysel bir sorudur. *Gerçekte*, Samantha, Jane'den annesini çağırmasını kibar bir şekilde istemiştir. Jane, bunun dışında telefonda konuştuğumuz birinin sorusuna sözlü olarak cevap vermemiz gerektiğini de henüz kavrayamamıştır. Telefonda konuştuğumuz bir yetişkinin hiçbir şey söylemeden telefonu bırakıp, görüşmek istediğimiz kişiyi bulmaya gitmesi ne tuhaf olurdu. Bunun çok kabaca olduğunu düşünürdük.

Çocuklar bu yaşta, sadece gerçek ve mecazi anlamları değil, aynı zamanda hikâyeleri ve bunların nasıl kullanıldığını da öğrenirler. Araştırmacılar, hikâye gelişimi ile ilgili çok fazla çalışma yapmıştır. Bunların bazılarından, okumayı ele alan bir sonraki bölümde bahsedeceğiz. Şimdilik, bu yaştaki çocukların hikâyeleri SEVDİKLERİNİ aklınızda tutmanız yeterli olacaktır. Sizin çocukluğunuzu dinlemeyi, aile gezilerinin fotoğraf albümlerine bakmayı ve sizin uydurduğunuz ya da kitaplarda yazan hikâyeleri duymayı çok severler. Araştırmacılar, hikâye anlatımının, okuma yazma yeteneği konusunda çok önemli bir temel olmasına rağmen, evlerde artık bir nevi yok olan bir sanat olduğunu söylemektedir. Hikâye anlattığımız zaman, bir bağlam oluşturup karakterler seçer ve onları bazı karmaşaların olduğu seyahatlere gönderir, sonra da onlara çözümler sunarız. Çocuklarımız bu kısımları henüz bilmeseler de, onlara hikâyeler anlatıp onlarla hikâyeler yazarsak, içlerindeki araştırmacı, hikâye dil bilgisini keşfedecektir.

GİZLİ KEŞFETMEK

HİKÂYE ANLATMAK

Yaş: 3-5

Bir hikâyeye başlayın ve tek tek karakterleri ekleyin. "Bir zamanlar bir prens, bowling pistine gitmiş..." (Burada diğer kişiyi ekleyin). Ya da "Bir zamanlar, bir futbol maçında çok enteresan bir şey yaşanmış..." (bir sonraki kişi) ...

Bu dönemde gördüğümüz kapsamlı dil, farklı ortamlarda birden kendini gösterir. Çocuklarınızı oynarken gözlemleyin ve konuşmalarını dinleyin. "Tamam, şimdi ben anne olayım, sen de bebek." Oyunlar vasıtasıyla, çocuklar sosyal rolleri deneyimleyip, bir anne ya da bebek olmanın nasıl bir şey olduğunu "denerler". Dikkatli dinlerseniz, çocuklarınızın canlandırmalarında bu karakterlere neler yaptırdıklarını görebilirsiniz. 4 yaşındaki Arthur, Maxine ile rol yapma oyunu oynarken, "Hayır. Çöpleri ben taşıyacağım. Anneler, babalara bunu yapmasını hep söyler," der. 3 4 yaşlarındaki çocuklar, dilin kurallarının birçoğunu ve bunların nasıl işlediğini öğrenmiştir.

GEVEZELER VE ÇOK SESSİZLER: TÜM ÇOCUKLAR AYNI DEĞİLDİR

Şu ana kadar çizdiğimiz tablo, ortalama çocuklar içindi. Ancak hiçbirimiz ortalama çocuklara sahip değiliz. Bizler Joe, Samantha, Martha ve Peter gibi çocuklara sahibiz. Dil gelişimlerindeki büyük farklılıklara rağmen, hepsi de gayet normaller. Joe, 17 aylık olana kadar konuşmadı çünkü çok fazla kulak enfeksiyonu vardı. Ayrıca, iki büyük erkek kardeşi vardı ve onlar da Joe'yu neredeyse hiç konuşturmuyorlardı. Sonradan doğan çocukların daha geç konuştuğunda —az da olsa— bir doğruluk payı vardır. Onlar, dikkatimizi tamamen üzerlerine çekemediklerinden, ilk doğanlar kadar fazla veriye sahip olamayabilirler. Ama üzülmeyin çünkü 3 4 yaşına kadar sınıftaki çocuklardan hangisinin önce, hangisinin sonra konuştuğunu ayırt etmek imkânsız hâle gelecektir.

Sonra, Samantha var. 16 aylıkken konuşmaya başlasa da, büyük erkek kardeşi Matt gibi etrafta dolanıp nesnelerin isimlerini saymıyordu. Matt evde, müzede, yolda, gördüğü her nesnenin adını öğrenmek isteyerek ailesini çılgına çeviriyordu. Sammy tanışıp, selamlaşmayı seviyordu. Tanıştığı herkese "Selam", "Hoşça kal" deyip, çok az kelime bildiği zamanlarda bile, "Lüffen", "Teşekur edeyim" gibi sosyal ifadeleri kullanabiliyordu.

Martha standartların dışındaydı. O, 2 yaşındayken paragraflar hâlinde konuşabilen bir sınıf sözcüsüydü. Ve sonra dile başlamakta çok geç kalan Peter var. 18 aylık Peter'ın annesi olan Jessica'nın dediğine göre, "Oyun grubuma her gittiğimde kendimi huzursuz hissediyorum. 16 aylık Allison ve 17 aylık Jake, kelimeleri âdeta püskürtüyor. Peter sadece 'iki' diyebiliyor." Deneyimli bir diğer oyun gurubu annesi Phyllis, kendi iki çocuğu arasındaki büyük farkı gözlemlemişti. "Her biri için bir günlük tuttum. Suzie 18 aylıkken 61 kelime biliyordu. Arlene ise sadece 5." Phyllis, üçüncü çocuğunun yavaş gidişatı ile ilgili daha rahattı çünkü Arlene'in de dili en az Suzie kadar iyi öğrendiğini biliyordu.

Eğer çocukların dil gelişimi çok büyük farklılıklar gösteriyorsa, o hâlde ne zaman endişelenmemiz gerektiğine nasıl karar vereceğiz? Bazı belirteçler bizler için anahtardır. Bir çocuk 24 aylık olana kadar hiçbir kelime kullanmamışsa ve 2.5 yaşına kadar iki kelimelik cümleler kuramıyorsa, o zaman bir problem olup olmadığını kontrol ettirmekte fayda vardır. Ayrıca, konuştuğunuz sırada, bir çocuk suratınıza bakmıyor ve dikkati dağınık görünüyorsa, endişelenmeniz gerekebilir. *Eğer bir sorun varsa, ne kadar erken fark edilirse o kadar iyidir.* İlk yapılması gereken, bir pediatri uzmanına çocuğunuzun işitmesini ve konuşmasını test ettirmektir.

BİR DİL PARTNERİ OLARAK ANNE BABANIN GÖREVİ

Artık, dil gelişimine araştırmacıların baktığı açıyla bakabiliyorsunuz. Çocuklar dil öğreniminde çok fazla çaba sarf ediyorlar. Perde arkasında da çok fazla şey olup bitiyor. Ancak, anne babalarla, öğretmenlerin oynadığı rol nedir? Eğer çocuklar hâlihazırda çok fazla şey biliyorlarsa, o zaman bize ne kalıyor? Onlara neden bir şeyler öğretmeniz GEREKMEDİĞİNİ anlattık. Ancak, onlara eşlik ETMELİ ve iletişimi sürdürmelisiniz! Çocuklarla ne kadar çok konuşma fırsatı yaratırsak, analiz etmeleri gereken o kadar çok veri olur ve dil için temelleri o kadar sağlam olur. Büyük bir veri birikimi bunun kanıtıdır.

İLETİŞİMİ SÜRDÜRMEK

Erika Hoff gibi bilim insanları, anne babaların çocuklarla yemek ve oyun zamanlarında kurdukları iletişim ile çocukların dilde uzmanlaşması arasındaki ilişkiyi incelemek için çok fazla zaman harcamıştır. Daha fazla iletişimi teşvik eden, daha fazla soru soran ve çocuklarının başlattığı iletişimleri sürdüren anne babaların çocukları dilde daha fazla uzmanlaşmaktadır. Bunu nasıl yapıyorlar? Gelir ve eğitim açısından çok benzer olan iki anneyi —Mary ve Jamie'yi— karşılaştıralım. İkisi de 3 yaşındaki çocuklarıyla akşam yemeği yemekteler.

Çocuk: Ekmek istiyorum.

Mary: (ekmeği verir): Al bakalım.

Çocuk: Mmm.

Mary: Daha fazla ister misin?

Çocuk: Evet.

Mary: (ekmeği uzatır): Al bakalım.

Çocuk: Ekmek istiyorum.

Jamie: Ekmek güzel, değil mi? Bir dilim mi istersin, iki dilim mi?

Çocuk: Bir tane lütfen.

Jamie: (ekmeği uzatır): Bugün okula götürdüğün sandviçin ekmeğini beğendin mi?

Çocuk: Evet, güzeldi.

Jamie: Öğle yemeği için koyduğum ekmek çavdar ekmeğiydi. Çavdar ekmeği kahverengidir. Daha önce hiç kahverengi ekmek yemiş miydin?

Mary, çocuğunun istediğini yaptı ancak konuşmayı sürdürmek için uğraşmadı. Çocuk ilgisini belli ettikten sonra konuşma pek çok farklı yöne gidebilirdi. Jamie bunun farkındaydı ve çocuğuna eşlik etmek için öğretilebilir anı değerlendirdi. Çocuğunun sayı bilgisini pekiştirip, ona kısıtlı seçenekler sundu ve böylece karar vermesini sağladı. Teklifini dil yeteneğini geliştirecek şekilde yönlendirdi. Hatta çocuğun bilmediği bir ekmek türü için yeni bir isim bile sundu.

Anne babalar, çocuğun ilgisini çekip, bunu sohbetler için temel alırlarsa, dil gelişimini teşvik ederler. Büyük bir veri havuzu, bize bunun sonuç verdiğini göstermektedir. Aslında, araştırmalar henüz daha 18 aylık olan çocukların bile, ebeveynlerinin kendileriyle nesneler ya da çocuğun ilgili olduğu etkinliklerle ilgili konuşması durumunda, daha büyük bir kelime dağarcığına sahip olduğunu gösteriyor. Bunlar, okulun ilk zamanlarında daha fazla kelime dağarcığı olup, ana sınıfında ve 1. sınıfta okuma ve matematik alanlarında daha önde olan çocuklarla aynı çocuklar!

Ancak, bunu abartmanız gerektiğini söylediğimizi düşünmeyin. Çocuğunuzu gecenin bir yarısı uykusundan uyandırıp, ölüm ve vergiler hakkında konuşmanız gerekmiyor! Ve çocuğunuzun her sohbet teklifine de karşılık vermek zorunda değilsiniz. Sadece çocuğunuzla, onun söyledikleri ve düşündükleri üzerine kurulu konuşmalar yaptığınız zaman, dil konusunda ve diğer konularda daha önemli bilgiler aktarmış olursunuz.

MİKTAR ÖNEMLİDİR! ÇOCUKLARINIZLA ÇOK KONUŞUN

Anne babaların, dil öğrenimindeki rolüyle ilgili bir diğer heyecan verici araştırma da Kansas Üniversitesi'nde Ömür Süresi Çalışmaları için kurulan Schiefelbusch Enstitüsü'nün kıdemli bilim insanları Profesör Betty Hart ve Profesör Todd Risley tarafından yapılmıştır. Profesörler, partnerlikten, çocukların dil öğrenim sürecinde, ebeveynler ve çocuklar arasındaki sosyal bir dans olarak bahsediyorlar. 3 yıl içinde 42 aile üzerinde yaptıkları büyüleyici çalışmalarda, çocukların dil öğreniminde bizlerin ne kadar çok katkısı olduğunu ortaya çıkardılar. Sosyal altyapıları farklı olan aileleri inceleyip, profesyonel ailelerde, işçi sınıfı ailelerde ve sosyal destek gören ailelerde incelemeler yaptılar. Bulguları tam anlamıyla manşetlikti ve oldukça merak uyandırıcıydı. Sosyal destek gören aileler, işçi sınıfından ya da profesyonel olan ailelere kıyasla, çocuklarıyla daha az konuşuyordu. Verilerine göre, sosyal destek gören bir ailenin çocuğu ortalama olarak saatte 616 kelime duyarken, işçi sınıfından bir ailenin çocuğu 1.251, profesyonel ailelerin çocukları ise saatte 2.153 kelime duyuyor. Bu sayılardan da tahmin edilebileceği üzere, bir yıl içinde, sayılar çok baskın bir hâl alıyor: sosyal destek gören aile çocukları 3 milyon, işçi sınıfı ailelerin çocukları 6 milyon, profesyonellerin çocukları ise 11 milyon kelime duyuyor.

Çalışma, sadece konuşmaların miktarını değil, aynı zamanda anne babaların, çocuklarına karşı kullandıkları dil türünü de inceledi. Bazı ebeveynler, çocuklarına, araştırmacıların "onaylamama" olarak adlandırdığı şekilde konuşurken, bazıları da "tasdik etme" şeklinde konuşur. Onaylamama dili, "Hayır", "Bunu yapma" ya da "Kes şunu!" gibi kullanımları içerir. Bu ebeveynler, çocukları da konuşmalara dâhil etmek yerine, konuşmaları keserler. Öte yandan tasdik etme dili, "İyi iş!" gibi övgüleri ve "Hadi bir daha deneyelim!" gibi teşvikleri ve "Gerçekten çok başarılısın!" gibi iltifatları içerir. Inge'nin annesinin, Inge 23 aylıkken verdiği örneğe bakalım.

Inge, "Top," diyor ve annesi de tekrar ediyor, "Top,". Inge, topu televizyona atıp, reklamlardaki bir sözü tekrar ettiğinde, annesi de, "Bunu yapmaman gerektiğini biliyorsun. Neden yaptın?" diyor. ...Inge topla birlikte bir koltuğa oturuyor ve koltuktan inip düşüyor. Annesi devam ediyor, "Şimdi de kendine zarar verdin, daha başka ne yapacaksın?" Inge koltuğa geri çıkıyor. Ayağa kalkıp koltuğun arkasına tırmanıyor. Annesi bu kez de, "Hey, koltuğuma tırmanmayı kes," diyor.

Çocuklarımızın kendilerine zarar vermemesi için sürekli kontrollü olmamız gerekse de, konuşmayı sürdürürken çocukları uyarmanın farklı yolları vardır. "Topu evin içinde fırlatmayalım, tamam mı? Dışarı çıkıp oynamak ister misin?" ya da "Oynamak için bir şeyler bulmana yardımcı olayım mı?"

Araştırmacılar, çok sayıdaki onaylamama ve tasdik etme örneğine baktıklarında, bulguların şaşırtıcı olduğunu gördüler. Profesyonel bir ailenin ortalama bir çocuğu saatte 32 tasdik, 5 onaylamama duyuyor —bu da 6'ya 1'e denk geliyor. İşçi sınıfının çocukları 12 tasdik, 7 onaylamama duyuyor —2'ye 1. Sert bir değişimle, sosyal destek gören ailelerin çocuklarında durum birden değişiyor. Onlar saatte 5 tasdik, 11 onaylamama duyuyorlar ve bu da 1'e 2 demek oluyor. Bu farklılıkların etkisi ve dil öğrenen çocuklara verdikleri mesajlar görmezden gelinemez. Profesyonellerin çocukları konuştukları için ödüllendiriliyorlar ancak sosyal destek görenlerin çocuklarında durum böyle değil. Onlara, komutları takip etmeleri öğretiliyor. Profesyonel ve işçi sınıfı çocukları teşvik edilip, övülürken, sosyal destek gören aile çocukları öz saygılarına hiç de destek olmayacak sözler duyuyorlar.

Hart ve Risley'nin dil edinimi sırasında ebeveyn-çocuk ilişkisini tanımlayan "sosyal dans" benzetmelerine dönecek olursak, onlar şöyle yazmışlardı:

İletişim, pratiği teşvik etme ve dil deneyimi sağlamanın dışında, aynı zamanda ebeveyn-çocuk ilişkisini de geliştirir. ...ebeveynlerin dikkate alması gereken şey, dansın miktarıdır. ...deneyimin ilk üç yılı, kelime gelişimi için bir yörünge oluşturur. ... bu da çocuğun sonraki yıllardaki başarısı için bir belirleyici olur. Bu ilk üç yılda çocuklar, dans partnerleri olarak, neredeyse tamamen yetişkinlere bağımlıdır.

Henüz belirsiz olan yetenekleriyle, 2 yaşındayken, dans partnerleri olarak dil uzmanlarına daha az ihtiyaç duyarlar. Çocukların, yetişkinlerden istediği şey zamandır, ustalık değil.

Bir diğer deyişle, çocukların konuşmayı nasıl öğrendiğini ve geniş bir kelime dağa"rcıkları olup olmayacağını bilmenin yolu, onlarla konuşmaktır. Konuşmak, sadece dil gelişimini desteklemez. Aynı zamanda, çocuğun dünyayla ilgili gelişen bilgisini ve başkalarıyla iletişim kurma isteğini de arttırır. Ebeveynlerin farklılıkları, hem çocuğun kelime dağarcığı üzerinde hem de daha sonrasında IQ'ları üzerinde etkilidir. Ebeveynlerin ve bakıcıların asıl önemsemeleri gereken şey, "iletişim dansıdır"!

Bu hiç zor değildir ve sakınılmasını gerektirecek bir karmaşıklığı yoktur. Sadece çocuğunuzun önderliğini takip edip, ilgili olduğu şeylerin etrafında dans etmelisiniz. Yemek masasında bile, dil öğrenimine katkıda bulunan önemli anlar olur. Babalar tarafından söylenen tipik, "Annene bugün ne yaptığımızı anlat," teşviki ve biraz yardım, masadaki boşluğu güzel bir dansla dolduracaktır. Ve yemek sohbetlerine tanık olan ve başkalarının özellikle de geçmiş etkinliklerle ve açıklamalarla ilgili danslarını seyreden çocuk, yemekte dans etmeyen çocuklara kıyasla daha geniş bir kelime dağarcığına sahip olur.

DİLİ HAREKETE GEÇİRMEK ÖNEMLİDİR: EVDE, KREŞTE, OKULDA

Gördüğünüz üzere, çocuklarımızla birlikteyken onların dil partnerleri olarak yaptıklarımız ve söylediklerimiz, onların ilerideki dil gelişimi için çok önemlidir. Çocuk bakımında ve anaokulu ortamında, dili teşvik etmek ve dile katkı sağlamak konusundaki araştırmalar, dil öğrenimi için geçerli olan formülleri evde başka bağlamlarda kullanmayı da önerir.

Örneğin, Ulusal Çocuk Sağlığı ve İnsan Gelişimi Enstitüsü, Amerika'nın 10 farklı eyaletinde 1.300 çocuk üzerinde geniş kapsamlı bir araştırma yürütmüştür. İçimizden biri (Kathy), çocukları doğumdan itibaren gözlemleyip, içinde bulundukları farklı bağlamların, ilerideki gelişimlerini nasıl geliştirdiği ya da engellediğini takip eden araştırma ekibinin üyesiydi. Dil de gelişimin tam merkezinde olduğundan, bu araştırmada, dil teşvikinin de bir sonraki okula hazırlıktaki rolü incelendi. Öğretmenler ve bakıcılar, çocukla daha fazla konuşup ona daha fazla soru sorduğunda, söz konusu çocuklar için daha motive edici dil ortamları hazırlamış olurlar. Sonuç? Sohbetlere dâhil edilen 3 yaşındaki çocuklar, sohbetlere dâhil edilmeyen çocuklara göre daha fazla harf, renk ve şekil bilgisine sahip olurlar. Bu sonuç, okuma yazmada da aynıdır. Dil teşvikinin, ilerideki kelime dağarcığı, okuma ve matematik yeteneklerini belirleyecek olan en önemli faktörlerden biri olduğu bir gerçektir.

Müdahale etme çalışmaları da aynı sonuçları göstermiştir. Araştırmacılar, aslında kısıtlı olan ortamlara "müdahale" edip, çocuklarda dil gelişimini destekleyecek hâle getirmişlerdir. Kısıtlı ortamlara dili sokup okumayı teşvik ettiğinizde, çocukların bundan fazlasıyla yararlandığını bulmuşlardır.

Bu araştırmaların sonucunda, okulda ve kreşte dilin miktarını arttırmanın, ilerideki akademik başarıya doğrudan etkisi olduğuna şüphe yoktur. 4 5 yaşındaki çocuklarımızın çoğu kreş ortamında olduğundan, buralarda dil açısından teşvik edici ortamlar sağlamamız büyük bir gerekliliktir. Kreşlerde olmasını istediğimiz dil teşviki ve etkileşimin, ebeveynler tarafından da kullanılmasını bekliyoruz. Öğretmenler ve bakıcıların çocuklarla bol bol konuşması, onlara etkinlikleri anlatması, sorular sorması ve kitap okuması gereklidir.

UYGULAMAKTA FAYDA VAR

Bu bölümdeki asıl mesaj, baskının bitmesi gerektiğidir! Anne babaların, çocuklarına birer dil öğretmeni olmak yerine, *ebeveyn* olmak zorunda olduklarını bilmeleri gerekir! Çocuklarımızdan dili duymalarını ve küçük istatistikçiler olarak, ne sıklıkla ve hangi durumlarda dilin farklı yönlerinin değiştiğini fark etmelerini beklemeliyiz. Kuralları bu sayede bulurlar. Onları ayrıca sohbetlere dâhil etmeli ve onlardan, kendi sesleriyle *bizlere* yeni şeyler anlatmalarını istemeliyiz. Kimi zaman sohbete katkıları sadece bir geğirme ya da agulama olabilir. Bazen de bir hikâyeyle katkıda bulunabilirler. Onların katkılarına yer ayırmalı ve onların söyleyeceklerini dinlemek için hayatlarımızı yeterince yavaşlatmalıyız.

Çocuğunuzun bakmakta olduğu ve yaptığı şeylerden bahsedin. Dikkatli bir izleyici, her bir kelimeyi kapar. Kimi zaman, bizler bir dikkatli izleyicimiz olduğunun farkına varamayarak, bu fırsatı kaçırırız. Bir diğer deyişle, bu öğretilebilir anları değerlendiremeyiz. Philadelphia'daki ünlü Please

Touch Museum'da (Lütfen Dokunun Müzesi'nde) içimizden birinin yaptığı gözlem şu şekildedir:

Çocuk: (Müzenin önünde aletlerden yapılmış koca file bakarken çok ilgili görünmektedir.)

Anne: Hadi gidelim. Ah, şuna bak! Alice Harikalar Diyarında sergisine bak!

Çocuk: (Hâlâ file bakıyordur.)

Anne: (Sinirlenerek çocuğun elini tutar): Hadi gidip oradaki mükemmel şeylere bakalım...

Çocuk: (Bir sonraki sergiye doğru sürüklenirken, arkasındaki file bakmaya devam etmektedir.)

Bu kesitte çoğumuz kendimizi görmüşüzdür. O kadar parayı bir müzeye gitmek için ödüyoruz ve çocuklarımız sadece tek bir file bakmak istiyor, öyle mi? Ama filden bahsedip, çocuğumuzun partneri olabilir ve yürümeye sonra başlayabilirdik. Bu müze kimin için? Çocukların müzedeki her şeyi gerçekten görmesi gerekiyor mu? Çocuklarımızın ritminin bizimkinden daha yavaş olduğunu unutmamamız gerekir. Bizlerin çabucak işlediği bilgileri onların anlaması daha uzun sürer. Onlar için her şey yenidir. Çocuklarımız bir şey karşısında mest olduğunda, bunun öğretilebilir bir an olduğunu fark edip, dikkatlerine odaklanmamız gerekir.

Çocuğunuzun söylediklerine katkıda bulunun. Bilim adamları buna "genişletme" diyor ve bu durum, çocuklarımız için çok büyük bir fark yaratıyor çünkü onlara tam olarak söyledikleri şeyi ifade etmenin başka ve daha iyi yolları da olduğunu göstermiş oluyoruz. Bu ayrıca, onlara daha sonra kullanabilecekleri bilgiler de katar. Aşağıda babasının, (hiç farkında olmadan) Joel'in (2.5 yaşında) söylediğine katkıda bulunup, sohbeti sürdürdüğünü göreceğiz.

Joel: Şu koca ineği gördün mü?

Baba: Bir hayvan gördüm ama o bir inek değil. O bir at. O kişner. (Canlandırır.) Sen de bunu yapabilir misin?

Joel: (Kişnemeye çalışır.)

Baba: Güzel! Atlar ahırlarda yaşarlar ve ineklerle de arkadaş olabilirler. Ata binmek ister miydin?

Joel: Hayır! O çok büyük. Düşerim!

Baba: Ah, onun çok büyük olduğunu mu düşünüyorsun? Düşer misin? Hayır, ben seni tutarım. Düşmene izin vermem!

Sohbetlerin asıl önemli yanı, anne babaların, çocukların anlatmak istedikleri şeyi anlatmanın farklı yolları da olduğunu göstermesi ve onlara belirsiz bir şekilde yeni kelimeler ve bilgiler vermesidir.

Konuşmaları sonlandıran değil, başlatan olun. Konuşmaların devamını sağlamak için, çocuğunuzun ilgisini çekemeye çalışın. Sosyal dans, sorular sormamızı ve cevaplarını istememizi gerektirir. Sadece çocukların cevaplarını almak değil, onların bizimle konuşmasını sağlamayı ve desteklemeyi de hedeflemeliyiz. Kapsamlı sorular yerine, özel sorular sorun. "Bugün okulda ne oldu?" diye sorduğunuzda, "Hiçbir şey!" cevabını alabilirsiniz. "Bugün oyun saatinde ne oldu?" ya da "Jenny bugün okulda mıydı? Oyun köşesinde oynadınız mı?" diye sorarsanız, birlikte dans etmek için fırsat yaratmış olursunuz.

Bebek dilini kullanmaktan çekinmeyin. Ebeveynler, genellikle çocuklarıyla konuşurken güzel bir dil kullanmaları gerektiğini düşünürler. İlk yıllarda bebek dilini kullanırlarsa, çocuklarının da bu şekilde konuşacağından endişe ederler. Ancak araştırma sonuçları, bebek dilini kullanmanın (kendinizi biraz aptal gibi hissetseniz de) sorun olmayacağını gösteriyor. Abartılı melodik tonlaması, sert vurguları ve abartılı yüz ifadeleriyle desteklenmiş olması, bebek konuşmasını, dans sırasında çocuğunuzun ilgisini çekecek bir araç hâline getirir. Çocuğunuz üniversiteye gittiğinde de, hâlâ bebek konuşmalarını kullanıyor olacağınızdan endişe etmeyin. Ebeveynler, çocukları 3 yaşına gelip de kendi başlarına konuşana kadar, farkında olmadan bebek konuşmalarını azaltmaktadırlar.

Araştırmalar, bebek konuşmalarının çocuklar için gerçek avantajları bile olabileceğini göstermektedir. Sert vurgulu konuşma, bu dilin onlar için olduğuna dair bir işaret görevi görür. Bu nedenle de, bebeklerin yetişkin konuşmalarındansa, bebek konuşmalarını duymayı tercih etmeleri şaşırtıcı değildir. Bebek konuşmaları aynı zamanda çocuklara duyguları ifade eder ve oldukça iletişimseldir. Bebek konuşmalarının, dil özelliklerini abartıyor olması, bebeğin dilin işleyişini daha iyi kavramasını sağlar. Kaliforniya, Palo Alto, Stanford Üniversitesi Psikoloji Departmanından Profesör Anne Fernald, bunu 6 aylık bebeklerle inanılmaz bir şekilde kanıtlamıştır. Sert bir sesle güzel bir şeyler söylerseniz, bebekler üzülebilir. Ancak, bebek konuşmasıyla bir şeyler söylerseniz, bebekler de size gülümseyerek ya da çığlık atarak karşılık verir. Bu nedenle korkmayın: Bebek konuşmalarının, dil gelişimini yavaşlattığına dair bir kanıt yoktur. Aksine, bebek konuşmalarının bebeklerin dile ve özelliklerine olan ilgisini arttırdığına dair kanıtlar vardır.

Televizyonla geçen süreyi kısaltın. Oyuncaklar ve televizyon konusunda da, içgüdülerimize güvenmemiz gereklidir. Bilim bize, çocukların pasif ya da interaktif oyuncaklara değil, aktif dil partnerlerine ihtiyaçları olduğunu söylüyor. Televizyon ve bilgisayar oyunları, dil öğrenimi için uygun araçlar değillerdir. Örneğin, televizyon programları, çocukların konuşma ve soru sorma ihtiyaçlarını desteklemez. Bunun yerine onların dikkatini çekip, sonrasında gördükleri şey üzerine yorum yapmalarını sağlar. Televizyon izleme ve dil üzerine yapılan çalışmalar henüz çok yenidir. Ancak son araştırmalar bize, eğitsel kanalların, çocuklara bazı kelimeleri öğrettiklerini göstermektedir. Susam Sokağı ve Teletabiler gibi programlar, çocuklar için zararlı değildir. Bunları çocuklarınızla birlikte izleyip (bu, her zaman kolay olmasa da) gördükleri şeyleri onlarla konuşmanız her zaman en iyisidir. Ve tabii ki, 18 ayın altındaki çocuklar için televizyon izleme zamanı 30 dakikadan fazla olmamalıdır. 18 ayın yukarısındakiler için de günlük bir saatten fazla olmamalıdır. Bu konuda içgüdülerinize güvenin ve kaliteli kanalların izlenmesinin çocuğunuz için kötü olmadığını bilin.

Çocuğunuzun kreşteki dil ortamını değerlendirin. Söz konusu çocuk bakım ortamları olduğunda, sükût altın değildir. Çocuklar yoğun ve konuşkan olmalıdırlar. Oğlunuzun ya da kızınızın kreş ortamını gözlemlemek ve sağlam bir dil ortamında bulunması gereken aşağıdaki beş belirleyiciye dikkat etmek için biraz zaman ayırın:

Cevap verme: Çocuğunuz onlara seslendiğinde, bakıcı ya da öğretmen cevap veriyor mu?

Olumlu duygu: Bir gülümsemeyle ve olumlu bir tavırla mı karşılık veriyor?

Öğretmen, çocukların dikkatini çekiyor mu? Çocukların ilgilendiği şeylerden mi bahsediyor?

Genişletme: Öğretmen, çocukların konuşmasını sağlamak için sorular soruyor mu?

Okuma: İçerisi, okuma materyalleri ve kitaplarla dolu mu? Öğretmen çocuklara okuyor mu?

Eğer ikinci bir dil öğretmek istiyorsanız, bunu gerçek dünyadan bağlamlar içinde yapın. Giderek küçülen dünyamızda, iki ya da daha fazla dil konuşmak çok avantajlıdır. Üzerinde Fransızca ve İspanyolca etiketler olan oyuncakları bir kenara bırakın. Bir kreş ya da okul ararken ya da bakıcı seçerken, çocuğunuzu yeni bir dile maruz bırakmak için çok büyük bir fırsata sahipsinizdir. Bunu deneyin. Gördüklerinize şaşıracaksınız. Araştırmalar, iki dil öğrenen çocukların, diller birbirinden ayrı tutulduğunda (baba bir dili, anne diğer dili konuştuğunda ya da okulda bir dil, evde başka bir dil konuşulduğunda) çok başarılı olduklarını gösteriyor. Bu uygun koşullarda, dâhi bebeklerin iki dili de öğrenip, 2 2.5 yaşından itibaren uygun bir şekilde kullanabildiğini göreceksiniz. Bir dil mi iki dil mi? Çocuğunuz için gerçekten mükemmel bir şey yapmak istiyorsanız, öğrenmek için hazır oldukları küçük yaşlarda, onlara ikinci bir dili de sunun.

Asıl önemli olan, dil oyunundan zevk almaktır! Çocuğunuzla konuşup onu en başından beri sohbet partneriniz yapın. Çocuğunuzun konuşmalarını düzeltmenize gerek yok. Çocuklar, yeterince zaman verildiğinde ve dile yeterince maruz bırakıldıklarında, hatalarını kendi başlarına düzelteceklerdir. Sonuçta, çocuğunuz mükemmel yeteneklere sahiptir ve dil öğrenimi için hazırlanmış durumdadır. Şampiyon bir konuşmacı olması için ihtiyacı olan tek şey, onunla konuşmanızdır!

BÖLÜM 5

GAZA BASIN!

Çocuklara kitap tanıtırken kullanılan aşağıdaki iki farklı yaklaşım örneğini inceleyin. Biz buna İki Okuyucunun Hikâyesi demeyi seviyoruz. Sizce bu ailelerden hangisi, çocuklarını okumaya daha iyi hazırlıyordur?

Rachel, annesi Ann ile yaşayan, 2 yaşında çok aktif bir çocuk. Ann, okul başladığında kızının iyi bir okuyucu olması için evde yaşaması gereken tüm deneyimleri ona sağlamak için çok hevesli. Ann, her gece yatağa gitmeden önce Rachel'a kitap okuyor. Ancak Rachel çok aktif olduğu için, kimi zaman, ona kitap okumak Ann için sinir bozucu olabiliyor. Ann, kendini okumaya kaptırdığında, dışarıdan gelecek olan kesintileri en aza indirmek istiyor. Rachel'ın sorduğu soruları ve işaret ettiği şeyleri görmezden gelip kendisine gösterdiği resimleri yok sayıyor. Bunun yerine hızla okumaya devam edip Rachel ile her gece en az bir kitap bitirmeye odaklanıyor. Ann'in bir de birkaç gizli silahı var! Okumaları bitince Ann, Rachel'a, büyük ve parlak harflerle dolu kartlarla alfabeyi öğretiyor. Rachel'ın odası, öğrenme fırsatlarıyla dolu bir maden gibi. Okumaya ve matematiğe hazır hâle getirecek yeni robot oyuncaklara bile sahip (ambalajında yazdıklarına göre bu robot, düşünme, problem çözme ve davranışlar konusunda ona yardımcı olacak.) Ayrıca, alfabeyi öğrenmeyi "eğlenceli" hâle getirecek olan Smart Books ürünlerine de sahip. Böylesine zengin bir ortamda Ann, Rachel'ın okula gitmeden önce okuma yazma öğrenebileceğinden emin.

2 yaşındaki Nate, anne babası ve ablası Kristen ile birlikte yaşıyor. Sık sık bir kitap alarak ebeveynlerinin ya da ablasının kucağına tırmanıyor ve "Oku! Oku!" diye tutturuyor. Onlar da, Nate doğdu-

ğundan beri ona kitap okuyorlar. Nate'in odasında her yerde kitaplar, boyalar ve kâğıtlar var. Nate, kitap okuma saatini zorlu bir hâle sokuyor! Her okuma saatin başladığında, sahip olduğu tüm kitapların okunmasını istiyor. Resimlerle ilgili milyonlarca soru sorup (Bu ne?), küçük işaret parmağıyla işaret ederek, okuyucunun yüzünden bakışlarını ayırmıyor. Yine de anne babası ve ablası yılmıyor. Onun sorularını yanıtlayıp, sayfada onun fark etmemiş olabileceği yerleri de işaret ederek, ona hikâye ile ilgili sorular soruyorlar. "Bay Owens (kitaptaki karakter) sence neden kedi yavrusunu bulmak istedi?" "Bay Owens, kedi yavrusunu bulduğunda sence nasıl hissedecek?" Nate, bu soruları her zaman cevaplayamıyor ancak çocuğu düşünmeye teşvik ettikleri bir gerçek. Nate'in anne babası, onun okuma yazmaya olan ilgisini görse de, kimi zaman bundan daha fazlasını yapmaları gerekip gerekmediğinden emin olamıyorlar. Mağazalara gittiklerinde, çok fazla öğretme materyali görüyorlar ve "çocukların potansiyelini besleyen" sitelerden broşürler alıyorlar. Belki de bazı arkadaşlarının yaptığı gibi, onlar da harfleri öğretmeliler.

DUYDUKLARINIZ: OKUMAYI ÖĞRENMEK

Farklı yaklaşımlarına rağmen, iki aile de, çocukları okula başlamadan önce, onlara okuma yazma öğretmeleri gerektiğini düşünüyorlar. Bunu televizyon programlarından ve ebeveyn dergilerinden duydular. Okul öncesinde, okuma konusuna verilmeye başlanan önemi gördüler ve oyuncak mağazalarına her gittiklerinde, okumaya daha fazla yönelmeleri gerektiğini hissediyorlar. Bu bölümün sonuna kadar, okul başladığında Rachel'ın mı yoksa Nate'in mi okuma konusunda daha başarılı olduğu konusunda mantıklı bir tahmine sahip olacaksınız. Rachel'ın annesi çocuğunun harfleri bilmesi ve hatta ana sınıfına gitmeden önce onları okuyabilmesi konusunda çok kararlı. Nate'in anne babası ise ona şu ana kadar şekilsel eğitim vermekten kaçınsa da, bundan endişe duyuyor ve yeterince çabalayıp çabalamadıklarından emin olamıyorlar. Her iki aile de belirgin bir şekilde bilgi vermezlerse, çocuklarının geride kalacağından korkuyor. Sonuçta okumak, okul başarısı için temel bir yetenek olduğundan, iki aile de bunun okula bırakılmaması gerektiğini düşünüyor. Ve çocuklarının okuldan önce okuma yazmayı öğrenmese de, en azından harfleri tanıması gerektiğini düşünüyorlar.

Ancak bu doğru mu? Harfleri öğrenmek, okula gittiklerinde, okumada gösterecekleri başarı için önemli mi? Eğitici kart ve hafıza kartı alıştırmaları, çocuğunuza yüksek sesle kitap okumaktan daha mı etkili? Kitap okuma, çocuğun konsantre olabilmesi için kesintisiz ve sessiz bir zaman diliminde mi olmalı yoksa çok fazla sohbetle mi geçmeli? (Nate örneğinde olduğu gibi) Anne babalar, çocuklarına okuma sevgisi aşılamak için ne yapabilirler? Ve çocuklar ilk olarak okumaya nasıl başlamalılar?

Bu bölümde, tüm bu soruların yanıtlarını verirken aynı zamanda okuma, kelime dağarcığı, hikâye anlatma, fonolojik farkındalık ile yazılı kodları çözümlemeyi oluşturan temel yapıları da tanımlayacağız. Ayrıca, çocukların, okuma yolculuklarında belli dönemeçlere ulaşırken, okuma yazmanın önemli yönlerini ağır ağır keşfedişlerini de açıklayacağız. Bu dönemeçler, bir kitaptaki resimler ile gerçek nesneleri ayırt edip; harfleri, kısa ve eğik çizgilerden ve şekillerden ayırmak, yazılan kelimeleri nasıl sesletmek gerektiğini öğrenmek gibi basamakları içeriyor. Bunların her biri çocuklarımızın okuma yazma gelişimi için önemli olsa da, çocuklarımız henüz hazır ve kabiliyetli olmadan bu konularda zorlanmamalıdır. Bu konudaki zorlamalar en iyi ihtimalle zaman kaybı, en kötü ihtimalle çocuğun okuma yazması konusunda en önemli noktalar olan okuma sevgisi ve hayali hikâye anlatımı gelişimi için ciddi engeller olacaktır.

OKUMAYI ÖĞRENMEDE ASIL ÖNEMLİ OLAN NEDİR?

Ebeveynlerin birçoğu, çocuklarına okula gitmeden okuma yazma öğretmeleri gerektiği fikrine nereden kapıldı? Okuma ve okuma bozuklukları konusunda uzman olan Profesör Hollis Scarborough yazdıklarıyla bize bu konuda bir fikir veriyor: "20 yıl öncesine kadar, okumayı öğrenmenin, *okulda örgün eğitime girdikten sonra başlayacağı* düşünülüyordu. Bu nedenle okuma bozuklukları, eğitimle ilgili problemler olarak algılanıp *önceki yaşlara bağlanmıyordu.* Okuma öğreniminin, artık *okul öncesi dönemde* başlayan bir süreç olduğu biliniyor. Öyle ki, çocuklar okula farklı oranlarda bilgiyle ve okuma konusunda edindikleri yeteneklerle geliyorlar."

Bu alandaki diğer uzmanlar da şunları ekliyor: "*...gelişmekte olan okuma yazmaya* bakış, okuma yazma gelişiminin çocuk örgün eğitime başlamadan başlayacağı anlayışı artık genel geçer bir hâl almıştır. Günümüzde, bu konuda fikir birliğine varılmıştır. ...çocuklar doğumlarından 6 yaşına kadar, okuma yazma gelişimi için kritik bir bilişsel süreçten geçerler."

Çıldırmak üzere olduğumuza şüphe yok! Artık —yeni bulgulara dayanarak— okuma öncesi yeteneklerin bebeklikte başladığı söylenmekte! Ancak, bu tam olarak ne anlama geliyor? Ve çocuklarımızın bu yetenekleri geliştirmelerine yardımcı olmak için ne yapabiliriz?

Gelişmekte olan okuma yazma kavramını dikkatli bir şekilde açıklarsak, bu sorunun cevabına ulaşabiliriz. "Gelişmekte olan okuma yazma", yaklaşık 20 yıl önce eğitim sahnesine ilk kez çıktı. Bu kavram, okumanın okula başlamayla birlikte birden ortaya çıkmadığı inancı —somut çalışma bulgularına dayanarak— ile ortaya çıktı. Asıl rol oynayan, çocuğun okumaya başlamasına neden olan birçok okuma yazma deneyimiydi. Kavramın kendisi bile, bir şeylerin ağır ağır ortaya çıktığını ve birden oluşmadığını göstermektedir. Okuma için "ön koşul" vurgusu iyi bir şeydir çünkü bu sayede çocuklarımıza "doğru deneyim türlerini" sunabiliriz. Birinci sınıfta okuma sorunu yaşayan çocukların %88'inin, bu sorunu dördüncü sınıfta da yaşamaya devam ettiklerini gözlemlenmektedir. Ancak panik yapmadan önce bir dakika bekleyin! Çocukların sadece %20 'si okuma sorunu yaşar. Ne yazık ki bu çocuklar, sefaletin baskın olduğu ve kitaplara çok nadir maruz kalınan ortamlarda yaşayan çocuklardır. Bu çocukların okuma sorunu yaşamasının bir nedeni de, anne babalarının onlara ya hiç kitap okumaması ya da çok nadir okumasıdır.

1993 yılında yürütülen Ulusal Evde Eğitim Anketleri'ne göre, ankete katılan anne babalardan %73'ü, okul öncesi çocuklarına, anketten önce, bir hafta içinde üç ya da daha fazla kez kitap okuduklarını söylediler. Bu da, çocukların %22'sine çok sık kitap okunmadığını gösteriyordu. Bir annenin eğitim seviyesiyle, çocuğuna ne sıklıkla kitap okuduğu (diğerleri de çocuklarına kitap okuyabilecek olsa bile!) arasında bir ilişki de bulunmuştur. En az lise mezunu anneler çocuklarına, liseyi bitirmemiş annelere oranla yüzde yirmi daha fazla kitap okuyorlar. Çelişkili bir şekilde, düşük eğitim seviyeleri ile harflerin, kelimelerin ve sayıların daha belirgin bir şekilde öğretilmesi doğru orantılıydı! Daha eğitimli olan anneler, daha az eğitimli annelere kıyasla, harfleri daha az doğrudan öğretiyorlardı. (Öğretmek yerine onlara okuyorlardı.)

Başka çalışmalarda araştırmacılar; zenginler ve fakirler arasındaki farkı kapatmaya çalışıp, sefalet içindeki çocukları kapsamlı bir şekilde dile maruz bırakarak okuma yazma deneyimlerini geliştirmeye çalışmışlardır. Sonuçlara göre öğretmenler, öğrenciler için model olduklarında ve kitapların içeriklerini onlarla tartıştıklarında, sonrası için okumada başarı reçetesi sunmuş oluyorlardı. Örneğin, Kuzey Carolina'da yürütülen Abecedarian Project (Alfabe Projesi), 5 ila 21 yaş arasındakileri gözlemlemiştir. Çocukların bazıları dil ve okuma konusunda zengin ortamlarda kalırken, diğerleri için durum öyle olmamıştır. Bu gruplar arasında farklılık bulunmuş mudur? Evet! Zenginleştirilmiş ortamdaki çocuklar okula başladıklarında sadece daha iyi okumakla kalmamış, aynı zamanda lisede de yaşıtlarına kıyasla belirgin kazanımlarını göstermişlerdir. Uzun vadedeki yararlarından bahsetmek gerekirse, okulda daha uzun kalmış ve hatta zenginleştirilmiş ortamların fırsatlarından yararlanmayan arkadaşlarından daha geç evlenmişlerdir.

Burada olduğu gibi aşırı örneklerin dışında, çocukların çoğu okuma yazma etkinliklerine evlerinde ve anaokullarında her gün maruz kalıyorlar. 18 aylık çocukların, annesinden de her kelimesini duyduğu bir kitabı nasıl dikkatle dinlediğini fark edersiniz. Tek bir sayfayı bile atlamaya kalkmayın! Yoksa gazeteleri ya da yorumları okumaya çalıştığınız bir anda, 2 yaşındaki çocuğunuz kucağınıza çıkar ve "Bana oku!" der. Sonra bir de bir kâğıt parçasına bir şeyler karalayıp, "Benim adım!" diye sevinçle gösteren 3 yaşındaki çocuğunuz var. Ve 4 yaşında, güzel resimleri olan bir kitaptan hikâyeler uydurup; 5 yaşında, uydurduğu hikâyeyi size anlatırken bir yandan da çizdiği resimlerle canlandıran çocuk. Tüm bu etkinlikler ve buna benzerler diğer etkinlikler, çocuğunuzun iyi bir okuyucu olmasına yardım eder.

Sonraki sayfalarda, okumayı öğrenmeye "öncülük etmekle bilinen" etkinlikleri ve yetenekleri anlatacağız. Size, anne babaların sıradan, sevgi dolu ve destekleyici evlerde, çocuklarına bu deneyimleri nasıl sağladıklarını anlatacağız. Ayrıca, belki de şimdiye kadar gözden kaçırdığınız ve çocuğunuzun ihtiyacı olan ön koşulları biriktirecek olan şeylerden bahsedeceğiz. Bu bölümde bulamayacağınız şey; dışarı çıkıp hafıza kartları ve eğitici kartlar, robotlar, okuma yazma oyuncakları ya da bilgisayar programları almanız konusundaki uyarılardır. Bunun yerine, size "eski tarzda" okuma ve hikâye anlatma etkinlikleriyle, zengin olan ortamların neden çocuklarınızın yetenek ve farkındalığını geliştirerek, onların okuma yeteneklerini doğal olarak desteklediğini açıklayacağız. Bu bölümün sonuna kadar, *The National Academy of Education Commission on Reading*'in (Okuma Üzerine Kurulan Eğitim Komisyonu Ulusal Akademisi'nin) neden çocuklara kitap okumanın, okuma konusundaki başarıyı desteklemek için "tek ve en önemli etkinlik" olduğunu söylediğini anlayacaksınız. Anaokulunda ses bilgisini arttırmak konusundaki baskıya zaman zaman kendinizi kaptıracak olsanız da, sizlere dengeyi nasıl sağlayacağınızı ve dil ile okuma gelişimini kendinizi paralamadan teşvik etmek için doğru ortamları nasıl yaratacağınızı size anlatacağız.

2 3 yaşlarında okumayı öğrenen çocukların, genellikle dâhi olmadıklarını size anlatacağız. (Bazı çalışmalar, harflerin yazılışını ezberleyen çocukların birinci sınıfta başarılı olsalar da, üçüncü ve dördüncü sınıflara gelene kadar diğer çocukların onlara yetiştiğini ve hatta geçtiğini göstermiştir.) Dahası, alıştırma ve pratikle geçirdiğiniz zamanın yerine, çocuğunuza sarılmanızın, ona yazılı sayfalardan hikâye okuyup hikâyeyi onunla tartışmanızın neden daha verimli olacağını sizlere göstereceğiz. Sonuçta, okuma; bir sayfadaki çizgilerden *anlam çıkarma* işidir. Ve okuma geliştirme etkinlikleri eğlenceli ve keyifli olduğu sürece, çocuklar kitapların "arkadaş" olduğunu öğrenirler.

OKUMANIN TEMELLERİNİ İNŞA ETME

Çocuklar, okumaya başlamadan önce, dört temel yeteneği geliştirmelidirler. Bu yeteneklerin temelinde dile hâkim olmak vardır. Eğer yabancı bir dilde okumayı denerseniz, nasıl okumak gerektiğinin dil öğrenimi için ne kadar önemli olduğunu hemen anlarsınız. Çoğu Musevi okul programlarında, Yahudi çocuklar sayfada görünen harfleri "sesletmeyi" öğrenirler. Çoğu kişi bunun İbraniceyi *okudukları* anlamına geldiğini düşünür. Ancak, gerçekten

İbraniceyi okuyorlar mıdır? Hayır, aslında sadece sesleri harflerle birleştiriyorlardır ve çoğu zaman kelime ve kalıpların ne anlama geldiğiyle ilgili bir fikirleri yoktur. Yazıdan anlama gitmek —*gerçek okumanın amacı*— için dile hâkim olmanız gerekir. Bunun için de iyi bir kelime dağarcığına sahip olmanız, hikâye anlatabilmeniz ve seslerin kelimeleri nasıl oluşturduğunu fark etmeniz ("fonolojik farkındalık") gerekir. Ancak, bu bile yeterli değildir. Okumayı öğrenmek için, çocukların "yazılı kodlarla", kelimeleri oluşturan harflerle ve kelimelerin kitaplarda nasıl hikâyeler oluşturduğuyla ilgili de bilgi sahibi olmaları gerekir.

KELİME DAĞARCIĞI

Okumak, çocukların sahip olduğu dil sistemi için bir aracı görevi görür. Bu, Amerikalı bir bebeğin, İngilizceyi okumayı öğrenmesinin, Romenceyi okumayı öğrenmesinden daha kolay olduğu anlamına gelir. Bu ayrıca, güçlü dil yetenekleri olan çocukların, okuma konusunda gerçekten avantajlı olacakları anlamına gelir. Peki, neden? Çünkü yazılı kelimeleri tercüme ettiğinizde, sizi kitabın sayfalarından ileri götüren birbiriyle uyumlu fikirler oluşturursunuz.

Daha geniş kelime dağarcığına sahip olan çocuklar, genellikle erken okumaktan uzak olan çocuklardır. Kelime bilgisi, ilerideki okuma ve yazma yeteneği için en belirleyici etmendir. Ve kelime dağarcığını geliştirmenin en iyi yolu da, konuşmak, konuşmak ve daha fazla konuşmaktır. Ebeveynlerin, çocuklarıyla konuşurken bilinçli olarak çok uzun kelimeler kullanmaları gerekmemektedir. Ebeveynler, çocuklarıyla sohbet ederken bu otomatik olarak gelişir. Araştırmalar, anne babaların farkına bile varmadan, çocuklarıyla nasıl konuşmaları gerektiğine adapte olduklarını göstermiştir. Ebeveynler, her zaman çocuklarının kapasitesinin biraz önünde görünürler. Yani eğer bir çocuk, neredeyse 3 kelimeli cümleler kuruyorsa ebeveynler, onun cümlelerine bir ya da iki kelime daha eklemeye çalışır ancak başka bir yetişkinle olduğunda yapacakları gibi paragraflar şeklinde konuşmazlar.

HİKÂYE ANLATMAK

Sayfada gördüğü tek başına kelimeleri yüksek sesle söylemek, okumak değildir. Bunu bir robot da yapabilir! Ve kelime bilgisi önemli olsa da, yeterli değildir. Okuma için bir diğer önemli kriter de hikâye anlatmaktır. Hikâye anlatmanın, çocuğu dilden, okumaya götüren en önemli köprülerden biri olduğu ortaya çıkmıştır. Bunun neden böyle olduğunu sizlere anlatmadan önce, hikâyeleri bir anlatım türü olarak daha iyi kavrasak iyi olur.

1988 yılında, Chicago Üniversitesi'nden Profesör Peggy Miller ve Lois Sperry, ebeveynlerin çocuklarıyla yaptığı sohbetleri kaydettiler. Aslında hepimizin birçok hikâye anlattığımızı fark ettiler. Hikâyeler çok farklı şekillerde ortaya çıkıyordu —küçük kesitlerden, karanlık çağlarda (bizim çocuk olduğumuz dönemlerde) çocuk olmanın nasıl bir şey olduğuna dair anılara kadar. Saatte yaklaşık 9 kesit anlatıyorduk. Bunlar okulda olanlar, Bloomingdale'de yakaladığımız indirim ve Tillie teyzenin saç rengini nasıl (yine) değiştirdiği olabiliyordu. Hayatlarımız; dün gece ne yaptığımızla, üniversitede yaşanan komik olaylarla ve ilişkilerimizle dokunmuştur. İnsanlar, uzman hikâye anlatıcılarıdır. Ve hikâyelerimiz, kültürel olarak, ulusal olarak ve bireysel olarak kim olduğumuzu anlatır. Örneğin "fakirlikten, zenginliğe" giden ünlü bir Amerikan hikâyesi, göçmenlik deneyimi ile ilgili bilgi sahibi olmamızı sağlar. İnsanlığı karmaşadan düzene götüren dinî Göç hikâyesi gibi hikâyeler de vardır. Bir de Hubert Amca ile Martha teyzenin nasıl tanıştığı gibi kişisel hikâyeler vardır. Ve bu hikâyeler, aileler bir araya geldiğinde tekrar tekrar anlatılır. Bizler hikâyelerimizle yaşarken hikâyelerimiz de bizlerle yaşar. Yine de sadece sözlü tarihe dayanmayan kültürümüzde, hikâyelerimizin önemini tam anlamıyla teslim etmeyiz. Hayatımızla ilgili detaylı hikâyeleri çocuklarımıza anlatmak için çok fazla zaman ayırmayız ve tarihimizi belirleyen sözlü geleneklerimizin birçoğunu çoktan unutmuşuzdur. Hikâyeler, okuma yeteneği için bu kadar önemliyken, bu durum çok üzücüdür.

Bir dizi araştırmacı, hikâye anlatma ve okuma arasındaki ilişkiyi incelemiştir. Öncelikle, hikâyelerde kullandığımız dil (anlatı söylemi olarak bilinir) çocukların zamanla geliştirdiği bir şeydir. Williams College'tan Profesör Susan Engel, çocuklardan dinlediği hikâyeleri anlatan mükemmel kitabı *The Stories The Children Tell*'de bizlere kaybolan hikâye anlatım sanatından bahsedip, çocukların yeteneklerinin nasıl geliştiğini gösterir. 2 yaşında bir çocuğun, annesine "*Cadılar Bayramı için şeker toplamaya gittik. Ben şeker ve büyük kırmızı bir lolipop aldım ama şapkamı kaybettim,*" diye anlatışını aktarır.

Bir de daha gelişmiş bir hikâye örneği olan, 5 yaşındaki bir çocuk tarafından anlatılan hikâyeyi aktarır:

Ne oldu biliyor musun? Ne oldu biliyor musun? Verandamızda bir rakun vardı. Büyük, kocaman bir rakun. Ağaçtaydı ve kuşun yemeğini yemeye çalışıyordu. Onu korkutmak istedik ama annem, babamın onu korkutmasını istemedi. Ama babam yine de ona doğru bir taş atıp onu korkuttu ve rakun da kaçtı! Belki arkadaşlarını almaya gitmiştir ve gelip, kuşun yemeğini hep birlikte yerler!

Bir grup bilim adamı, onların anlatı ya da hikâye dil bilgisi olarak adlandırdıkları bu yapıdaki değişikliğin ne olduğuna odaklandılar. Örneğin, çocuklar büyüdükçe, anlatı yapısına daha fazla ek getiriyorlardı. Yukarıdaki 2 yaşındaki çocuğun hikâyesinin bir başı ve sonu var ancak, 5 yaşındaki çocuğun hikâyesindeki detaylardan yoksun. İyi hikâyelerde, ortam ve bazı karakterler, bir sorun, hedefler, karakterlerin hedefe doğru gittikleri bir yol ve karakterlerin hedefe ulaştığı bir sonuç olur. 9 yaşına kadar —3. sınıf dönemlerinde— çocuklar, bu bölümlerin hepsini anlatırlar. Çocukların hikâye anlatımına yeni başladıkları 2 yaş döneminde, hikâyelerini anlamak için çaba sarf etmemiz gerekir.

Çocuklar büyüdükçe, sadece hikâyelerinin yapıları daha kapsamlı hâle gelmez, aynı zamanda dilleri de derinleşir. 2 yaşındaki çocukların hikâyeleri genellikle "Ben" merkezliyken, daha büyük çocuklar, başkaları ve hayali kahramanlarla ilgili de hikâyeler anlatırlar. 4 5 yaşlarındaki çocuklar "ve", "ama" ve hatta "o hâlde" gibi bağlaçlar kullanırlar.

Peki tüm bunların, okumayla ne ilgisi vardır? Birçok çalışma, hikâye anlatma yeteneğinin, doğrudan okuma öğrenmeyle ilgisi olduğunu bulmuştur. Hikâye anlatımında olanlara verilen güzel isim "bağlamından ayrılmış" dildir. Yani, iyi bir hikâye anlattığınızda, dinleyicinize, ne dediğinizi anlaması için tüm yapıyı ve dili sunarsınız. Dinleyici, hikâyeyi dinleyip "anlamalıdır". Bu, çocuklarımızla ya da arkadaşlarımızla sık sık kullandığımız "bağlam içinde kullanılmış" dilden çok farklıdır. İyi tanıdığımız ya da birlikte yaşanmışlıklarımızın olduğu insanlarla konuşurken, bir sahne ve yapı oluşturmak için gerekli olan detaylara değinmeyebiliriz. Sadece konuşuruz ve anlaşılacağımızı biliriz. Samuel French'in *So Tell Me About This Guy* adlı oyunu, tam da bu noktayı canlandırır. Bu oyundan alınmış, bağlam içinde kullanılmış dile çok güzel bir örnek şöyledir:

Angie: Michael, demek… Vay canına! Pekâlâ, bana şu çocuktan bahset bakalım.

Marla: Yani…

Angie: Yani ne?

Marla: O çok, o çok… Bilirsin ya.

Angie: A haaa.

Bu kadınlar, dilin detaylı kullanılmamasına rağmen birbirlerini anlıyor gibi görünüyorlar. Bir hikâyenin bağlamdan ayrılmış dili ise çok farklıdır. Her şeyi dile getirerek, dinleyici ve konuşmacı arasında bir mesafe oluştururuz. Detayları kullanarak, dinleyicinin farklı bir dalga boyutunda olduğunu ve söylediğimizi anlaması için detaylara ihtiyacı olduğunu düşündürürüz. Hikâye anlatımında ve anlatıda da aynı özellikleri görürüz. Tıpkı yazmanın, konuşmayla olan farkı gibi!

GİZLİ YETENEKLERİ KEŞFETMEK

HİKÂYE ANLATIMI

Yaş: 3-5 yaş

Bakalım, çocuğunuz hikâye anlatımında ne durumda. Bazı araştırmacılar, çocukların hikâye anlatımını, hayal güçlerini harekete geçirebilmek için ellerine resimli bir kitap vererek test eder. Yeni resimli bir kitap alın. Kitabı, çocuğunuzla birlikte okuyun ve ne kadar detaylı bir hikâye uydurduğunu görün. Ortamı tanımladı mı? Karakterleri? Bir sorun oluşturup bir hedef ve çözüm belirledi mi? Resimlerle hikâye anlatan her kitabı kullanabilirsiniz. Sonuçta, çocuklarınız gördükleri resimleri hikâyeye çeviren yazarlar olacaklar. Bunu her 6 ayda bir deneyip, çocuğunuzun uyumlu hikâye anlatma konusunda geliştiğini gözlemleyebilirsiniz. Aynı hikâyeyi zamanla nasıl anlattığını kaydedin. Daha sonra, hikâyeleri *yazmaya* başladığında, bunlara bakmak komik olacaktır!

Hikâye anlatımını test etmenin bir diğer yolu da, 3, 4 ve 5 yaşlarındaki çocuklarınıza bir giriş cümlesi vermektir. Kolaylıkla kişisel hikâyeler oluşturabilirsiniz. Onlara, "Bugün bana olan en komik şey..." diyerek yol gösterebilirsiniz ya da "Bugün okulda olan en iyi şey..." cümlesini deneyebilirsiniz. Sonra da, onların devam etmesine izin verip, neler olduğunu izleyebilirsiniz.

Neyse ki, çocuklar hikâye anlatmaktan çok zevk alırlar ve hikâye anlatma yeteneklerini pekiştirmek için yapabileceğimiz pek çok şey vardır. Dr. Engel birkaç pratik strateji sunmaktadır. Öncelikle, bizlere dikkatli dinlememizi hatırlatır. Çocukların söylediklerinin çoğu değerlidir ve dikkate alınmalıdır. Çoğunlukla çocukların anlattıkları kişisel hikâyeleri ya da paylaşmak istedikleri önemli anları dinlemeyiz ya da yarım kulakla dinleriz. Dr. Engel ayrıca, cevap vermemiz gerektiğini de hatırlatır. Sorular sorun ve anlamak için dinleyin, düzeltmek için değil. Son olarak da, iş birliği yapın. En iyi hikâyeler, çocuklarımızın söylediklerini geliştirmek için çocuğumuzla birlikte çalıştığımızda ortaya çıkar. Bunu yaparak, bizlerin hikâye modunda kullandığımız, bağlam dışı dil konusunda çocuklarınızın da kendini geliştirmesi için model olmuş olacaksınız.

FONOLOJİK FARKINDALIK/ "KELİMELERİN SESLERDEN OLUŞTUĞUNU MU SÖYLÜYORSUN?"

Erken ve geç okumaya zemin oluşturan, dilin iki yönünden bahsettik: kelime dağarcığı ve hikâye anlatımı. Son kısım da, *fonolojik farkındalık*. Fonolojik farkındalık, "banyo" kelimesindeki "b" ile "şelale" kelimesindeki "l" arasında ayrım yapabilmenizdir. Bu, aslında küçük çocuklar için çok zor bir görevdir.

Kelimelerimiz, seslerden oluşur. Sesler daha küçük hecelerden ve hecelerde *fonem* denen daha küçük parçalardan. Ve bu fonemler, alfabenin harflerini bir araya getiren ses parçalarıdır. Çocuklar, dille oynamak ve bu fonemleri ayırmak için çokça çabalarlar. Ancak, 4 5 yaşına gelene kadar, bu konuda pek iyi değillerdir. Başlangıçta, "Portakalı soydum, başucuma koydum, ben bir yalan uydurdum"da olduğu gibi, fonemleri değişen tekerlemeleri severek başlarlar. 4 5 yaşına geldiklerinde, bazen kötü esprilerde de fonemleri kullanırlar. Tıpkı "Ondan sonraaa, on bir"de olduğu gibi. (KÖTÜ espriler olduğunu söylemiştik.) Bu örneklerde, çocuklar dili inceleyip, onu parçalarına ayırmakta ve nasıl çalıştığını anlamaya çabalamaktadırlar.

Ancak, çocuk "kedi" kelimesinin dört farklı sesten oluştuğunu nasıl anlar? Bunu bir düşünün. Sözlü diller bizler için gayet açıktır. Konuşmayı oluşturan seslere odaklanmayız. Birileri bizimle konuştuğunda, sadece söylediği şeyin *anlamına* odaklanırız. Dilin seslerini fark ettiğimiz tek an, yabancı aksanı olan biriyle (ya da bir çocukla) konuştuğumuz andır. Onları anlayabilmek için sesleri nasıl kullandıklarına odaklanmamız gerekir. Eğer sözlü diller, bizler için gayet açıksa; o hâlde çocuklar, kelimelerin parçalardan oluştuğunu nasıl anlıyorlar? Konuşmayı öğrenmek sadece bir başlangıçtır. Bir çocuk konuşmayı öğrendiğinde, söyleyeceği kelimeleri oluşturmak için farklı sesleri ya da fonemleri birleştirmek zorunda kalır. Ancak, bir kelimeyi söylediğinde, ne yaptığının farkında değildir. Okuma, çocuğun yazılı kelimelerin ses parçalarından (fonemlerden) oluştuğu bilgisinin farkında olmasını gerektirir. Bunun için dil farkındalığının daha derin olması yani fonolojik farkındalığın olması gerekir!

Fonolojik farkındalık, okumayı öğrenmenin ön koşulu olduğuna göre, çocukların bu farkındalığı normalde ne zaman edindiğini bilmemiz, onlara nasıl rehberlik edebileceğimizi göstereceği için çok önemlidir. Ancak bir çocuğun fonolojik farkındalık geliştirip, geliştirmediğini nasıl anlarız? Bazı araştırmacılar, küçük çocuklardan bir kelimeyi kullanmasını ya da onun seslerini incelemesini istemiştir. Örneğin, bir çocuktan "top" kelimesini söylemesi istenmiştir. "Şimdi bunu bir kez daha söyle ve "t" sesini kullanma." Ya da "kol" de. Şimdi bu kelimeyi bir kez daha söyle ama "kı" sesinin yerine "b" sesini koy." En etkileyici yaklaşımlardan biri, 1970'lerde fonolojik farkındalığı çalışan Connecticut'daki Haskins Laboratuvarı'ndan merhum Dr. Isabelle Liberman tarafından kullanılmıştır.

Dr. Liberman'ın deneyinde, 4 yaşındaki çocuklara birer sopa verilmiş ve belirli kelimelerin içindeki sesleri göstermek için, onlardan bu sopaları masaya seslerin sayısında vurmaları istenmiştir. Daha sonra her bir çocuk, her biri bir ila üç fonemden oluşan, 42 tane tek heceli sözcüğü okumuştur. Dr. Liberman daha sonra, 4 yaşındaki çocuklardan oluşan bir grubu bizzat test edip, aynı görevi hecelerle yerine getirmelerini istemiştir. Çocuklar bu kez, 1 ila 3 heceli 42 kelimeden oluşan bir listeyi okumuşlardır. Örneğin, Dr. Liberman bir çocuğa, "Roket kelimesinde kaç parça duyuyorsun?" diye sormuştur. Dr. Liberman çocukların 6 kez üst üste verdiği doğru cevapların, görevi başardıkları anlamına geldiğine karar vermiştir.

Peki, sonuçlar nasıldı? 4 yaşındakiler fonem testinde hiç doğru yapmadılar! Çarpıcı bir şekilde başarısız oldular! 4 yaşındakilerin yaklaşık yarısı, "6 kez verilen doğru yanıt başarılı olur" kriteriyle uygulanan hece testinde başarılı oldu. Çocukların hece testinde, fonem testinden daha başarılı olmaları iki şeyi gösteriyor. Birincisi, okul öncesi çocukların bu oyunu oynayabileceklerini gösteriyor; en azından analiz edecekleri birim (hece) farkına varacakları kadar uzun olduğu zaman. İkincisi de okul öncesi çocukların, kelimeleri oluşturan her bir sese (foneme) karşı hassas *olmadıkları*.

Peki, ana sınıfı öğrencilerinde durum neydi? Heceler konusunda neredeyse yarısı başarılı olurken, fonemler konusunda sadece %17'si başarılı olabildi. Okuma eğitimi birinci sınıfta tam anlamıyla başladığında, tüm çocukların fonem ve hece testlerini geçebilecek olduklarını düşünüyorsunuzdur. Neredeyse tüm birinci sınıflar, hece testinden geçti. Şaşırtıcı bir şekilde, birinci sınıfların sadece %70'i fonem-vurma testini geçebildi! Okuma öğretimi henüz yapılmamış olsa da, çocukların %30'u, kelimelerin farklı seslerden oluştuğunun farkındaydı.

Dr. Liberman, çocukların okumadaki başarılarıyla, fonem-vurma testindeki performanslarının bir ilişkisi olup olmadığını görmek için bir sonraki dönemi bekledi. Sınıfta, okumada ilk üçte olan çocukların hiçbirinin, fonem testinde başarısız olmadığını gördü. Ve fonem testinde başarısız olan çocuklardan yarısı, sınıfta okuma performansı açısından son üçteydi. Hiçbiri ilk üçte değildi. Bu, fonolojik farkındalığın, okuma başarısı açısından önemli olduğuna dair güçlü bir göstergeydi.

Şu ana kadar yapılan, birçok diğer araştırma da bu sonuçları desteklemektedir. Artık, fonolojik farkındalığın yetersiz oluşunun, okumadaki başarısızlığın nedenlerinden biri olduğu açıktır. Bu bilgiye sahip olan çocukların daha iyi okuduklarını biliyoruz. Çocuklarda, bu farkındalığın nasıl başladığını bilmiyor olsak da, birçok araştırma sayesinde, çocukların bu farkındalığı edinmesine nasıl yardım edebileceğimizi biliyoruz. Bunun temeli, çocukların oyunlarında yatıyor! Bu kavramı, bir okul öncesi çocuğuna anlamlı bir şekilde açıklayamazsınız ancak ona bu kavramı anlatan oyunlar oynatabilirsiniz.

ÖĞRETİLEBİLİR ANLAR

Şarkılar söyleyip, uyaklı çocuk şiirleri okuyarak dil ile oyunlar oynayın. "Leylek leylek havada, yumurtası tavada" gibi basit tekerlemeler, çocuğun kelimelerdeki ilk seslerin, başka seslerle değiştirilebileceğini fark etmesini sağlar. Hikâye anlatırken, tekerlemelerin kullanımı konusunda bir dâhi olan Dr. Seuss'u okuyun. İsimlerdeki seslerle ilgili ünlü tekerlemeyi hatırlayın. "Mustafa mıstık arabaya kıstık" diye devam eder. Bunu çocuğunuzun adına ve aile üyelerinin adına uyarlayarak yapın. Şarkının neden olduğu şeye dikkat edin: İsmin ilk sesini değiştirip, kelimelerin değiştirilebilecek kısımları olduğunu öğretir. Eski kelimelerin sesleri değiştirilerek, yeni kelimeler üretilebilir. Alfabeyi şarkı gibi ve vurgulu bir şekilde söyleyin! Böylelikle, çocuğunuz harfleri duyar ve belki seslerinin farkına bile varır.

Araba sürerken, farklı seslerle başlayan nesnelere dikkat edin. "Adı 'a' ile başlayan bir şey bulabilir misin? Aa, bir şey gördüm! Bir ADAM var!" Bu oyunlar, her daim sorulan soruların (Geldik mi?) sıklığını bile azaltabilir. Arabada kelime oyunları da oynayın. Tanıdık bir kelime söyleyin ve çocuğunuzdan bunu, bir parçasını söylemeden tekrarlamasını isteyin. "Ben 'basketbol' diyeceğim! Sen de "bol" demeden bu kelimeyi söyleyebilir misin?" Ayrıca, çocuğunuza her zaman tekerleme ve şarkı dinletebilirsiniz.

Kısacası, okuma, dil üzerine kurulur. Okuma yazmanın ortaya çıkması, güçlü bir dil zemini, kelime dağarcığı, hikâye anlatımı ve fonolojik farkındalık üzerine kuruludur. Tabii ki okuma, sadece dil ile ilgili değildir. Ayrıca, yazı hakkında da bilgi sahibi olmayı gerektirir.

KÜÇÜK YAZILARI OKUMA

Hikâyemizin bir sonraki kısmı, çocukların dil ile ilgili ne bildiğinden, yazılı kodlarla ilgili ne bildiklerine geçecek. Buna "kod" diyoruz çünkü sözlü dilin, tek başına anlamsız olan seslerin birleşiminden oluşması gibi, yazı da, bir sayfada tek başına anlamsız olan çizgilerden oluşur. Bir çocuk ancak, kodu çözdüğünde ve bu çizgilerin bir anlamı olduğunu anladığında, okumayı öğrenir. Çocuklar yazı dilinin kodunu nasıl çözer? Yazı dilinin, anlamı planladığını nasıl öğrenir?

Okumayı öğrenme konusuna, çocuğunuzun bakış açısıyla bakmadan önce, öncelikle "okuma nasıl öğrenilir" sorusuna cevap vermeliyiz.

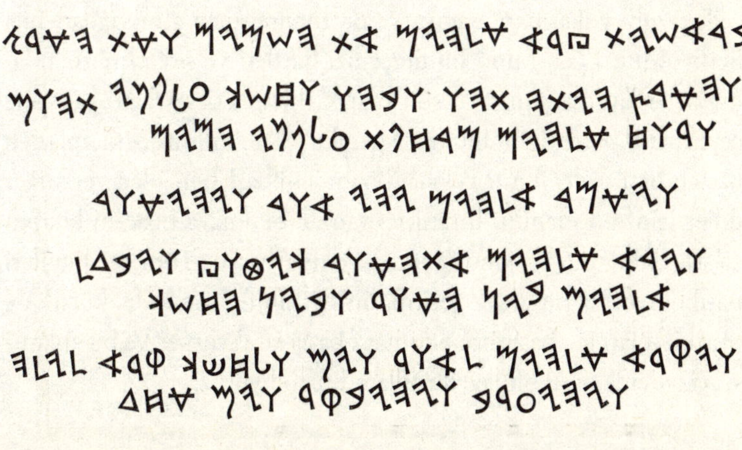

Tanımadığınız bir dilde bir paragraf görmek, sizi yeniden birinci sınıfa götürdü mü? Bu kelimeler XXX dilinde ve sizin dilinize çevrildiğinde anlamı YYY olabilir. Sizin için hiçbir anlam ifade etmeyen bir dizi harfe bakmanın nasıl bir şey olduğunu hatırlıyor musunuz? Bunun nasıl bir şey olduğunu hatırlayamıyorsanız bile, bu çizgileri şu anda yetişkin olarak öğrenmenin nasıl bir şey olacağını düşünün çünkü çocuğunuz da böyle bir süreçten geçiyor. Öncelikle, *harfleri ayırt edebilmelisiniz.* Eğer bir çizgiyi diğerinden ayırt edemiyorsanız, o zaman kelimeleri nasıl okursunuz? İkinci olarak, her bir harfin ya da harf grubunun nasıl *sesletildiğini* öğrenmelisiniz. Sonuçta, okumak yazının konuşmaya aktarılmasıdır. Yetişkinlerde bu, zihinde kendiliğinden gerçekleştirilse bile... Bu konuda uzmanlaşınca, kelimeleri nasıl seslettiğimizin farkına bile varmayız. Üçüncüsü ise, harfleri ve seslerini birbirine nasıl bağlayıp kelime oluşturduğumuzu, onları nasıl *harmanladığımızı* bilmemiz gerek. Ana dilinde konuşan yetişkinler için bu adım da gayet kolay görünse de, XX dilinde bizler için de hiç kolay olmayabilir ve bu, kesinlikle çocuklarımızın öğrenmesi gereken bir şeydir. Şimdi, yapbozun bir parçası daha var. Harfleri ya da şekilleri tanımadan önce, yukarıdaki yabancı metnin hangi yöne doğru ilerlediğini bilmeniz gerekir! İçgüdüsel olarak, bunun kendi dilimiz gibi olduğunu ve soldan sağa okunduğunu düşünmüş olabiliriz. Ancak, belki Çin-cedeki gibi yukarıdan aşağıya ya da İbranicedeki gibi sağdan sola ilerliyordur. Eğer, bunu bilmezseniz, harfleri ve sesleri harmanlamaya başlayamazsınız. Ve son olarak, kitaptaki sayfaları ne yöne çevirmeniz gerektiğini bilmeniz gerekir. Sizin dilinizde, kitaplar en baştan başlar, değil mi? Pekâlâ, bizim için başlangıç olan yer, diğer diller için son olabilir. İbranice okurlar, okumaya bizlerin kitabın arkası olduğunu düşündüğümüz yerden başlar. Tüm bu bilgileri nasıl oluyor da bir araya getirip, birinci sınıfın sonunda, küçük de olsa kitapları tek başımıza okumaya başlayabiliyoruz? Ve bu anlamsız çizgilerde nasıl oluyor da anlam bulabiliyoruz?

OKUMA YOLCULUĞU

Hadi, çocukların, bu kritik nehirden geçerken, çıktıkları yolculuğa biz de çıkalım. Kanıtları özümseyip, okumada olan bitenleri öğrendikçe rahatlayıp, okumanın başlaması için gerekli olan şeyleri yaptığınızın farkına varmanızı umuyoruz. O yüzden, kredi kartınızı kaldırıp, kütüphane kartınızı çıkarın ve bir kenara oturup yazılı kelimeleri keşfetmemize siz de katılın!

ÇOCUKLAR, RESİMLİ KİTAPLARIN NE OLDUKLARINI NE ZAMAN ANLARLAR?

O mükemmel bebeğe yeni sahip oldunuz ve hâlâ bunun şokunu atlatamadan, emzirmelerin arasında, birilerinin bebeğinize hediye olarak kitap getirdiğini gördünüz. Bebeğinizin ne zaman kitaplara hazır olacağını merak ediyorsunuz. Bebeğiniz, doğumundan 6 aylık olacağı süreye kadar, çevredeki parlak tüm nesnelere olduğu gibi, kitaplara da ilgi gösterecektir. Bu dönemin sonuna doğru, ona basit bir kitap okuyacak olursanız, sizi dinliyor gibi bile görünebilir. Ancak her şeye yaptıkları gibi kitapları da ağızlarıyla keşfetmeyi daha çok ve sık tercih edeceklerdir. Aklınızda, bebeklerin kitapları bizlerin gördüğü gibi görüp görmediği sorusu olabilir. Öncelikle, oradaki resimlerin, gerçek resimler olmadığının farkındalar mıdır?

Artık Virgina Üniversitesi'nde olan Profesör Judy DeLoache ve Illınois Üniversitesi'nden meslektaşları, kendilerine resimli kitaplar verilmiş olan iki grup bebeğin —bir grup 9 aylık, diğer grup 19 aylık— tepkilerini inceledi. 9 aylık bebekler, resimlere gerçek nesnelermiş gibi dokunup vurarak onları dürttüler. Çoğu, sanki resimleri sayfadan çıkarmak ister gibi, ısrarla onları çekiştirdiler! Dr. DeLoache, şu sonuca ulaştı: "Resimlere fiziksel olarak dokunmak, bebeklerin nesnelerin gerçek doğasını zihnen kavramlarına yardımcı olur." Diğer bir deyişle, okul öncesi çocuklara, bir dondurma resminin soğuk olup olmayacağı sorulduğunda, cevapları evet olur! Örneğin okların hareketi ifade ettiğini anlamaları, çocukların yıllarını alır.

GİZLİ YETENEKLERİ KEŞFETME

KİTAPLARI FARK ETME

Yaş: 8-20 ay

DeLoache'nin bulgularını doğrulayabilir misiniz? Bebeğiniz oturmaya başladığında, ona yeni ve sert bir karton kitap verin ve mama sandalyesinde otururken, bunu keşfetmesini bekleyin. Bebek, kitaba ne yapıyor? Resimleri çekiştirerek onları kitaptan çıkarmaya mı çalışıyor? Resmi elleyip, ona gerçek bir nesneymiş gibi vurarak, onu hissetmeye mi çalışıyor? Bunu aynı kitapla, üç ay sonra ve bundan üç ay daha sonra tekrarlayın. Bebeğinizin yaptıklarını, bebek defterine kaydetmeniz keyifli olabilir. 6 ay içinde bir değişim görebiliyor musunuz? Bebeğiniz, kitaptaki resimlerin sadece iki boyutlu olduğunu anlayabiliyor mu? Resimleri sayfadan çıkarmak yerine, onlara sadece işaret etmeye başladı mı? Bu değişimi gözlemlemek eğlenceli olacaktır.

Yaşamlarının ikinci yılına doğru, bazı bebekler (yeterince uzun süre oturabiliyor olanlar) kendilerine kitap okunmasından keyif almaya başlarlar. Kitaplardaki tanıdık nesneleri ve insanları fark edip, sayfaları çevirmeye bile çalışabilirler. Ancak, hâlâ sayfaları yırtmaya çalışıyor da olabilirler (ki bu çok fazla ses çıkaracaktır.) Bu nedenle bez ve karton kitaplar, bu sorunu oldukça azaltmaktadır. Küçük çocuklar kendi başlarına oturup kitaplarını bir süreliğine "okuyabilirler". Duymak, duymak ve hep duymak isteyecekleri bir, en sevdikleri kitapları olacaktır. Eğer küçük bir çocuğa bir kitap verirseniz, genellikle hangi tarafının düz olduğunu ve nereden açıldığını bilir. Aslında bu, Yeni Zelanda'da Auckland Üniversitesi'ndeki Profesör Marie Clay'in Yazı Testi Kavramları olarak adlandırdığı okuma öncesi testinin bir parçasıdır. Test ettiği diğer şeylerin yanı sıra bu test, çocuğa bir kitabı verip bununla ilgili ne bildiğini görmeyi amaçlar. Kitabın önünü ve arkasını biliyorlar mı? Kelimelerin soldan sağa gittiğini biliyorlar mı? Sayfaların hangi yöne döndüğünü biliyorlar mı? Hikâyenin resimlerden değil, yazılardan okunduğunu biliyorlar mı? Çocukların bu sorulara verdikleri cevaplar ile okuma başarıları uyumlu olmuştur ve yazı konusundaki bilgilerini göstermiştir. Peki, bu neden böyledir? Bu testte başarılı olmaları, muhtemelen bu çocuklara kitap okunduğunu ve kitaplara aşina olduklarını göstermektedir.

GİZLİ YETENEKLERİ KEŞFETMEK

HEYECANLI BİR KİTAP: KİTAPLARA AŞİNA OLMAK

Yaş: 18 ay-3 yaş

Çocuğunuz yaklaşık 18 aylık olduğunda, ona yeni bir kitap verip bununla ne yaptığına bakabilirsiniz. Daha önce hiç görmediği bir kitabı alıp ön tarafını çevirebiliyor mu? Sayfaları doğru yöne çevirebiliyor mu? Bunu her 6 ayda bir tekrarlarsanız, çocuğunuzun kitaplara olan aşinalığının nasıl değiştiğini görebilirsiniz. Ve dili, sorulara yeterince cevap verebilecek kadar geliştiğinde ona, "Kelimeleri ne yöne doğru okuruz?" ve "Hikâye, resimlerde mi kelimelerde mi?" gibi sorular sorabilirsiniz. Bu sorulara verdiği yanıtlar ilginç olacaktır.

KELİME NEDİR? PEKİ HARF NEDİR?

Artık, çocuğunuz sizinle birlikte kitap okuduğunda, kesinlikle sayfadaki resimleri *ve kelimeleri* fark ediyordur. Hatta ona kitap okurken, resimlerden de bol bol bahsettiğinizi fark edebilirsiniz. Ancak, yaklaşık 2 yaşındaki çocuklar, yazıları da fark etmeye başlarlar. 2.5 yaşındaki Amerikalı çocukların, kendilerine gösterilen marka isimlerini tanıdıkları görülmüştür! Küçük çocuklarımızın "McDonalds" ve "Burger King!" gibi kelimeleri tanımaları bizim için ne büyük heyecan (tabii ki değil!). Ancak, nasıl ki hafıza kartlarındaki kelimeleri okuyabiliyor olmak, bir çocuğun okuyabildiği anlamına gelmiyorsa, belirli markaları tanıyor olmaları da bu anlama gelmez. Bu, çocukların yazıları (harfler ve kelimeler), şekillerden, resimlerden ya da sembollerden ayırdığı anlamına da gelmez. Çocuklar neyin yazı olduğunu, neyin olmadığını ne zaman anlarlar? New York, Cortland State Üniversitesi'nden Profesör Linda Lavine, bu soruyu bize güzelce cevaplamaktadır.

Saçları iki örgü yapılmış olan 3 yaşındaki Sasha, Dr. Lavine'in laboratuvarına, oyununu oynamak için gelir. Dr. Lavine, Sasha'ya (ve 3 ila 6 yaşlarında henüz okumayı öğrenmemiş olan diğer çocuklara da) üzerlerinde farklı nesnelerin göründüğü, plastikle kaplanmış kartlar verir. Bu kartların bazılarında, el ya da cüzdan gibi nesneler vardır. Bazılarında İngilizce kelimeler (el yazısıyla yazılıp basılmış) ya da büyük bir "A" gibi tek tek büyük harfler vardır. Bazı kartlarda İbranice ve Çince gibi, diğer yazılı diller bulunmaktadır ki bunlarda, çocukların daha önce hiç görmediği harfler kullanılmıştır. Ve son olarak bazı kartlarda da, sarmal tasarımlar ve kare gibi tekli şekiller vardır.

Dr. Lavine, Sasha'dan, üzerinde yazı olan kartları oyuncak bir posta kutusuna, diğerlerini de başka bir kutuya koymasını söyler. Sasha, çok dikkatli bir şekilde kartları inceleyip onları kaba yerleştirir. Dr. Lavine daha sonra, her bir kartta ne olduğunu söylemesini ister. Bu sayede Dr. Lavine, 3 yaşındaki çocukların (ve daha büyük çocukların) yazıyı, kâğıtta görünen diğer şeylerden ayırıp ayıramadığını anlamış olurlar. Peki, ulaşılan sonuç nedir?

3 yaşına gelene kadar çocuklar, gerçek yazıları (hem ana dillerinde hem İbranicede) %86 oranında ayırt edebiliyor! 4 yaşına kadar, %90'a, 5 yaşına kadar da neredeyse mükemmel olan %96 seviyelerine ulaşıyorlar. Dr. Lavine, onlardan nesneleri adlandırmalarını istediğinde ise çocukların hiçbiri gerçek kelimeleri okuyamıyor ve birçoğu gruptaki üç gerçek harf olan A, B ve E'yi adlandıramıyor. Çocukların tamamı, resimlerin isimlerini söyleyebiliyor ve çocukların hiçbiri resimlere "yazı" demiyor.

Çocuklar bunu nasıl yapabiliyor? Örneğin, İbranice yazıların, yazı olduğunu nereden anlıyorlar? Muhtemelen, ana dillerindeki harflerin özelliklerini ayırt edip, bu bilgiyi İbranice için de kullanıyorlar. Çocuklara, kimsenin, "Şimdi harflerin düz ve eğik çizgilerden oluştuğuna ve bazen bir arada göründüklerine (kelime hâllerine) dikkat et," demediği düşünülünce, bu gerçekten çok etkileyici. Çocuklar, bunları kendileri keşfediyorlar. Ama nasıl? Toplumumuzu ve yazının yaygınlığını düşünün. "Çevresel yazı" olarak adlandırdığımız şey, her yerde: mısır gevreği paketlerinden, sokak levhalarına, süpermarket poşetlerinden, mağazalardaki işaretlere kadar. Çok fazla yazıya maruz kalan çocuklar, özel bir eğitim olmadan da, kendi yazılarını oluşturan kalıpları analiz edebiliyorlar.

3 yaşındayken, harflerin adını bile bilmeden önce, ana dillerindeki bir yazıyı İbranice bir yazıdan ayırıp, resimlerle yazıyı ayırt edebiliyor olmaları, küçük çocukların aslında farkında olmadığımız birçok süreçten geçtiğini göstermektedir.

Dr. Lavine'in yaptığı kültürlerarası çalışmadan, çocukların içinde oldukları çevrenin, yazı ile diğer şekilleri birbirinden ayırmaları için *çok önemli* olduğunu anlıyoruz. Dr. Lavine kartlarını Meksika'ya götürüp, bunları Yucatan'da hem kırsal bir köyde hem de sanayileşen bir kasabada kullandı. Şaşırtıcı bir şekilde Meksikalı çocuklar, Amerikalı çocuklardan gerideydi. Özellikle de kırsal kesimlerde büyüyüp, sokak levhalarına ve mısır gevreği paketlerine aşina olmayan çocuklar...

Bu sonuçlar bize, okumanın ortaya çıkışıyla ilgili iki önemli şeyi gösterir. Birincisi, çocuklar kendi başlarına yazının nasıl işlediğiyle ilgili birçok şeyi fark ederler. Hiçbir teşvik olmaksızın, iki yaşının sonuna gelen çocuklar, yazıyla ilgili çok geniş bir deneyime sahip olurlar ve resimlerle harfler arasındaki farkı ayırt edebilirler. Kimse 2 yaşındaki bir çocuğu oturtup, "Hadi bakalım, harfleri resimlerden ayıralım," demez. Çocuklar hangisinin harf, hangisinin resim ya da şekil olduğunun kendilerine söylenmesine gerek kalmadan, doğuştan bir meraka sahiptirler. Kendi başlarına, harfleri oluşturan özellikleri keşfedip, bu bilgiyi diğer yazı sistemlerine de aktarırlar! İkinci öğrendiğimiz şey de, çevrenin ne kadar önemli olduğudur. Meraklı çocukların, meraklarını giderecek şeyler olması gerekir! Yazı bakımından zengin ortamlarda bulunurlarsa, yazının özelliklerini daha çabuk keşfederler. Eğer onlara kitap okursanız ve onları yazılı materyallere maruz bırakırsanız; kitaplar, harfler ve yazı ile ilgili, okula gelmeden önce birçok şeyi fark etmiş olurlar. Bu da, okuma yazmanın ortaya çıkışıdır.

GİZLİ YETENEKLERİ KEŞFETMEK

YAZILI KELİMELERİ KEŞFETMEK

Yaş: 2-4 yaş

Elinize 16 tane, ufak boyutlarda kâğıt alıp üzerlerine tek bir kelime veya harf yazın ya da bir şekil (çizgi, geometrik şekil vs.) veya resim çizin. Her 4 kâğıdın üzerinde, aynı yazı ya da şekiller olsun. Yazı ya da resmin büyük olmasına dikkat edin. Kâğıdın tamamını kaplayabilir. Hepsi de aynı renk kalemle yazılmış olsun. İşiniz bitince kâğıtları karıştırın. 2 yaşından başlayarak, kâğıtları çocuğunuzun önüne teker teker koyup, gördüğü şeyin yazı olup olmadığını sorun. Ya da avuçlarınızı ona doğru uzatıp, "Yazıları bu ele (bir elinizi gösterin), diğerlerini de bu ele (diğer elinizi gösterin) koy," diyebilirsiniz. Çocuğunuzun kaç doğru yaptığını takip edin. Çocuğunuzun kartları ayırması bitince, bunlardan kaçının isimlerini söyleyebileceğini sorun. Çocuğunuzun hatalarının belli bir şekli var mı? Bunu 3 4 ayda bir deneyin ve bu arada, kartları çocuğunuzdan uzak tutun ki, her seferinde onun için yeni olsunlar. Çocuğunuz, özellikleri keşfettikçe, daha önce farkına varmadığınız önemli bir okuma yazma başarısının farkına varacaksınız!

OKUMAYI ÖĞRENMEDE, HARFLERİ ÖĞRENMENİN ÖNEMİ VAR MIDIR?

Çocuklara, harflerin öğretilip öğretilmemesi gerektiği ile ilgili çok büyük tartışmalar vardır. Belki de çocukların harfler ile resimleri birbirinden ayırt edebiliyor olmaları yeterli değildir. Belki de harflere verdiğimiz isimleri bilmeleri gerekiyordur. Bir diğer deyişle, okumayı öğrenmek için A harfinin adının "A" olduğunu bilmek gerekli midir? Başkan Bush öyle olduğunu düşünüyordu ve onun eğitim girişiminin temelinde harfleri tanımak vardı. Başkan, Pennsylvania State Üniversitesi'ndeki konuşmasında şöyle demişti:

Ancak, bu (çocuklarınıza kitap okumak) eğlenceden daha fazlasıdır. Bu, okul öncesinde edinilen çok önemli bir deneyimdir. Şu inanılmaz sonucu düşünün: Bir çocuğun, anaokulundaki harf bilgisine bakılarak, 10. sınıftaki okuma sonuçları şaşırtıcı bir netlikle tahmin edilebilmektedir. Bunu bir düşünün. Bir çocuğun 10. sınıftaki okuma başarısını tahmin edebileceğiz. Hem de sadece çocuğun yaşamının ilk yıllarında iyi bir eğitim alıp almadığına bakarak. Okul hayatının ilk yılında, harfleri birbirinden ayırt edemeyen bir çocuk, okul yaşamı boyunca diğerlerinden geri kalma konusunda büyük risktedir.

Okumanın ortaya çıkması konusundaki vurgu kesinlikle yerindedir çünkü okuma ve okuma öncesi arasında kesin bir çizgi bulunmamaktadır. Ancak, başkanın fikirlerinin nasıl uygulanacağı konusunda kaygılarımız var. *Education Week*'te bir makalede söylendiği gibi, "Başkanın kampanyası, okuma girişiminin bir parçası olarak, seslerin öğretilmesinin sağlanması gerektiğini vurguluyor. Eğitimde daha büyük sorumluluk alınması için yapılan bu çağrı, bazı eğitimcilerin kaygılanmasına neden oldu çünkü "Önce Okuma" fonları, oldukça pahalı testlerin önem kazanmasına neden olacak."

Yüzlerce çalışma net ve tartışmasız bir şekilde, harfleri ve harflerin seslerini bilmenin, okumayı öğrenme başarısıyla ilgisi olduğunu gösterse de, sorun daha farklı. Bazı eğitimciler, okumanın, okul öncesi çocuklara sağlıksız bir şekilde dayatılacak olmasından endişe ediyorlar. En kötü senaryo ise, harflerin ve seslerin; çocuklara, zengin ve otantik okuma yazma deneyimleri sunmaktansa, dikkatsiz müfredatlar dâhilinde çok yetersiz bir şekilde gösterilmesi olabilir. 3 ila 4 yaşlarındaki çocukların çalışma kâğıtlarıyla uğraşması ve ders egzersizi yapması doğru değildir. Onların okuma, yazma, dinleme ve konuşma gibi gerçek etkinliklerde yer alması gerekir. Eğitimciler, bu okuma yazma etkinliklerinin arka plana atılmasından ve harfler üzerine yapılacak olan alıştırma ve egzersizlerin, onların yerini alacak olmasından korkmaktadır. Testler ve standartlar da göz önüne alındığında, bu kaygı ulusal olarak daha da artmaktadır. Harvard Üniversitesi'nin öncü okuma yazma araştırmacılarından Dr. Catherine Snow'un da dediği gibi, "Okumak, kesinlikle sadece harfleri bilmekten daha fazlasıdır. Sonuçta, İngilizcede, ezberlenecek sadece 26 harf vardır. Okumak, bundan çok daha fazlasıdır."

Bir çocuğun alfabedeki harfleri bilmesinin gerçekten ne anlama geldiğini bilmekte fayda vardır. Bunun en büyük önemi, çocuğun okumada yardım alabilecek olmasıdır. Peki, neden? Çünkü bazı harflerin sesleri, kelimelerin içinde geçtiği hâline benzer. Ancak bazı harfler, kelimelerde sahip oldukları, sesi tek başlarınayken vermezler. O hâlde, harfleri bilmek ile okumada başarılı olmak nasıl oluyor da birbiriyle çok ilişkili olabiliyor? Tek başına harfleri bilmenin bir önemi yoktur çünkü okuma sorunları olan çocuklar bile harfleri çoğunlukla tanırlar. Okul öncesi çocuklar, harfleri bildiklerinde, deneyimlerinde onları yanlış yola götüren bir diğer gerçek daha vardır: Bu çocuklar, kendilerine çok fazla kitap okunmuş ya da birçok okuma etkinliğinde bulunma şansı yakalamış çocuklardır. Yaptıkları okuma öncesi etkinlikleri sayesinde, harflerin birçoğunun isimlerini bilmeleri, tamamen *kazaradır*. Bu nedenle, mükemmel dilin kendi olmadan ve okuma etkinlikleriyle desteklenmeden, harflerin isimlerini öğretmenin, okuma üzerinde bir etkisi olup olmayacağı kesin değildir. Harfleri öğretmek, okuma etkinlikleri sırasında, *bağlam* içerisinde gerçekleşmelidir. Tek başına değil.

Bizim tavsiyemiz mi? Çocuğunuza kitap okumaya ve onun harfler ve kelimelerle ilgili okuma deneyimlerini arttırmaya devam edin. Muhtemelen çocuğunuzun bildikleri sizi olumlu anlamda çok şaşırtacak.

HARFLER HANGİ SESLERİ ÇIKARIR? HARF-SES EŞLEŞTİRMESİ

Harfleri bilmek, mücadelenin ilk yarısıdır ancak, harflerin *seslerini* tanımak daha da önemlidir. Daha önce de bahsettiğimiz gibi, bu hiç de kolay değildir çünkü harfler ve sesleri her zaman birbirine uymamaktadır.

Çocukların yapması gereken, gördükleri harflerle, keşfettikleri fonemleri küçük seslerle birleştirerek kelimeleri oluşturmaktır. Dahası, harflerin sesini öğrenmek, okuduğunuz sırada farklı sesleri harmanlayıp, birleştirerek kelime üretmenizi sağlamaz. Sonuçta, üç kere hızlı hızlı "kı-e-dı-i" deseniz de, yine de "kedi" diyor olmazsınız. Bir kelimenin dört harfini söylüyor olursunuz. Harfleri, oluşturdukları seslere bağlamak, harf-ses eşleştirmesini bulmak olarak adlandırılır. Bu basamak, başarılı okuma için en büyük anahtardır. Harfleri ve sesleri bağlayabilen çocuk, kodu kırıp yazıyı, uzmanlaştığı bir dile çevirebilir. Bu noktada çocuk, okuduğu metnin gerçek anlamına ulaşabilir.

BU HARFLERİN BİR ANLAMI OLDUĞUNU MU SÖYLEMEK İSTİYORSUN?

Çocuğunuz size, "Burada ne yazıyor anne?" diye sorduğunda, okumaya ve kitaplara yeni bir bakış açısı geliştiriyordur. Bu soru, büyük bir gelişmeyi işaret eder. Çocuğunuz artık, sayfadaki çizgilerden anlamlar çıkarabiliyordur! Resimlerin eğlenceli ve bilgilendirici olduğunu zaten bilse de, artık yazının da böyle olabileceğini anlıyordur! Yazılar, hikâyeleri; resimlerin genellikle yapamadığı bir şekilde anlatır.

Çocuğunuzun, okumayla ilgili öğrendiklerini düşünün. Kitaplardaki yazıların, yetişkinlerin söylediği kelimelerle eşleştiklerini öğrenmektedirler. Ve yazının, resimlerden daha fazla hikâye taşıdığını da öğrenmektedirler. Bu önemli kavrayış, okumanın öğrenilmesine katkıda bulunmaktadır.

ÖĞRETİLEBİLİR ANLAR

YAZILI KELİMELERDEKİ ANLAMLARI BULMA

Çocuğunuzun, bir sayfadaki komik çizgilerin (kelimelerin), duydukları dille aynı olduğunu anlaması için ona yardımcı olmanızın eğlenceli bir yolu vardır. Çocuğunuz, yaklaşık 3 yaşındayken paragraflar hâlinde konuşmaya başladığında bunu deneyebilirsiniz. Çocuğunuzdan, küçük bir hikâye anlatmasını isteyin ve sonra da söylediği şeyleri büyük harflerle not edin. Ya da bilgisayarınız varsa, hikâyeyi bilgisayara da yazabilirsiniz. Bu yöntem, hikâye dikte etmektir ve çocuğunuza ağzından çıkanların, doğrudan kelimelere dökülebileceğini gösterir. Yazmanız bittiğinde, hikâyeyi çocuğunuza okuyun ve size bir hikâye anlattığı için onu kutlayın!

Hikâyeyi yazmaya boş bir sayfanın ortasından başlayın çünkü yazmanız bittiğinde çocuğunuzdan, sayfanın üst tarafına hikâyeyi anlatan bir resim çizmesini isteyeceksiniz. Hikâyeyi teşvik etmek için, çocuğunuzdan yakın zamanda yaptığınız bir şeyleri ya da onun heyecanlı bulduğu bir şeyleri anlatmasını isteyin. Çocuğunuz, nasıl hikâye anlatması gerektiğini bilmiyor olabilir. Bu nedenle, evet/hayır cevabından daha fazlasını gerektirecek sorular sormanız gerekebilir. Çocuğunuz, anlattıkça kâğıda yazın. Hikâyeyi düzenlemenize gerek yok. (Belki çok az düzenleyebilirsiniz.) Çocuğunuz, bunlardan birkaç tane yaptığında, çerçeveletip bir yerlere asmanızı tavsiye ediyoruz. Çünkü bunlar, çocuğunuzun ilk hikâyeleri.

BİR KÂĞIDI KARALAMAK, SADECE KOLUNUZU HAREKET ETTİRMENİN EĞLENCELİ BİR YOLU MU?

Okuma yazmanın ortaya çıkması, sadece okumayı değil, yazmayı da içerir. Çocuklar ne zaman yazmak ister ya da onların çok güzel (ancak kimi zaman içler acısı) olan yazılı ürünlerine nasıl davranmalıyız? Çocukların sevdiği okuma yazma etkinliklerinden biri de, bir kâğıt parçasını karalamaktır. Ancak, eğer şüpheci biriyseniz, çocuğun bunu, oluşturduğu çizgileri görmek için mi yoksa ellerini ve kollarını bu şekilde çalıştırmayı sevdiği için mi yaptığını merak edersiniz.

Cornell Üniversitesi'in dünyaca ünlü psikoloğu, merhum Dr. James J. Gibson, 15 ila 38 aylık çocukları inceleyerek, bu soruların cevaplarını araştırdı. 16 aylık kıvırcık saçlı Allison, annesi Donna ile birlikte Dr. Gibson'ın laboratuvarını ziyaret etti. Mezun asistan, Allison'a bir resim tahtası ile boş bir kâğıt ve iki yazma aracını (biri yazan, diğeri yazmayan) teker teker verdi. Asistan, bir kronometreyle birlikte oraya oturup, Allison'ın her iki yazma aracıyla da ne kadar süreyle karalama yaptığını kaydetti. Söylediği ve yaptığı diğer her şeyi de kaydetti. Donna, mezun asistana, Allison'ın boyalarla ya da yazıyla henüz hiçbir deneyimi olmadığını ve bu çalışmaya dâhil edilmek istenmesine çok şaşırdığını söyledi. Zaman dolduğunda, mezun asistan malzemeleri aldı ve Allison'a yazan kalemi verdi. Allison bunu başta sadece salladı ve sonra *kazara* kâğıda bir çizgi çekti. Birden, çizdiği çizgiyi fark etti ve heyecanla başka çizgiler de çekmeye başladı. Donna şaşırarak güldü. Mezun asistan, Allison'ın artık "grafik sanatının temelini" attığını söyledi! Diğer çocuklar da yazı yazan malzemeyle daha uzun süre çalıştılar. Sonuçları görmek istiyorlardı!

"Yazmak" çocuklar için çok eğlenceli olabilir çünkü bir şeyleri değiştirmektedirler. Aslında bembeyaz olan bir kâğıdı alıp, onu renklerle ve şekillerle tam da istedikleri gibi doldurmaktadırlar. Her zaman "hayır" sözünü duymaya alışık olan çocuklar için bu, çok önemli bir durumdur. Sayfaya bakıp istediklerini yaparlar (fazlasıyla heyecanlanıp, kâğıt yerine duvarları da kullanmaya başlamadıkları müddetçe). Bunun haricinde (yavaş da olsa) ne kadar bastırmaları gerektiğini, ellerini ve parmaklarını nasıl tutmaları gerektiğini ve düz ya da kıvrımlı çizgileri nasıl çizmeleri gerektiğini öğrenirler. (Okuldan eve gelen birinci sınıf kâğıtlarının hep deliklerle dolu olduğunu hatırlayın. Bunun nedeni fazla bastırmaktır.) Bunlar, çocukların okul için öğrenmeleri gereken şeylerdir.

GİZLİ YETENEKLERİ KEŞFETMEK

KARALAMA YAZISI

Yaş: 15-24 ay

Çocuğunuzun karalamayı ya da karaladığı zaman kâğıtta işaretler bırakıp bırakmadığını önemsemediği bir dönem var mı? Çocuğunuz hangi yaşta ilk *temel grafik sanatını* sergiler? Bu soruyu test etmek için tek yapmanız gereken, ona ucu kırılmış bir kalem ve temiz bir kâğıt vermektir. Bunu birkaç ayda bir deneyebilirsiniz. Çocuğunuz çizmeyen bir kalemle yazmaya nasıl tepki veriyor? Kalemin bıraktığı izleri görmeyi umuyor mu? Sizden başka bir kalem mi istiyor yoksa kendi kalemine şüpheyle mi bakıyor? Ona yazan bir kalem verdiğinizde ne oluyor? Bu, bebeğinizin defterine kaydetmeniz gereken bir an olabilir. Ve kulağa çok etkileyici gelmektedir. Bebeğinizin *temel grafik sanatı!* Aile toplantısında, Bertha teyzeye anlatacaklarınızı şimdiden planlamaya başlayın.

KELİMELERİ VE HARFLERİ YAZMAK, GERÇEK BİR GELİŞMEDİR!

Sonunda, çocuklar harfleri oluşturmaya başlarlar. Harflerin doğrusal bir düzlemde olmaları gerektiğini anlarlar ve bazen doğrusal düzlemde bazı şekiller çizip, bunlara harf derler. Çoğu zaman, ürünleri onlara fazlasıyla keyif verir çünkü yetişkinlerin ideallerine yaklaştıklarını hissederler. Okul öncesi çocuğunuz —istekli bir şekilde yazmaya başlar başlamaz— tersine çevirmeler yapıp (d yerine b gibi), yanlış yönde ilerleyip, rahatlamak için resimlerle harfleri bir arada kullanabilir. Sonunda yazının nasıl işlediğini anlayacaktır. Ve Rebecca'ya b ile d arasındaki farkı gösterdiğinizde, bu öğretilebilir bir an bile olabilir. Çocuğunuz bunu ilk 17 seferde öğrenemeyebilir ancak, sonunda bunu kavrayacaktır. Çocuklar sizden geri bildirim ve bilgi *isterler*. Geri bildirimi her zaman çocuğun çabalarının ne kadar iyi olduğunu vurgulayarak, istekle ve güzelce verin.

Çocuklar, okula başladıktan sonra bile "b" ve "d" ya da "p" ve "g" gibi harfleri karıştırarak, harfleri yönlendirmede neden sorun yaşarlar? Bunun nedeni, yönlendirmenin önem kazandığı tek şeyin harfler olmasıdır. Bunu bir düşünün. Sağdan ya da soldan, yukarıdan ya da aşağıdan bakıldığınızda, siz sizsinizdir. Aynı şey, yeryüzündeki nesneler için de geçerlidir. Aslında, bizler nesne yönlendirmesini yok sayar ve bir nesne ters çevrildiğinde onu tanıyamayız. Ve sonra harfler ortaya çıkar. Ve birden yönler önem kazanır. "Baba"nın "b"sini sağa ya da sola dönük yapmanız birden önemli bir hâl alır. Çocukların, bunu kavraması biraz zaman alır. Çocukların çoğu bu hataları yapar. Çocuğunuzun disleksik olmasından endişe etmeyin. Yönlendirmenin önemli olduğu harfler üzerinde çalışırken ("g" ve "p" gibi) çocuklar okumada ve harfleri adlandırmada çok fazla hata yaparlar.

Okul öncesi döneminin sonlarına gelirken, çocuklar istekle yazmaya başlarlar ve birden kelimeler için kendi inanılmaz yazımlarını geliştirirler. "Mağaza" sözcüğü için "MAZA" yazmaları gibi uydurma yazımlar sizi çok şaşırtabilir. Bu, bardağın yarısının boş olduğunu mu yoksa dolu olduğunu mu görmek istediğinize bağlıdır. Bu yazımlar yanlıştır ama ortaya koydukları şeyi düşünün! Bunlar bize, çocukların alfabe kurallarını kullanabildiklerini ve kendi kelimelerini yazmak için harfleri kullandıklarını gösterir. Bu çocuklar, harf dizelerini ezberleyen papağanlardan ibaret değildir. Kendi beyinlerini kullanmaktadırlar. Bu bize, çocukların kelimelerin nasıl işlediğini anlarken, ortaya koydukları aşırı gelişimi gösterir. Bu uydurma yazımları üretmek için neler yapmaları gerektiğini bir düşünün: Bir kelimenin seslerini dikkatle ayırırlar ve bu da tam olarak bizim onlardan istediğimiz şeydir! Örneğin, "duş" kelimesinin "d" ile mi yoksa "b" ile mi başladığını ayırt etmek ve hangi harfin bu sesle uyacağını bulmak için çok fazla düşünmeleri gerekir. Bu hem yazım hem de fonolojik farkındalık için mükemmel bir pratiktir. Çocuğunuzu düzeltmeyin, sadece bunun keyfini çıkarın. Eğer izin verirlerse, sadece çocuğun yazısının altına, büyük ve düzgün harflerle kelimenin doğrusunu yazın. Ancak, bu konuda telaşlanmayın. Sadece çocuğunuzun doğal ve etkileyici çabalarını takdir edin!

OKUMA YAZMA GELİŞİMİNDE ANNE BABANIN ROLÜ

Bölümün başındaki kesitlerden Rachel ve Nate'i hatırlıyor musunuz? İncelediğimiz tüm araştırmaların sonucunda, Nate'in, okuma konusunda Rachel'dan daha az zorlanacağını tahmin edebiliriz. Bu tabii ki, Rachel'ın sorun yaşayacağı anlamına gelmez. Sadece, Rachel'ın kitapların mantığına, hikâyelerin yapısına daha uzak olacağı ve kelimeleri oluşturan parçalara (fonemlere) karşı daha az hassasiyeti olacağı anlamına gelir. Ayrıca, Nate'in iletişimsel okumadan edindiği geniş kelime dağarcığına da sahip olamayacaktır. Bunların hepsi, okumayı öğrenmek için önem arz eder. Nate, hafıza kartı eğitimi almadan, Rachel'dan daha fazla okuma etkinliği yapmaktadır.

Tahminimiz ne anlama gelmektedir? Bunun çocukların zekâsıyla bir ilgisi yoktur. Asıl farklılıklar, çocukların içinde bulunduğu çevrededir. Nate'in anne babası, çocukları için kitapları keyifli hâle getirip, onun kitap okumayı, dünya ile ilgili bilgilerini arttırmak için bir araç olarak kullanmasına izin vermektedir. Rachel'ın annesi ise daha çok harfleri vurgulayarak, okumaya karşı mekanik bir yaklaşım sergilemektedir. İki çocuk da erken okuma deneyimi yaşamaktadır ancak Nate'in deneyimi daha az yoğun olsa da, kitapların ve okumanın nasıl işlediğini öğrenmesi için daha yararlıdır.

Bu bölümde incelenen araştırmaların, sizleri Rachel'ın annesi gibi olmaktansa, Nate'in ebeveynleri gibi olmaya yönlendirmesini, mekanik bilgilerdense, okuma deneyimi yaşatacak daha çeşitli ve yoğun ortamlar hazırlamanıza sebep olmasını umuyoruz. Okumanın birinci sınıfta başlamadığını bilmek sizi rahatlatabilir. Bunun yerine, çocuğunuzla evde yaptığınız tüm okuma etkinlikleri ya da çocuğunuzun kreşte katıldığı tüm etkinlikler, ileride ortaya çıkacak okuma için zemin hazırlamaktadır. Okumayı öğrenmek, mükemmel ve parlak bir başarı olsa da, çocuğunuz okula başlamadan önce —*sınıftaki* resmî okuma eğitimi başlamadan önce— ona gerekli olan pek çok aracı temin edebilirsiniz. "Sınıfta" kelimesini vurguladık çünkü okuma eğitiminin ait olduğu asıl yer burasıdır. Evde oynanan oyunun adı *denge*'dir. Çocuklarımızın okuma partneri ve rehberi olmalıyız. Sizin işiniz, çocuğunuzu teşvik edecek okuma etkinliklerine dâhil edip, onu okuldaki eğitim için hazırlamaktır. Sizin işiniz okumayı eğlenceli ve ilgi çekici hâle getirmektir!

Şimdi, çocuğunuzun okuma yolculuğunda ne kadar ilerlediklerine bakalım. Sağlam bir dil zemini için resimleri fark edip düşünmekten, kendi icat ettikleri yazımlara kadar geldiler. Bu büyük bir gelişme! Ve bunların hepsi, bazı öğretmenlerin "köreltici alıştırmaları" olmadan, evde ve kreşte gerçekleşti.

Medyadan ve piyasadan alınan mesajlar, alışveriş merkezlerini her ziyaret ettiğimizde üzerinize üzerinize gelecek olsa da, okumayı öğrenmenin nasıl gerçekleştiğini ve evinizde gerekli ortamı nasıl kolaylıkla sağlayacağınızı artık biliyorsunuz. Artık, çocuğunuza okumayı *öğretmeniz* gerektiği efsanesinin, sadece bir efsane olduğunu biliyorsunuz. Çocuğunuza partnerlik edip, onu interaktif okuma oyunlara dâhil etmelisiniz ki sadece okumayı dil vasıtasıyla öğrenmesin; dili de okuma vasıtasıyla öğrensin. Evde çocuğunuza kitap okuduğunuzda, hem yeni kelimeler öğrenir hem de yazılı kod ile ilgili bilgi edinir.

Kanada, Ottowa'daki Carleton Üniversitesi'nden, Profesör Monique Sénéchal ve Profesör Jo-Anne Lefevre tarafından yürütülen mükemmel bir çalışma, çocuklarımıza okul öncesi dönemlerde, evde sunduğumuz belirli deneyimlerin, 3. sınıfta dahi belirli okuma sonuçlarını oluşturduğunu göstermiştir. Örneğin, evde kitap okuma, çocuğun fonolojik farkındalığına doğrudan etki eder ve okuma seviyesini üçüncü sınıfa kadar etkiler. Dilin bileşenleri çok fazla olsa da, yazarlar, evde okuma ve yazma sırasında verdiğimiz küçük, resmî olmayan "derslerin" çok değerli olduğunu söylemektedir. "Gördün mü Sarah? Bu bir köpek resmi (işaret eder) ve buradaki büyük kelime de (yine işaret eder) "köpek" demek!" Bu sıradan işaretler, okumayı inşa eder ve çocuklarımızın okula geçtiğinde ve sonrasında nasıl okuduğunu belirler. Buradan çıkarılması gereken sonuç şudur: okuma, çizme, karalama ve sohbetlere dâhil olma gibi deneyimler çocuğunuzun okuyabilmesi için ihtiyacı olan şeylerdir. Eğer yararsız hafıza kartı ya da eğitici kart alıştırmaları yaparsanız çocuğunuz, sizinle birlikte anlamlı ve interaktif okumaya dâhil olmamış olacaktır. Çocuğunuza hayat boyu okuma alışkanlığı kazandırıp kitapların arkadaş olduğunu anlatan şey, okuma sevgisidir. Hafıza kartı sevgisi *değil!*

UYGULAMAKTA FAYDA VAR

Çocuğunuza okumanın keyifli olduğunu gösterin. Eğer okumaya karşı şevkinizi paylaşırsanız ve çocuğunuz sizi bir kitaba ya da gazeteye gömülmüş şekilde görürse, dolaylı yoldan, ona okumanın önemini ve zevkini öğretirsiniz. Bir çocuk için, ona hikâye okunması bir ödül olmalıdır. Önemli ve değerli bir ödül... Çocuğunuzla birlikte kitap okurken deneyimleyeceğiniz duygusal ve fiziksel yakınlık, ikiniz için de zevkli olacaktır. (Kimi zaman uyanık kalmakta zorluk çekseniz bile!) Aynı kitabı 30. kez okumanızı istemesine de tolerans göstermeniz gerekebilir. Tek bir sayfayı atlamayı bile aklınızdan geçirmeyin. Çocuğunuz bunu fark edecektir. Neden aynı kitabı sürekli duymak istediğini unutmayın: Çocukların tahmin edilmesi zor dünyasında, bir şeyleri —bu, bir kitaptaki metin de olsa— kontrol altında tutmak kesinlikle güzel bir şeydir. Birazdan ne geleceğini bilmek ve boşlukları doldurmak onlara keyif verir. Aynı şekilde, bir kütüphaneye gidip, *kendi kitabınızı seçme şansının* size verildiğini bir düşünün. Bu çok heyecan vericidir.

Okuma materyalleriyle zengin bir ortam oluşturun. Yazı her yerdedir. Sadece geleneksel çocuk kitaplarında değil. Çocuğunuzu yazıya maruz bırakmak için buzdolabına, mıknatıslı harfler yerleştirmek gibi yaratıcı yollar düşünün. Çocuğunuzun kendi adını yazmak isteyeceğinden emin olabilirsiniz ve sizin için ihtiyacı olan harfleri bulmasını isteyerek onunla oyun oynayabilirsiniz. Ayrıca, etiketinde, büyük harflerle ürünün isminin yazılı olduğu bir nesneyi gösterip, çocuğunuzdan onun adını dolaba yazmasını isteyebilirsiniz. Çocuğunuz farklı renklerdeki boş kâğıtların ve yazı materyallerinin alt raflarda olmasını ister. Alfabe ve sayı blokları da kuleler inşa edip, kelimeleri yazmak ve içlerinde eğik ya da dik çizgi olan harfleri bulmak gibi etkinliklerle çok eğlenceli hâle gelebilir. Çocuğunuzun harfler ve seslerle ilgili deneyimlerini arttıracak her şeyi deneyebilirsiniz. Çocuğunuzun el işlerini sergilemek için bir pano bulundurmak da iyi bir seçenek olabilir. Böylece çocuğunuz yazmaya başladığında —her ne kadar bunlar yazıya benzemese de— eserlerini sergileyip övünebilirsiniz.

Çocuğunuzun harfleri öğrenmesi için harf pulları kullanın. Çocuklar bunları (duvarlarda ya da pul defterlerinde) kullanmayı severler. Çocuğunuzun adını yazıp, ondan da bunu pullarla yazmasını isteyebilirsiniz. Bu oyun, tabii ki annenin, babanın, akrabaların ve komşuların adını yazmakla devam edebilir. Bunu yapmak için çocuğun isimdeki harfleri analiz edip, uygun pulu seçmesi gerekecektir. Çocukların harflerin yönlendirilmesinde sorun yaşadığını söylediğimize göre, bu "kopyalama" oyunu, çocuğunuzun harfleri ayırt etmesine yardım edecektir. Bir isimdeki harfleri, pulları kullanarak kopyalamak, bir çocuk oyunundan başka bir şey değildir. Ve çocuk oyunlarının, okumanın ortaya çıkışında ne kadar önemli olduğunu unutmayın!

Konuşma başlatın. Dilin, okuma yazma açısından zengin bir ortamın parçası olduğunu unutmayın. Çocuğunuzu konuşmalara dâhil edin ve onlara hikâyeler anlatın. Eğer hikâye duymazlarsa, hikâye anlatamazlar. Ve çocukların sözel yetenekleri, okuma süreci başladıktan sonra yazılı materyalleri anlamalarıyla çok bağlantılıdır. Bu şaşırtıcı değildir: sohbetlere dâhil edilen ve kendilerine sorular sorulan çocuklar, dili anlama yeteneklerini pratik ediyorlardır. Ve daha geniş kelime dağarcığı olan çocuklar, bu kelimeleri etkileyici bir şekilde hafızlarında tutmak zorundadırlar.

Birbirine bağlı hikâyeler de anlatabilirsiniz. Bir hikâyeye, "Bir zamanlar ormanda yaşayan bir köpek varmış..." diye başlayıp, çocuğunuzun hikâyenin geri kalanını tamamlamasına izin verin. Bu oyun arabada ve birden fazla kişiyle de oynanabilir. Çocuğunuz zamanla, hikâyeyi oluşturmak için daha fazla sorumluluk üstlenecektir. Ve hikâye ne kadar saçma olursa, o kadar iyi olur! Çocuklar, hikâyeleri kendi deneyimleriyle "tamamlamayı" da severler. "Gölete gittiğimiz ve bir ördek gördüğümüz günü hatırlıyor musun?"

Çocuklarınıza kelime oyunlarının eğlenceli olduğunu gösterin! Elbette, kelime oyunları oynamayı unutmayın. Oyunlardan biri aynı sesle başlayan kelimeler bulma oyundur. Örneğin ebeveynlerden biri "a" harfiyle başlar —anne, araba, ayı, arı... Sonra, listeye kelime ekleme sırası çocuğa geçer. Kelime bulamayana kadar oyuna devam edin ve onlara "a" ile başlayan birkaç uzun heceli kelime de söyleyip, ne kadar akıllı olduğunuzu görmelerini sağlayın! Bir diğer oyun da, birleşik kelimeleri alarak kelimelerden birini çıkarmak ve çocuğa diğer kelimeyi söyleyerek, ondan çıkarılan kelimeyi söylemesini istemektir. Ebeveyn, "hanımeli" kelimesinde 'hanım' olmazsa ne kalır?" diye sorar. Cevap, tabii ki "eli" olacaktır. Oyun, çocukların öğrenmesi için anahtar bir etkinliktir. Çocuğunuzun sadece bir dil kullanıcısı olmasındansa, bir dil sanatçısını olmasını sağlayabilirsiniz. Bu da, kelimeyi oluşturan bölümleri —heceleri ve fonemleri— daha iyi fark etmesini sağlar.

İletişimsel okumalar yapın. *The National Academy of Education Commission on Reading* (Okuma Üzerine Kurulan Eğitim Komisyonu Ulusal Akademisi), çocuklara yüksek sesle kitap okumanın, okumayı öğrenmeyi sağlamak için "en önemli etkinlik" olduğunu açıklamıştır. Ancak belli türde kitap okuma etkinliklerinin, kelime gelişiminin sağlanması ve okumanın ortaya çıkması konularında daha etkili oldukları ortaya çıkmıştır. Çocuğa sadece kitap okumak yeterli değildir. Onlara alternatif sonuçları sormak, kendi deneyimlerini anlattırmak ve seslerle harflerden bahsetmek, sadece sesli okumaktan daha etkilidir. Bu tür okumaya iletişimsel okuma denmektedir. Nasıl başlamanız gerektiğinden emin olamıyor musunuz?

Bu terimi bulan araştırmacılar, üç ana strateji önermektedir. Öncelikle, çocuğunuzu, hikâye okunurken, aktif rol oynamaya teşvik edin. Aktif öğrenme, sadece dinlemeden daha etkilidir. Çocuğunuz küçükken, ondan belirli resimleri göstermesini ya da resimleri adlandırmasını isteyin. Çocuğunuz dile biraz daha hâkim olunca, bir sonraki aşamada ne olacağını tahmin etmesini isteyebilir ya da karakterlerin nasıl hissettiğini sorabilirsiniz. Ayrıca çocuğunuza, hikâye bu şekilde bitmeseydi neler olabileceğini sorabilir, "yeni bir son bul" oyunu oynatabilirsiniz. Bunların hepsi, çocuğunuzun düşünmesine, konuşmasına ve kitap okumaya aktif olarak katılmasına imkân sağlar.

İkinci olarak, çocuğunuza geri bildirim verin. Geri bildirim, elbette, "Mükemmel iş Irving!" Bu bir *dinozordur*!" şeklinde bir övgü de olabilir ama bunun yanı sıra, çocuğunuzun söylediklerini geliştirerek de bunu yapabilirsiniz. "Bu dinozor," diyen yukarıdaki çocuğa, annesinin eksikleri tamamlayarak verdiği cevaba bakın: "*Bu bir dinozordur*!" Çocuğunuzun söylediklerini geliştirmeniz, en az iki şeyi sağlar. Öncelikle, çocuğa, "Seni duyuyorum ve sohbetimize katkından memnun oluyorum," mesajını verir ve ayrıca, söylediği şeyin doğrusunu duymasını sağlar. Buna "model olma" denir ve çocukların öğrenmesi için çok etkili bir yöntemdir.

Son olarak, kitap okuma sırasında "kaliteyi arttırma" çabasına devam edin. Çocuğunuz, sayfadaki nesnelerin adını öğrendikten sonra, ona nesnelerin ne yaptığını sorun. Çocuğunuz tüm nesnelerin isimlerini bilince, nesnelerin bölümlerini işaret edin. Çocuğunuzun yapabildiğinin hep ilerisine (azar azar) gitmeye çalışın. Sizin desteğiniz sayesinde, çocuğunuz gözlerinizin önünde kapasitesini arttıracaktır.

Okumayı eğlenceli hâle getirin! Eğer gerçekten okuma dersini eve getirmek istiyorsanız, size söyleyebileceğimiz en önemli şey, sadece eğlenmektir! Kitap okumanın, çocuğunuz için büyük bir zevk olduğundan emin olun. Sayfalar hakkında konuşup sırayla resimleri tanımlamalısınız. Okul öncesi çocuklar için sırayla bir şeyler yapmak çok eğlenceli olabilir. Hata yapıyormuş gibi de davranabilirsiniz. Çocuklar, anne babalarının hatalarını düzeltmeyi severler çünkü her zaman hataları düzeltilen kişiler kendileridir. Çocukların ilgi alanlarını dikkate alın. Çocuk, bir hikâyede ya da resimde olanlarla ilgili daha kapsamlı bir sohbet istiyorsa, onu susturmayın. Bu fırsatı, çocuğu konuşturmak için değerlendirin.

BÖLÜM 6

ZEKÂYI TANIMLAMA ARAYIŞI

National Public Radyosu'ndaki *A Prairie Home Companion* programının sunucusu Garrison Keillor tarafından yaratılan Minnesota'daki hayali Wobegon Gölü'nde yaşamak ne güzel olurdu. Orada, "tüm kadınlar güçlü, tüm erkekler yakışıklı ve tüm çocuklar ortalamanın üzerindedir."

Keillor, bir Amerikan tutkusunun üzerine parmak basmıştır: ortalama olmak (özellikle de zekâ konusunda) ne olursa olsun, kaçınılması gereken bir şeydir. Hepimiz, çocuklarımızın ortalamanın *üzerinde* olmasını isteriz! Hatta bu tutku, yakın zamanda yaşanan bir olayla iyiden iyiye abartılmış, bir anne, çocuğunun IQ sonucunun sahtesini düzenleyerek, talihsiz bir sonuca neden olmuştur. Elizabeth Chapman, çoğumuz gibi, çocuğuna hayatta başarılı olması için her türlü imkânı sunmak isteyen bir annedir. Oğlunun, IQ sonucunun sahtesini hazırlayabileceğini fark edince, bu fırsatı kaçırmamıştır. Ortalama olan çocuğunun IQ'sunun 298+ olduğunu —kayıtlı olan IQ'lar arasında en yükseği— iddia ederek, oğlunun bir dâhi olduğunu ilan etmiştir! Bu yalan, 2002 yılının ilkbaharında keşfedildiğinde, hikâye, tüm basında yer almıştır. İntiharın eşiğine gelen oğlu da, sosyal hizmetlerin bakımına alınmıştır.

Chapman'ın hikâyesi aşırı uçtur. Yine de, tehlikeli bir dünyada, çocuklarına bir yer hazırlamak isteyen anne babalar üzerindeki aşırı baskıyı açıkça sergilemektedir. Herhangi bir aileyi ele alın ya da bir ebeveyn dergisine göz atın ya da çocuk gelişimi ile ilgili herhangi bir internet sitesini ziyaret edin ve sonra da başlıkları not edin: "*Çocuğunuzun IQ'sunu yükseltin: Bunu nasıl yapacağınızı anlatan beslenme araştırmalarına göz atın*"; "*Çocuğunuzun IQ'sunu test edin*"; "*Çocuğunuzun IQ'sunu arttırmanın 40 yolu*"; "*Çocuğunuzun IQ'su için uzak tehditler: ev düzenlemeleri ve oyuncak çay setleri.*" (Oyuncak çay setleri mi?! Evet, kesinlikle beyin hasarına neden olacak toksinler içeren böyle bir ithal ürün var.)

IQ ile ilgili bu kaygı, okul öncesi çocuklarının bir zamanlar oyun dolu olan dünyasına da sızdı ve çocuklar artık, belirli anaokullarına kabul edilebilmek için IQ testlerinden geçmek zorunda kalıyorlar. Ve bizim bildiğimiz en az bir ebeveyn, çocuğunu doğru anaokuluna yerleştirebilmek için suç işledi. 2002 yılının sonbaharında, güçlü bir finans analisti olan Jack Grubman'ın, çocuğunu New York'taki doğru bir kreşe yazdırabilmek için, borsada dalavere yaptığı ulusal basında yazıldı.

Peki, başarı-merkezli bu anaokullarına giden *çocukların* durumu nedir? Normalde yaratıcı oyunlar oynayıp, kendi başlarına keşifler yapacakları anlar, yapılandırılmış dersler ve çalışma kâğıtları ile yer değiştirmektedir. Çoğu, öğrenmeyi, çok çalışmak, disiplin, kaygı ve korkuyla eşit gördükleri için, gelecekte "istenilen" başarıyı gösterememektedir —anaokulunda bile! Çocuklarımızın okula girmeden önce, gerçekten eğitim görmesini istiyor muyuz? 4. sınıfa kadar aritmetik yapıyor olmalarını istemek, yerinde bir istek mi? Çocuğumuzun başarısı, hayatının erken dönemlerinde aşırı miktarda bilgide uzmanlaşmasına mı bağlı? Ve tüm bunlar, anne babalar için neden bu kadar önemli?

Bu bölümde, bir çocuğun IQ'sunun, gelecekteki başarısıyla ne kadar az ilgisi olduğunu göstereceğiz. Dahası, bir IQ testinin içeriğini öğrendiğinizde, bu testin, zekânın başarılı bir yaşam anlamına gelip gelmediğini tahmin etmesini bırakın, zekâyı test etmenin gerçekten gerekli olup olmadığını merak edeceksiniz. Zekânın genellikle kabul edilen tanımı; öğrenme yeteneği, yeni durumlar ve zorluklarla başa çıkabilme ya da soyut düşünebilmedir. Sorun şu ki, bunlar bir IQ testiyle kolay kolay anlaşılabilecek şeyler değildir.

Çocukların IQ'su üzerine odaklanılması, ortalama olan çocukların, IQ'larını yükseltmek için özel öğretmenlere ve anaokullarında akademik programlara ihtiyaç duydukları inancına neden oldu. Hatta New York'taki en iyi anaokullarına gitmek isteyen 3 yaşındaki çocuklar için özel eğitmenlerden oluşan küçük bir sanayi kolu oluşmuş durumda! Bu bölümde göreceğiniz üzere, çocuklar akademik ortamlarda en iyi öğrenirler diye bir durum söz konusu değildir. Aksine, onlar en iyi çocuksu yollarla öğrenirler. Yani oyunla, sosyal iletişimle, keşifle ve çevreden keyif alarak.

IQ'YA ODAKLANILMASININ AMAÇLANMAYAN ETKİSİ

Bugünün ebeveynleri ve bakıcıları, çocuklarının IQ'sunu yükseltmek için ellerinden geleni yapmak konusunda üzerlerinde büyük bir baskı hissediyorlar. Ancak, araştırmalar, daha fazla şey bilen çocukların, yaşıtlarından daha zeki çocuklar olduğu gibi bir genellemenin yanlış olduğunu gösteriyor.

İçimizden biri (Hirsh-Pasek) Delaware Üniversitesi'nden Profesör Marilou Hyson ve Bryn Mawr College'dan Profesör Leslie Rescorla ile birlikte çalışıp, daha fazla akademik müfredatı olan anaokullarının, gerçekten daha zeki, daha mutlu ve daha yaratıcı çocuklar yetiştirip yetiştirmediğini inceledi. Bu çalışmaya yüz yirmi öğrenci katıldı. Çocukların bazıları daha akademik okullara, bazıları da daha sosyal okullara gidiyordu. Daha sonra 4 yaşında daha fazla harf ve sayı öğrenen çocukların, 5 6 yaşlarında daha zeki, sosyal ve yaratıcı olup olmadıklarını sordular. Cevap mı? Daha fazla sayı ve harf öğrenen çocuklar, 5 yaşında gerçekten daha fazla sayı ve harf biliyordu. Ancak, Dr. Rescorla ve Pennyslyvania, Ardmore'da özel bir terapist olan Betsy Richmond tarafından yapılan bir diğer araştırma, her iki gruptaki çocukların, örgün eğitime girdiklerinde, birbirlerinden ayırt edilemediklerini gösterdi. Akademik eğitim alan çocukların, yaşıtlarından daha zeki olduğu gözlemlenmedi (yaratıcılık ve zekâ testleri uygulanarak). Aksine, *daha az* yaratıcıydılar ve öğrenme konusunda *daha az* istekliydiler.

Bir insanı başarılı kılan, tek bir testteki puanından çok daha fazlasıdır. Psikologlar, yüksek ve ortalama IQ'ya sahip olan insanların sınavda nasıl başarılı olduklarını incelemeye başladı. Öz farkındalık, öz disiplin, empati ve diğerlerini anlamak gibi faktörlerin hepsi, çok zeki ve başarılı olmanın parçalarıdır.

O hâlde bir insanın zeki olduğunu düşündüğümüzde, IQ'nun bizim düşündüğümüz şeyle ne ilgisi var? Ve en önemlisi, çocuklarımızın zekâ gelişimini desteklemek için yapabileceğimiz bir şey var mı? Cevap almak için okumaya devam edin.

PEKİ, IQ NEDİR?

1904 yılında, Fransız hükûmeti, Alfred Binet adında bir psikologdan, ileride hangi çocukların okulda başarısız olacağını bulmaları için bir test hazırlamasını ve böylece bu çocukları, kendilerine yardımcı olacak özel okullara göndermeyi istedi. Gerisini tahmin edersiniz. Binet ve öğrencisi Theophile Simon, bireysel olarak yönetilebilecek, çocukların okulda ne kadar başarılı olacağını tahmin edecek bir test geliştirdiler. Testte, kişinin kulağına dokunma yeteneğinden, ezbere şekiller çizme ve soyut kavramları ifade etme yeteneğine kadar değişen farklı konulardan 30 soru vardı. Çocuklar için yapılan tipik bir IQ testi şu şekilde uygulanmaktadır:

8 yaşındaki Alex, Bayan Simpson'ın karşısındaki masada oturur. Bayan Simpson, standart zekâ testlerinin nasıl yapılması gerektiğini önden çalıştığı için, teste başlamadan önce çocukla yakınlık kurmasının ne kadar önemli olduğunu bilir. Alex, onun yanında yeterince rahat hissettiğinde, sorularını arkadaşça ve rahat bir şekil-

de sormaya başlar. "Bir kaya serttir. Peki, bir yastık... Nedir Alex?" "Güzel," diye cevaplar her seferinde. Sorular devam ettikçe, "Güzel," diye yanıtlamaya devam eder Bayan Simpson, çocuğun cevabı yanlış olsa bile yanlış olduğunu belli etmeden. Daha sonra Alex'e bardaklara meyve suyu boşaltan bir sürahinin dört farklı fotoğrafını gösterir. Her bir fotoğrafta, bardaklardaki meyve suyu miktarı farklıdır. "Fotoğrafları doğru sıraya koy ki, olayın sıralaması doğru olsun," der. Daha sonra da, Alex'e bir sandalye, bir merdiven, bir bar taburesi ve bir koltuk resmi gösterir. "Hangi resim diğerlerinden farklıdır Alex?" diye sorar. "Merdiven." "Güzel," der Bayan Simpson. "Şimdi dikkatle dinle Alex. Bir bankta beş kız yan yana oturuyorlar. Jane ortada ve Betty, onun sağ yanında oturuyor. Alice, Betty'nin yanında ve Dale de Ellen'ın yanında. Jane'in yanında kim oturuyor? Bankın uçlarında kimler var?" "Dale ve Alice." "Güzel." Bayan Simpson bu kez, "Bana halının ne demek olduğunu söyler misin?" diyerek devam eder.

Bunlar tipik sözlü maddelerdir. Bu IQ testlerindeki diğer maddeler de "sayı dizisi" olarak adlandırılır. Bu kısım da, birileri size alakasız sayılar okuduğunda, kaçını hatırlayıp söyleyebildiğinizi test eder. Sayı dizisi çocukları ve yetişkinleri test etmek için yapılan iki IQ testini —Standford Binet ve Wechsler Zekâ testlerini— oluşturan maddelerden sadece biridir.

GİZLİ YETENEKLERİ KEŞFETMEK

SAYI DİZİSİ

Yaş:3-7 yaş

Çocuğunuz 3 yaş ve üzeriyse, sadece zevk için onun sayı dizisi testinde ne yapabileceğini görmek isteyebilirsiniz. Bunu başka bir çocukla ya da iki farklı yaş grubundan çocukla deneyin. Önce birbirini tekrar etmeyen tek basamaklı 5 sayıdan oluşan bir liste yazın. Mesela 4, 8, 3, 1, 9 olabilir. Bunun gibi birkaç liste daha yapın. Daha sonra, çocuğunuza bir oyun oynamak isteyip istemediğini sorun. Sonra da, ona bazı sayılar söyleyeceğinizi ve onun görevinin de aynı sırayla sayıları size söylemek olduğunu anlatın. (Daha büyük bir çocukla, iki basamaklı sayıların olduğu bir listeyle başlayabilirsiniz) Ardından, sayıların her birini eşit şekilde vurgulayarak yüksek sesle okuyun. Ve çocuktan bunları size saymasını isteyin. 3 yaşındaki bir çocuk normalde 2 sayıyı tekrar edebilir. 7 yaşındakilerin de 7 sayıya kadar bilmesi, kendi telefon numaralarının rastgele sayılarını söyleyebilmesi beklenir.

Bu bir IQ testi maddesi olsa da, kendi başına IQ'yu test edemez. Bu nedenle çocuğunuz çok fazla sayıyı tekrar edemezse endişelenmeyin. Çocukların büyüdükçe bu görevi yerine getirmekte başarılarının artmasının nedeninin, sahip oldukları bilgiyi kullanmakla ilgili yeni stratejiler geliştirmeleri olduğu düşünülmektedir. Örneğin, birbiriyle alakasız olan sayıları —tıpkı yetişkinlerin, arayana kadar unutmamak için akıllarından tekrar ettikleri telefon numaraları gibi— tekrar ederek ezberlerler. Çocukların bu testi yapışlarını ve büyüdükçe, tekrar edebildikleri sayıların artışını izlemek keyifli olacaktır.

ORAN MESELESİ NEDİR?

Binet ilk zekâ testini oluşturduğunda, "zekâ yaşı" kavramını ortaya attı çünkü çocukların yaşlarına bağlı olarak çok farklı şeyler yapabildiklerini gördü. "Kronolojik yaş"tan ne kastedildiğini hepimiz biliriz—çocuğunuz 5 yaşındadır ya da siz 29 yaşındasınızdır. Bu, sizin kronolojik yaşınızdır. Ancak zekâ yaşı, çocuğun testte doğru cevapladığı madde sayısına eşittir. Örneğin, 7 yaşındaki çocukların çoğu, daha önce de söylediğimiz gibi, 7 sayıyı hatırlayabilir. Ancak, 8 sayıyı hatırlayamaz. Yani bu madde sayısı, farklı zekâ yaşına sahip çocukları birbirinden *ayırır*.

1912 yılında, William Stern bu kavramı "Entelektüel Zekâ" olarak geliştirmiştir. Entelektüel Zekâ, bir insanın zekâ yaşının, kronolojik yaşına bölünmesinin 100 ile çarpılmasıyla bulunur. Yani, Entelektüel Zekâ = Zekâ Yaşı/Kronolojik Yaş x 100. Eğer zekâ yaşı ile kronolojik yaş aynı ise, o hâlde bir insanın Entelektüel Zekâsı 100'dür.

IQ puanları, diğer insanlarla kıyaslamalara bağlıdır. Bu puanları kıyaslamak için, her bir puanı alan insanlarla bir tablo oluştururuz. Ve sonuç olarak, tablonun "düzgün dağılım eğrisi" olduğunu görürüz. Bir devenin hörgücünü andırır. Çoğu puan, devenin hörgücü gibi ortada zirveye ulaşır. Ve ortadaki bu insanların hepsi ortalama 100 IQ'ya sahiptir. Aslında, puanların çoğu (%68'i) 84 ile 116 arasında değişir. Burada Garrison Keillor'ın sadece Wobegon Gölü'yle ilgili değil, bizlerin geri kalanıyla ilgili de haklı olduğunu görürüz. Çoğu insanın, gerçekten muhteşem IQ'su vardır! 10 çocuktan yedisinin, birbirine benzer, normal IQ'su bulunur. Sadece 10 çocuktan 1.5'i 117'nin üzerinde, 100 çocuktan 1.5'i de 83'ün altında IQ'ya sahiptir.

"Zihinsel engelli" kabul edilebilmek için bir insanın 70'in altında puan alması gerekir ancak bu aralıkta puan alanların birçoğu da gayet iyi durumdadır. Evlenip toplumda aktif rol alır, işe girerler —tabii, bu grupta olup, sürekli denetim altında olması gerekenler de vardır. Davranışlardaki bu farklılıklar, psikologları, bu eksiklikleri de zihinsel engel tanımının bir parçası olarak, "uyumlayıcı davranış" başlığına dâhil etmeye yönlendirdi. IQ testi buna tek başına karar veremez. Ölçeğin diğer ucundaki gerçek zekâ, testin ötesinde bir anlam içerir.

ÜSTÜN YETENEKLİ OLMAK NE DEMEKTİR?

Standart IQ testlerine inat, dâhilerin kendilerine has hayatları vardır. Ne Einstein'ın ne de diğer dâhilerin annesi, çocuklarını büyütürken hafıza kartları kullanmışlardır. Bir sonraki örnekte de göreceğiniz gibi, hafıza kartlarının ve eğitici kartların hiçbir yararı yoktur.

Romanya'da doğan Alexandra Nechita, henüz 2 yaşındayken, boyama kitaplarına o kadar gömülmüş durumdaydı ki, ailesi sosyalleşemiyor oluşundan endişe etmeye başladı. İp atlayıp, oyuncaklarıyla ve arkadaşlarıyla daha fazla oynamasını umarak ona boyama kitabı almayı bıraktılar. Ebeveynleri, boyama kitaplarını ondan almanın, oksijenini elinden almak gibi olduğunu söylüyordu. Alexandra bunun ardından, annesinin işten eve getirdiği müsvedde kâğıtlara kendi resimlerini çizip boyamaya başladı. Okula başladığında da, eve gelir gelmez boyamaya başlıyordu. Alexandra artık bir yetişkin ve Los Angeles'ta yaşıyor. Bir hafta içinde, 1.5 metreye 2.5 metre ölçülerindeki yeni tablolarını tamamlamış olacak. Bu tabloların tanesi 80.000 dolardan satışa sunuluyor.

Evet, Alexandra gerçekten üstün yetenekli. Ve evet, bu soruyu araştıran tüm çalışmaların sonuçlarına göre, üstün yetenekliler de diğer insanlar kadar mutlular. Üstün yetenekliIikle, IQ arasında nasıl bir bağ vardır? Genellikle, eğer IQ'nuz 120 ve üzerindeyse, bir şeyler için üstün bir yeteneğiniz vardır ve üstün yetenekli kabul edilirsiniz. Üstün yetenekli çocuklar genellikle erken gelişirler. Bir konu üzerinde, yaşıtlarından daha erken uzmanlaşırlar ve bu konudaki öğrenmeleri için çaba sarf etmeleri gerekmez. Ayrıca, yaşıtlarından nitelikli bir şekilde farklı öğrenirler ve yetişkinlerden fazla destek görmeye ihtiyaç duymazlar. Aslında, genellikle yetişkinlerden bir şeyler öğrenmeye karşı koyup, keşiflerini kendileri yaparlar ve problemlerini benzersiz şekillerde çözerler. Her şeyden önemlisi, ilgilendikleri konuya tutkuyla bağlıdırlar ve odaklanmak için sıra dışı bir yeteneğe sahiplerdir. Aileleri tarafından zorlanmalarına gerek yoktur. Kendi kendilerini motive ederler.

Ancak, "Einstein ve Alexandra gerçekten üstün yetenekli. Peki, o seviyeye asla ulaşamayacak olan benim çocuğum? Eğitici kartlar ona yardımcı olmayacak mı?" diye düşünüyor olabilirsiniz. Tabii ki. Birbirinden bağımsız küçük gerçekleri birleştirmeleri için kartlar çok iyi olabilir. Ancak zekâ bundan daha fazlasıdır. Okumaya devam edin.

IQ'YU KULLANMAK

Artık, IQ testlerinin nasıl oluşturulduğuyla ilgili bir şeyler biliyoruz. Peki, bu testlerin gerçekte ne yararı var? (Kişilerin övünmelerine yardımcı olmak dışında?) Pekâlâ, IQ testleri, belirgin bir şekilde okulda öğrenilen türde öğrenmelerle ilgilidir. Üçüncü sınıfa giden çocuğunuz Billy'nin farklı konulardan 2 ya da 3 aldığını düşünün. Öğretmen, derslerin onun için ağır olduğuna inanıyor. Hâlbuki siz çocuğunuzun hep çok zeki olduğunu düşünmüştünüz. Bu nedenle, neyin yolunda gitmediğini merak ediyorsunuz. IQ'sunu test ettirip, yüksek bir sonuç alarak 135 IQ'ya sahip olduğunu görüyorsunuz. Fazla kalabalık bir okulda olduğunu ve bu sene zaten üç öğretmen değiştirdiğini düşünmeye başlıyorsunuz.

Belki de sorunun, yeterince zorlayıcı ya da ödüllendirici bir okulda okumuyor oluşu olabileceğine karar veriyorsunuz. Ya da belki de eşinizle yaşadığınız pek de dostça olmayan boşanma, Billy'yi belli ettiğinden daha fazla etkiliyordur. Bu nedenle duygusal desteğe ihtiyacı olabileceğini düşünüyorsunuz.

Bir çocuğun okuldaki başarısını test etmek için IQ testleri mükemmeldir. (Bu testlerin asıl hazırlanma amacı da budur zaten.) Psikologlar, IQ ile okul başarısı arasında büyük bir "ilişki" olduğunu söylerler. Çoğu zaman, IQ puanınız, okulda aldığınız notlarla benzerdir. Doğal olarak, bazı çocukların motivasyonu yüksekken, bazılarının güdülenmesi ve isteği azdır. Bu nedenle, normal IQ'ya sahip çocuklar okulda başarısız da olabilir, Nobel ödüllü bir bilim adamı da olabilir. 1962 yılında, DNA'nın moleküler yapısının keşfedilmesine desteği olan James Watson, normal bir IQ puanına (%68'imizin sahip olduğu bir puana) sahipti ve öğretmenleri tarafından da ayrıcalıklı bir öğrenci olduğu düşünülmüyordu. "Ancak, çok fazla soru sorardım," diye açıklamıştı bu durumu.

IQ ile ilgili dikkat çeken bir diğer şey de, okul performansı ile ilişkili olmasıdır —ve orta sınıfın standartlarıyla ilgilidir. Bir diğer deyişle IQ testleri, orta sınıf kültürünce önemi olan şeylerin bilgisini içerir. Örneğin, Pasifik Okyanusu'nun güney kıyısında izole bir köyde yaşıyorsanız, IQ testi sonucuna göre "geri zekâlı" çıkabilirsiniz. Ancak, binlerce yıldızı, akıntı ve dalgalarla ilgili karmaşık bilgileri kullanabilen, kırılmayıp, batmayacak sandallar yapabilen ve okyanusta büyük mesafelerde yolunu kaybetmeyen mükemmel biri —hatta bir grubun lideri— olabilirsiniz. Bunun dışında, yeni göçtüyseniz ya da güçlü bir alt kültürü olan bir azınlığa aitseniz, orta sınıfa ait olanların sahip olduğu bilgilere maruz kalmamış olabilirsiniz. Yani örneğin, IQ testlerinde kullanılan bir soru, "Bir çocuk sana çarparsa ne yaparsın?"dır. Doğru cevap, "Uzaklaşırım," olmalıdır. Ancak bir kenar mahallede büyüdüyseniz, sizin kültürüne göre doğru cevap, "Ben de ona çarparım," olabilir. IQ testini hazırlayanlar, bu tür yanılgıları elemeye çalışmış olsa da, bunu tamamen elemek neredeyse imkânsızdır.

GİZLİ YETENEKLERİ KEŞFETMEK

ZEKÂNIN NE OLDUĞUNA KARAR VERMEK

Bu etkinlik, çocuğunuz için değil; sizin için. 2 yaşında, zeki bir çocuğa ait olduğunu düşündüğünüz 5 özelliği listeleyin. Daha sonra da, zeki bir yetişkinin 5 özelliğini listeleyin. Bir arkadaşınızdan da aynısını yapmasını isteyin ve bunları kıyaslayın. Ne buldunuz? 2 yaşındaki çocuk ve yetişkin için yazdığınız özellikler farklı mı?

Bu listeler size zekâya karar vermenin neden zor olduğunu ve uzmanların neden bu konuda anlaşamadığını gösterecektir. Bizlerin zekâ işareti olduğunu düşündüğümüz davranışlar, yaş ilerledikçe değişir. Bir çalışmaya göre, üniversite öğrencileri tarafından 2 yaşındaki çocuklar için en çok listelenen özellikler, sözel yetenek, öğrenme yeteneği, insanların ve çevrenin farkında olma, motor koordinasyonu ve meraktır. Yetişkinler için hazırlanan listede de, sözel yetenek ve öğrenme yeteneği sıklıkla yazılmıştır. Ayrıca, mantık, problem çözme ve yaratıcılık da, yetişkinler için hazırlanan listede mevcuttur.

BEBEKLER VE ÇOCUKLARIN DA IQ'SU VARDIR

IQ testi, bebekler üzerinde de kullanılabilir ve kullanılmaktadır. Bu çalışmanın nedeni mükemmeldir. Annesi çok zor bir doğum geçiren Sally'yi ele alalım. Sally doğum esnasında oksijensiz kaldığında, beyninin bir bölümü hasar gördü mü? Bunu nasıl bilebiliriz? Sally, standart bir bebek gelişim testine, yaşıtları gibi cevap veriyorsa bir sorunu olmadığını düşünebiliriz. Yani, bu bebek zekâ testinin, Sally ve diğer çocukların normal bir şekilde gelişip gelişmediği konusunda bir görüntüleme fonksiyonu vardır. Sally, doğum esnasında zarar görmüş olsaydı, o zaman bunu hemen öğrenip, okula başlamadan önce destek almasını sağlamak çok iyi olabilirdi. Ancak, bu kadar küçük bir çocuk nasıl test edilebilir ki?

Sally'ye, Bayley Bebek Gelişim Ölçeği (Testi bulan Nancy Bayley'nin adıyla anılmaktadır) verilebilirdi. Bu test, 1 aydan-3.5 yaşına kadar olan çocuklar için geliştirilmişti ancak çoğunlukla çocuklar için kullanılıyordu. Sally'nin 2 yaşında test edildiğini var sayalım. Her çocuk gibi, o da her şeyle ilgilenip dikkatini anında farklı şeylere çevirebilirdi. O halde, zekâsı nasıl test edilebilirdi? Ona testi yapan psikologlar, iki ölçek kullandı: bir Zihinsel Ölçek ki bu Sally'nin sese ne kadar hızlı tepki verdiği, düşen bir nesneye ne kadar çabuk baktığı, bloklarla bir kule yapıp yapamadığı ve resimleri adlandırıp adlandıramadığı gibi bölümleri içeriyordu. Bir de Motor Gelişim ölçeği vardı ve bu ölçekte de, bir nesneyi tutma, oturup kalkma, bir fincandan içebilme, zıplama gibi yetenekler test ediliyordu. Sally'nin testi, IQ'yu test etmek yerine, "Gelişimsel Zekâ"sını test ediyordu. Bu nedenle, Sally'nin ileride çıkacak IQ sonuçlarının, Gelişimsel Zekâ testi sonuçlarından farklı olmasına şaşırılmamalıdır. Ayrıca, Sally test sırasında, dikkat dağınıklığı, sıkılmışlık, yorgunluk ya da huysuzluk gibi deneyimler yaşamış ve sonuç bunlardan etkilenmiş de olabilir. Çocukların zekâsı için motor yetenekler önemli olsa da, büyük çocuklar için olan IQ testlerinde bunlar test edilmez. O nedenle, Sally'nin gelişimsel zekâsı onu çok iyi bir anaokuluna sokamazsa, o hâlde Harvard'daki sınıfının birincisi olacağını önden tahmin etmek de pek mümkün değildir. O hâlde bunun ne yararı vardır? Binet tarafından geliştirilen orijinal test gibi, Gelişimsel Zekâ testi de, özellikle özel yardıma ihtiyacı olan çocukları ayırt etmektedir.

GİZLİ YETENEKLERİ KEŞFETMEK

GELİŞİMSEL ZEKÂ

Yaş: 6-15 ay

Sizlere bebeğinizle denemeniz için Bayley Bebek Gelişim Ölçeğinden bazı maddeler vereceğiz. Genellikle 9-12 aylık bebekler bunları yapabilirler. Bebeğiniz, "el salla" ya da "alkış yap" gibi sözlü isteklere karşılık veriyor mu? Bunu yapması istediğiniz sırada, ona ne yapması gerektiğini göstermeyin (her ne kadar zor olsa da). Bir diğeri: bebeğinize bir fincan ve küp verip, "küpü, fincana koy" dediğinizde, bunu yapabiliyor mu? Ve bir kâğıt parçasına, boyayla karalama yaptığınızda, o da bunu yapabiliyor mu?

Bebekler ve çocuklar için uygulanan ve ilerideki IQ puanlarıyla çok ilgisi olan bir test daha vardır. Bu test, psikolojideki "bilgi işleme" teriminden ortaya çıkmıştır ve bebeklerin, bilgiyi ne kadar hızlı işlediğini ya da ne kadar çabuk hatırladığını test etmektedir. Yeni bilgilerle ne kadar hızlı işlemler yapabildiğimiz, IQ'muz ile oldukça ilgilidir. Peki, neden böyledir? Çünkü hızlı düşünme, dikkat, hafıza ve değişikliklere verilen tepkiler gibi her yaşta zekânın altını çizen davranışlar, temel zihinsel süreçleri içerir. Ancak, bebeklerin bilgiyi alıp onu işlediğini nasıl anlayabiliriz? Bunu canlandırmak için annesi tarafından Case Western Reserve Üniversitesi'ndeki Profesör Joseph Fagan'ın bebek laboratuvarına getirilen 4 aylık Bernard'ı hayal edelim.

Bernard, annesinin kucağında oturuyor ve üç tarafı kapalı olan, tekerleklerin üzerinde duran büyükçe bir kutu, hareketli ekranı görebilmesi için onun karşısına konuyor. Kutunun önünde bir paneli ve kapalı iki yanı var. Böylece Bernard, dikkati dağılmadan deneye odaklanabilir. Ayrıca, Bernard'a gösterilecek resimlerin olduğu yönde, kutuya delikler de açılmış durumdadır. Bernard'ın görmediği bir araştırmacı bu deliklerden bakıp, Bernard'ın kendisine gösterilen resimlere baktığı sürece bir düğmeye basacaktır. Bernard'a önce bir surat resmi gösterilir. Bebekler yüzlere bakmayı sever. Bernard, surat resminden kafasını 2 saniyeden daha uzun süreliğine çevirdiğinde, resim görüş açısından çıkarılır. Deneyi uygulayan kişi bu kez, resim boşluklarına iki resim koyar: Birinde Bernard'ın az önce gördüğü yüz, diğerinde de henüz görmediği yeni bir yüz resmi vardır. Bernard'ın bu kez bir tercih şansı var: Eski yüze mi yeni yüze mi bakmayı tercih edecektir? Profesör Fagan'ın öğrencileri iki şeyi ölçmektedir (Bernard'ın bakış süresini ölçen bir bilgisayar yardımıyla): Bernard'ın orijinal surattan bakışlarını uzaklaştırması ne kadar zaman alır? Ve Bernard yeni suratı, eski surattan daha uzun süre mi izler?

Orijinal yüze daha kısa süre bakmak, zihinsel süreç hızının bir göstergesidir. Yani, kısa süre bakmak, Bernard'ın resmin özelliklerini hızla hatırladığı anlamına gelir. Eğer Bernard, eski yüzdense, yeni yüze bakmayı tercih ederse de, bu yorum doğrulanmış olur. Bu da Bernard'ın değişikliği tercih ettiğini çünkü kendisine daha önce gösterilen eski yüzü hatırladığını gösterir.

Bebekler bu şekilde test edildiklerinde, ortaya çıkan puan genellikle, birkaç yıl sonraki IQ puanlarına benzer olur. "Bebeklerin IQ puanlarını" bu şekilde ölçmek tartışılan bir konu olsa da, bu tür testlerde başarısız olacağını düşündüğünüz bebeklerin başarılarını görmek gayet heyecan vericidir. Örneğin, zihinsel gelişimi geç olan bebekler ile anneleri hamilelik döneminde fazla alkol tüketen bebekler, testte başarısız olmaktadır. Eğer bu test, gelecekte daha da geliştirilirse, araştırmacılar, toksik çevre koşulları ile doğum sırasında oksijen kaybı gibi nedenlerin, zihinsel gelişime olan etkilerini inceleyebilirler. Erken teşhis bu tür sorunları engellemekte önemli olduğundan, böylece, zihinsel sorun işaretleri gösteren bebeklere erken dönemde müdahale edilebilir.

ANNE BABALAR ÇOCUKLARININ ZEKÂLARINI GELİŞTİRMEK İÇİN NE YAPMALI?

IQ ile ilgili tüm bu bilgiler, çoğumuz gibi ortalama zekâ seviyesine sahip çocukları olan anne babaları nasıl etkiliyor? Anne babalar, çocuklarının IQ'sunu geliştirmek için uğraşmalı mı? İnsanın genlerine işlenmiş olan bir şeyi, çevre ne kadar geliştirebilir?

Çevrenin IQ üzerinde 15 ila 20 puan kadar etkili olabileceği bilinmektedir. Tabii ki asıl soru, çevrenin hangi yönlerinin bundan sorumlu olduğudur. Hafıza kartları, eğitici kartlar ve oyuncaklar mı almalısınız? Eğitmenler mi tutmalısınız? Dersler mi ayarlamalısınız? Yirmi puan! Ortalama olan çocuğunuzu, bir dâhi hâline getirebilirsiniz! Bu imkân sizi heyecanlandırmadan önce, bu tür bir puan artışının, aynı anne babadan doğan ancak biri sınırlı (mahrum) bir ortamda büyürken, diğeri evlat edinilip, normal (orta sınıf) bir aile ortamında büyüyen iki kardeş üzerindeki araştırma sonucuna göre belirlendiğini söylemeliyiz. O yüzden asıl soru, eğer orta sınıfsanız, çocuğunuzun IQ'sunu 7 ila 10 puan kadar yükseltmek için ne yapabilirsiniz? Aslında, bizim daha iyi bir sorumuz var: *Çocukların doğal zekâlarını en üst seviyeye çıkarmak için neye ihtiyaçları vardır?* Çocuklarımızın zihinsel potansiyellerini sadece IQ testlerinde değil, hayatlarında tamamen kullanmalarına nasıl yardımcı olabiliriz?

Zekânın kilit özelliklerinden biri dil yeteneğidir. Dil, çevreyi öğrenmemiz için öncelikli bir araçtır. Soruları sorma yolunuzdur. Ve de cevapları alma yolunuz. Bu nedenle modern IQ testlerinin, toplam puanı asıl belirleyen bölümlerinin kelime bölümü olmasına şaşırmamalıyız. Bir insanın kelime bilgisi, IQ'nun test ettiği şeyin büyük bir kısmını oluşturur. Ve kelime bilgisinin gelişmesine yardımcı olan asıl faktör de çocuklara yöneltilen, sıradan ve günlük konuşmalardır. Çocuklar bizimle konuşarak öğrenirler. Ayrıca, onlara kitap okuduğumuzda da, odada yanlarında olmayan dünya ile ilgili bilgileri sunmuş oluruz. Hikâyeler onlara, kaleleri, dinozorları, başka toprakları ve çağları, sihirli halıları ve gezegendeki tüm hayvanları anlatır.

Çocuğunuzla konuşmanın ötesinde, onların zekâ gelişimlerini kolaylaştıran ve evde yapabileceğiniz başka şeyler de vardır. Psikologlar yaşamın ilk üç yılındaki çocuklar için, HOME (Home Observation for the Measurement of Environment/Çevrenin Ölçülmesi için Ev Gözlemi) adı verilen bir test geliştirmiştir. Yüksek HOME puanları, bu ilk yıllardaki IQ artışı, düşük HOME puanları da 15-20 puanlık gerilemeler anlamına gelmektedir. HOME, gözlem ve ebeveynlerle yapılan mülakatlar vasıtasıyla çocuğun yaşadığı ortamın kalitesi konusunda bilgi toplamayı hedefleyen bir kontrol listesidir. Bu test, ebeveynlerin çocuklarına ne kadar destek verdiğini, sürece ne kadar dâhil olduğunu ve ne kadar şefkatli olduklarını inceler. Ebeveynler, çocuklarıyla ne kadar konuşuyorlar? Ne kadar kabulleniciler? Önemli olan bilgiler bunlardır. Mağazalarda satılan ve IQ'yu geliştirdiği söylenen ürünler değil.

Örneğin, bekâr bir kadın olan, Walmart'ta geç saatlere kadar çalışan ve oğlu Sean için kaygılı olan Kathleen'i ele alalım. Kathleen, sık sık Sean'a çocuksu davranışlarını bırakması için baskı yapıyor ve bunun daha olgun görünmesine yardımcı olacağını düşünüyor. "Koştuğun yeter! Otur!" deyip duruyor. "Bu kadar top oynamak yeter. Şu blokları topla," vs. Ebeveynler bu şekilde müdahaleci olduklarında, bebekler ve çocuklar daha dikkatsiz olur ve oynarken daha az olgun davranırlar. Zekâ puanları da oldukça geriye gider. Onların zekâsının gelişmesine yardım etmek istiyorsak, dünyanın tadını çıkarırken çocuksu yollar kullanmalarına izin vermeli, oyun oynamalarına, hikâyelerin tadını çıkarmalarına, şarkı öğrenmelerine ve kumdan kaleler yapmalarına yardım etmeliyiz.

IQ PUANLARI NE KADAR ŞEKİLLENDİRİLEBİLİR?

1965 yılında, "yoksullukla savaş" kapsamında, federal hükûmet Avantaj programını *(Head Start program)* başlatmıştır. Eğitimin, insanları sefaletten kurtarmanın anahtarı olduğu teorisiyle yola çıkılmış ve fakir çocukları eğitim sistemine dâhil etmek amaçlanmıştır. Orta sınıf bir ailede yaşayan, kendilerine kitap okunan ve kendileriyle konuşulan, farklı deneyimlere maruz kalan çocukların IQ'sunun normal aralıkta olduğu görülmüştür. Öte yandan fakirliğin, çocukların IQ'sunu düşürdüğü ve fakir çocukların, orta sınıftaki yaşıtlarından daha düşük IQ puanlarına sahip olduğu ortaya çıkmıştır. Çevrenin IQ puanları üzerindeki olumsuz etkisini, Güney'de dezavantajlı bir şekilde büyümekte olan Afrika kökenli Amerikalı çocuklarla yapılan bir çalışma sayesinde biliyoruz. Daha büyük kardeşlerin IQ'su, küçük kardeşlerininkinden daha düşüktü. Bu bulgunun tek açıklaması şuydu: çocuk sefalet içinde ne kadar çok yaşar, kötü okullara ne kadar uzun süre giderse, IQ'su bundan o kadar çok etkileniyordu.

Fakirlik çocuklara neden bu kadar çok zarar veriyor? Fakir çocukların ev ortamı genellikle karmaşık ve anne babaları eğitimsiz olduğundan, ebeveynler, çocuklarının okulda başarılı olmasını sağlayacak olan erken deneyimleri onlara yaşatamıyorlar. Neyse ki, hem ebeveynlere hem de çocuklara okul öncesi deneyimi yaşatan Avantaj programları, oldukça başarılı oldu. Bu programlardaki çocuklar, IQ testlerinden daha yüksek aldılar ve okulda Avantaj programı deneyimi yaşamayan ancak aynı çevreden gelen çocuklardan daha başarılı oldular (en azından ilkokulun ilk 2 3 yılında). IQ kazanımı çok uzun sürmese de (muhtemelen çocuğun o kısıtlı ortamda yaşamaya devam etmesi nedeniyle), Avantaj programına katılan çocuklar, gerçek yaşamlarında tutunmayı başardılar. Özel eğitim sınıflarına konmaları ve sınıfta kalmaları gerekmedi. Çoğu liseden mezun oldu.

IQ'NUN ÖTESİNDE

Şu ana kadar, IQ testinin ne kadar sınırlı olduğuyla ilgili bir fikriniz olmuştur. Bu nedenle bazı psikologlar daha çok "çoklu zekâ" terimini kullanmaya ve IQ testlerinin yanına bile yaklaşmadığı konuları ele almaya başladı. Örneğin, Harvard Üniversitesi'nden Profesör Howard Gardner, insanların doğuştan sahip oldukları ve yaşamları boyunca geliştirdikleri birbirinden bağımsız 8 zekâ türü olduğuna inanmaktaydı. Bunlar sözel, mantıksal, görsel, bedensel, müziksel, kişisel, kişilerarası zekâ ve doğa zekâsıdır. Bölüm 1'de de bir diğer kuramcı olan Daniel Goleman'ın gerçekten zeki olmanın "duygusal zekâyı" da içerdiğini —öz farkındalık, öz disiplin, empati vs.— söylediğinden bahsetmiştik. Bu zekâ türlerinin çocuğunuz için ne anlama geldiğinden endişe etmeden önce, belki de çocukların nasıl öğrendiğinden bahsetme zamanı gelmiştir.

PİAGET, MCDONALD'S'A BİR YOLCULUK VE ÇOCUKLARIN ÖĞRENME YOLLARI

Çocuğunuzun öğrenmesinin nasıl bir şey olduğunu size anlatabilmek için, küçük bir hikâye anlatacağız. Geçen yaz aramızdan biri, ailesiyle arka bahçede, söğütlerin altında oturup gölü seyrediyordu. Birden, hafif sisin içinde büyük bir nesne göründü. Bir Frizbi şeklinde ve bir atlıkarınca büyüklüğündeydi. Gölün üzerinde geziniyordu. Metalden yapılmış gibi görünüyordu. Gözlerimizi tekrar tekrar kırpıştırdık. Daha sonra nesne, daireler çizip göğe yükseldi ve ortadan kayboldu. Neyden bahsettiğimizi düşünün. Aklınıza ne geldi? Hayır, sarhoş falan değildik. Bu görsel bir yanılma mıydı? Öyle olduğunu sanmıyoruz. Bir sonraki sorunuz, "Gördüğünüz bir UFO muydu?" olacaktır.

Doğruyu söylemek gerekirse, yalan söylüyoruz. Böyle bir şey görmedik. Ancak, şu ana kadar muhtemelen bunu anlamlandırmak için uğraştınız. Çünkü sizin doğruluk kavramınıza uymayan bir şeyler tanımlanıyordu. Bunu açıklamak için bir yol aradınız. Ve son olarak, bunu zihninizdeki "UFO" ya da Tanımlanamayan Uçan Obje, kategorisine yerleştirdiniz. Zihniniz, muhtemelen bu uygunsuzluğu açıklayabilmek ve anlatılan şeyi anlayabilmek için çok çabaladı. Ancak, duyduklarınız ile bildikleriniz birbirine uymadı. Bunu açıklamak için *çabaladınız.*

İşte, çocuklara en başından itibaren olan budur. Onlar için tüm dünya yenidir ve bunu yorumlamak için çok çabalarlar. Bir bebek, bir nesnenin görüş açısından çıktığı anda bile hâlâ var olduğundan bile habersizdir! Evet, çocuklar aktif öğrenicilerdir ve sürekli çevreyi inceleyip, anlamak ve tanımak isterler. Onların öğrenmesini sağlamaya çalışmanıza gerek yoktur. Onlar öğrenmeyi zaten çok isterler. Bebekler sürekli bir şeyleri ağızlarına götürürler. Ağızlarına götürdükleri nesnelerin tadının güzel olmasına gerek yoktur. Bu, onların nesneleri tanıma yöntemidir. Bebekler kaşıklarını sürekli yere atarlar. Bunun nedeni size günlük egzersizinizi yaptırmak değil, kaşığın yukarı mı aşağı mı gideceğini görmek istemeleridir. Her zaman yere mi gider? Hep aynı hızla mı gider? Daha hızlı atabilir miyim? Bu sayede, yer çekimini ve hızı keşfederler.

Fikirleri gelişim psikolojisini yönlendiren, İsveçli mükemmel bilge Jean Piaget, çocukların, IQ testindeki gibi sorulara *nasıl* cevaplar bulduğuna odaklanmıştır. Piaget aslında bize, çocukların yaptığı hataların, verdikleri doğru cevaplardan daha çok şey ifade ettiğini öğretmiştir! Sonuçta, çocuklar kimi zaman doğru yanıtı verdiklerinde, sadece duyduklarını tekrar etmektedirler. Ancak, size problem hakkında kendilerinin ne düşündüğünü söylediklerinde, gerçekten ne anladıklarını bilirsiniz.

Piaget, zekâyı çevreye adapte olmanın bir türü olarak tanımlamıştır. Çevremiz, içinde başarıyla hayatta kalıp kalamayacağımızı öğrenmemizi gerektirir. Her birimiz nerede yetiştirildiğimize ve çevresel gerekliliklerin ne olduğuna bağlı olarak, farklı zekâ türleri geliştiririz. Zekâmız, tam anlamıyla ilk günden itibaren gelişmeye başlar. Bizimle çok ilgili olan kişilerle iletişim kurabilsek, onlara aç olduğumuzu, altımızı ıslattığımızı ya da üşüdüğümüzü söyleyebiliriz. Eğer yastığın altında kaybolan oyuncağa dikkatimizi verirsek, (sonunda) biz göremiyor olsak da, aslında var olmaya devam ettiğini anlarız. Bize bakan kişilerle konuştuğumuz her anda, dil yeteneklerimizi geliştirip dikkatimizi ve hafızamızı güçlendiriyoruzdur. Aslında, çevremizin özelliklerine adapte olurken, zekâmızı da inşa ediyoruzdur.

Küçük çocukların nasıl düşündüklerini anlamak için Piaget, yüzlerce çocuğun yanı sıra kendi üç çocuğunu da bebekliklerinden başlayarak izlemeye başlamıştır. Buldukları çok şaşırtıcıdır. *Çocuklar kendi değişimlerinin arkasındaki makinelerdir*. Bu ne anlama gelir? Bölüm 2'de de bahsettiğimiz gibi, çocukların her gün yaşadığı, sıradan deneyimler dünyayı anlamaları için ihtiyaçları olan ortamı hazırlar. Düşünsel davranışlara dâhil olmak için pekiştirilmeyi pasif bir şekilde beklemez (ünlü bir teorinin söylediği gibi) ya da yeni deneyimlerden kaçınmazlar. Aksine çocuklar, kendi güdülenmelerini gözlemleyerek, oyunları vasıtasıyla ve günlük hayatları sırasında aktif bir şekilde deneyim kazanarak arttırırlar. Sonuç olarak, anne babalar rahatlayıp, zihinsel gelişim konusunda sahip olduklarını düşündükleri sorumluluk konusunda sakinleşebilirler.

Bizlerin inanması zor olsa da, çocuklar en basit günlük etkinliklerinden bile bir şeyler öğrenmektedirler. Örneğin, öğle yemeği için gidilen bir fast food restoranını düşünün. Bir çocuk buradan ne öğrenebilir ki? Belki sağlıklı beslenme konusunda pek bir şey öğrenemez ancak, içinde yaşadığı dünya ile ilgili çok fazla şey öğrenebilir. Annesi Sarah ile birlikte, bir fast food restoranına giren 4 yaşındaki Mary'yi düşünün. Mary ne yapması gerektiğini bilir. Siparişini verebilmek için sıranın sonuna koşar. Annesine olası seçeneklerle ilgili hangi soruları sorması gerektiğini de biliyordur. Bu, Mary'nin fast food mekânlarının nasıl çalıştığına dair bir "notu" olduğu anlamına gelir. Böyle yerlerde masalarda oturup, garsonların gelmesini beklemezsiniz ve bütün yemek seçeneklerinin hepsini birden yiyemezsiniz (tabii ki küçük çocuklar için bu pek büyük bir sorun değildir). Fast food tarzını bilmek, McDonald's ve Burger King gibi restoranları ziyaret ettiğinizde, işe yarayabilir.

Fast food konusunda tek bildiğiniz bu değildir. Sizin kültürünüzde insanların her bir yemeği nasıl yediğini (mesela patates kızartmasını, çatal bıçak kullanmak yerine elinizle alabileceğinizi) öğrenir, patatesinize sıkmak istediğiniz ketçabı nasıl sallayacağınızı görür, nereye oturmanız gerektiğini ve koltukların nasıl döndüğünü anlarsınız. Sipariş verirken yaptığınız konuşmadan ve etrafınızdaki birçok ilginç insandan öğrendikleriniz de cabasıdır. Yani? Çocuklar sürekli olarak öğrenir ve onlar için, bizlerin aklına bile gelmeyecek kadar çok öğrenilecek şey vardır. Bebeklerin ve küçük çocukların tekrar tekrar yaptığı sinir bozucu şeyler, genellikle onların dünyayı öğrenmek ve neler olacağını görmek için parametreleri kullanma yöntemleridir. Ve eğer onların hafızasını, dikkatini, sınıflandırmasını ve hatta temel fiziklerini (sandalyelerin nasıl döndüğü, ketçabın şişeden nasıl aktığı) geliştirmek istiyorsak, biz ebeveynlerin ve bakıcıların sohbetlerle sağladığı dersleri, gerçek dünya onlara uygulama fırsatlarıyla sunmaktadır.

Piaget'nin keşfettiği şey bebeklerin ve küçük çocukların, doğuştan kendi beden ve beyin gelişimlerine uygun ve eşsiz bir şekilde öğrenmeye programlanmış olduklarıydı. 2 yaşındaki bir çocuğa üzerinde sayıların olduğu hafıza kartları gösterirseniz, söylediğiniz şeyi tekrarlamayı öğrenir. Şekerlemelerle oynamasına izin verirseniz, miktar onun için ilginç hâle gelmeye başlar. 3 yaşındaki bir çocuğa *Wall Street Journal* gazetesi okumak, onu düzenli bazı kelimelere maruz bıraksa da, bu kelimelerin bağlı oldukları bağlamı anlayamayacağı için, bu kelimeleri hatırlamayı istemeyecektir. Ona bir tavşan masalı okuduğunuzdaysa, tek bir detayı bile unutmak istemeyecektir. Bağlam içerisinde öğrenmek, akıllı öğrenmenin anahtarıdır.

SAÇMALAMADAN, FİZİĞE: ÖĞRENMENİN GELİŞİMİ

Piaget, bağlam içerisinde öğrenme sürecini ortaya çıkaran bir dahiydi. Piaget'nin yaptığı gözlemleri yapma imkânına çok azımız sahip olsak da, bizler de çocuklarımızın dünyasını çok farklı ve zenginleştirici bir açıyla görebiliriz. 3 aylık Alice'i ele alalım. Onu yakından izlerseniz, kendi bedeni üzerinde küçük bir bilim adamı gibi nasıl keşifler yaptığını görebilirsiniz. Başta kazara, başparmağını ağzına götürür. Bu çok hoşuna gider! Ancak, bunu yeniden nasıl yapacağını bilmiyordur. Elini sallayıp durur ve birçok denemeden sonra, sonunda bunu yeniden yapabilir. Daha fazla deneme yanılma yoluyla, zamanla bunu nasıl yapması gerektiğini öğrenir.

Piaget bunu, bebekliğin "duyusal motor" dönemindeki "döngüsel tepkiler" süreci olarak adlandırır. Bu dönemin adı "duyusal motor"dur çünkü beş duyuyu ve bedeni içerir. "Döngüsel tepkiler", bebeğin sevdiği bir olayı tekrar etme çabasıdır. Döngüsel tepkiler, zekânın gelişimi için yapı taşlarıdır. Bebeğin kendi bedeninden başlayıp, dışarı yayılarak, dünyalarını tanımalarını sağlarlar.

Bebekler, bedenlerine yapmak istedikleri bir şeyi yaptırabildikleri zaman, kendi dünyalarındaki ilginç olayların farkına varırlar. 4 ile 10 ay arasında, bebekler "ikinci döngüsel tepkilere" başlar. Bunlar, kendi bedenlerinin *dışında* gözlemledikleri olayları tekrarlamaktır. Örneğin Piaget, bebeklerinden birinin (Laurent) birkaç günün sonunda, beşiğindeki sesten sağ kolunun sorumlu olduğunu fark etini gördü. Piaget bunu nasıl keşfetti? Bebeğin, elinden çıngırağa giden bir kurdele bağladı ve dikkatle incelemeye başladı. Laurent, çıngırağı oynatabilecek kişinin kendisi olduğunu fark edene kadar, yukarı aşağı kıpırdanıp, sırtını ittirdi ve ellerini sallayarak çıngırağı oynatmaya çalıştı. Sonraki birkaç gün içinde, Piaget bebeğin çıngırağı ağır ağır hareket ettirişini izledi ve bunu her yaptığı anı inceleyip, sonunda bunu yapanın sağ kolu olduğunu anladığını fark etti. İşte bu! Gerçek bir "ikinci döngüsel tepki".

Piaget, Laurent'in çıngırağı isteyerek kıpırdattığını bildiğini çünkü her şeyden öte, sol kolunun kıpırdamadığını ve sağ kolunun hareketinin de sert değil, amaca yönelik ve etkili olduğunu kaydetti. Ve bunu kavraması *günler* aldı. Laurent, çıngırağı birilerinin kendisi için hareket ettirmesini beklemedi. Bunun yerine, bir kâşif gibi, çıngırağı sallamak için en etkili yolu bulmaya çalıştı. Bebekler ve küçük çocuklar böyledir. Dünyayı anlamak için tutunacak bir yer ararlar. Bebeklerin bir gecekonduda ya da köşkte doğmuş olması fark etmez. Dünyalarındaki şeylerin olmasına neden olan bağları ortaya çıkarmak için çabalarlar. Bebeklerin ve küçük çocukların yaptığı pek çok hareket, biz genellikle fark etmesek de zekânın temelini temsil eder. Sonuçta, bizlerin tanımladığı üzere zekâ, çevrenize uyumunuzdur. Zekâ, "Dünyamda bir şeyleri nasıl gerçekleştiririm?" sorusuna cevap bulmaktır.

"Üçüncü döngüsel tepkiler" yaklaşık 10 ila 18 ayda görülür ve anne babaları tam anlamıyla çıldırtır. Bu dönem, çocuklarının çevrelerini keşfetme arzusunu fark etmeyen anne babalar için çok sinir bozucu olabilir. Bir bebeğe, giderek sabırsızlanarak 10 kez "hayır!" dediğimizde ve o da atıştırmalığını mama sandalyesinden ardı ardına 14 kez fırlattığında, kızmak gayet olağandır. Ancak bu, tam anlamıyla bir üçüncü döngüsel tepkidir. Olaylarda özgün farklılıklar yaratma. Çocuk artık küçük bir bilim adamı gibi çalışıp, farklı şekillerde atmayı deniyordur. Örneğin, sert atıyor, yavaş atıyor, sola düşürüyor, sağa düşürüyor ve bunların hepsinin sonunda neler olduğuna bakıyordur. Sanki çocuk kendi kendine, "Uyguladığım kuvvet, yiyeceğimin nereye gideceğine ne kadar etki ediyor?" sorusunu soruyor gibidir. Bölüm 4'te de incelediğimiz gibi, bebekler kalıpları ararlar. Bu kalıpların da bazılarını tekrarlayan etkinlikleriyle test edip ("Aa, nesne yere düştü, havaya değil!") sonuçları değerlendirerek keşfederler.

GİZLİ YETENEKLERİ KEŞFETMEK

DÖNGÜSEL TEPKİLER

Yaş: 1-18 ay

Yemek zamanı, banyo zamanı ya da oyun zamanı gibi herhangi bir anı, bebeğinizin başlangıçta kazara yaptığı ve sonra ilginç bularak devam ettirdiği bir davranışı gözlemleyerek geçirin. Bebeğinizi çok yakından izlemeniz, her davranışı takip etmeniz ya da bebeğinizin içinden geçtiği süreci izlemeniz gerekecektir. Bebek, bu davranışa kendini kaptırıyor mu? Bunun gerçekleşmesini farklı yollarla deniyor mu? Siz onu izlerken, yardım için size başvuruyor mu? Bebeğinizin kendi başına ilginç bir etkinlik bulmasını sağlayamazsanız, ona kendiniz bir şeyler gösterip sergilediği davranışları izleyebilirsiniz.

Bebekler ve küçük çocuklar, oyun oynarken dünya ile ilgili gerçek teoriler üretirler. Ve hayatlarının ikinci yılının sonuna kadar, dünyanın işleyişi ile ilgili belli sayıda bilgiye ulaşmış olurlar ve de bunların tamamı kendi başlarına gerçekleşmiştir, kendilerine bakan herhangi birinin desteğiyle değil. Örneğin, 24 aylık olana kadar, nesnelerin onları görmeseniz ya da onlara dokunamasanız da, ortadan kaybolmadığını anlarlar. Bu, çocukların, annelerinin geri dönüp dönmeyeceği konusundaki endişelerini kesinlikle ortadan kaldıracaktır! Böylece neden sonuç ilişkilerini anlayıp, olayların başlaması için bir nedene gerek olduğunu kavrarlar. Olayların rastgele gelişmediği bir dünyada yaşamak çok rahatlatıcıdır.

GİZLİ YETENEKLERİ KEŞFETMEK

NEDEN-SONUÇ

Yaş: 8-24 ay

Bebeğinizin mama sandalyesinin arkasına geçin ve o, sizin orada olduğunuzu unutana kadar birkaç dakika durun. Birden sandalyeyi birkaç santimetre öne itin ve sessizce bekleyin. Bebeğiniz ne yapıyor? Küçük bir bebek, bunu yeniden yapmanız için yukarı aşağı kıpırdanabilir. Bu, aslında bunun *beklenmeyen* bir şey olduğunun bebek tarafından fark edilmediğini ve ilgilendiği tek şeyin bunun tekrarlanması olduğunu gösterir. Sonuçta bu, hiç çaba sarf etmeden elde edilen bir şeydir! Biraz daha büyük bir bebek, sandalyenin yanlarına ya da önüne eğilip, sanki "Bu nasıl oldu?" der gibi bakışlar atar. Bu, bebeğin olayların nedenlerinin olmasını beklediğini ve sandalyenin kendi kendine hareket etmesine şaşırdığını gösterir. Bebeğin, olayların nedenleri olduğunu anlaması için dönüp sizi görmesi gerekmez. Ancak dönmesi, sizin bunun nedeni olduğunuzu tam olarak bildiği anlamına gelir!

Burada dikkat edilmesi gereken asıl nokta, kimsenin çocuklara "nedensellik ilkesiyle" ilgili —nedenlerin ve sonuçların birbirine nasıl bağlı olduğunu— bir ders vermemiş olmasıdır. Bunun yerine bebekler (kendi başlarına) bunların nasıl olduğunu kavrarlar.

10 aylık olana kadar bebekler, insanların nesnelerden farklı olduğunu anlar. İnsanlara istediğiniz şeyleri yaptırabilirsiniz ancak bu, nesnelere istediğiniz şeyleri yaptırmaktan farklıdır. Bebekler, insanlara istediğiniz şeyi, sadece iletişim yoluna başvurarak yaptırabileceğinizi ama nesneleri sadece elinize almanın yeterli olduğunu bilirler. Canlı ve cansız nesneler arasındaki farkın temeli, bebeğin dünyasında çok erken zamanda oluşur. Henüz 3 aylıkken bile bebekler, cansız nesnelerin (araba, kamyon) ve canlı nesnelerin (insanlar, hayvanlar) nasıl hareket ettiklerini fark edebilir.

Aramızdan biri (Golinkoff), bizlere 16 aylık bebeklerin, canlı ve cansız nesneler konusunda farklı beklentilere sahip olduklarını gösterdi. Canlı nesneler, durdukları yerden kendi başlarına hareket edebilirken, cansız nesneler bunu yapamaz. Diğer bir deyişle, eğer bir insan odanın içinde bir müddet durduğu yerden kimse onu itmeden yürürse, şaşırmamalısınız. Ancak bir sandalye, onu iten biri olmadan hareket ederse şaşırabilirsiniz. Hangi nesnelerin kendi başına hareket edip, hangilerinin edemediğini bilmediğiniz bir dünyada yaşadığınızı düşünün. Bu durumda bebeklerin ağlamaya başlayacağından şüphe yoktur! Bunları kendi başlarına keşfedene kadar, dünyalarında çok fazla umulmadık ve tahmin edilemez şey vardır. Ve dil, bebeklerin kimin ne yapabileceğini anlamasını sağlar. Şiir yazıp, metafor kullanmadığımız sürece, ağaçların kitap okuduğundan ya da insanların havladığından bahsetmeyiz. Bebekler, hangi etkinliklerin dünyanın hangi canlı ve cansız "misafirleri" tarafından yapıldığını bulmak zorundadırlar.

Hadi bebek laboratuvarına girelim ve bebeklerin bize canlı ve cansız olduğunu düşündükleri nesneleri nasıl gösterdiklerini görelim. Kristen 17 aylık, utangaç bir bebektir. Babası Frank, onu laboratuvara getirir ve o da oyuncaklar ile yerde oturup, ilk hamleyi yapmasını bekleyen dostça insanlar sayesinde ortama alışır. Kristen'in bilmediği şey, taşınabilir bir ekranın arkasında, yerde bir öğrencinin oturduğudur. Öğrenci, sıradan bej renkli bir ekranın birkaç metre ilerisindeki sıradan bir sandalyenin arka ayağına bağlanmış olan bir misinayı tutmaktadır. Deneyi yürüten kişi, olacakları Frank'e açıkladıktan sonra sandalyeye yeni bir oyuncak koyar ve Kristen'in dikkatini buna çeker. Kristen, oyuncağı almak için sandalyeye yaklaştığı sırada, sandalye, gizlenen öğrenci tarafından ip vasıtasıyla çekilir ve geriye doğru gitmeye başlar. Kristen kalakalır. Önce sandalyeye, sonra babasına bakıp, telaşla babasına koşar ve can havliyle bacaklarına sarılır! Kristen bize, onun dünyasında sandalyelerin kendi başlarına hareket etmediğini "söylemektedir"! Kristen'in tepkisi çok açıktır. Bebeklerin çoğu, 16 aylıkken, bunun olmaması gerektiğini anlayabilmektedir. 24 aylık olana kadar, bebekler bundan eminlerdir ve sandalyeyi iterek yeniden olmasını beklerler!

Kimse, bebeklere çevrelerindeki nesnelerden —canlı ya da cansız— ne ummaları gerektiğini öğretmez. Her nasılsa, çevrelerini gözlemleyip, belki de dolaylı olarak sıradan nesne ve insan hareketlerine güvenerek, varlıklardan ne ummaları gerektiğini anlarlar. Bu, bebeklerin ve çocukların, dünya ile ilgili ne kadar çok şeyi *kendi başlarına* öğrendiklerinin bir diğer örneğidir.

Cansız nesnelerin kendi başlarına hareket etmeyecekleri bilgisi de, bebeklerin yine kendi başlarına ulaştıkları bir bilgidir. Dillerini geliştirdiklerinde, onlara nelerin yaşadığı ve nelerin yaşamadığıyla ilgili sorular sorup ilginç cevaplar alabilirsiniz. Bu, Piaget'nin çocukların bilgisini küçümsediği bir alandır. Çocuklar, 4 yaşına gelene kadar canlı ve cansız nesneler arasında büyük farklılıklar olduğunu anlarlar.

İLERLEME: ÇOCUKLAR DÜNYALARINDAKİ DEĞİŞİMLER İLE İLGİLİ NE BİLİYOR?

Piaget'nin, yaptığı en ilginç gözlemlerden biri de, 5 ila 7 yaş arasındaki gelişim geçişleriyle ya da onun deyimiyle "işlem öncesi dönemden" "somut işlemsel döneme" geçişle ilgilidir. Üniversitedeyken, bu teoriyi öğrenmiş olabilirsiniz. Son 20-30 yılda, bu teorinin çoğu detayı sorgulanmış ve reddedilmiştir. Okul öncesi çocuklar, Piaget'nin düşündüğünden daha da akıllıdır. Yine de, Piaget, izlemesi şaşırtıcı ve ilgi çekici bazı gözlemler paylaşmıştır. Bunların arasında, okul öncesi çocukların dünyayı, aynı anda iki açıdan görmekte sorun yaşadıkları iddiası da vardır. Örneğin, 4 yaşındaki Pierre'i ele alalım. Deneylerden birinde, Piaget, Pierre gibi bir çocuğu, ikisi de yarısına kadar meyve suyuyla doldurulmuş olan iki adet 15 cm'lik bire bir aynı bardağın karşısına oturttu. Konuşma, şuna benzer bir şekilde ilerledi:

Piaget: Pekâlâ Pierre, iki bardak meyve suyunu görüyorsun. Senin mi daha fazla meyve suyun mu var, benim mi? Yoksa ikimizinki de aynı mı?

Pierre: (Bardaklara dikkatle bakar): İkimizin de aynı!

Piaget: Peki, ben kendi meyve suyumu şu tabağın içine (küçük düz bir tabağı işaret eder) dökersem ne olur? Beni izle Pierre.

Pierre: (Dikkatle izler)

Piaget: Hâlâ eşit miktarda meyve suyumuz mu var? Yoksa seninki ya da benimki daha mı fazla?

Pierre: (Bir an bile tereddüt etmeden) Ah, şimdi benimki daha fazla! Bak benim meyve suyum ne kadar yüksek ve seninki ne kadar alçak!

Yetişkinler olarak, biz bu cevabı tuhaf buluruz. Sonuçta, Pierre, Piaget'nin meyve suyunu döküşünü izledi. Hiçbir şey eklenmedi ya da hiçbir şey eksiltilmedi. Çocuk nasıl olur da, artık daha fazla meyve suyuna sahip olduğunu söyler?

Birden fazla çocuğu olanlar, farklı boyutlarda bardaklar kullandığı zaman, kimin daha fazla meyve suyu olduğu konusunda sürekli kavgalara tanık oluyorlar mı? Bunu yapmalarının nedeni, çocukların nesneleri görüntülerine göre değerlendirmesidir. Bir boyuttaki değişikliğin (bardağın yüksekliği) başka bir boyuttaki değişiklik ile (sıvının yayılması) dengelenebileceğini anlayamazlar. İki etmeni ele alıp, bunu dengeleyemezler. Bunu farklı çalışma alanlarında da görebilirsiniz. Küçük çocuklar kimi zaman anneleri perma yaptırdığında ya da babaları uzun bir tatilde sakal bıraktığında üzülürler. Onlar için babaları ve anneleri artık aynı kişi değildir!

GİZLİ YETENEKLERİ KEŞFETMEK

KORUNUM

Yaş: 3-6 yaş

Korunum testini evinizde, birbiriyle aynı iki bardak, asıl miktarı içinde bulunduracak farklı şekildeki bir bardak ve biraz meyve suyu ya da su ile siz de yapabilirsiniz. Bu deneyi her 6 ayda bir tekrar edebilirsiniz. Öncelikle, çocuğunuzu oyun moduna sokun. Ona eşit miktarda sıvıya sahip olan, birbiriyle aynı iki bardağı gösterin. Bardakların birisinin sizin, diğerinin onun olduğunu söyleyin. Sizin mi onun mu daha fazla miktara sahip olduğunu ya da ikinizinkinin de eşit olup olmadığını sorun. Çocuğunuz, ikinizinkinin de eşit olduğunu söylemiyorsa, deneye devam edemezsiniz. Daha sonra, siz ya da çocuğunuz sıvıyı, bardağınızdan, farklı şekildeki bir bardağa boşaltın. Şimdi yukarıdaki soruyu yine sorun: Kimin daha fazla? Yoksa ikisi de eşit mi? Çocuğunuz ne yapıyor? Bu soruyla karşılaştığında hareketlerinde bir farklılık gördünüz mü? Cevabından şüphe ettiği bir an oldu mu? Verdiği cevabın nedenini ve bunu ona söyletenin ne olduğunu sorun. Çok şaşırabilirsiniz. 6 7 yaşında olan başka bir çocuğunuz da varsa, bunu onunla da yapabilir ve yürütülen farklı mantığı görebilirsiniz!

Korunumu öğretebilir misiniz? Bir şeylerin farklı görünse de, hiçbir şey eklenip, çıkarılmadığı müddetçe aynı miktarda olacağı fikri öğretilebilir mi? Araştırma literatürü, bunu farklı şekillerde yapabileceğinizi ve çocuklara önemli olanın görünüş değil, miktar olduğunu gösterebileceğinizi söylüyor. (Bölüm 3'te size Profesör Rochel Goleman'ın, oyuncak bir fareyle, çocuklara sayının önemli bir boyut olduğunu anlatışından bahsetmiştik.) Korunumu öğretmeyi gerçekten istiyor musunuz? Pek zannetmeyiz. Bu, çocuğunuzun düşünme *sınırlarını* gözlemlemenizi sağlayacak bir test olacaktır. Onlar, sonunda bu kavramı kendi başlarına anlayacaklardır. Koşarak çocuğunuza gidip, onu eğitmeye başlamamanız için korunum sonuçlarını sizinle paylaşıyoruz. Bu, çocuğunuzun çelişki sınırlarındaki bir penceredir. Bir çocuğun, bu testlerden birinde başarısız olduğunu görmek çok şaşırtıcıdır ve çocuklara doğru cevapları vermeleri için ezbere eğitim vermenin, çocukların dünya görüşüne katkıda bulunmadığı konusunda bizlere ipucu verir. Çocukların anlamaları gereken çok fazla şey vardır ve bu, doğal yollarla, deneyim yoluyla gerçekleşir. Çocuğunuzun sıvıları sürekli, bir kaptan diğerine dökmeyi sevmesinin nedenini hiç merak etmediniz mi? Bu zevkli oyunlarda, aslında korunum dersleri gizlidir!

ÇIKARIMDA BULUNMAK: ZEKÂNIN FİLİZLENMESİNİN BİR DİĞER YÖNÜ

Julie, bizim üniversite laboratuvarımıza, çok etkileyici olduğunu düşündüğü ve çocuğunun ne kadar zeki olduğunu gösterdiğine inandığı bir hikâyeyle geldi. 29 aylık Mikayla'yı, küçüklüğünden beri spor derslerine götürüyordu. Dersin sonunda her bir çocuğa, yıkanınca çıkan palyaço el damgalarından veriliyordu (dövmeye benzer). Bir gün dersten sonra Julie, Mikayla'yı adı sarı renkteki M harfi ile başlayan restoran zincirine (McDonald's) götürdü. Bedeni dövmelerle kaplı bir adamın arkasında sırada beklemeye koyuldular. Mikayla çok yüksek ve heyecanlı bir sesle, "Ah anneciğim, bu adamın da her yerinde damga var!" dedi. Mikayla bir çıkarımda bulunmuştu! Deneyimlerine dayanarak, adamın tüm bedenindeki dövmelerin, palyaço damgası olması gerektiği sonucuna ulaşmıştı. Bu adamı ya da dövmeleri daha önce hiç görmediği için, *genelleme yapıyor ya da bilgisini yeni bir duruma aktarıyordu*. Bu, tümevarımsal düşünceydi.

Küçük çocuklar, dünyayı gözlemlemekten daha fazlasını yaparlar; bunun büyük kısmı, gözleme dayansa da. Öğrendiklerini, *kategoriler* oluşturup karşılaştıkları değişik durumlar için tümevarımsal çıkarımlara ulaşmak için kullanırlar. Aslında, kavramlara sahip olmanın en önemli işlevlerinden biri budur. "Hayvan" kavramına sahip olduğunuz gerçeğini düşünün. Size centropomus'un, Hindistan'da yaşayan, zargana benzeri bir balık olduğunu söylesem ama bununla ilgili başka hiçbir bilgi vermesem ya da herhangi bir resim göstermesem, yine de centropomus ile ilgili bileceğiniz şeyleri bir düşünün:

- Nefes alır
- Ürer

- Kendi başına hareket eder
- Yer ve boşaltım yapar

Bunların tamamı, hayvanlarla ilgili bir şeyler bilmeniz durumunda kendiliğinden ulaşılan bilgilerdir. Dünya ile ilgili gözlemlerimiz sınırlı olabileceğinden, tümevarımsal düşünce, bizlerin anlamasını sağlayan kavram genellemeleridir. (yukarıdaki listede olduğu gibi) Bebekler, dünyadaki kategoriler ile ilgili bu tür çıkarımları ne zaman yapabilirler? Mikayla gerçekten çok akıllı bir çocuk mu yoksa bebekler 29 aydan önce bu tür çıkarımlarda bulunabilirler mi? Bebekler, hayvanların, araçların ya da ev aletlerinin farklı işlevleri olan, farklı nesneler olduğunu ne zaman anlar? Ve bebekler konuşamadığına göre, bizler bunu nasıl anlarız? California San Diego Üniversitesi profesörlerinden Jean Mandler ile New York City Üniversitesi profesörlerinden Laraine McDonough, bebeklerin nesne kategorileri ile ilgili bilgilerini dâhice gözlemlemek için bir araya geldiler. Bir kez daha laboratuvara gidiyoruz.

Maxine ve 14 aylık George, kendisiyle aynı isimli Meraklı George yanlarında, laboratuvara girerler. Gerçek George ortama alışınca, bir araştırmacı, Maxine'den çocuğu kucağına almasını ister. Araştırmacı sonra da küçük, plastik bir oyuncak köpek alır ve ona bir fincandan bir şeyler içiriyormuş gibi davranır. "İç, iç, çok güzel, mmm," der bunu yaparken de. George, onun bunu üç kez yapışını dikkatle izler. Sonra köpeği uzaklaştırır ve George'un önüne küçük, iki yeni nesne koyar: bir tavşan ile bir motosiklet. Daha sonra George'a bir fincan verir ve "iç, iç" şeklinde George'a onun sırası geldiğini ima eder. Buradaki soru iki uçludur. Öncelikle, George, onun hareketlerini taklit edecek mi? İkincisi ve en önemlisi de, eğer George onu taklit ederse, içeceği vermek için tavşanı mı yoksa motosikleti mi seçecek? George bir an için bile tereddüt etmez! Hevesle tavşanı alır ve ona içecek verir. Bu bize, George'un (ve aynı şekilde test edilen birçok çocuğun) hayvanların içtiğini ancak, araçların içmediğini bildiğini gösterir. Ancak, George, henüz 14 aylıkken, araçların ne yapacağı ile ilgili bir fikre sahip midir? Testin bir başka kısmında, George, deneyi yapan kişinin kaldırdığı arabaya bakar. Deneyi yürüten kişi, anahtarla aracı çalıştırıyor gibi "vınnn, vınnn" sesi çıkarır. Sıra George'a geldiğinde, arabayı kaldırıp, karşısına onun yerine bir otobüs ve kuş koyar. George, araştırmacıyı taklit ederek, anahtarı kuşun üzerinde değil, otobüste çeviriyormuş gibi sesler çıkarır. Hatta "rmmmm!" bile der.

George, bir aracın yaptığını, diğer araçlara, içmek gibi bir davranışı da tüm hayvanlara tümevarımsal düşünceyle genellemektedir. Ancak, bu bulgular başka neyi açıklayabilir? Bunun nedeni, George'un daha önce bir otobüsün anahtarla çalıştırıldığını görmesi olamaz çünkü bunu hiç görmemiş. Belki de otobüsler, arabalara benziyordur —ki kesinlikle otobüsler arabalara, hayvanlardan daha çok benzer— ve George bu nedenle doğru sonuca ulaşmıştır. Nesneler birbirine birebir aynı görünseydi? George o zaman doğru şeyi yapabilir miydi? Uçaklar ve kuşlar birbirlerine çok benzerler, özellikle de kuşlar kanatlarını açtıkları zaman. Eğer çocuklar, nesnelerin sadece görüntüleri benzediği için bir kategoride genelleme yapıyorlarsa, o hâlde bir uçak ile kanatlarını açmış bir kuşu kullanmak onları şaşırtacaktır. Bu durumda, iyi bir tümevarımsal düşünme örneği gösteremeyeceklerdir. Ancak, araştırmacılar bunu denediğinde, 14 aylık bebekler bile doğru kategori üyeleri arasında genellemeler yaparak, testi başarıyla geçmişlerdir. Bebekler, tümevarımsal düşünceyi geliştirebilmek için *nesnenin türüne* bakmışlardır. Bebeklerin sadece nesnelerin şekline bakmadığı böylece ortaya çıkar çünkü bu çıkarımları nesneler birbiriyle neredeyse bire bir aynı olduğunda bile yapabilirler.

Hadi deneyi bir adım daha ileri taşıyalım. George'a şu ana kadar gösterilenler, "alanına özgü" nesneler. Yani, hayvanlar içer, sadece araçlar anahtarla çalıştırılır. George, *hem* hayvanların *hem de* nesnelerin yapabileceği bir şeyi kavrayabilir mi? Belki de George, sadece deneyi yapan kişiyi taklit ediyordur ve benzer nesneleri seçiyordur. Ancak eğer George küçük nesnelere gerçekten gerçek nesnelerin modelleriymiş gibi davranıyorsa, o hâlde tüm nesnelerle yapılabilecek olanları hepsine (bir binaya girmek gibi), sadece bazılarıyla yapılabilecekleri de bazılarıyla gerçekleştirecektir. Olan da tam olarak budur. George, aynı tip bir testte, bir hayvanın ya da aracın binaya girişlerini taklit ederken hiç çekinmemiştir. Bir binaya girmenin herkese has olduğunu kavrayıp, hem nesneler hem de hayvanlar tarafından yapılabilecek bir şey olduğuna karar vermiştir.

Bu sonuçlar ve bundan ilham alan diğer deneyler bizlere, çocukların tümevarımsal çıkarımlarda bulunabileceklerini ve bunu, daha konuşmaya bile başlamadan önce yapabileceklerini söylemektedir! Aslında deneyler, 9 aylık bebeklerin bile George ile yapılan testteki görevleri yerine getirebileceğini göstermiştir. Bebekler mükemmellerdir ve güzel sınıfları ya da oyuncakları olmasa bile bizim burnumuzun dibinde dünya ile ilgili pek çok çalışma yürütürler. Ve doğa tam da böyle olmasını, çocukların dünyalarındaki pek çok şeyi, hiçbir destek olmadan öğrenmesini istemiştir. Bebeklikte zekâ gelişimi, yeme içme kadar doğal bir şekilde, çevrenin bir parçasıdır.

Bebekler, araç ve hayvan kategorisinde olduğu gibi kavramlar arasında farklılıkları daha rahat görmeye devam edecektir. Hayvanlar ve araçların geniş kategorilerindeki farkları bilmek yeterli olmayacaktır. Örneğin, dil öğrenirken, her bir hayvan ve araç, özel bir isim alacaktır. Ve dil, aslında kategoriler içindeki farklılıkların da önemli olduğunu vurgulayacaktır. Bir şeye "kedi" adını verdiğimizde ve diğerine de "köpek" dediğimizde, birbirlerine çok benziyor olsalar da, onların farklı kategorilerde olduğuna dikkat çekiyoruzdur.

GİZLİ YETENEKLERİ KEŞFETMEK

TÜMEVARIMSAL ÇIKARIMLAR

Yaş: 1-3

Önce, az önceki deneyde bahsedildiği gibi nesneleri bir araya getirin. Bunu, bebeğinizi bir mama sandalyesine ya da bebek koltuğuna koyarak yapın ki, nesneleri ne zaman alacağını kontrol altında tutabilin. Bir araba, diğer bir araç, bir tür hayvan ve bir anahtarla başladığınızı var sayalım. Hepsinin de küçük boyutlarda olması lazım. Bebeğinizin ilk üç nesneyi birkaç dakika keşfetmesine izin verin ve hepsini gördüğünden emin olun. Sonra, hepsini ondan alın. Arabayı alıp, anahtarla çalıştırıyormuş gibi üç kere canlandırma yapın ve bunu yaparken "vınnn, vınnn" deyin. Arabayı, bebeğin ulaşamayacağı bir yere koyduğunuzdan emin olun yoksa kendinizi arabayı çekiştirmek zorunda kalmış bir hâlde bulabilirsiniz. Sonra arabayı kaldırıp, bebeğe diğer araç ile hayvanı aynı anda verin. İkisini de bebeğin karşısına eşit mesafeye yerleştirin. Bebeğe anahtarı verin ve "vınnn, vınnn" deyin. Bebeğiniz ne yapıyor? Sizi taklit etmeye çalışıyor mu? Anahtarı üzerinde denemek için öncelikle hangi oyuncağı seçiyor? "Vınnn, vınnn" sesini çıkarmaya çalışıyor mu? Şimdi bunu iki hayvan, bir araç ve bir fincanla, içme eylemi üzerinden deneyin.

BİRAZ YARDIM LÜTFEN? BEBEĞİNİZİN GELİŞİMİNİ ARTTIRMA

Piaget gibi, parlak bir gelişim kuramcısı olan Rus Lev Vygotsky de çocukların, dünyayı anlamaları sırasında oldukça aktif olduklarına inanıyordu. Vygotsky, çocukların bilişsel gelişiminde, *sosyal çevrenin* rolüyle ilgileniyordu. Ebeveynler, öğretmenler, kardeşler ve hatta diğer çocuklar da, küçük çocukların dünya ile ilgili bilgi sahibi olmasında rol oynuyordu. Vygotsky, günümüzde de çok popüler olan bir terimi bizlere tanıttı: "yakınsal gelişim alanı". Çocukların, tek başlarına başaramayacakları, daha yetenekli partnerlere ihtiyaç duyacakları bazı görev alanları olduğunu fark etti. Ve bu, tabii ki ebeveynlerin ve bakıcıların devreye girdiği noktaydı. Biraz sonra anlatacağımız sahneyi düşünün:

3 yaşındaki Matthew mutfakta bir kilimin üzerinde yapbozlarıyla oynuyor. Ancak çok öfkeli. Ahşap parçaları rahatça yerleştiremiyor. Genellikle yapbozlarda çok iyidir ama bugün öğle uykusuna yatmak istemedi ve biraz sabırsız. Akşam yemeğini hazırlayan annesi, onu bir süre göz ucuyla seyrediyor ve çocuğun kendi başına yeterince uğraştığını düşünmeye başlayınca, onunla birlikte kilime oturuyor. Hiçbir şey söylemeden yapbozu, Matthew'un elindeki parçanın uyacağı şekle getiriyor. İşte oldu! Matthew parçayı yerleştiriyor ve annesi, "Vay canına Matthew, yapboz yapmakta çok başarılısın!" diyor. Bunu, yapboz tamamlanana kadar 7 8 kez tekrarlıyorlar. Matthew, hâlinden çok memnun görünüyor ve ardından o da annesi de başka şeylerle uğraşmaya başlıyorlar.

Matthew'un tek başına yapabildiği şeyler de var, az da olsa yardıma ihtiyacı olan şeyler de. "Yakınsal gelişim alanı", yakın gelişim alanı olarak da düşünülebilir ve yalnız çalışan birilerinin, kendilerini aşan ustalık konusundaki gelişimi anlamına gelir. Yakınsal gelişim alanı, yalnız yapabileceklerimiz ile birilerinin yardımıyla yapabileceklerimiz arasındaki farkı yansıtır. Eski Beatles şarkısında da söylediği gibi: *"I get by with a little help from my friends" (Arkadaşlarım biraz yardım ederse atlatırım).* Eğer Vygotsky kendine bir şarkı arıyor olsaydı, o şarkı kesinlikle bu olurdu! Vygotsky, zihinsel gelişimin şu şekilde gerçekleştiğini iddia etti: Çocuklar yeteneklerinin *temelini*, insanlarla iletişim sayesinde atar. Çocukların bu basamağı çıkmasına yardım edip, bugün olduğumuz yerden daha ileri gidebiliriz. Bunu nasıl yaparız? *Child's Talk: Learning to Use Language* kitabının yazarı, dünyaca ünlü bir diğer psikolog Jerome Bruner buna "destekleyici yapılandırma" adını verdi ve destekleyici yapılandırma kavramının anne babaları, çocuklarının gelişimine seyirci kalmaktansa, bu gelişimin bir parçası olmaya davet etti.

GİZLİ YETENEKLERİ KEŞFETMEK

DESTEKLEYİCİ YAPILANDIRMA

Bu kez çocuklardan ziyade, yetişkinlerin sahip olduğu bir "gizli yeteneği" gözlemleyeceksiniz. Hem çocuğunuzla iletişim kurup, hem de kendinize dışarıdan, bilimsel bir gözle bakmak zor olacağından, başka bir ebeveyn ya da yetişkinden, siz gözlemlerken çocuğunuzla iletişim kurmasını isteyin. Bir yetişkinin, çocuğu destekleyerek bir görevi nasıl yapılandırdığını gözlemleyeceksiniz. Çocuğunuzun 3 yaş ve üzerinde olması iyi olur. Yetişkinden, çocuğunuza yeni bir oyuncak vermesini isteyin. Elde oynanabilecek ve çocuğunuzun yeteneklerinin biraz üzerinde bir oyuncak olsun. Arkanıza yaslanın ve diğer yetişkinin, oyun saatini çocuğunuz için nasıl başarılı bir hâle getirdiğini, yakınsal gelişim alanı çerçevesinde gözlemleyin. Yetişkinin nesneyle oynayışını ve çocuğunuzun da nesneyle bunları yapması için ortam hazırladığını seyredin. Buna "hareketlendiren ipuçları" diyebiliriz —yetişkinin, çocuğunuzun oyuncağı çalıştırmak için yapması gereken şeylere yardımcı olması anlamında. Bunların içinde, oyuncağı yerine koymak, çocuğun elini düzgün yerleştirmek, bir şeyi çocuğa yaklaştırmak, oyuncağı kaldırıp küçük ellerin onunla oynamasını kolaylaştırmak vs. de var. Ve "dil ipuçlarına" da dikkat edin. Yani yetişkinin, çocuğun oyuncağı çalıştırması için verdiği ipuçlarına. Teşvikleri ve "Aynen öyle! Yapabilirsin! Daha sert bas!" gibi uyarıları gözlemleyin. Tüm bu yetişkin davranışları, destekleyici yapılandırmayı oluşturur. Yetişkinler, bir görevi tamamlamaları konusunda çocuklara yardım ederek, onların kendilerini akıllı görmelerine ve hissetmelerine yardım ederler.

Aslında, bu da dikkate değer bir diğer önemli konu. "Neyin" yapılması gerektiğine karar veren kişinin, çocuğunuz olduğunu unutmamalısınız. Başarmak istediği belirli bir hedefi olan kişi *çocuğunuzdur*. Anne, baba ya da bakıcı, çocuğun liderliğini takip edip, yapılması gerekene çocuğun karar vermesine izin verdiğinde, yakınsal gelişim alanı daha faydalı olmaktadır. Anne babalar, çocuğun ne kadar uzun süre dikkatini odaklayabildiğine sıklıkla şaşırırlar. Bu tür durumların gerçekleşmesi, çocuğun bir şeyleri başarmaya çalıştığı, sadece yetişkinin liderliğini takip etmediği anlamına gelir.

ZEKÂ VE BAŞARI... VE İKİSİNİ KARIŞTIRMANIN TEHLİKESİ

Zekânın anlamının nasıl öğrendiğiniz, bilgiye nasıl adapte olduğunuz ve etrafınızda olanları nasıl işlediğiniz olduğundan bahsetmiştik. Ancak günümüzde, çocukların bilgiyi nasıl bildikleri ya da *nasıl* öğrendiklerinden ziyade, *ne* bildikleri konusuna fazlasıyla odaklanılmaktadır. 80 yaşındaki Babe teyze, bu konuyu daha da netleştirmektedir. Her hafta iskambil oyunları için buluştuklarında ve 4 yaşındaki Josh'ı her gördüğünde, ondan alfabeyi ezbere okumasını ister. Ayrıca, iskambil kâğıtlarıyla oynadıklarında, Josh'ın kartlar üzerindeki sayıları söyleyebilmesine de çok şaşırır. "Uygulama yapabildiği" için, Josh çok akıllı bir çocuktur. Bunu çocuklarımıza hep yaparız: "Büyükannene okulda öğrendiğin şarkıyı söyle" ya da "Teddy, adını yazmayı biliyor. Onun bunu yaptığını görmek ister misiniz?" gibi. Eğer çocuk kendinden istenileni söylemek ya da göstermek isterse, o zaman sorun yoktur. Sadece, çocukların bildiklerini sergilemelerinin bir zekâ göstergesi olmadığını anlamamız gerekir. Bu, daha çok onların *başarısıdır.*

Genele yayılan zekâ ve başarı arasındaki karışıklık, çok sık rastlanan bir durumdur ve ciddi sonuçlar doğurabilir. Sınırlı bir görevi yerine getirmek ile bilginizi zekice kullanmak aynı şey değildir. Örneğin, Amerika'da, çocukların erken eğitiminin sonunda gündeme alınması, pek çok kişiyi heyecanlandırmıştır. Hem eyalet hem de ulus bazında çocuklar, artık en büyük doğal kaynağımız olarak görülmekte ve eğitimciler ile yetkililer, çocuklar için onlara gerçek bir eğitim verebilecek kaliteli programlar ve okullar temin etmek üzere çalışmaktadır. Bu programlar, toplumdaki dezavantajlı çocukların, global toplumda rekabetçi öğreniciler olduklarında yeterince bilgiye sahip olmalarını hedeflemektedir. Ayrıca anaokullarımızın, çocukların ihtiyacı olan şeyleri öğretmelerini ve sonuç olarak çocuklarımızın entelektüel ve sosyal bir şekilde büyümelerini sağlayacaklardır. Ulusal düzeyde sorumluluğu arttırmak için, Avantaj programındaki her çocuğun iki yılda bir test edilmesi ve 13 alandaki gelişimlerinin izlenmesi zorunlu tutulmuştur. (Bu alanlar kelime değerlendirmeleri, basım kavramları (kitabın hangi yöne doğru açıldığı gibi), tekerleme ve kelimelerdeki seslerin farkına varma ve kelime bilgisi gibi bölümleri içerir.) Aslında bu gayet iyi bir fikirdir ancak, çoğu uzman, başarının bu şekilde test edilmesinin öğretmenlerin teste yönelik eğitim vermesine ve müfredatın zekâya ve problem çözmeye odaklanamamasına neden olacağından şüphe etmektedir. Çocuklar elbette harfleri tanımalılar. Ancak, bu sadece kısıtlı bir başarı olmalıdır. Maine, Portland'de 4 yaşındaki çocukların öğretmeni olan MaryAnn, "Günümün çoğunu kitap okumak ve çocukların boya yapmasına izin vermek yerine, harfleri ve sayıları öğreterek geçireceğim," diyerek bu programdan dolayı endişesini dile getiriyor.

Edebiyat, dil, matematik ve sosyal yetenekler alanlarındaki bilim insanları da buna katılıyorlar. İçimizden biri (Hirsh-Pasek), bu konuları uzun uzadıya görüşebilmek için Temple Üniversitesi'nde bir toplantı düzenledi. Bilim insanları, bu toplantıda etkileyici bir fikir birliğine ulaştı. Çocukların gelişiminin test edilmesinin, kültürel olarak yanlı olduğu ve süreçten ziyade, fazla sonuç odaklı (bunu "başarı" olarak düşünün) olacağı sonucuna vardılar. Küçük çocukların nasıl öğrenmeleri ve düşünmeleri gerektiğini öğrenmeleri gerekiyordu. Eğer sadece harfleri bilip bilmediklerini test edip, bu bilgiyi kullanıp kullanamadıklarıyla ilgilenmezsek, gemiyi kaçırmış oluruz. Eğer sadece kaç kelime bildiklerini test edip, bunları bir hikâyeye ya da anlatıya yerleştirip yerleştirmediklerine bakmazsak, onları okumaya hazırlayıp hazırlamadığımızdan emin olamayız. Eğer sadece sayıların isimlerini bilip bilmediklerine bakarsak, çok ya da az kavramlarıyla ilgili bir fikre sahip olup olmadıklarını ya da toplama ve çıkarmanın birbirleriyle ilişkili olduğunu anlayıp anlamadıklarını göremeyiz. Eğer sadece başarının yüzeysel göstergelerini test edersek, zekâyı destekleyip desteklemediğimizi asla anlayamayız! Ve eğer sadece dili ve matematiği test edersek, çocukların gelişimi için çok önemli olan sosyal yeteneklerin gelişimini tamamen göz ardı ederiz.

Philadelphia'da buluşan bilim insanları, çocukların nasıl öğrendiklerini ve anaokulundaki ilk yıl süresince gelişimlerini takip etmeyi uygun bulduklarını hükûmete tavsiye niteliğinde dile getirdiler. Bu tür bilgiler, anaokulu müfredatımızı nasıl şekillendirmemiz gerektiği konusunda gayet kritiktir. Ancak, gelişim ile ilgili bir gösterge istiyorsak, o hâlde doğru yerlere bakmamız gerektiği konusunda da uyarıda bulundular. Ebeveynler, yetkililer ve profesyoneller olarak, söylentilere fazlaca kulak astığımızdan, öğrenmeyi zekâyla eşit, başarıyı da zekânın eş anlamlısı olarak düşünüyoruz. Bu, çocuklarımıza nasıl öğrettiğimiz konusunda ciddi sonuçları oluşturabilecek bir sonuçtur.

UYGULAMAKTA FAYDA VAR

Daha önce de gördüğümüz gibi, hayatlarının ilk yıllarında çocuklar, dünya ile ilgili ellerinden geldiğince fazla şey öğrenirler. Sadece yatıyor gibi görünen ve gözlerini bile zorlukla odaklayan bebekler, dünyayı keşfetmek ve algılamak için hâlihazırda duyularını kullanmaya başlamıştır. Öğrenmenin yer almadığı (anne karnı da dâhil) hiçbir an yoktur. Çocuklarınız, uyanık oldukları her anda dünya ile ilgili bir şeyler öğreniyorlardır. Çocuklar, insan yüzlerini gördüklerinde, sesler ve yüzlerin uyumunu öğrenirler. Bir nesnenin masadan tavana düşmek yerine, yere düştüğünü gördüklerinde, fiziğin temel ilkeleri hakkında fikir sahibi olurlar. Ve çocuklar hayvanların, insanların, araçların ve dünyada günlük olarak karşılaştığımız tüm her şeyin özelliklerini keşfederler. Bu da öğrenmedir. Bebekler mükemmellerdir! Zekâyı edindikleri süreç inanılmazdır ve bizim burada anlattıklarımız, bebeklerin kendi dünyalarını öğrenmeleri konusunun sadece başlangıcıdır. Ancak, bebeklerin mükemmel olmaları, anne babaların, çocuklarının zihinsel gelişiminde hiçbir rol oynamadıkları anlamına gelmez. Bu bölümün daha etkili bir hâl alması için şimdi size birkaç madde.

Çocuğunuzun gelişim alanı dâhilinde çalışın. Unutmayın ki çocuklar, kendileri için rahat olanın biraz daha ilerisine gitmeye teşvik edildikleri zaman daha iyi öğrenirler. Aşağıdaki basamaklardan en azından bazılarını ara sıra çocuğunuzla yapıyorsunuzdur ancak, bunları anlatmamız, sizin rolünüzün ne kadar önemli olduğunu göstermemize yardımcı olabilir.

Çocuğunuzun ilgilerini takip edin. Çocuğunuza sizin verdiğiniz bir görevi yaptırmaya çalışmayın. Bunun yerine, onun ne yaptığını anlamaya çalışın. Üzerine çalışmak istediği problemi hazırlamasına izin verin. Bu, uygun boşluklara şekilleri yerleştirmek de olabilir, bir yapbozu bitirmek de.

Çocuğunuzun kendisi için belirleyeceği hedefe gitmek için atması gereken adımları azaltın. Örneğin, eğer çocuğunuz, nesnelerin şekline uygun delikleri olan bir kutuya, bu nesneleri atmak istiyor (çoğumuzun evde sahip olduğu bir oyuncaktır bu) ancak kutuyu sabit tutup, aynı anda da nesneleri atamıyorsa o zaman kutuyu onun için sabit tutun. Eğer çocuğunuzun kapıyı açmak isteyip de açamadığını görürseniz, kapıyı açıp çocuğunuzun yapması gereken şeyi yapmasını sağlayın.

Çocuğunuz sinirlendiği zaman onu cesaretlendirin. Bu üzüntüyü uzun süre yaşamasına izin vermeyin ve "Birlikte yapabiliriz!" ya da "Sana yardım edeyim!" gibi sözlerle ona destek olun. Öfke, genellikle çocukların bir sonraki adımın ne olduğunu bilmemesi durumunda ortaya çıkar. Eğer gerekliyse, bir önceki adıma gidin. Görevi, küçük basamaklara bölün.

Gösterin. Zayıf motivasyon, çoğu zaman çocuğunuza bir görevi nasıl yapması gerektiğini göstermenizin zamanının geldiğini gösterir. Gösterdikten sonra da, çocuğunuzu "Gördün mü? Kutu, topa gitti! Şimdi sen yap!" gibi sözlerle teşvik edin. Gösterim çok yararlıdır çünkü hepimiz başkalarını taklit ederek öğreniriz.

Çocuğunuzun yaptığı ile yapılması gereken arasındaki farktan bahsedin. Çocuğunuzun yaptığını tanımlamak, A'nın neden işe yaramadığını ve B'nin neden işe yaradığını anlamasına yardım eder. Örneğin, "Zorlamak işe yaramaz. Yavaşça koyarsan, çalışabilir," gibi bir şeyler söyleyebilirsiniz. Farklara dikkat çekerek, ona farklı alternatifleri gösteriyor olursunuz.

Çocuğunuzun yapmayı bildiği şeylerle bağlantılar kurun. Başarılı öğretmenler, hangi yaşa eğitim verirlerse versinler, öğrencilerin öğrendikleri şey ile bildikleri şey arasında bağlantı kurmalarını sağlarlar. "Andrea'nın evinde oynadığın oyuncağa benziyor, hatırladın mı? Bu da aynı onun gibi çalışıyor" gibi şeyler söyleyin. Bu sayede, çocuğunuz, sahip olduğu bilgiyi, yeni karşılaştığı duruma da aktarır.

Çabayı vurgulayın, başarıyı değil. Çocuğunuz, attığı atışların %100'ünü de kaçırabilir. Eğer eleştirel ve gerçeklere bağlı olursak, çocuğumuza bu atışları yapmamasını öğretiriz. Çocuklara öğretmemiz gereken şey; her şeyden önce, mükemmel olmamanın bir sorun olmadığı, hepimizin hatalar yapabileceği ve bizim onları, *çaba* sarf ettikleri için sevdiğimizdir. Onlara erken öğrenme ile ilgili yoğun vurguyla öğrettiğimiz şeyler, kalıpların dışına bakmamalarına neden olur. Ancak, zeki bir insan bunun tam tersini yapar! Çocuklarımıza yaratıcı düşünmeyi, kalıpların değişebileceğini fark etmeyi öğretmeliyiz!

Dâhi olmanın %10'unun ilham, %90'ının terle mümkün olduğu sözünü duymuş muydunuz? Bazen eski sözler gayet doğrudur. Başaran ve başaramayan insanlar arasındaki farklardan biri de *motivasyon*dur. Columbia Üniversitesi'nden Profesör Carol Dweck yaşamını, çocukları öğrenmeye motive eden şeyleri bulmaya adadı. Yakın bir zamanda, kendisine IQ'nun çocukların gerçek yeteneklerini ve potansiyelini ölçmek için güvenilir bir ölçek olup olmadığını sorduğumuzda, profesörün cevabı şöyle oldu: "IQ testleri, var olan yeteneği test edebilir ancak kişinin potansiyelini hiçbir şey test edemez... Yaratıcı dâhiler üzerine yapılan araştırmalar, onların birçoğunun gayet sıradan çocuklar gibi göründüklerini gösteriyor. Yine de bir noktada, bir şeylere tutkuyla bağlanıyorlar ve bunu çok uzun bir süre hırsla takip ediyorlar... Bu, IQ puanlarıyla tahmin edilemezdi."

O hâlde, öğrenmeyi seven çocuklar üretmenin yolu nedir? Piaget'nin açıkça belirttiği gibi, çocuklar bu şekilde başlarlar. Küçük süngerler gibilerdir. Onları bu şekilde tutmak için —meraklarını köreltmemek için— eleştirel olmamalı, cesaretlendirici olmalıyız. Zekâlarından ziyade, problemleri çözmek için kullandıkları yolları takdir etmeliyiz. Bu, çocuklara net bir şekilde, doğru yaklaşımla, neredeyse her şeyi yapabileceklerini gösterir.

Bu yolla çocuklarımızı, bizleri hayal kırıklığına uğratma kaygısından ve "Yeni bir şey dener ve başarısız olursam, annem artık benim zeki olmadığımı düşünür," gibi bir düşünceden kurtarmış oluruz. Zorlu durumlara direnmelerini sağlarız. Sonuç, uzmanlık odaklı olan, zorlu görevlerle karşılaştığında pes etmek yerine buna dört elle sarılıp, mücadeleden hoşlanan çocuklardır. Diğer ipuçları da, uzmanlık odaklı çocukları nasıl yetiştireceğiniz ve onlara nasıl destek olacağınızla ilgili olacak.

Bir şeyleri yapmanın sadece bir doğru yolu olduğu konusunda ısrarcı olmayın. Eğer çocuğunuz, bir probleme yeni bir çözüm yolu sunarsa, bu mükemmeldir! Doğru cevaplara vurgu yapmak, çocuğunuzu zekâyı bir varlık olarak görmeye zorlayacaktır. Öte yandan, yaratıcı ve düşünsel oyunlara yapılan vurgu, çocuğun, zekânın arttırılabilecek bir şey olduğunu düşünmesini sağlayacaktır.

Çocuğunuza sizin de hata yaptığınızı gösterip, sizi düzeltmesine izin verin! Bu sadece, çocuğunuzun mükemmel olmak için üzerinde hissettiği yükü hafifletmekle kalmayacak, aynı zamanda öğrenmenin yaşam boyu sürecek bir süreç olduğunu fark etmesini sağlayacaktır.

Çocuğunuzun yaratıcı ve bağımsız düşünmesini geliştirin. Çocuğunuz etrafta bir şeylerle oynayıp, yeni yollarla gerçekleri birbiriyle birleştirirken, 21. yüzyılın çalışma ortamında çok değer gören yetenekleri öğreniyordur. Bilgiyi bizim için parçalara ayıran, bizim hiç yapamayacağımız kadar hızlı hesaplayan ve saniyeler içinde karmaşık matematik fonksiyonları yapan bilgisayarlarımız var, ancak hiçbir bilgisayar, problemleri çözerken, insan beyninin yaratıcılığını kullanamaz. Bu nedenle 21. yüzyılın anne babaları ve öğretmenleri olarak, bizlerin zekâya daha geniş bir açıdan bakıp, çocuklarımızın yeteneklerine odaklanmamız, onların yaratıcı olmasına izin vermemiz, onları bağımsız düşünürler olmaya teşvik etmemiz ve meraklarını besleyen geniş bir bakış açısına sahip olmamız gerekir. Eğer zekâ anlayışımız, test sonuçlarına ve tonlarca bilgiyi yalayıp yutmaya dayanıyorsa, gerçek insan zekâsını oluşturan en önemli değeri yok sayıyoruz demektir.

BÖLÜM 7

BEN KİMİM?

1928 yılında, ünlü psikolog John Broadus Watson sıra dışı bir iddiada bulundu. "Bana bir düzine sağlıklı bebek verin. Yapılandırılmış ve tam teşkilatlı ortamımda onları büyütüp, yeteneklerine, eğilimlerine, tutkularına, kapasitelerine, meraklarına ya da atalarının ırklarına bakmadan, hepsini benim seçeceğim herhangi bir uzmanlık alanında yetiştireyim: doktor, avukat, ressam, tüccar ve evet hatta bir hırsız ve dilenci," demişti.

Psikolojide, davranışçı düşünce okulunun kurucusu olan Watson, kişiliğin şekillenmesinde, çevrenin çok büyük bir gücü olduğuna inanıyordu, özellikle de onun bilimsel ilkeleriyle rehberlik edilecek olursa. Ancak, gelişim psikologları, Watson'ın düşüncesini çürütecek olan, kalıtımla ilgili birkaç gerçeği su yüzüne çıkardılar. Çevre tabii ki etkilidir. Bunu kimse inkâr edemez. Ancak her çocuğa özgü olan ve DNA'larına kodlanan faktörler de çocuğun kim olacağında etkilidir.

DOĞA, YETİŞTİRMEYE KARŞI: BENLİK BİLİNCİMİZİ (ALGIMIZI) NASIL GELİŞTİRİRİZ?

Çoğu aile, Watson'ın ailenin gücünü vurgulayan çevreci bakış açısına büyük ölçüde inandı. Yani, ikinci çocukları olana kadar. İkinci çocuk, en başından itibaren birinci çocuktan farklı görününce, anne babalar, çocuklarının kendileriyle ilgili fikirlerini ne kadar şekillendirebilecekleri konusunda daha gerçekçi bir tavır takındılar.

Çocuklar kim olduklarını *nasıl* öğrenirler? Kendimizle ilgili bildiğimiz tüm farklı şeyleri düşünün. Örneğin, bir kadın olduğumu biliyorum. Yaşımı ve ırkımı da. Nasıl göründüğümü biliyorum ve kendimi fotoğraflarda tanıyabilirim. Brokoliyi sevdiğimi ve karnabahara katlanamadığımı biliyorum. Sıkıştırıldığım zaman sinirlendiğimi ama çok kolay affettiğimi biliyorum. İçine kapanık biri olmadığımı ve sosyal olduğumu biliyorum. Takipçi olmaktansa, lider olma eğiliminde olduğumu biliyorum. Matematikte iyi olmadığımı ancak İngilizcede mükemmel olduğumu biliyorum.

Yetişkin olana kadar, kim olduğumuzla ilgili oldukça detaylı bir resme sahip oluruz ve bu resim, olumlu ve olumsuz arasında, dengede bir resimdir. Kendimizle ilgili bir deneme, hayat öykümüzle ilgili bir hikâye yazabiliriz. Aslında, bazı insanlar bunu zaten yapıyor ve bunun adı da otobiyografi! Ancak çocuklar sürece bu şekilde başlamıyorlar. Kendileriyle ilgili fikirlerini ağır ağır inşa ediyorlar. "İnşa etmek" kelimesine dikkat edin. Bu fiil, bir şeyi zeminden başlayarak oluşturmak anlamına gelir. Bir gecede gerçekleşmeyen, bir kişisel oluşum *süreci* olduğunu ima eder. "İnşa etmek" fiili ayrıca, çevrenin de bu süreçte rol alacağı mesajını verir ki öyledir de.

Çocuklar, benlik algılarını, ebeveynlerinin desteği olmadan oluştururlar. Bu, ebeveynlerin bir önemi olmadığı anlamına gelmez. Aksine çok büyük önemleri vardır. Ancak, çocuklar anne babalarının ya da bakıcılarının onlara kendilerinden bahsetmesini beklemezler. Bu bölümde göstereceğimiz gibi, çocuklar kendileriyle ilgili her şeyi *kendi kendilerine* fark ederler.

Çocukları küçük yaşlarda birer dâhi olmaları için zorlamanın tehlikelerinden biri de, *ebeveynlerin, çocuklarının benlik algısının mimarı gibi davranıyor olmalarıdır.* Bu söylentiye kulak asmak, ebeveynlerin omzuna büyük bir yük yükler çünkü bu, onları mükemmel ebeveynler olmaya zorlar. Çocuklarının her türlü yetersizliğinin kendi hataları olduğunu düşünürler. Johnny ıspanağı sevmiyor mu? Küçükken kesin benden öyle görmüştür. Sally yapbozları sevmiyor mu? Geçen sefer birlikte yaptığımız sırada çok olumsuz davranmış olmalıyım. Buna inanacak olursanız, çocuğun atlamakta başarısız olduğu her engelin hep sizin suçunuz olduğunu düşünürsünüz. Çocuklarının zihinsel gelişimi için kaygılanan anne babalar ile ilgili olan söylenti bunu daha net anlatır. *Birçok anne baba, çocuklarını zekâları konusunda överlerse, zeki olduklarına inanan ve okulda başarılı olan çocukları olacağına inanır.* Bu çok da saçma bir fikir değildir. Eğer bir çocuğa yakışıklı olduğunu söylersek, muhtemelen o da böyle düşünmeye başlar. O hâlde zeki olduğunuzu duymak da aslında zeki bir insan olduğunuzu düşünmenize neden olmaz mı? Ya da akademik görevlerde daha başarılı olmanıza? Ne yazık ki, bu sorunun cevabı kesinlikle hayır. Göreceğimiz üzere, zekânın övülmesi, mantığa aykırı bir şekilde çalışır. Çocukların zekâsının övülmesi, onları başarısız olmaktan korkacakları için ölçülü öğreniciler yapar. Zekânın övülmesi, çocukların içten içe ne pahasına olursa olsun korumaya çalıştıkları bir imaj çizerek onları kilitler.

OKUL ÖNCESİ BİR ÇOCUĞUN KENDİSİ HAKKINDAKİ ÇARPIK ALGISI

Çocuklar kendileri hakkındaki fikirlerini nasıl geliştirirler? Ve bu öğrenme ne kadar hızlı gerçekleşir? Bir bebeğin 3 aylıkken sahip olduğu benlik algısı, bir çocuğun 3 yaşında ve 8 yaşında sahip olduğuyla çok farklı olabilir. Dr. Susan Harter, çocukların benlik algısını nasıl geliştirdikleri konusunda uzmandır. Farklı yaşlardan çocuklarla yaptığı görüşmeler sonucunda, 2 ila 4 yaşındaki çocukların kendilerini nasıl gördükleri konusunda bir örnek oluşturmuştur:

Ben 3 yaşındayım ve annem, babam, erkek kardeşim Jason ve kız kardeşim Lisa ile birlikte büyük bir evde yaşıyorum. Mavi gözlerim var. Turuncu renkte bir kediye ve odamdaki bir televizyona sahibim. Alfabenin hepsini biliyorum. Bakın: A, B, C, D, E, F, G, H, J, L, K, O, M, P, Q, X, Z! Çok hızlı koşabilirim. Pizzayı severim ve anaokulunda çok iyi bir öğretmenim var. 10'a kadar sayabilirim. Duymak ister misiniz? Köpeğim Skipper'ı çok severim. Oyuncak tırmanma merdivenlerinin en tepesine tırmanabilirim, hiç korkmam! Ben hiçbir şeyden korkmam! Hep mutluyum... Çok güçlüyüm. Bu sandalyeyi kaldırabilirim, bakın!

Vay canına! Görüşmeyi yapan kişiye bunları büyük bir hevesle anlatmak için can atan küçük bir çocuk hayal edebiliyorsunuzdur. Çocuğun konuşmaları kulağa kendinden çok emin geliyor. Bize her şeyi yapabileceğini söylüyor. Sandalye kaldırmaktan, 10'a kadar saymaya ve (kendi versiyonuyla) alfabeyi saymaya kadar! Bu tipik bir okul öncesi çocuğu. Okul öncesi çocukların kendileri ile ilgili *abartılı* bir benlik algıları olur. (Pekâlâ, belki de sadece okul öncesi çocuklarının değil... Bazı Hollywood yıldızları ve diktatörler de onlarla aynı düşünceleri paylaşıyor olabilirler!)

Aslında durum tam tersiyken okul öncesi çocuklar neden her şeyi yapabileceklerini hayal ederler? Okul öncesi çocuklar iki şeyde iyi değildir ve bunu kendilerini överek yok saymaya çalışırlar. Öncelikle, durumların birkaç yönüne odaklanmaktansa, sadece bir yönüne odaklanabilirler. Örneğin, Kathy'nin oğlu Benjy, 5 yaşındayken, ailesiyle tatil yaptığı sırada, birbirleriyle oldukça yüksek bir tramplenden havuza atlamak konusunda iddiaya giren bir grup kavgacı ergen çocuktan çok etkilenmiş. Benjy, kimse fark etmeden birçok merdiveni tırmanıp, annesinin bakmadığı bir anda suya atlamış. Bu, onun ergen davranışlarından etkilenip, kendi küçük ebatlarını, büyük çocuklarınkiyle karşılaştırmaktan geri kalmadığı bir andır. O sırada, sadece bir ergenin yaptığını yapma konusuna odaklanmıştır.

Bu, tek amaçlı odaklanmayla ilgili olarak, okul öncesi çocuklar, yolunda gitmeyen her şeyi kendilerinden başka bir nedene bağlarlar. Örneğin, Kathy bir seferinde oğlu Mikey'nin başka bir çocuğa sert bir şekilde vurduğunu görmüş. Oğlunu azarladığında, ondan, "Ben yapmadım, elim yaptı," yanıtını almıştır. Bir beyzbol topuna vurmaya çalışıp, vuramazsa topu atan kişiye, "Sen yanlış attın," diyecektir. Hatta bir çalışma, okul öncesi çocukların, bir görevde birden çok kez başarısız olmaları durumunda bile, bir kez daha denerlerse başaracaklarına inandıklarını göstermektedir! Bir açıdan, yetenekleriyle ilgili sahip oldukları bu abartılı görüş aslında bir hediyedir çünkü asla pes etmezler. Bir diğer açıdan da bu, tehlikeli sonuçlar doğurabilir çünkü okul öncesi çocuklar her şeyi denemeye isteklidirler. Ancak biraz daha büyüdüklerinde, kendi yeteneklerini fark ederler. Kim olduklarını fark etmeleri için birçok diğer faktörün de oluşması gerekir.

Okul öncesi çocukların kendilerinden çok emin olmalarının bir diğer nedeni de, psikologlar tarafından "sosyal kıyaslama" olarak adlandırılan sürece çocukların, dâhil olmakta başarısız olmasıdır. Biz yetişkinler bu konuda çok iyiyizdir. Çoğumuzun omzunda küçük insanlar oturur ve yaptıklarımızı, diğerlerinin yaptıklarıyla kıyaslayarak, yargılar. Aslında, bazı yetişkinler için omuzlarındaki yargıçlar o kadar ağırdır ki, onları aşağı çeker ve yeni girişimlerden alıkoyar. Ancak okul öncesi çocuklarda bu yargı henüz gelişmemiştir. "O benden daha iyi oynuyor," gibi şeyler düşünmez ya da söylemezler çünkü kendilerini başkalarıyla karşılaştırıp bu farklılıkları dikkate almazlar. Mükemmel olduklarına inanırlar! Ve onlar için önemli olan tek şey budur.

DAHA DENGELİ BİR BENLİK ALGISI

Çocuklar 8 yaşına kadar, kendilerini, okul öncesinde olduğundan daha karmaşık bir şekilde görmeye başlarlar. Öz algıları daha dengeli ve somut bir hâl alır. Artık, her şeyde mükemmel olamayabilecekleri düşüncesine sahiptirler. Ve omuzlarındaki yargıcın belirdiğini, yaşıtlarının bazı konularda kendilerinden daha iyi —ve daha kötü— olduğunu gördüklerini belli ederler. Bunu, çocukların okuldaki okuma gruplarına katılmalarıyla anlayabiliriz. Kendilerine böyle bir şey hiç söylenmese de, mavi grubun, kırmızı gruptan daha iyi olduğunu bilebilirler. Guppy kardeşlerin, öğleden sonra yüzme grubundaki en kötü yüzücüler olduklarını da bilirler.

Daha büyük çocuklar, kendileriyle ilgili olumsuz düşünceleriyle, olumlu düşüncelerini dengede tutarlar. Bir konuda çok iyi olmadıklarını anladıklarında, bunun çok da önemli olmadığına karar verirler. ("Yüzmede kötüysem ne olmuş ki? Futbolda çok iyiyim!") Bu da, mükemmel olmadıklarını fark etseler de, kendilerini bir *bütün* olarak görmelerine yardım eder. Ve 8 yaşına geldiklerinde, bambaşka bir karakter oldukları inancını bırakıp, kendi psikolojik ve sosyal kişiliklerinin farkına varırlar. Bu nedenle tipik bir 8 yaş çocuğu, kendisiyle ilgili şunları söyleyebilir:

En azından kızlar arasında çok popülerim. Bunun nedeni de insanlara karşı yardımsever ve iyi olmam, bir de sır tutmam. Genellikle arkadaşlarıma karşı iyiyim ama kızdığım zaman biraz kötü şeyler söyleyebilirim... Okulda, Dil Bilgisi ve Sosyal Bilgiler gibi bazı konularda kendimi çok akıllı hissediyorum... Ancak, Matematik ve Fen Bilgisi'nde çok aptal olduğumu düşünüyorum. Özellikle de çocukların birçoğunun bu konularda ne kadar iyi olduklarını gördüğümde. Bu derslerde başarılı olamasam da, yine de kendimi bir insan olarak seviyorum çünkü benim için önemli olan sadece Matematik ve Fen Bilgisi değil. Nasıl göründüğüm ve ne kadar popüler olduğum daha önemli.

Bir okul öncesi çocuğu ile 8 yaşındaki çocuğun tanımlamaları ne kadar da farklı, değil mi?

GİZLİ YETENEKLERİ KEŞFETMEK

BENLİK ALGISI

Yaş: 2.5-6 yaş

Bir dergiden, çocuğunuzun yaşlarında olan bir çocuğun fotoğrafını kesin. Çocuğunuz, 2.5 yaşındayken ona, "Bu kızın senin arkadaşın olmak istediğini düşün. Senin hakkında bir şeyler öğrenmek istiyor. Bu küçük kıza kendinle ilgili ne söyleyebilirsin? Nerede yaşadığını, nelerde iyi olduğunu, neleri yapmayı sevdiğini ve kendinle ilgili şeyleri anlat ona!" deyin. Şanslıysanız, çocuğunuzu çenesi düşük bir anda yakalamışsınızdır. Söylediklerini (yazarak ya da videoya alarak) kaydetmek çok eğlenceli olacaktır. Bunu her 6 ayda bir deneyin ve çocuğunuzun benlik algısıyla ilgili tanımlarının nasıl değiştiğini görün! Daha büyük bir çocuğunuz varsa ya da bir arkadaşınızın çocuğuyla konuşabilirseniz, çıplak gözle görülemeyecek gözlemler yapma şansı yakalayıp, çocukların benlik algılarının nasıl karmaşıklaşabileceğini, onların duygularını hissederek görürsünüz.

Bu etkinlikleri birden çok kez yapmak eğlencelidir çünkü çocuğunuzun kim olduğu yönündeki algısının giderek geliştiğini görürsünüz. Kişinin benlik algısının gelişimi heyecan verici bir hikâyedir ve ilk beş yılda büyük değişime uğrar. Çocukların benlik algıları, sürekli genişleyen eş merkezli daireler şeklinde, fiziksel benliklerinden, sosyal, duygusal ve sonra da düşünsel benliklerine ulaşır.

BEN KİMİM: BENLİK ALGISININ ORTAYA ÇIKIŞI

Jenny'nin annesi, kızına banyo yaptırdıktan sonra, sık sık aynanın karşısına geçip, yeni doğmuş kızına iltifatlar ederdi. Birkaç ay sonra Jenny, gülümseyip aynadaki görüntüsüne tepki verdi. Yansımanın kendisine ait olduğunu anlamış mıydı? Hayır! Bu ancak birkaç ay sonra olabilir. Bu tanıma ne zaman ve nasıl gerçekleşir?

Bir çocuğun kendisi ile ilgili kavrayışı nerede başlar? Ve bebeğin benlik algısı olması ne demektir? Bu algı nasıl ortaya çıkar? Başlangıçta, bu tamamen *öznel* bir farkındalıktır. Bebek öncelikle kendisi ile ilgili *devamlı* olarak bir hisse sahiptir. Nerede olursam olayım, zamana ve mekâna bağlı olmayan bir şekilde aynı benliğe sahibim. Beni beşiğime de koysanız, omzunuza da alsanız, o duygu hep orada. Beni yeterince hızlı beslemezseniz, bundan hoşlanmadığımı belli ederim! Bunun dışında, bebekler başlangıçtan itibaren, kendi benzersizlikleri ile diğerleri arasındaki farkı hissedebilmektedirler. Başlangıçta, bu sadece fiziksel bir ayrımdır çünkü bebekler bedenlerinin nerede başlayıp, nerede bittiğini biliyor gibidirler.

Ve son olarak, bebekler —çok küçük olanlar bile— bir şeylerin gerçekleştirilmesinde *öncü* olabilir. Başparmaklarını ağızlarına götürmek ya da parlak ışıktan kurtulmak için yönlerini değiştirmek gibi konularda kontrol sahibidirler. Dünyalarını etkileyecek bir kapasiteye sahip olduklarını az da olsa fark etmeleri, kesinlikle benlik algılarının gelişiminin bir parçasıdır. Yani, örneğin, bir bebek oyuncağına vurmak ve oyuncağın hareket etmesi, bebeğe kendisi ile fiziksel dünya arasında bir ilişki olduğu konusunda bilgi verir. Ebeveynlerin çocuklarıyla oynamayı sevdikleri küçük oyunlar —"Ce-ee" ve "Burnunu göster. Gözünü göster," gibi— bebeğin, kendini tanımasına yardımcı olur.

Bebekler, kendilerini en belirgin şekilde —fiziksel açıdan— algılamaya başlarlar. Nasıl görünüyorum? Bana ait olan ne var? Daha sonra sosyal benlikleri ile ilgili bir algı geliştirirler: "Başkalarıyla nasıl ilişki kurup anlaşırım, nasıl sosyal ilişkiler oluştururum?" Bunun büyük bir kısmı değerlerimiz tarafından yönetildiği için, sosyal benliğin ahlaki bir yanı da vardır. Sahip olduğumuz hisleri ve inançları da içeren *duygusal ve psikolojik bir benliği* de içerir. Son olarak, *zihinsel benlik* de akademik yeteneklerimizi nasıl algıladığımızdır. Tüm bunlar bir araya geldiğinde (ve burada konuşmaya yerimizin yetmeyeceği diğer etmenler de bir araya gelince) benlik algısı kavramı oluşur.

FİZİKSEL BENLİK: BEDEN

Bebeklerin ilk farkına vardıkları şey kendi bedenleridir. Örneğin, yeni doğan bir bebek bile ara sıra elini yüzüne koyabilir, bunun kazara ya da isteyerek olması önemli değildir. Bizim için önemli olan, küçük bebeğin yanağında elini, elini yanağında hissediyor olmasıdır. Psikologlar bunu "çift yönlü uyarım" olarak adlandırırlar. Çift yönlü uyarım, dokunduklarının kendi bedenleri olduğunu bebeklere söyleyen şey olabilir.

Ancak bebekler, kendi bedenlerinin nerede bitip, diğer bedenlerin nerede başladığını bilir mi? Bunu bulmak için Profesör Philippe Rochat ve Susan Hespos, yeni doğan bebeklerin, yanaklarına dokunan *kendi* elleriyle, başka birinin elini ayırt edip edemeyeceklerini incelemek gibi mükemmel bir fikirle ortaya çıktılar. Yanağa dokunma, bütün bebeklerin doğuştan getirdikleri bir özelliktir: "aranma refleksi". Bebekler bu refleksi, onların yanaklarını okşadığınız zaman, başlarını yana çevirerek gösterirler. Doğa onları, sadece okşandıkları tarafa dönmeleri üzere tasarlamıştır. Sağ yanağını okşarsanız, sağa döner; sol yanağını okşarsanız sola. Ve bu refleks mükemmeldir çünkü yanağınıza değen bir şeye doğru döndüğünüzde, bu dönüş muhtemelen sizi bir göğüs ucuna götürecektir. Tam da doğanın istediği gibi!

Araştırmacılar, yenidoğanları doğumlarından 24 saat sonra test etmiştir. *Araştırmacının*, bebeğin yanağına dokunması ya da bebeğin kendi yanağına rastgele dokunması üzerine ne olduğu incelenmiştir. Eğer bebek kendisi ve başkası arasındaki farkı ayırt edebiliyorsa, kendi yanağına dokunduğunda aranma refleksini göstermemesi gerekir. Sonuçta, kendi kendine süt veremez! Ancak, eğer yanağına dokunan kendi eliyle başka birinin elini ayırt edebiliyorsa, o hâlde okşandığında refleks gösterip, okşandığı yöne dönmesi gerekir. Araştırmacılar, bebeklerin, temas kendi ellerinden olduğunda ve *araştırmacının* eli tarafından olduğunda o tarafa kaç kez döndüklerini saymıştır. Bebekler, araştırmacının dokunuşuna, kendi dokunuşlarından üç kat daha fazla aranma refleksi göstermiştir. Bebekler, tuhaf bir şekilde, bir günlükken bile kendi bedenleriyle başka bedenleri ayırt edebilmektedirler.

Bebeklerin, kendi bedenlerinin, diğer bedenlerden farklı olduğunu bildiğine dair bir diğer şaşırtıcı gösterge de, Profesör Daniel Stern'ün oldukça sıra dışı şartlarda gerçekleştirdiği bir deneydir. Stern, karınlarından birbirine bağlı ve yakın zamanda birbirinden ayrılmak üzere olan, bir grup 4 aylık yapışık ikizi incelemiştir. İkizler, vücut organlarını paylaşmamaktadırlar. Dr. Stern, ikizlerin çoğunlukla birbirlerinin parmağını emdiğini gözlemlemiştir. Burada, bu davranışın ne *anlama* geldiği sorusu ortaya çıkmaktadır. Bu, birbirine yapışık olan bebeklerin, hangi organın kime ait olduğunu fark edemedikleri anlamına mı gelir? Yoksa bebekler kendilerine ve ikizlerine ait olan parmakların farkındalar mıdır? Sonuçta, bebekler emmeyi severler ve ağızlarının çevresinde olan her şeyi sıkça emerler!

Stern bunu şu şekilde açıklamıştır: Eğer bir bebek, kendisine ait olduğunu düşündüğü bir parmağı emerse ve (birileri tarafından) bu parmak ağzından çekilirse, bebeğin parmağını yeniden ağzına götürmek için *kolunu* oynatması gerekir. Ancak, eğer *diğer ikizin* parmağını emiyorsa, *başını* hareket ettirmesi gerekir. Neden başı? Çünkü bebek, kollarını kullanamayacağını, parmağı yeniden yakalamasının tek yolunun, ağzını oraya uzatmak olduğunu bilir. Bu, bebeklerin yaptığı şeydir! Örneğin, ikiz A (Alice) *kendi* parmağını emerken, parmak ağzından yavaşça çekilir. Kolunu oynatmaya çalışarak, buna karşı koymak ister ve başını sabit tutar. Ancak, ikiz B'nin (Betty) parmağını emerken, Alice kendi kollarını hareket ettirmek için bir çaba sarf etmez. Bunun yerine, başını öne uzatıp, parmağı yeniden ağzına almaya çalışır. Betty de aynı davranışı sergilemiş, ağzında kimin parmağı olduğuna bağlı olarak başıyla ya da koluyla tepki vermiştir. Bu da yapışık ikizlerin —gerçekten bedenlerini paylaşıyor olsalar bile— hangi bedenin hangi ikize ait olduğu konusunda bir yanılgı yaşamadıklarını gösterir! Bu bulgu, tabii ki, Siyam ikizi (yapışık ikiz) olmayan ikizler için de geçerlidir. Ancak en uç örneklerde bile, ikizler hangi bedenin hangi ikize ait olduğunu anlayabilmektedirler.

"BEN"İ "SEN"DEN AYIRMAK

Eğer bebekler, kendi bedenlerinin nasıl çalıştığına dair bir algıya sahiplerse ve diğer bedenlerden farklı olduklarını biliyorlarsa, kendilerini ne zaman fark ederler? Florida International Üniversitesi'nden Dr. Lorraine Bahrick tarafından yapılan bir çalışmada, 3 aylık bebeklerin, kendilerine ait bir videoya ve aynı yaş ve cinsiyetteki başka bir bebeğin videosuna ne süreyle bakacaklarını test etmiştir. Şaşırtıcı bir şekilde, Dr. Bahrick, bebeklerin, daha önce görmedikleri bebeğin görüntüsüne, kendi görüntülerinden daha uzun süre baktıklarını gözlemlemiştir.

Bu, 3 aylık bebeklerin kendilerini tanıdıkları anlamına mı gelir? Pek sayılmaz. Bu, sadece kendi hatlarını daha tanıdık bulduklаrı için, diğer bebeği daha dikkat çekici buldukları anlamına gelir. Bu çalışmadan, 3 aylık bebeğin, tanıdık gelen bebeğin kendisi olduğunun farkında olup olmadığını anlayamayız. Ancak, bebeğin kendisini izlediğinin farkında olup olmadığını söyleyemesek de, bu çalışma bize, bebeğin kendisiyle ilgili *bir şeyleri* tanıdığını anlatır. Öyle olmasa, diğer bebeğe neden daha uzun süre baksın ki?

Bununla paralel ve bir o kadar etkileyici olan bulgu da, ses ile ilgilidir. Araştırmacılar, 4 aylık bebeklerin, aynı hece sayısı ve aynı vurguya sahip diğer isimlere kıyasla, *kendi* isimlerini duymayı tercih ettiklerini ortaya çıkarmıştır. Gerçi, bir bebeğin sadece ismini tanıyor olması, bu ismin sahibinin *kendisi* olduğunu bildiği anlamına gelmez! Belki de kendi ismi ona tanıdık geliyordur. Ancak, her iki çalışma da, kısa süre sonra öz farkındalığa dönüşecek olan filizlerin oluştuğunu göstermektedir.

Eğer bebekler kendi isimlerini yaklaşık 4 aylıkken ayırt edebiliyorlar ve 3 aylıkken değişik bir bebeğin görüntüsünü seyretmeyi tercih ediyorlarsa, belki de kendi bedenleriyle ilgili bir algı geliştiriyorlardır. Bu kitabı okurken oturduğunuz yerden, bacaklarınıza bakın. Başparmaklarınızın ne yöne baktığına, pantolonunuzun ya da eteğinizin dikişlerinin nerede olduğuna dikkat edin. Şimdi size bacaklarınızın bir videosu ile (sizin gördüğünüz gibi yukarıdan ve biraz geriden çekilmiş olan bir video) bir de bacaklarınızın karşısında çekilmiş olan bir videosunun gösterildiğini düşünün. İki görüntüyü de aynı anda, bir ekranda yan yana görüyorsunuz. İlk görüntü Benlik Görüntüsü yani sizin gördüğünüz; ikincisi ise, Gözlemci Görüntüsü. Gerçek zamanda, bacaklarınızı iki türlü de görüyorsunuz. Bu nedenle, onlarla yaptığınız her hareket, görüntülerde karşınızda görünüyor. Bacakların hangi görüntüsüne bakmayı tercih edersiniz?

Gözlemci Görüntüsü'nü daha ilginç bulursunuz çünkü zaten Benlik Görüntüsü'nü görmüşsünüzdür. Profesör Phillipe Rochat ve meslektaşları da 3 ila 5 aylık bebeklere dize kadar çıkan, çizgili çoraplar giydirip bunu denemişlerdir. Bebeklere destek olup, kendi bacaklarını televizyonda görmelerine yardımcı olmuşlardır. Ekranda sadece bacakları vardır. Hem 3 hem de 5 aylık bebekler, bacaklarının Gözlemci Görüntüsü'ne, Benlik Görüntüsü'nden daha uzun süre bakmışlardır. Kendilerine değişik gelen görüntüyü daha uzun süre izlemişlerdir. Bu deney bize, bebeklerin kendi hareketleri ve kapladıkları yerle, ekranda gördükleri arasında bir bağ kurabildiklerini göstermektedir. Bebekler 3 aylıkken bile, kendi beden kısımlarının birbiriyle olan ilişkisini ve kapladıkları yeri algılarlar. Bu çok ilginçtir!

NASIL GÖRÜNDÜĞÜMÜ BİLİYORUM!

Benlik algısıyla ilgili geçilmesi gereken birçok dönüm noktası olsa da, bir araştırma, bu algının ne kadar yavaş oluştuğunu ortaya koymuştur. Profesör Michael Lewis ve Profesör Jeanne Brooks-Gunn, çocukların kendi fiziksel görünüşlerini ve fiziksel algılarını ne zaman geliştirdiklerini görmek için çok akıllıca bir çalışma yapmıştır. Onların laboratuvarına ve çalışmalarına bir göz atalım.

İlk kez anne olan Dina, 18 aylık oğlu Benjamin'i, test için üniversite laboratuvarına getirir. Kadın bir araştırmacı, onları, bir tarafında arkasını gösteren aynalı bir duvarı olan ve diğer araştırmacıların, Benjamin'e görünmeden onu incelemesine imkân sağlayan bir oyun odasına getirir. Utangaç bir çocuk olmayan Benjamin, yeni oyuncaklarla dolu yeni bir ortamda olmaktan dolayı heyecanlıdır. Dina'dan, arkasını gösteren aynaya bakmayacak şekilde oturması ve duygusal tepkiler vermemesi istenir.

Benjamin, aynanın karşısında şaklabanlık yapar ve sonra da bir oyuncakla oynamak için annesinin ayağının ucuna oturur. Dina ara sıra ona uzanır ve burnunun ucuna hafifçe dokunup, burnunda küçük bir pislik olduğunu ve bunu temizlediğini söyler. (Tabii ki, Benjamin her seferinde eğilip büzülür. Bebekler burunlarının silinmesinden nefret eder!) Ancak aslında, annesi, Benjamin'in burnuna kırmızı, parlak ruj sürmüştür. Benjamin, aynaya dönüp de, burnundaki ruju fark edince ne yapacaktır? Komik bir şeylerin olduğunu fark edip, kendi görüntüsüne az öncekinden daha uzun süre bakacak mıdır? Kendisine bakıp kaşlarını mı çatacaktır? Ruja dokunacak mıdır? Burnunu silecek midir?

Dina sessizce oturup, Benjamin'in kendisini aynada uzun bir süre ciddi bir şekilde inceleyişini izler. Çocuk daha sonra aynaya doğru gidip alnını cama yaslar. Daha sonra burnuna dokunur ve bu sürede de kendisini aynadan izlemeye devam eder. Sonra da kendi yüzüne bakıp, annesine sanki, "Bana ne oldu?" der gibi bir bakış atar. Yani 18 aylık olana kadar, Benjamin net bir şekilde nasıl göründüğü konusunda bir fikir sahibi olmuştur. Yüzü, Kırmızı Burunlu Ren Geyiği Rudolph'a benzediğinde bunu fark edebilir! Genel olarak, 15 aydan daha küçük olan bebekler, kendilerini aynada bu şekilde tanıyamazlar. 21 aylık olana kadarsa, tüm bebekler kendilerini tanır.

GİZLİ YETENEKLERİ KEŞFETMEK

FİZİKSEL BENLİK ALGISI

Yaş: 12-24 ay

Çocuğunuzun nasıl göründüğüyle ilgili bir algısı var mı? Ruj testini birkaç ayda bir tekrarlayın ve neler olduğuna bakın. Dikkatli davranıp, ruju çocuğun burnuna gizlice sürmeli ve neler olduğunu gözlemlemesi için de yakınlara bir ayna koymalısınız. Çocuğunuz kendisine uzun süre bakıyor mu? Ruju silmeye çalışıyor mu?

Çocuğunuz, bunu size gösterip gülüyor mu? Yoksa bunun bir önemi yokmuş gibi mi davranıyor?

Ebeveynler, çocukların benlik algılarının gelişiminde nasıl bir rol üstlenirler? Bu konuda pek bir rolleri yoktur aslında. Bebekler, bu algıyı çoğunlukla kendi başlarına geliştirirler. Hiçbir özel ya da eğitsel oyuncağın yardımı olmaksızın. Gayet sıradan ve günlük deneyimler, bebeğin dünyaya gelirken beraberinde getirdikleri ile birleşince, bebeğe bu ilkel ancak devamlı kendini anlama hissini yaşatacaktır.

SINIFSAL BENLİK: KIZ MIYIM, ERKEK Mİ? SİYAH MIYIM, BEYAZ MI? İSPANYOL MUYUM, ASYALI MI?

Fiziksel benlik algısı, başkalarının daha farklı bedenlere sahip olduğu bilgisinden daha fazlasını kapsar. Bu algı ayrıca, kendimizi cinsiyet, ırk ve etnik köken gibi kategoriler açısından görmeyi de içerir. Hangi kategorilere uyuyorum? Bir kadın olduğumu, erkek kıyafetleri giysem de ya da saçlarımı bir şapkanın altına saklayacak olsam da, bir kadın olarak kalacağımı nereden bilebilirim? Kişinin, cinsiyetiyle ilgili erken zamanda bilgi sahibi olması şaşırtıcıdır ancak çelişkili bir şekilde bu algı kolaylıkla sarsılabilir! Ancak bizler için cinsiyet belirleyicisi olan özellikler —cinsel organ ya da DNA— çocukların düşündüğü özellikler değildir. Onlar için, karşılarındakilerin, bir kız mı yoksa erkek mi olduğu nasıl göründüklerine (uzun saçları mı var? pantolon mu giyiyorlar?) göre belirlenir.

Şimdiye kadar, muhtemelen cinsiyet hakkındaki algının bile beşikte başladığını fark etmişsinizdir! Bir bebek doğduğunda neler olduğunu düşünün. İlk soru her zaman, "Kız mı erkek mi?" olur. Ve o andan itibaren, bu bebeğin hayatı bir daha asla aynı olmaz. Bebek, bir kız ya da erkek oluşuna göre farklı muameleye maruz kalacaktır. Bunu nereden biliyoruz? Bir kez daha, laboratuvar araştırmalarının zeki yöntemleri bizlere, kendimizle ilgili şaşırtıcı gerçekleri göstermektedir.

1970'lerde, araştırmacılar, şimdilerde bizim "Baby X" olarak adlandırdığımız bir dizi çalışma yaptılar. Cornell Üniversitesi'nden, John ve Sandy Condry tarafından yapılan bu araştırmaların birinde, bir bebeğin zile verdiği tepki izlendi. Zil, bebeği mutlu etmiyordu. Ancak, çalışmanın asıl odak noktası bebek değildi. Odak, katılımcılar —üniversite öğrencileri— ve onların bebeğe verdikleri tepkileriydi. Öğrencilerden, bebeğin hisleriyle ilgili yorumda bulunmaları istendi. Öğrencilerin bilmediği şey, yarısının elinde "Dana 9 aylık bir erkek," diğer yarısında da "Dana 9 aylık bir kız," yazan broşürler olduğuydu. Bebeklere ve çocuklara cinsiyetlerini belli etmeyen, her iki cinsiyete de uyumlu olabilecek kıyafetler giydirmek gerçekten çok kolaydır. Bu durumda, Dana'nın üzüldüğü anlarda, Dana'nın erkek olduğunu düşünen katılımcılar, korkudan ziyade öfke hissettiğini söylediler. Şaşırtıcı bir şekilde, onun bir kız olduğunu düşünen katılımcılar da, öfkeden çok korku hissettiğini söylediler! Ancak, bebek aynı bebekti!

Cinsel rol basmakalıpları (ne yazık ki) çok belirgin ve ortadadır. Baby X çalışmasının tutarlı bulguları çok önemlidir çünkü bizler, inançlarımıza dayalı *davranırız.* Bir bebeğin kızgın olduğuna inanırsak, onu rahatlatma ihtiyacı duymayız. Ancak onun korktuğuna inanırsak, onu rahatlatmak için çabalarız. Çalışmanın gösterdiği üzere, bebeğin erkek olduğunu düşündüğümüzde, kız olduğunu düşündüğümüz bebekten daha uzun süre ağlamasına izin veririz. Bir durumda, duygunun ifade edilmesine karşılık ilgi ve destek gösterirken, diğer durumda neredeyse duygunun ifade edilmesini görmezden geliriz! Bu davranışlar bebeğe, cinsiyetlerine bağlı olarak onlardan ne umduğumuzu öğretir. Yani bebekler, bizlerin onlara nasıl davrandığına bağlı olarak cinsiyetlerini öğrenirler. (Neden erkeklerin Mars'tan, kadınların Venüs'ten olduğunu hiç merak ettiniz mi?)

Bebekler, kendilerinin kız mı yoksa erkek mi olduğunu ilk ne zaman anlarlar? Genler ve cinsel organlarla ilgili tüm önemli istatistikleri bilmeleri gerektiğinden bahsetmiyoruz, sadece insanların kendilerini bir kız olarak mı yoksa erkek olarak mı adlandırdığını anladıkları zamandan bahsediyoruz. Psikologlar, kızların ve erkeklerin hayatlarının ikinci yılından itibaren, kültürleri için uygun olduğu düşünülen şekillerde, birbirlerinden farklı davrandıklarını keşfetmiştir. Yüz çocuğun oyun oynarken, sistematik bir şekilde izlenmesinin ardından, araştırmacılar 12 ila 18 aylıkken, çocukların cinsiyetleri için uygun olduğu düşünülen oyuncakları tercih ettiklerini fark etmiştir! Kızlar, oyuncak bebekler ve pembe şeylerle oynamayı seçmiştir. Erkekler de kamyonları ve silahları. Buna şaşırmamak gerekir çünkü kız ve erkek çocuk odalarının çok farklı olduğunu, çocuklara reklamlara maruz kalmadan ya da belli oyuncakları istemek için yeterince büyümeden önce bile çok net bir mesaj verildiği gözlemlenmiştir. Ürünleri alanlar ve çocuklarının odasını cinsiyetlerine uygun nesnelerle dolduranlar anne babalardır.

Eğer çocuklar, cinsiyetlerine uygun oyuncak seçimine daha ilk yıldan başlıyorsa, kendilerinin ve etraflarındakilerin cinsiyetlerini ne zaman *anlıyorlardır*? Bunu 2 3 yaşlarında yapabiliyorlarmış gibi görünmektedir ve bunu önce kendileri için, ardından da diğerleri için yapmaktadırlar. Bu, şaşırtıcı olmamalı. Çocuklar, sürekli kendilerinin kız ya da erkek olduklarını duyarlar. Diğer çocukların cinsiyetini tanımlamak için bazı kriterleri kullanmaları gerekir. (Saç uzunluğu? Göz rengi?) Son moda trendlere bakılacak olursa, bu kriterler de artık pek belirleyici değildir!

Ayrıca, çocukların "kız" "erkek" gibi kelimeleri de içeren bir kelime dağarcıkları oluşur. Böylece cinsiyetten bahsetmemiz için imkânlar doğar. Ben (Glinkoff) eskiden 2 yaşındaki çocuğumla bir oyun oynar ve "Jordy bir_______"dır/tir gibi, onun doldurması için boşluklar sunardım. Jordy de boşluğu kişinin cinsiyetiyle doldururdu. Jordy, insanlara yanlış cinsiyet yakıştırmanın çok komik olduğunu düşünür, bu oyunu oynamayı severdi. Onların doğru cinsiyetlerini bildiğini ve bununla şaka yapmayı sevdiğini belli ederdi. Bir gece, *türler* arası geçiş yaptığında, oyun daha az komik gelmeye başladı: "Anne bir______" dememin üzerine boşluğu "köpektir" diyerek doldurdu.

Çocuklar henüz 2 yaşındayken kız mı erkek mi olduklarını bilseler de —konuşmaya başladıktan sonra bile olsa— cinsiyetin nasıl tayin edildiğini ve bunun (genellikle) değişmeyeceğini bilebilirler mi? Bu ne kadar temel bir bilgi olsa da, cevap *hayır*'dır! Peki, neden? Çünkü çocuklar çoğunlukla gördükleriyle sınırlıdırlar ve biz yetişkinlerden farklı göstergelerden faydalanmaktadırlar. Dahası, farklı bilgileri bir araya getirmekte çok iyi değillerdir. Cinsiyete karar vermek için bir kurala karar verirlerse —çocuklardan biri "Uzun saç kızlarındır" diye karar vermişti— o zaman kolaylıkla yanılacaklardır ancak bundan kolay kolay vazgeçmeyeceklerdir.

Oyuncak mağazalarının nasıl düzenlendiğine hiç dikkat ettiniz mi? Herhangi bir oyuncak mağazasına girdiğinizde, kesinlikle pembe, mor ve beyaz bölümler görürsünüz. Bunlar genellikle içeri girerken solda olur ve herkes bunların erkekler için olmadığını bilir! Bu renk kodlaması aslında, size oyuncak bebekleri, mutfak setlerini, makyaj takımlarını, alışveriş etmeyi öğreten masa oyunlarını, Barbie, Barbie ve Barbie'leri nerede bulacağınızı gösterir. Tabii ki, küçük Billy'nin ilgisini buraya çekemezsiniz. Aslında, o kesinlikle pastel renklerden ziyade, daha koyu renklere, *aksiyonu* seven süper kahramanlara, bilim setlerinden, spor aletlerine ve bilgisayar oyunlarına kadar farklı seçeneklerin olduğu reyonlara gidecektir.

Oğlunuzun silah, tank ya da lazer silahlı süper kahramanlarla oynamasını istemeyen barışseverlerseniz ve onun da bu sayede barışçıl olacağını düşünüyorsanız, bu fikri unutun gitsin! Başarılı olamazsınız. O yaştaki çocuklar lalelerden bile silah yapacaktır. Ama neden? Çünkü çocukların bilişsel gelişimi, dünyayı kategorize etmeye çok meraklıdır; özellikle de insanların dünyasını. Kendi cinsiyetleri de bu kategorilerin orta yerinde olduğundan, sosyal olarak uygun kabul edilen erkek ve kadın davranış kurallarını öğrenmekle meşguldürler.

Psikologlar, bu kategorilere, "cinsiyet şeması" der ve çocukların bunları, dünyayı yorumlamak için kullandığını düşünürler. Şemalar, zihinlerimizdeki *dosya dolaplarıdır*. Dünyamızı düzenleyip kategorize etmemize yardımcı olurlar. Okul öncesi çocuklar, kendi cinsiyetlerini tanımlayabildiklerinde, bununla uyumlu cinsiyet şemaları seçer ve bu kategorileri kendilerine uygularlar. Sonuç olarak, öz algıları cinsiyetle işlenir ve davranışlarına rehberlik eder. Bu nedenle, 3 yaşındaki Mandy, anne babasından olmasa bile televizyondan ya da diğer çocuklardan, oyuncak bebeklerin kızlar; kamyonların da erkekler için olduğunu öğrenmiştir. Ayrıca kendisinin bir kız olduğunu da bilmektedir. Mandy bu bilgiyi, nasıl davranması gerektiği konusunda karar verirken kullanır. Şemaları onu, oyuncak bebeklerin kendisi için olduğu konusunda yönlendirdiğinden, kendisine bir bebek verildiğinde, ona doğru gider, onu keşfeder ve onunla ilgili daha fazla şey öğrenir. Bir kamyon gördüğündeyse, cinsiyetine uyumsuz olan oyuncaktan sakınır çünkü bu onun öğrendiği kuralı çiğnemek olur. Yine de 5 6 yaşındaki çocuklar bile cinsiyet özelliklerini karıştırabilir. "*Cinsiyet bağlılığı*" olarak bilinen olgu, okuyucunun kulağına komik gelebilir. Bir kızın, her zaman kız olacağını biliriz. Başka türlüsü olabilir mi? Ancak çocukların kafasını bu konuda karıştırmak güç değildir. Etek giyen bir kadın fotoğrafını alıp, küçük bir çocuğa fotoğraftaki kişinin cinsiyetini sorarsak, cevabı doğru vereceklerdir. Ancak kişinin saçına fotomontajla bir şapka yerleştirsek ve erkeksi bir pantolon giydirip çocuğa yeniden sorsak, bu kez cevabını değiştirebilir! Daha da şaşırtıcı olan, eğer *çocuğun* bir fotoğrafını alsak ve bu fotoğrafla oynasak, küçük çocuk kendi cinsiyetinin de değiştiğini düşünebilir! Çocuklar ancak 6 ila 8 yaşlarına geldiklerinde, cinsiyetin doğuştan gelen ve değişmeyen bir şey olduğunu anlarlar.

Bu, okul öncesi çocuklarımızın ne kadar yüksek kapasitelere sahip gibi *görünseler* de, gidecek çok fazla yolları olduğunu gösteren bir örnektir. Ve bunlar, başarı odaklı kültürümüzde, düşünsel yetenekleri hızlandırılmaya çalışılan ve çoğu zaman bunun için ezber yolu kullanılan çocuklardır. Çocuklara öğrettiklerimizin ne kadarının onlar tarafından gerçekten öğrenildiğini, bunun ne kadarının çocukların özel ve farklı dünya görüşlerine aktarıldığını merak ediyor olabilirsiniz. Çocuklar dünya hakkında kafa yorup, "kanıtları" biz yetişkinlerden farklı şekillerde tartarlar. Peki anne babalar ne yapmalı? En iyi tavsiyemiz, çocuğun cinsiyetle ilgili konuları, ebeveynleri ve bakıcılarıyla konuşup, insanlara nasıl hitap edildiğini gözlemleyerek kendilerinin çözmeleridir. Zaman ve çocuğun *düşünmesindeki* gelişme, motoru harekete geçirecektir.

Cornell Üniversitesi'nden ünlü psikolog Profesör Sandra Bem, bize küçük oğlu Jeremy'yi anlattı. Jeremy bir gün, kreşe giderken toka takmaya karar verir. Diğer çocuk, sürekli Jeremy'nin bir kız olduğunu çünkü sadece kızların toka takacağını söyler. Jeremy, bir erkek olduğu konusunda ısrar etse de, çocuk ona kız demeyi sürdürür. Yorulan Jeremy, cinsel kimliğini kanıtlamak için pantolonunu indirir. Diğer çocuk bundan etkilenmez. "Herkesin penisi var ama sadece kızlar toka takar," der gururlu bir şekilde.

Bu örnekte de gördüğümüz gibi, cinsiyet şeması geliştirme sürecinde olan çocuklar, genellikle dişi ve erkek olan türler arasında çok dar bir görüşe sahiplerdir. Eğer bir erkek çocuk, bir Barbie'den ya da pembe bir makyaj setinden etkilenecek olursa, erkek arkadaşları onu hizaya getirecektir! Aslında, çocuklar cinsiyet ayrımını, çocukluklarının ortalardaki yıllarında, her zamankinden daha fazla ciddiye alırlar. Ve küçük çocuklar çelişkili görünen bilgi parçalarını birleştiremediklerinden, bunları genellikle reddederler. Mesela, annelerin inşaat işçisi ve aynı anda da anne olabileceğini kabullenemezler. Sanki kategorilerini daha gerçekçi bir şekilde genişletmeden önce, toplumun katı düşünceleri, dosyalarına yerleşmiş gibidir. Ancak, hem annelerini hem de babalarını bebek bakıp, kurabiye pişirirken görürlerse, o zaman cinsiyetlere özgü basmakalıp kategorilere karşı biraz daha az yakın olurlar. Bir kız ya da erkek olmanın gerçek kurallarını anladıklarında, bu tür sert cinsiyet standartlarına sadık kalmak zorunda olmadıklarını görüp daha rahat olacaklardır, özellikle de anne babaları onlara örnek olmuşsa.

HANGİ IRKTANIM?: SINIFSAL BENLİĞİN BİR DİĞER YÖNÜ

Çocuklar cinsiyet ile ilgili çok fazla konuşma duyduklarından, kendi cinsiyetlerini ırklarından önce keşfetmeleri şaşırtıcı değildir. Colorado, Boulder'da Sosyal Konular Araştırmaları Enstitüsü'nün yöneticisi olan Dr. Phyllis Katz, hayatını çocukların cinsiyeti ve ırkı nasıl öğrendiklerini anlamaya adamıştır. Dr. Katz, test edilen Avrupa kökenli Amerikalı çocukların %77'sinin 3 yaşında kendi ırklarını söyleyebildikleri ancak, Afrika kökenli Amerikalı çocukların sadece %32'sinin ırkları hakkında fikir sahibi olduğunu görmüştür. Bunun nedeni Afrika kökenli Amerikalı çocukların bu tür kategori şekillendirmelerinde iyi olmamaları değildir: *cinsiyet* kategorisinde onlar da Avrupa kökenli Amerikalı çocuklar kadar iyilerdir. 4 5 yaşına kadar *tüm* çocuklar, hangi ırk (etnik) grubuna ait olduklarını bilirler. Şaşırtıcı bir şekilde, hangi ırktan (ya da cinsiyetten) olmak *istedikleri* sorulduğunda, genellikle siyahlar, beyaz ırkı; kızlar, erkek cinsiyetini tercih ederler. Belki de toplumumuzda farklılık gösteren güçler ve azınlık gruplar ile kadınların daha az değer görmesi göz önüne alınacak olursa, bu şaşırtıcı değildir.

Cinsiyet ve ırk konusundaki bilgi üç aşamadan geçer. Birincisi, çocukların farklılıkların, farklı kategoriler *olduğunun* farkına varmasıdır. Bu, bebeklerin kadın ve erkek yüzlerini ayırt edebildiklerini ve bebek fotoğraflarını ırklarına göre ayırabildiklerini gösterdikleri deneylerde de gördüğümüz üzere, bebeklik sırasında gerçekleşir. Farklılıkları *fark etmenin* ardından, 2 3 yaşlarında gerçekleşen *kimliğini saptama* aşaması gelir. Bu aşamada, çocuklar kendi cinsiyetlerini ve aynı cinsiyetteki çocuklar arasındaki yerlerini belirleyebilirler. Ancak kimliğini saptama ile *değişmezliğin* ya da cinsiyet ile ırkın sabit kalacağını fark etmenin aynı şey olduğunu düşünmeyin. Irksal değişmezlik, cinsiyet değişmezliğinden daha sonra gelişmektedir. Hatta azınlık durumlarını anlamlandırmakla uğraşan Afrika kökenli Amerikalı azınlıklarda ve Asyalılarda bu, daha da geç gelişir.

Bu gelişim süreci, çocuğun bilişsel gelişimi ile bağlantılıdır. Çocukların bu konuları anlaması için acele etmeye, onlara telaşlı bir eğitim vermeye çalışmaya gerek yoktur. Çocukların deneyime ve zamana ihtiyaçları vardır, tıpkı bu kitapta bahsettiğimiz pek çok konuda olduğu gibi. Dünyayı gözlemlemek için zamana, öğrendikleri şeyleri anlamlandırmak için de deneyime... Ebeveynlerine ve bakıcılarına soru sormak, bu kavramlarla oynamak için zamana ihtiyaçları vardır —hayali oyunlarında karşı cinsiyetin kıyafetlerini giymeleri gibi. Çocuklara, bazı şeylerin dünyada ne kadar önemli olduğunu anlatmaya çalıştığımızda, bunu anlıyor gibi görünseler de, sadece bir kısmını kavrıyor olmalarının çok olası olduğunu unutmayın. Dünyayı deneyimlemeleri ve düşüncelerini geliştirmeleri gerekir ve bu da sadece büyüdükçe ve deneyimleri arttıkça gerçek olabilir.

GİZLİ YETENEKLERİ KEŞFETMEK

CİNSİYET VE IRK KİMLİĞİ

Yaş: 2-7

Bu, çocuğunuzun gelişimini gözlemlemek için yaklaşık 2 yaşından itibaren her 6 ayda bir deneyebileceğiniz bir şeydir. Farklı ırk ve cinsiyetten çocuk resimlerinin olduğu bir çocuk kitabını ya da aynı şekilde fotoğrafların olduğu bir dergiyi kullanın. Çocuğunuzla oturun ve ona bir oyun oynayacağınızı söyleyin. Ondan kızları, erkekleri, beyazları ve Afrikalı çocukları göstermesini isteyin. Eğer elinizdeki, cinsiyet rollerine uymayacak şekilde farklı giyinip, kafasına farklı şeyler takmış çocuklarsa daha da iyi olur. Örneğin, uzun saçlı bir erkek ve kısa saçlı bir kız bulmaya çalışın. Şaşırtıcı bir şekilde, küçük çocuklar, *yetişkinlerin* cinsiyetini belirlemekte, çocukların cinsiyetini belirlemekten daha az zorlanırlar. Çocuğunuza, resimdeki/fotoğraftaki yetişkinlerin cinsiyetini ve ırkını sorarsanız, bunu çocuğa yetişkinlerden bahsederken kullandığınız terimleri kullanarak anlatın. Örneğin, normalde "adam" ve "kadın" terimlerini mi kullanıyorsunuz? Eğer öyleyse, sorunuzda bu kelimeleri kullanın. Çocuk resimlerindeki gibi, çocuğunuzun yargılarını sorgulayan, yetişkin fotoğrafları da bulmaya çalışın. Atkuyruklu, uzun saçlı ya da İskoç etekli bir adam olabilir. Ya da bir itfaiye eri ya da inşaat işçisi gibi giyinmiş bir kadın... Tamamlandığında, geri dönün ve çocuğunuzdan tercihlerinin nedenini anlatmasını isteyin. "Neden bunun bir kız olduğunu söyledin?" Gülmeyin ya da çocuğunuz ne derse desin onu yargılamayın. Çocuğunuzun nasıl düşündüğüyle ilgili çok etkileyici fikirler edineceksiniz!

SOSYAL/DUYGUSAL BENLİK: DUYGULARIM VAR

Fiziksel benlik, benlik algısının sadece bir boyutudur. Benlik algısının bir diğer önemli boyutu, duygularımız, kişiliğimiz ve mizacımız ile ilgilidir. Sigmund Freud, bir insanın ilk ilişkilerinin nasıl olduğunun, ileride geliştireceği duygusal benlik açısından çok önemli olduğu konusunda tüm dünyayı ikna etmiştir. Erik Erikson (Freud'un öğrencilerinden biri), hayatın ilk yılını, "güven" ve "güvensizlik" arasındaki düellonun yaşandığı dönem olarak tanımlar. Şefkatli ve ilgili bir şekilde muamele gören bebekler, benlik algılarını, sinyalleri yok sayılan bebeklere kıyasla daha olumlu şekilde geliştirirler. Bebekler, sevgi ve yeterli teşvikten yoksun kalırlarsa, sorunlar yaşanır.

Son 20 yılda, bilim insanları, bu ilk ilişkilerin, *normal* gelişim için bile ne kadar gerekli olduğunu ortaya çıkarmıştır. Yeni doğan bebek, kendi duygu durumlarını çok iyi düzenleyemez. Olumsuz uyarılara sırt çevirip, duyguları çok yoğun olduğunda emmek isteyebilir ancak bu yoğun duygular, kolayca değişebilir. Bu nedenle bir bebeği kolay kolay şımartamazsınız. Bebekler, duygusal tepkilerini ayarlamak için kendilerine bakan kişinin rahatlatıcı telkinlerine bağımlıdırlar. Onları omzunuza almanızı, sallamanızı ve duygusal benliklerini oluşturmanız için onlarla hafifçe konuşmanızı beklerler.

2 ve 4 ay arasında, beyinlerinin serebral korteks olarak bilinen kısmı, bebeklerin teşviklere toleranslarını yavaşça arttırır. Bakıcılar, bu kapasiteyi onlarla yüz yüze oyunlar oynayarak oluşturmaya başlayabilirler. Gerçi yine de çocuğu fazla heyecanlandırmamak için hızlarını ayarlamaları gerekir. Bir sonraki bölümde, ilerideki ilişkilere örnek olacakları için bu ilk ilişkilerin ne kadar önemli olduğundan bahsedeceğiz. Ancak, öncelikle bu erken ilişkilerin bebeklere, dünyalarının duyarlılığını ve kendilerinin dünyalarını değiştirmekte aslında ne kadar etkili olduklarını dolaylı yoldan öğrettiğinden bahsedelim.

Anne babaların, bebeklerinden duydukları her huzursuzluk belirtisine (ağlamalar bir yana) tepki vermesine gerek olmasa da, bunlara ne sıklıkla ve ne kadar hızlı cevap vermeleri gerektiği merak konusudur. Anne-bebek ilişkisi ile ilgili yazan, ünlü bir kuramcı D. W. Winnicott, "yeterince iyi" annelerden bahsetmiştir. Yeterince iyi bir anne (ya da bakıcı) bebeğin taleplerine hemen ve uygun bir şekilde karşılık verir. Bu, bebeğin her şeye gücünün yeteceğini hissetmesini sağlar. Ancak, yeterince iyi bir annenin, bebeğe aslında her şeye gücünün yetemeyeceğini hissettirmesi gerekir. Bunu, bebeğin ihtiyaçlarını karşıladıktan sonra, onu yalnız bırakarak sağlayabilir. Bebek, her ağladığında, annesini yanında bulmadığında, iki şeyin farkına varır: Öncelikle, orada başka bir insanın daha olduğunu ve kendisinin her şey olmadığını anlar! İkinci olarak da, bu durum bebeğin kendisi ile ilgili dengeli bir benlik algısı oluşturmasını sağlar: senden ayrı olduğumda, senden ayrı olan bir ben varım. Bebeğin megalomanlığını bırakması iyi bir şeydir çünkü gerçeğe uyum sağlamasında fayda vardır. Sonuçta o, her şeye karar veren değildir (anne babalar çoğu zaman öyle hissetseler bile!). Buradan çıkarmamız gereken sonuç, eğer bebeklere sevildiklerini, çünkü duygusal olduğumuzu hissettirirsek, o zaman bebekler de *sevildiklerini* anlarlar.

Ancak, bu yeterli midir ve anne babalar bebeklerinin huzursuzluklarını ne sıklıkla *gidermelidir*? Ve fazla ya da az duyarlı olan ebeveynler, bebeklerinin, kendi dünyaları ile ilgilenirken fazla ya da az yeterli hissetmelerine mi neden olurlar? Bu durumun iki yönü vardır (her zaman olduğu gibi!).

AĞLAMALARINA İZİN VERMELİ MİYİZ?

Şüphesiz, bebeklerin hayatlarının ilk yıllarında çok fazla ağladıklarını fark etmişsinizdir. Efsanevi davranış bilimcimiz John B. Watson, ebeveynlere, bebeklerini her ağladığında kucaklarına alırlarsa, onları ağlamaya "şartlamış" olacaklarını (ve böylece ileriki hayatlarında kendinden emin insanlar değil, sinir bozucu ve mızmız tipler olacaklarını söylemiştir. Bu teoriye dayanarak, anne babaların bebeklerinin "ağlamasına" izin vermeleri ve böylece onları şımartmamaları önerilir. Bu tartışmanın diğer yanında, Freud ve Erikson vardır. Onlar da çocuklara karşı hassas olmamızın, onlara güçlü olduklarını öğrenmeleri konusunda yardım edeceğini ve başka şekillerde istekte bulunma yolları öğrenmeleri için onları özgür kılacağını söylerler.

Neyse ki bazı araştırmacılar, sonunda bu teorileri test edip, annelerin ve bebeklerinin asıl davranışlarına bakmaya karar vermiştir. Bebeklerinin "ağlamasına" izin veren anneler, bebeklerini hemen kucağına alan annelerin bebeklerinden daha az ya da çok ağlayan bebeklere mi sahiplerdir? Dr. Sylvia Bell ve Dr. Mary Ainsworth, ağlamalarına daha sık karşılık verilen bebeklerin, 9 aydan sonra, ağlamalarına daha az karşılık verilen bebeklerden *daha az* ağladıklarını görmüşlerdir! Bebeğe bakan kişi, bebeğin ağlamalarına karşılık verdiğinde, ona bakımının sağlanacağını öğretir ve belki de çevrenin duyarlılığı sayesinde, onda güven geliştirir. Watson'ın düşündüğü gibi bu bebekler mızmız tiplere dönüşmezler. Sonuçta ağlamak, stresli ruh halini anlatıp, rahatlamak için yardım istemek adına kullanılan bir yoldur. Bu nedenle, kendilerine daha çabuk karşılık verilen bebekler, sonunda istediklerini elde etmek için tüm güçleriyle ağlamalarına gerek olmadığını anlarlar. Onlara bakan kişiler, verdikleri işaretleri başarıyla okurlar. Anne babalar, bebeklerinin ağlamalarına cevap vermediklerinde bebekler, rahatsızlıklarını *daha kuvvetli* bir şekilde ifade etmeleri gerektiğini düşünürler ve daha çok ağlarlar. Yani, Watson'ın düşündüğünün tam tersini sergilerler! Freud ve Erikson, bu konudaki haklılıklarını kanıtlamışlardır.

Peki, ihtiyaçları sürekli olarak karşılanan çocukların ağlamasının yerini ne alır? Seslendirme, işaret etme, homurdanma ve anneyle ya da bakıcıyla göz teması. Bu iletişim yöntemlerinin, ağlamaya kıyasla daha iyi olduklarına hiç şüphe yoktur. Bebeğin huzursuzluğuna tepki vermek, bebeğin iletişim kurma yeteneğini arttırır. Muhtemelen etraflarındaki insanların davranışlarını etkileyebilmek, onların kendilerini daha güçlü hissetmelerine neden olur. Bunun uzun vadede, dil gelişimine katkısı olup olmadığı bilinmemektedir. Ancak başka bir çalışmaya dayanarak, iletişim girişimleri takdir gören, ciddiye alınan ve görmezden gelinmeyen bebeklerin, sözsüz sinyalleri görmezden gelinen bebeklere göre, dil gelişimlerinin daha kolay olduğu görülmüştür. Benlik gelişiminin uzun vadeli sonuçları da bilinmemektedir. Ancak, dünyanın ihtiyaç duyduğunuzda size yanıt verecek olduğunu bilmek, sadece güven ve güç algılarınıza katkıda bulunabilir. Bu da, kısa süre içinde ne kadar az güce sahip olduğumuzu (çelişkili bir şekilde) fark edeceğimizi düşünecek olursak, yaşama başlamak için kötü bir yol değildir.

KİŞİLİĞİN KÖKLERİ: WATSON BİR KEZ DAHA BAŞARISIZ OLUYOR

Çocukların Watson'ın düşündüğü gibi olmadığını muhtemelen fark etmişsinizdir. Bir avuç hamurun, "yeteneklerine, eğilimlerine, tutkularına, kapasitelerine, meraklarına ya da atalarının ırklarına bakmadan" bir yetişkinin istediği şekilde, bilimsel tekniklerle şekillendirilmesi gibi bir şey söz konusu değildir. Her çocuk dünyaya, benzersiz bir varlık olarak gelir. Tıpkı Gracie ve Annie örneğinde göreceğimiz gibi:

Nancy Russell akşam yemeğinin ardından, 14 kişinin sığması için genişletilen masada dinlenmektedir. Bu, şu ana kadar yediği en güzel Şükran Günü yemeklerinden biri olmuştur. Artık küçüğü henüz 24 aylık olan iki çocuk annesi olsa ve küçük çocuk, uzun ve keyifli yemek boyunca yanı başında oturmuş olsa da. Hep birlikte orada oturmuş, sohbet eşliğinde kahvelerini içip, kabaklı tartlarını yerken, Nancy birden neredeyse iki saattir orada oturduklarını fark eder! Ve Gracie de istekli bir şekilde bu oturuma dâhil olmuştur. "Dede bak," diyerek, tatlı patatesle dolu kaşığını kaldırıp büyükbabasının yemeğin ne kadar lezzetli göründüğüne bakmasını sağlamıştır. Fincanını annesine uzatıp, "Daha süt," deyip, süt eklenmesini istemiştir vs. İki saat geçmesine rağmen, Gracie hâlâ istekle onlara dâhil olmaya devam etmektedir! Nancy'yi asıl şaşırtan, o yaşlarda *Annie*'yle geçirdiği Şükran Günü yemeklerini hatırlamasıdır. Annie'nin, o yaşlardayken jet gibi hızlı olduğunu hatırlar. Nancy, onu o yaşlarda birkaç dakikadan daha uzun süre sandalyede tutamamıştır. Annie, onun yaşındayken yemeğini döke saça yiyip, sürekli hareket edip, masadan kalkarak mutfaktaki oyuncaklarına koşup durmuştur! Hatta beşiğinde bile kıpır kıpırdır ve altını değiştirmek bile bir işkencedir.

Nancy'nin kızlarında fark ettiği şey, psikologların "huy" olarak adlandırdığı özelliktir. Huy, insanların doğuştan itibaren duygusal tepkiler, aktiflik seviyesi, dikkat süresi, azim ve duygularını dengeleme gibi konularda birbirlerinden farklılaştıkları alanlardır. 1950'lerde, psikiyatristler Dr. Alexander Thomas ve Dr. Stella Chess, bu olgu üzerine çalışmaya ve hayat boyunca bunun ne kadar tutarlı olabileceğini araştırmaya başlamıştır. 141 çocuğu, bebekliklerinden yetişkinliklerine kadar gözlemlemişlerdir. Sonunda üç temel huy türü belirlemişlerdir: Düzenli rutinleri kolaylıkla yerine getiren, neşeli ve yeni deneyimlere daha hazır olan (deneklerden %40'ı) "kolay çocuk"; günlük rutinler konusunda düzensiz olan, yeni deneyimleri kabullenmede yavaş olan ve yeni şeylere olumsuz ve aşırı tepki verme eğiliminde olan (%10 oranında) "zor çocuk"; ve çevresel değişikliklere ılımlı ve sakin tepkiler veren, ruh hâli olumsuz olan ve yeni deneyimlere yavaş yavaş uyum sağlayan (%15 oranında) "ısınması zor çocuk". Çocukların diğerleri, hiçbir gruba ait olmadıklarından, "sıradan bebek" olarak sınıflandırılmışlardır.

Dr. Thomas ve Dr. Chess bu huyların, çocuklar farklı türde ebeveynlerle iletişim kurdukça geliştiğini bulmuştur. Ayrıca, bazı huyların, çocukların duygusal zorlukların üstesinden gelmesine yardım ettiğini, diğerlerinin de onları daha savunmasız bıraktığını görmüştür. Örneğin zor çocuklar, bir şeyleri ne zaman zorlaması, ne zaman duruma katlanması gerektiğini bilen hassas ebeveynlerle çok iyi anlaşırken; kolay çocuklar için, anne babalarından aldıkları tepkiler çok da mühim değildir çünkü bu çocuklar zorluklara kendi başlarına katlanırlar.

UTANGAÇLIK VE SOSYALLİĞİN BİYOLOJİK TEMELLERİ

Profesör Nathan Fox, kişiliğin temellerinin doğrudan çocuğun belirli biyolojik özelliklerine bağlı olduğunu ortaya çıkarmıştır. Örneğin utangaç çocuklar, çekingen bir şekilde davranmaya "programlanmış" gibidirler. Biyolojik olarak, tanıdık olmadıkları durumlara korkuyla ve kaygıyla tepki vermeye meyillidirler. Profesör Fox, çocukların beyin etkinliklerini boş durdukları bir anda (duygusal durumlardan etkilenmediklerinden emin olmak için) ölçmüş ve utangaç çocukların, aşırı derece ön beyin etkinliği sergilediklerini bulmuştur ve bu da "düşük vagal ton" olarak adlandırılan bir durumu yansıtmaktadır. Bu, kalp atışlarının ve sinir siteminin bütün olarak hem genel tepkisellik açısından hem de uyarılmaları dengeleme yeteneği açısından ölçülmesidir. Düşük vagal tona ya da tutarlı yüksek kalp atışına sahip olan çocuklar, davranış açısından daha çekingen olmaya meyillilerdir.

Harvard Üniversitesi'nden Profesör Jerome Kagan'ın utangaçlık ve sosyalliğin biyolojik temellerini araştırdığı laboratuvarını ziyaret edelim. Neal ve Brad 4 aylıkken, araştırmacılar, onların renkli oyuncaklarla süslenmiş bir bebek dönencesine verdikleri tepkileri kaydettiler. Neal, kaslarını gerip, kollarını ve bacaklarını gergin bir şekilde açtı ve sonra da ağlamaya başladı. Brad'in bedeniyse, sakin ve sessiz bir şekilde kaldı ve bebek gülümseyip, etrafındaki seslere heyecanlı sesler çıkararak tepki verdi.

Bu bebekler daha büyük çocuklar olduklarında, yeniden laboratuvara geldiler. Bedenlerine zararsız ancak bilgilendirme amaçlı elektrotlar yerleştirildi ve kalp atışlarını ölçmek için kollarına tansiyon aleti takıldı. Profesör Kagan, beynin, kalp atışı, tansiyon ve tenin ısısı gibi şeylerin değişmesine neden olan *amigdal* isimli bölgesinin yapısında olanların, huylarıyla bir bağlantısı olduğuna inanıyordu. Örneğin, hayatlarının ilk birkaç haftasında bile, utangaç çocukların kalp atışları, sosyal çocuklarınkinden daha yüksekti ve kalp atış hızları, tanıdık olmadıkları olaylara karşı bile hızlıydı.

Araştırmacılar, belirsizlik oluşturmak için tasarladıkları bir süreçte, erkeklerin tepkisinin nasıl olacağını görmek istedi. Neal ve Brad, çeşitli zamanlarda çok güdüleyici oyuncak robotlar, pelüş hayvanlar ve kuklalarla karşılandı. Diğer zamanlarda, tanımadıkları insanlar içeri girip, değişik kıyafetleriyle tuhaf tavırlar sergilediler. Neal, hemen ağlamaya başlayıp geri çekildi ve annesinin kendisini korumasını beklerken; Brad ise bu kişileri ilgiyle izleyip, tuhaf hareketlerine güldü. Hem oyuncaklara hem de yabancılara yaklaşmaya çalıştı.

Çocuklar 4.5 yaşına geldiklerinde, Profesör Kagan, Neal'ın tanımadığı bir yetişkinle yaptığı görüşmede neredeyse hiç konuşmadığını ve gülümsemediğini gördü. Brad ise, sorular sorup, ilgi çekici tüm konularda zevkle iletişim kuruyordu. Tanımadığı iki çocukla oyun odasındayken, Neal geri çekilip, diğer çocuklara kaygılı gözlerle bakarken, Brad kolaylıkla arkadaşlık kuruyordu.

Profesör Kagan, birkaç yıl içinde birkaç yüz çocuğu incelediğinde, bebeklerin %20'sinin Neal, %40'ının Brad gibi olduğunu buldu. Ancak, çocuklar büyüdükçe, Neal ve Brad gibi olan çocukların sadece 3'te 1'i aynı kaldı. O hâlde, büyüdükçe huyları değişen 3'te 2 bebeğe ne oldu? Watson bunu duysa sevinirdi! Çünkü tabii ki ebeveynlerin konu üzerinde bir etkisi vardı. Çocuklarla ebeveynlerin kurduğu iletişim, çocukların huyunu değiştiriyordu. Bunu nereden biliyoruz? Çocukların kortizol hormonu üretimine bakarak. Bu da sadece kişinin salyasından örnek alınarak incelenebilir. Bu hormonun üretimi, kişinin stres altında olduğunu gösterir. Samimi ve destekleyici ebeveynler çekingen bebeklerde, kortizol üretimini azaltır ve bu da, çocuğun korkularının rahatladığı anlamına gelir. Öte yandan, soğuk ve mesafeli ebeveynler, kortizol üretimini arttırır ve bu da bu tür ebeveynliğin, korkan bebekleri daha da korkak hâle getirdiğini ifade eder. Fazla korumacı olmak da Neal gibi utangaç bebekler için bir problem olabilir. Eğer Neal'ın anne babası, çocuklarına huzursuzluk verecek olan tüm değişikliklere karşı onu korursa, çocuktaki tanıdık olmadığı olaylardan, uzaklaşma isteğinin önüne geçemezler. Ayrıca, Neal'ın bakıcıları, onun korkularını fark edip, onu rahatlatmaya çalışır ve ona yeni şeyler göstermeye yavaş yavaş devam ederse, Neal bu korkuyu dengeleyip, utangaç ve mahcup bir çocuk olma eğilimini biraz törpüleyebilir.

Çocukların, yeni durumlara verdiği tepkileri şekillendiren sadece ebeveynler değildir. Kreşler de bu konuda fark yaratabilir. Bebekler ve çocuklar üzerinde yapılan yeni bir çalışma, kreşte ve evde olan çocukların kortizol seviyelerini karşılaştırmıştır. Kreşte olan bebeklerin %35'inde, daha büyük çocukların %71'inde gün içerisinde, kortizol seviyesinde bir *yükselme* görülür. Aynı çocuklar, evde kaldıklarında, bebeklerin %71'inde, çocukların %64'ünde kortizol seviyesi gün içinde *düşer*. Kreş ya da en azından çocuk gruplarının çevresinde olmak, küçük çocuklar için kimi zaman stres verici olabilir. Ve bu, Neal gibi huy olarak daha az sosyal olan çocuklar için daha da stres vericidir. Arkadaşlarıyla daha fazla oyun oynayan ve sosyal sularda nasıl ilerlemesi gerektiğini bilen çocuklar, iletişime başlamaktan korkan çocuklara göre daha düşük kortizol seviyelerine sahiptirler. Arkadaşlarla oynamak, sosyal yeterlilik ve daha fazla olgunluk göstergesidir. Ancak, yetişkinlerde olduğu gibi, farklı çocuklar, farklı tür deneyimlerle gelişirler. Kimi çocuk, sürekli arkadaşlarıyla olmayı severken, kimi çocuk bu tür deneyimleri sevmez ve arkadaş gruplarına daha yavaş girer. Çocuklarımız için karar verirken, onların huylarını da dikkate almalıyız.

Çocuklarımızın ihtiyaçlarına karşı nasıl hassas olabiliriz? Yapabileceğimiz en iyi şey, her bir çocuğa bir birey olarak bakmaktır. Örneğin, Neal gibi çocuklar, yeni deneyimler yaşamak ve değişikliklere olan olumsuz tavırlarının üstesinden gelmek için güzelce teşvik edilmelidir. O yüzden Neal, Agatha teyzeye alışana kadar onların yanında durmalısınız. Biraz rahatladığında, onu Agatha teyzeye teslim edebilirsiniz. Çocuğunuzu yeniden ağlama ihtimaline karşı korumaya çalışmayın. Sadece ufkunu genişletmesine yardımcı olun.

Sosyal yeteneklerden yoksun olan utangaç çocuklardan bahsettik. Ancak sosyal yetenekleri eksik olan her çocuk utangaç ya da kaygılı değildir. Bazı çocuklar, sadece kendi başlarına oynamaktan keyif alırlar. 4 yaşındaki Bowie'nin annesi Nancy, çok sosyal bir insandır. Nancy, (birçok sosyal insan gibi) Bowie'nin, sosyal yeteneklerini geliştirmesi için yaşıtlarıyla daha fazla zaman geçirmesi gerektiğini düşünmektedir. Bowie, yalnız olmak istediği anlarda bile, annesi, onunla oynaması için bir çocuğu evlerine davet etmektedir. Yani en azından, bir gün Nathan'ı eve davet edip, Bowie'ye ne yapacaklarını sorana kadar. Bowie buna cevap olarak, "Ben Lego oynayacağım. Nathan'la sen oyna çünkü onu sen davet ettin," demiştir. Bu olay, sosyal Nancy'nin, daha az sosyal Bowie'yi arkadaşlarıyla oynaması için zorladığı son an olmuştur. Eğer Bowie bunu istemiyorsa, Nancy'nin bu kararı kabullenmesi gerekir!

Çocukların kişiliklerinin ve huylarının nasıl geliştiği ile ilgili hâlâ öğrenmemiz gereken çok fazla şey vardır. Hepimiz mutlu bebeklerin, ebeveyn olarak daha iyi hissettirdiğini ve onlarla daha fazla iletişim kurmak istememize neden olduğunu biliyoruz. Zor bebekler ise bizi uzaklaştırır ve aynı ebeveynlerin çok farklı iletişimler kurmasına neden olur. Bu nedenle, çocuklarımızın huyları bir dereceye kadar, bizlerden görecekleri ebeveynlik türünü belirler.

Ayrıca çocukların kişiliklerinin, ebeveynlerinin tavrının ve kreş deneyimlerinin, biyolojik alıcılarıyla nasıl bir ilişkisi olduğunu da henüz tam anlamış değiliz. Yukarıda da bahsettiğimiz gibi kortizol, bir tür biyolojik stres termometresidir. Artık çocuklarda kortizol seviyesini yükselten bazı deneyimleri biliyoruz. Yine de, yükselen kortizol seviyesinin sonuçlarını hâlâ bilmiyoruz. Stresin psikolojik ya da biyolojik, uzun vadeli etkileri var mıdır? Tamamen stresten uzak yaşamlar, bizleri daha iyi mi yoksa daha kötü mü yapar? Bu nedenle, bilimden öğrenmemiz gereken daha çok şey vardır. Ancak bildiğimiz şey şudur ki, Neal ve Brad baştan itibaren farklı biyolojik özelliklere sahiplerdir. Ve farklı biyolojik başlangıçlar, gelişimlerinde zamanla ardı ardına gelen etkileri beraberinde getirecektir. Çocuklarımızın kim olduğuna ve nasıl tepkiler verdiğine karşı hassas olursak onlara, potansiyellerinin zirvesine ulaşmayı öğretebiliriz.

Sosyal benliğimizin bir kısmı, neyin doğru, neyin yanlış olduğu konusunda içsel bir algıyı kapsar. Diğerlerine saygı göstermek için nasıl davranmalıyız? İnsanlara karşı adil olmayı nasıl öğreniriz? Bu sorular, ahlaki benliğimizin temelini oluşturur.

AHLAKIN ORTAYA ÇIKIŞI!

Ahlak konusu, Sigmund Freud, B. F. Skinner ve Jean Piaget gibi büyük psikoloji kuramcılarının (ve Batılı düşüncenin) ilgi alanı olmuştur. Benlik kavramımızın önemli bir kısmı, doğru olanı yapıp, adalet ve doğruluk ile ilgili kararlar verebileceğimiz hissidir. Ancak çocuklar, yetişkinlerden farklıdır. Küçük çocuklar gerçek ya da hayali adaletsizlikler karşısında, "Bu hiç adil değil!" diye itiraz ederken, ebeveynleri genellikle onlara, "Hayat her zaman adil değildir," diyerek yanıt verirler. Ve bunda ciddilerdir! Büyüdükçe olgunluk artar ve zamanla çocuklarımızın ahlaki eğilimleriyle ilgili görüşlerimiz de değişir.

Amerika'nın, Büyük Britanya'nın bir sömürgesi olduğu eski günlerde, Püriten atalarımız, bebeklerle ilgili şimdilerde çok tuhaf ve yanlış bulacağımız bir fikre sahiplerdi. Ünlü Püriten din adamı Jonathan Edwards bunu şu şekilde anlatır: "Küçük bebekler 'şeytani özelliklerle dolu' şekilde dünyaya gelirler." Bu düşüncenin birkaç gerekçesi vardı. Bunlardan biri, bebeklerin bebekken ölmeleri durumunda cehenneme gidecek olmaları ve bu nedenle hemen vaftiz yoluyla kiliseye üye olmaları gerektiği düşüncesiydi. İkincisi de, çocuklarda gözlemlediğiniz inatçılığın asıl nedeni, içlerindeki şeytanın kendini gösteriyor olmasıdır ve çocuklarınızın, cehenneme gidecek olan günahkârlar olmalarını istemiyorsanız, şeytanı yenmeniz gerekmektedir, düşüncesidir. Şaşırtıcı bir şekilde 1830'larda, Amerikalılar, yeni doğan bebeklere artık tamamen masum gözüyle bakmaya başlamışlardır! Bu düşünce, yeni doğan herkesin eşit olduğu düşüncesini dile getiren John Locke gibi Aydınlanma filozoflarının eseri olmuştur ve yeni şekillenen hükûmetimizin de temeli olmuştur.

21. yüzyılda bizim için asıl konu, küçük çocuklar yanlış davrandıklarında, bunu zayıf ahlaktan dolayı mı, şeytani dürtülerden dolayı mı yoksa henüz hiçbir şey bilmediklerinden dolayı mı yaptıklarıdır. Ve çocuklarımız onlara verdiğimiz dersleri duymazdan gelip, ahlaken utanç hissetmediklerinde, bu, onların yanlışa gittiği anlamına mı gelir?

Örneğin, 22 aylık Alice'in, parmağını prize soktuğunu hayal edin. Ona doğru koşarak gidip, "Hayır hayır!" dersiniz. Bunu yeniden yapar. Onu alıp, odanın diğer tarafına koyar ve yine, "Hayır!" dersiniz. Siz bakışlarınızı uzaklaştırana kadar bekler ve sonra, siz prizi kapatmak için mutfakta bir şeyler ararken, o yine prize döner. Alice, sadece ele avuca sığmayan inatçı bir çocuk mudur? Acaba, ona, doğruyu yanlıştan ayırma konusunda eksik eğitim mi verdiniz?

Belki de bu durumun, Alice'in benlik gelişimi ile ilgili daha basit bir açıklaması vardır. Belki de Alice'i cezalandırmanız işe yaramaz çünkü henüz kendinin değerlendirilebilecek, farklı bir varlık olduğunu göremiyordur. Kendisinin, yargılanabilecek bir insan olmadığını düşünüyorsa (kendisi ya da başkaları tarafından), o hâlde arkanızı döndüğünüzde, yeniden yanlış davranma konusundaki isteğine nasıl karşı koyuyor? Alice, davranışlarının belli standartlara bağlı kalamayacağını düşünüyorsa, o hâlde kendini dengeliyor olması söz konusu değildir. Bu nedenle, daha büyük bir çocuğun, yanlış bir şey yaptığında hissedeceği utanç ve pişmanlık gibi hisleri deneyimleme kapasitesi yoktur. Aslında, bazı araştırmacılar, küçük çocukların yanlış bir şey yaptıklarını anne babalarına belli ettiklerinde, herhangi bir duygu sergilemediklerini bulmuştur. "Gördün mü? Televizyonu kırdın!" Bu sözler çocuğunuzu neden üzmez? Belki de bunun nedeni, kötü bir şey yaptıklarının farkında olmamalarıdır.

Bu teoriyi test etmek için UCLA'den Deborah Stipek ve meslektaşları, 14 ila 40 aylık, 123 çocuğun annelerine, evde doldurmaları için 22 maddelik bir anket vermiştir. Anneler, çocuklarının davranışlarını bu maddeler doğrultusunda gözlemleyip, ankete "evet" ya da "hayır" cevaplarını vermişlerdir. Örneğin bir maddede, çocuğun kendisini aynada tanıyıp tanımadığı sorulmuştur. Bu, kendini bilmenin bir göstergesidir. Bir diğerinde, "Çocuğunuz, kendisiyle ilgili 'Ben iyi bir kızım' gibi genel değerlendirme sözleri kullanır mı?" sorusu sorulmaktadır. Bunun gibi maddeler, çocukların kendilerini değerlendirmeye maruz bırakıp bırakmadıklarını göstermektedir. Ve son olarak annelere, çocuklarının yanlış bir şey yapmaları durumunda duygusal bir karşılık verip vermediklerini sorulmuştur. Stipek ve meslektaşları hangi sonuca ulaşmıştır?

Alice'in yaşında bir çocuk yanlış bir şey yaptığında ve azarlandıktan sonra bunu yeniden yaptığında, bu onun kötü tohum olduğunu ya da şeytanın vücut bulmuş hâli olduğunu göstermez. Hem de hiç. Alice sadece henüz öz değerlendirmesini yapamıyordur ve bu nedenle bu şekilde davranışlardan pişmanlık duymuyordur. Pişmanlık duymanız için, değerlendirilebileceğinizi ve davranışlar için belirli standartlar olduğunu anlamanız gerekmektedir! Tüm çocuklar için belli bir süreç vardır. Annelerin cevapları, öncelikle, çok erken dönemlerde, çocukların kendilerini aynada ya da fotoğraflarda tanıyabildiklerini, kendi görünümleriyle ilgili şeylere erkenden tepki verebildiklerini göstermiştir. 14 ila 18 aylık bebeklerin annelerinin %80'i, çocuklarının bunu yapabildiğini söylemiştir ve bu da daha önce bahsettiğimiz ruj testiyle örtüşmektedir. Daha sonra, çocuk kendini bir varlık olarak algılamaya başladığında, kendini değerlendirip, tanımlamaya başlayabilir. 19 ila 24 aylık bebeklerin %50'si bunu yaparken, 25 ila 29 aylıkların %80'i ve 30 ila 40 aylıkların neredeyse hepsi (%91'i) bunu yapabilmektedir. Bu nedenle, kendiniz hakkında konuşmanız ve kendinizle ilgili değerlendirmeler yapmanız bu kadar uzun sürmektedir. Son olarak da, çocuklar yanlış yaptıklarında duygusal tepkiler verip, yanlış olduğunu düşündükleri şeyler konusunda kendilerini kontrol etmeye çalışmışlardır. Ancak, bu uzun sürmüştür. 25 ila 29 aylık çocukların sadece %51'i, yanlış bir şeyler yapmaya kalktıklarında üzülmüş ve utanmıştır. Kendi davranışlarını değerlendiren çocukların yüzdesi ise 30 ila 40 aylık olana kadar pek yüksek değildir. Büyük çocukların sadece %59'u, "kötü" şeyler yaptıklarında, duygusal tepkiler vermiştir.

Çocuklar kendilerini, davranışları bazı standartlara göre değerlendirilecek olan sosyal varlıklar olarak görmedikleri müddetçe, ahlaki tavırlar göstermezler. Kuralları ihlal ettiklerinde kötü hissetmezlerse, nasıl ahlaki davranabilirler ki? Peki, bu gelişimin olmasını sağlayan nedir? Bir kez daha, çocukların düşünme şekillerine ve bizlere bir şeyler anlatmak için nasıl davrandıklarına dönelim. Belki de çocuklar bazı standartları ellerinde tutup, bir şeylerin gerçek hâliyle karşılaştırmak istediklerinde, kendilerini değerlendirmeye başlayabilirler. Örneğin, bir çocuk, "Kirli olmak kötüdür çünkü bana kötü hissettiriyor ve ellerim kirli olduğunda annem bundan rahatsız oluyor. Şu anda kirliyim ve bu çok kötü," diye düşünebilir. Zihninde bir standart oluşturmak ve var olan bir durumu, ona göre değerlendirebilmek için, artan bilişsel bir esneklik gösterir. Belki de, dile daha hâkim olmak işe yarar. Çocuk böylece "iyi", "kötü", "kirli", "temiz" kelimelerini öğrenir.

ADİL BİR DÜNYADA YAŞAMAK: AHLAKİ DÜŞÜNCEYE BAŞKA BİR BAKIŞ

The Moral Child kitabının yazarı, gelişim psikoloğu William Damon'a göre, çocukların ahlaki gelişimi hakkında bilgi sahibi olmanın bir yolu da, adaleti nasıl tanımladıklarına bakmaktır. Çocuklar adaleti, arkadaşlarıyla paylaşarak ya da paylaşmayarak öğrenirler ve okul boyunca Jonny'nin yaptığının "ADİL OLMADIĞINI" ilk iddia eden onlar olurlar.

Biz yetişkinler, dünya kaynaklarının nasıl bölüştürülmesi gerektiğine kafa yorduğumuzda, birilerinin hak ettiği pay ile birilerinin ihtiyacı olabilecek olan payı dengelemek için çabalarız. Damon'ın "adalet dağılımı" olarak adlandırdığı noktaları göz önünde bulundururuz. Çocuklar, bunu farklı yollarla öğrenir. Yetişkinler onları oyuncakları paylaşmaları için tabii ki her zaman uyarır. Ve çocukları, oyun arkadaşlarının neler hissedebileceğini düşünmeye zorladığımızda, onlara paylaşımın temeli olarak empatiyi öğretiyoruzdur. Ancak çocuklar, arkadaşlarından da öğrenirler. Paylaşımın, eğlenceli bir sosyal etkinlik için giriş ücreti olduğunu kavrarlar. Oyuncağı olan bir çocuk, oyuncağını paylaşmayı teklif ederek, başka bir çocuğu, kendisiyle oynamaya ikna edebilir. Çocuklar arasında oyuncaklar ve nesneler konusunda sürekli anlaşmazlıklar yaşanır ve bunların bastırılması gerekir. Böylece çocuklar, bu ihtiyaçlar ve haklar üzerine konuşmayı öğrenirler. Bir çocuğun bu konuları anlaması, büyüdükçe daha kapsamlı bir hâl alır. Kreşlerin ve anaokullarının bir avantajı da, çocuklara bazı sosyal yetenekleri öğretmeleri ve aynı zamanda kendilerini tanımalarını sağlamalarıdır. Çocuklar, adalet hakkında ne düşünmeleri gerektiğini ve başkalarına karşı adil ve saygılı olmayı öğrenirler.

Çocuklar büyüdükçe, onların paylaşım ve adil olma gibi konularda düşüncelerinin değiştiğini gözlemleyebilirsiniz. Okul öncesi çocuklar, paylaşım konusunda, benmerkezci gerekçelere sahiplerdir. 3 yaşındaki Sally'ye neden bebeğini Jenny ile paylaştığını sorarsanız, "Çünkü onu seviyorum," ya da "Çünkü arabama benimle birlikte biniyor," gibi cevaplar alabilirsiniz. 6 yaşındaki Billy'ye, oyuncak yarış arabalarını Jeffrey ile paylaşma nedenini sorarsanız, adil olmanın ilkelerinden bahsedebilir: "Çünkü benim çok fazla var ve onun hiç yok." Çocukların ahlaki benlik algıları da diğer konularda olduğu gibi, yetişkinler ve bakıcılarıyla girdikleri iletişim sayesinde ortaya çıkan, bilişsel ve sosyal bir gelişimdir.

GİZLİ YETENEKLERİ KEŞFETMEK

AHLAKİ BENLİK ALGISI GELİŞTİRMEK

Yaş: 3-5

Çocuğunuzun gelişmekte olan adalet algısını anlamak için Profesör Damon'ın çalışmalarında kullandığı deneyi kullanın. İki tane şeker alıp, 3 4 çocuğa verin. Bunları paylaşmalarını söyleyin. Bunları eşit bir şekilde mi bölüştürecekler yoksa küçük olana daha az, büyük olana daha fazla mı verecekler, gözlemleyin. Bir diğer deyişle, nesneleri nasıl dağıttıklarını izleyin. Bu aynı zamanda mükemmel bir okul etkinliğidir ve çocukların neden bu yönde karar verdikleri konusunda bir tartışma ile devam ettirilebilir. Yaptıkları şeyler genellikle, bunu yapma *nedenleri* kadar ilginç değildir. 3 yaşındayken cevaplarını kaydedin ve 4 5 yaşına geldiklerinde bunu yeniden deneyin. Açıklamalarında değişiklik oldu mu?

DUYGUSAL BENLİĞİ DÜZENLEME

Sosyal benlik, duygularımızı düzene sokma ve aşırı tepki vermeden, sınırları aşmadan istediğimize ulaşma yeteneğimiz sayesinde ortaya çıkar. Duygusal benlik düzenleme, duygu durumumuzu, hedeflerimize ulaşmamıza yetecek, uygun bir düzeye çıkarmak için kullandığımız stratejiler anlamına gelir. Yaşamlarının ilk aylarında bebekler, duygusal benliklerini düzenlemek için çok kısıtlı bir yeterliliğe sahiplerdir. Hoşlarına gitmeyen uyarıcılara yüz çevirip, duyguları yoğunlaştığında, emmeye başlayabilirler ancak çok kolay kendilerini kaybederler. Anne babalar onları kucaklarına alıp sallayabilir, onlarla sakince konuşabilirler. Bunların tamamı, çocuğun duygularını düzene sokmasına yardımcı olur.

Serebral korteks geliştikçe, bebeğin uyarıcılara olan toleransı artar. 2 ila 4 ay arasında, bebeğe bakan kişiler, bebeklerle yüz yüze oyunlar başlatıp, onların nesnelere dikkatlerini çekerek bu kapasiteyi harekete geçirebilirler. Anne babalar, kendi davranışlarını ayarlayarak, bebeklerin heyecanlanmalarına ya da stres olmalarına engel olabilirler. Sonuç olarak, bebeğin uyarıcılara toleransı artar. 4 aylık olduklarında bebekler, hoşlarına gitmeyen durumlara sırt çevirmeyi başarırlar ve ilk yılın sonunda da, duygularını düzene sokmak için ortamdan emekleyerek uzaklaşırlar. Bakıcılar, çocukların duygu durumlarını düzene sokmalarına yardım ederken, çocukların duygularını düzene sokma türlerine de katkıda bulunmuş olurlar. Duygulardan bahsetmek için kullanacakları, "mutlu", "sevgi", "berbat", "kızgın" gibi kelimeleri edinmelerine yardımcı olurlar. Suzie, canavarlarla ilgili bir hikâye dinlerken birden, "Anne, korkunç!" demiştir. Monica kitabı bırakıp, Suzie'ye rahatlatıcı bir şekilde sarılmıştır. Suzie kendi duygularını düzene sokamamış, annesine duygularını aktarınca ihtiyacı olan rahatlamaya kavuşmuştur.

O ŞEYİ İSTİYORUM, HEM DE HEMEN! NEDEN DUYGULARI KONTROL ETMEK ÇOCUKLUĞUN ÖNEMLİ GÖREVLERİNDEN BİRİDİR?

Tim, markettedir. Gözyaşları ve çığlıklar eşliğinde, yerde oturarak bir şeyleri protesto etmektedir. Bir paket M&M şekerlemesi aldırmak için kullandığı yöntemdir bu. Kulağa, tipik 2 yaş sendromu gibi geliyor, değil mi? Tim bunu yapmaya 32 yaşında da devam eder mi? Küçük çocukların öfkelerini ve hayal kırıklıklarını kontrol altına alması gerekir mi? Öfke nöbetleri geçirmelerinin yanlış bir yanı var mıdır? Psikologların "duygusal düzen" olarak adlandırdıkları şey, kolay kolay gerçekleşmez. Dahası, huy farklılıklarından dolayı, çocuklar, durumlara aynı tepkileri vermezler.

İşler istediğiniz gibi gitmediğinde hep gözyaşlarına boğulduğunuzu hayal edin. Ya da başarısız olduğunuzu ve size engel olan bir insana vurduğunuzu hayal edin. İşinizi bu şekilde elinizde tutabilir miydiniz? Arkadaşlarınızı? Hapse girme riskiniz bile olmaz mıydı? Ancak yine de, kişinin duygularını kontrol altına almak için en doğru yolu bulması, düşünsel olarak oldukça gelişmesini gerektirir. "Duygusal düzen" olumlu duygularla olduğu kadar olumsuz duygularla da baş etmeyi gerektirir. (Garip bir şekilde, yetişkinlerde kalp krizleri kötü haberlerle olduğu kadar, iyi haberlerle de tetiklenebilir!)

Hepimiz mutlu ve üzücü deneyimlerin ardından kendimizi nasıl sakinleştirebileceğimizi öğrendik çünkü anne babalarımız ile bakıcılarımız, bizler henüz çocukken, duygularımızı nasıl düzenlememiz gerektiğini bize öğretti. "Seni yakalayacağım" ve "Ce-ee" gibi oyunları bir düşünün. Bunlar çocukların iyi zaman geçirmesi için güzel oyunlar olmalarının yanı sıra, onlara duygularını nasıl düzenlemeleri gerektiğini de öğretir. New York'taki Cornell Üniversitesi Tıp Merkezi'nden Dr. Daniel Stern, bizlere "ce-ee" oyununun ve bebeğin duygularını nasıl düzene soktuğunun mükemmel bir analizini yapmıştır.

9 aylık Irving'in beşiğinde oturduğunu ve babası Jeff'in de oğlu Irving'le olduğunu hayal edin. Daha önceden oynamış oldukları bir oyunu gözlemliyoruz... Jeff, Irving'in battaniyesini alıp kendi başının üzerine örter. Irving kahkahalarla ve heyecanla güler ve babası ayağa kalkarken bir süreliğine donup kalır. Irving'in yüzü beklentiyle aydınlanır ve babasının battaniyeyi üzerinden atmasını gözlerini kırpıştırarak bekler. Jeff yüksek sesle, "Ce-ee!" der ve battaniyeyi atar. Irving çılgınca güler ve Jeff'ten kaçmak ister gibi, beşiğin içinde emekler. Burada korku faktörü var mıdır? Jeff bunu iki kez daha yaptıktan sonra, bu kez ortaya çıkmak için biraz uzun süre bekler. Babasının battaniyeyi üzerinden atmasını beklemekte olan Irving, bu kez çok meraklanır. Irving artık merakını yitirmek üzereyken,

Jeff battaniyeyi yine atar ve "Ce-ee!" diye bağırır. Irving'in şaşkın tepkisini ve bu kez daha zayıf olan kahkahasını izler. Jeff, Irving'in yeterince uyarıldığını düşünüp battaniyeyi beşiğe bırakır.

Stern'ün söylediği gibi, tipik bebek-ebeveyn oyunları bu şekilde devam eder. Irving kendi başına böyle bir oyunu bulamaz. Ve bu deneyim onun için keyifli bir merak, beklenti ve muhtemelen biraz da korku doludur. Irving'in duygu durumuna karşı hassas olan babası, birkaç denemenin ardından, bu kadarının yeterli olduğunu düşünüp, oyunu bırakır. Çocuklar için bunu hep yaparız: Onları heyecanlandırır ve sonra bu sayede duygularını düzenleriz. Bu tür oyunlarda fazla ileri gidip, bebeklerini gözyaşları içinde bırakan ebeveynler (davranışları suistimal sınırlarındadır) de az da olsa vardır.

En başından itibaren, bebeklerin olumsuz duygularını düzenlemelerine yardım ederiz. Bebekler ağladıklarında onları kucağımıza alırız. Ancak geceleri, bebeklerin nasıl rahatlamaları gerektiğini kendilerinin bulmasını bekleriz çünkü bebeklerin, ebeveynlerinden ayrı uyuduğu bir kültürde, yanında biri olmadan uyanmasının ardından tekrar uykuya nasıl dalması gerektiğini öğrenmesi gerekir.

Duygu düzenleme, derslerden ya da videolardan öğrenilmez. Gerçek hayatın içinde öğrenilir. Sadece gerçek yaşam, bir çocuğa, öfke nöbeti geçirtecek derinlikte ve çeşitte duyguları sunabilir. Çocukken çok uzun ve güçlü bir şekilde ağladığınızı ve nefesinizi düzenlemekte zorladığınızı hatırlıyor musunuz? Kontrolünüzü bu kadar kaybetmek size hiç de iyi hissettirmez. Çocuk doktorları, "Öfke krizlerini görmezden gelin," dese de, herkes kendi çocuğunun özelliklerini bilir. Örneğin 2.5 yaşındaki Sarah'nın annesi Mary şöyle demiştir: "Sarah'yı bırakıp görmezden geldiğimde kendi kendini toparlayamıyor. Ben de onun dikkatini dağıtmak için farklı bir yöntem buldum. Öfke krizine girdiğinde, onu bir saat boyunca alıp rahatlatıyorum." Bunun nedeni, Sarah'nın henüz kendi kendini toparlayıp, ağlamasına engel olacak kadar duygu düzenlemeye hâkim olamamasıdır. Ancak bu yöntem herkese uymayabilir! Çocukların davranışları kendilerine hastır. Bazı çocuklar, diğerlerinden daha tepkiseldir ve duyguları daha derinden hissederler. Diğerleri, hayal kırıklıklarından çabuk kurtulur ve hiçbir şey olmamış gibi devam eder. Ayrıca, çocukların yaşı ve duygu düzenini nerede geliştirdiği, bu konuda çok önemli bir rol oynar. Yani, 18 aylık bir bebeğin öfke nöbetine neden olan bir durum, 20 aylıkken çok da önemli olmayabilir.

Çocuklar, kontrollerini kazanmak için bir yol bulduklarında (dikkatlerini dağıtmaya çalışıp, isteklerine bir alternatif bulduklarında ve kendilerini en sevdikleri pelüş hayvanlarıyla sakinleştirdiklerinde), duygusal stresleri ile baş etme konusunda uzmanlık kazanmış olurlar. Ancak duygu düzenleme kendiliğinden olmaz. Ebeveynlerin ve bakıcıların, çocuklarla konuşması ve onlara öfke nöbetlerinde alternatif olabilecek olan şeyleri anlamaları konusunda yardım etmesi gerekir. Ve çocukların bu tür "konuşmalardan" faydalanabilmelerinin öncesinde de, ebeveynlerin, (duygusal bir kriz yaşayan çocuğun dikkatini dağıtmaya çalışmak gibi) çocukların duygularını düzenlemesine yardım etmesi gerekir. Anne babalar, yavaş yavaş bu kontrolün dizginlerini çocukların eline bırakırlar ve çoğu durumda ortaya çıkan olumsuz duygularla nasıl başa çıkmaları gerektiği konusunda onlara "Bana gerçekten kızdın, değil mi? Seni mutlu edecek başka bir şey söyler misin bana?" gibi cümlelerle koçluk ederler.

Dil ile ilgili olarak, bilim adamları anne babaların, çocuklarına 2 ila 5 yaşlarında, olumlu duygular kadar olumsuz duygulardan da bahsettiklerini söylemektedir. Ancak olumsuz duygular daha stresli ve yıkıcı olduğundan ve olumlu duygulardan daha fazla düzenlemeye ihtiyaç duyduklarından, araştırmacılar, olumlu ve olumsuz duygularla ilgili konuşmaların çok farklı olduğunu görmüştür. Bir ebeveyn, oyun anında, "Ah, benim tavşanım şimdi mutlu!" derken, bir diğer ebeveyn, "Dün gece yatağında neden ağladın?" diyebilir. Ebeveynler, çocuklarıyla *geçmişte* olan olumsuz olayları konuşmaya daha meyillilerdir. Ayrıca, olumsuz duygularla ilgili daha çok açık uçlu sorma eğilimindedirler. ("İnsanlar neden ağlar?") Ve diğer insanların yaşadığı olumsuz duygulara daha fazla dikkat çekerler. ("Babanın dün sana neden kızdığını biliyor musun?")

Tüm bu konuşmalar ne işe yarar? Ebeveynleriyle bu tür konuşmaları daha çok yapan çocukların, daha sonrasında kendi ve diğer insanların duygularını daha iyi anladıkları görülmüştür. Ve şunu bilmek size güç verir: Kendi duygularınızı ve başkalarının duygularını anlamanız, sizi olumsuz duygulara neden olacak durumlarda daha iyi *davranmaya* yönlendirebilir. Duygularımızı düzenlemeyi öğrenmemizin, yetişkinlikte de yararı olacaktır. Araştırmaların ve psikolog ve yazar Dr. Daniel Goleman'ın da söylediği gibi, "İnsanlara, rahatsız edici duygularını —öfke, kaygı, depresyon, karamsarlık ve yalnızlık— kontrol etmeleri konusunda yardım etmek, hastalıkları önlemenin bir yoludur."

Society for Research in Child Developement'ın (Çocuk Gelişimi Araştırmaları Örgütü) 2002 yılındaki raporunda, araştırmalar sayesinde net bir sonuca ulaşılmıştır. "...okulun ilk birkaç yılı, çocukların duygusal ve sosyal yetenekleri konusunda sağlam bir temel oluşturmaktadır." Ve raporda şöyle yazmaktadır: "Dikkatini verme, yönergeleri takip etme, başkalarıyla geçinme, öfke ve stres gibi olumsuz duygularını kontrol etme konusunda sıkıntı yaşayan çocuklar, okulda daha başarısızlardır." Çocuklar üzerinde çalışma yapan bilim adamları, bu yeteneklerin nasıl edinildiği ile ilgili de bazı cevaplara sahiplerdir. Çocukların huyları ile ebeveynlerin ve bakıcıların onlarla olan iletişimleri, çocukların olumsuz duygularıyla nasıl başa çıkacaklarını öğrenmeleri konusunda etkilidir. Bunu yapmak için çocukların iki yeteneği öğrenmeleri gerekir: Gördükleri ve hissettikleri bir duyguyu *tanımak* ve *anlayabilmek* (örneğin kızdığında, "Kızgınım," demek). Bu bilgi kendiliğinden gelmez. Çocuklarıyla duygulardan konuşan ve onlara karşılaştıkları duygularla nasıl baş etmeleri gerektiği konusunda koçluk eden ebeveynler ve bakıcılardan öğrenilir. Sinirlenen çocuklarına, "Ah, kızmış olmalısın!" diyen çok fazla anne babayla karşılaşmışızdır. Bu bilgi, sözlü yetenekle çok ilgilidir. Bu tür konuşmalar, çocukların duygulara sahip olduklarını ve diğerlerinin duygularının da kendilerinin duygularından farklı olabileceğini anlamalarına yardımcı olur. Hayatta başarılı olmanın önemli bir bileşeni olduğu üzere bu koçluk, çocukların başkalarıyla birlikte çalışıp oynamayı öğrenmelerine yardımcı olur.

GİZLİ YETENEKLERİ KEŞFETMEK

DUYGULARI ANLAMAK

Yaş: 3-6 yaş

Eğer çocuğunuz 3 yaş ve üzeriyse, duyguları anlaması ve onlardan bahsetmesine yardımcı olmak için resimli bir kitap kullanabilirsiniz. Bir hikâyede, kötü ya da iyi bir şey olduğunda, çocuğunuza bunun neden olduğunu sorun. Bu, çocuklara, duygusal sonuçları olan durumlara nelerin neden olduğunu düşünmeyi öğretir. Çocuğunuza, kötü ya da iyi bir deneyim yaşayan karakterin, nasıl hissediyor olabileceği ile ilgili sorular sorun. "Sence tavşan, bebeğini bulamadığı için mutlu mu üzgün mü?" "Küçük çocuk neden gülümsüyor?" Hayat tecrübeniz ve hikâyelerin nasıl ilerlediği konusundaki bilginiz sayesinde, sizin için çok açık olan bazı bilgiler, küçük çocuklar için daha belirsiz olabilir. Çocukların, duyguların nedenlerini ve ilişkilerini öğrenmesine yardım etmek, resimli kitaptaki duygusal olaylar hakkında çocuğunuzla konuşmak, onun daha iyi bir okuyucu olmasına yardım eder!

ZİHİNSEL BENLİK ORTAYA ÇIKAR: ÖVGÜ GERÇEKTEN TEHLİKELİ OLABİLİR Mİ?

Erika ve Rachel kreşte, küçük sandalyelerinde, masanın önünde otururlar. Onların yaşındaki çocuklara uygun olarak tasarlanmış yapbozlarının üzerinde çalışmaktadırlar. Yapbozlar hep zorlu olur. Erika, ormandaki hayvan resimlerini oluşturmak için parçaları dikkatle ardı ardına denemektedir. Rachel ise sadece parçalarla oynar. Odanın etrafına bakınıp, Erika'nın yarısı bitmiş olan yapbozunu görür. Kendisinin sadece birkaç parçası yerleştirilmiş olan yapbozuna bakar. Sonunda pes eder ve oyuncak bebeklerin olduğu köşeye gidip, Barbie'yi azarlamaya başlar, "Anne sana kızdı. Çok aptalsın. Bu yapbozu yapana kadar sana televizyon yok," der.

Rachel, psikologların tanımıyla "ısrarcı olmayan" bir bireydir. Profesör Carol Dweck ve meslektaşları, belirli ebeveynlik uygulamalarının ısrar eksikliğine katkıda bulunduğunu ve bunların sonrasında, benlik algısının nasıl gelişeceğine de etki ettiğini belirlemiştir. Basketbolda ya da yazı yazarken yaptığınız küçük hatalardan yakındığınızda, annenizin size hep söylediği sözleri hatırlayın. "İlkinde başaramazsan, tekrar tekrar dene." Bu, anne babanızın sık kullandığı bir sözse, o hâlde muhtemelen oldukça iyi bir zihinsel benlik algısı geliştirmişsinizdir. Yeniden denemeniz yönündeki bir telkin, kendinizle ilgili önemli ya da değişmeyecek şeyler konusundaki hatalara kafa yormamanızı söyler. Yani, hatalarınız nedeniyle kendinizi aptallıkla ya da tembellikle veya her ikisiyle birden *suçlamayın.* Hedeflerinize ulaşmak için ortaya koyduğunuz *çabaya* göre kendinizi değerlendirin. Ancak, ebeveynleriniz, yeteneklerinizi ve zekânızı vurgulayıp överlerse, o zaman Rachel gibi zorlu görevlerde ısrarsız biri hâline gelirsiniz.

Çocuklar, kendi zihinsel benlikleri ile ilgili nasıl sağlıklı bir görüş geliştirirler? Bu soru üzerine çalışan psikologlar, bu gelişimi zaman zaman "öz saygı" olarak adlandırır. Çocukların benlik anlayışı ile ilgili anlayışları konusunda lider uzmanlar olan Profesör George Bear ile Profesör Kathy Minke'ye göre, öz saygı edinimi konusundaki eğitim dibe vurmuş durumdadır. Öz saygı ile akademik başarı arasında, araştırmacıların var olduğunu düşündüğü bağ, ciddi bir şekilde sorgulanmış ve artık söylentiler arasındaki yerini almıştır! Öz saygının çocukların akademik performansını geliştirdiğine dair vurgu, en ısrarcı ve tehlikeli olanlardan biridir. Araştırmalar, çocukların başarısını arttırmanın, onlara zeki olduklarını söylemekten fazlasını gerektirdiğini göstermektedir. Yine de başarı konusundaki inançları sorgulanan, küçük çocukların ebeveynlerinin %85'i, çocuklarına zeki olduklarını öğretmek için onların zekâlarını övmeleri gerektiğini düşünmektedirler. Çocuklara zeki olduklarını söylemenin nasıl bir sıkıntı yaratabileceğini merak ediyor olabilirsiniz. Onlara zeki olduklarını söyleyerek, zeki olmalarını sağlamanın mümkün olmayacağını bilseniz de bunun, çocukların öz saygısını geliştirme konusunda nasıl bir zararı olacağını anlamakta zorlanabilirsiniz.

Profesör Carol Dweck'in araştırması bize yol göstermektedir. Dweck bizleri, akademik görevlerdeki başarılarında, çocuklarımızın zekâsını övme konusunda dikkatli olmamız yönünde uyarmaktadır. Bunu şu şekilde anlatmaktadır:

> *...öz saygı, insanlar için çok önemlidir. Onlar için kuvvetli silahları olan övgü, her zaman etkili bir araçtır. Doğru kullanıldığı takdirde, öğrencilerin, zihinsel zorluklardan keyif alan, çaba sarf etmenin önemini anlayan ve yenilgilerle baş etmesini bilen yetişkinler olmalarını sağlar... Ancak övgü, doğru şekilde kullanılmazsa, olumsuz bir kuvvet olur. Öğrencileri güçlendirmektense, tıpkı bir ilaç gibi onları daha pasif ve başkalarının fikirlerine bağımlı kılar.*

Gayet sıradan şekilde yaptığınız bir işin övülmesi durumunda nasıl hissedeceğinizi düşünün. Sizi öven kişinin, aslında çok aptal olduğunuzu ve bu işin sizin için *zor* olduğunu düşündüğünü düşünürsünüz. Az önce bahsettiğimiz Rachel da fazlaca övülüyor ve bu övgü de çabalarından ziyade zekâsına odaklanıyor olabilir. O yüzden bir sorunla karşılaştığında, geri çekiliyor çünkü problemi çözemezse, aptal gibi görüneceğini düşünüyor. Deneylerde ve gerçek hayatta, çocuklar yaptıkları işlerin ardından zekâları konusunda övüldüklerinde, zekânın, sorunları çözmekte kullanacakları bir araçtan ziyade, bir tür "övünülecek başarı" olduğunu düşünmeye başlarlar.

Ancak, Erika zorlu görevlerle karşılaştığında, geri çekilmemektedir. Onun davranışı *uyarlamalı* olarak adlandırılabilir. Uyarlanabilen çocuklar, dik durup, zeki görünmek konusunda endişelenmezler çünkü zeki görünmek onlara çok fazla vurgulanmamıştır. Erika ve onun gibiler, zekâlarının kendilerini yarı yolda bırakmasına odaklanıp, kolay kolay pes etmezler. Onlar için hatalar, daha çok çabalamaları ve yeni bir strateji kullanmaları gerektiklerine dair işarettir. Bu tarzın neden uyarlamalı olarak adlandırıldığını tahmin etmek zor değildir!

Çocukları çabaları için övmek onları göreve daha da yaklaştırır. Zekâları için övmek ise pes etmelerine neden olur! Dweck ve meslektaşları ana sınıfı öğrencilerinin bile "akıllı" ya da "iyi" olma konusundaki övgülere ya da eleştirilere farklı tepkiler verdiklerini görmüştür. Onlar da Rachel gibi, yenilgiye uğradıklarında ya da yapıcı bir sonuca ulaşamadıklarında geri çekilmişlerdir.

Henüz 4 yaşındayken bile, bazı çocuklar zorluklarla karşılaştıklarında kolaylıkla pes etmektedirler. Bu çocuklar, Rachel'ın oyuncak bebek köşesindeki oyunundan da anlayabileceğiniz üzere, kendilerini küçük hatalarından dolayı azarlayan anne babalara sahiplerdir. Erika ise, muhtemelen çocuklarının yeteneklerinden beklentilerini dengeleyebilen, onun çabalarını öven ve ona zorluklarla ilgili kurallar koymak yerine, çocuklarını özgür bırakan bir anne babaya sahiptir. Onun ailesi muhtemelen "otoriter" —sıcak ve duyarlıdır. Ondan net ancak uygun beklentileri vardır. Rachel'ın ailesi ise tam tersine, "otoriter" ya da zorlayıcı olabilir —ona, bir şeyleri tek başına başaramayacağını hissettirmişlerdir. Üçüncü tip ebeveynler de, "anlayışlı" ya da "hoşgörülü" ebeveynlerdir. Onlar da çocuklarını yaptığı her şey için överler ve çocuklarının yanlış bir öz saygı algısı geliştirmesine neden olurlar. Bu tür ebeveyne sahip olanlar da, hatalarını asla kabul etmeyen iş arkadaşlarınıza dönüşeceklerdir. Siz hangi tip ebeveynsiniz? Partnerinizin de tarzı sizinle aynı mı?

Peki, buradan alınması gereken mesaj, övmememiz gerektiği mi? Pek sayılmaz! Ancak, öğrenmek bir *süreç* olarak düşünülmelidir. Kişinin yeteneklerini tescillemesi olarak değil. Dweck, bizleri öğrencilere zeki olduklarınız söylememememiz konusunda uyarıyor çünkü bu, onları övgüye bağımlı —tutkun— hâle getiriyor. Hatanın, zayıflık göstergesi olduğunu düşünüyorlar! Çocukların azimli olmasını sağlamak için onların stratejilerini, kararlılıklarını, konsantrasyonlarını ve sonunu getirdikleri işleri övmeliyiz. Ve çocuklar kolaylıkla başarıya ulaşırlarsa, onlara çok basit bir iş verdiğimiz için özür dilemeli, onlardan basit işlerde mükemmellik beklememeliyiz. Akademik öz saygıyı geliştirmek için zekâyı övmek, en büyük efsanelerden biridir!

EFSANELERİN YENİDEN DEĞERLENDİRİLMESİ

John B. Watson'ın ünlü iddialarına rağmen, çocuklar benlik kurumuna çok fazla katkı sağlarlar. Doğa, çocuklarımızı benzersiz kılmıştır. Bu nedenle yaşamlarının henüz ilk aylarından, kişiliklerinde belli eğilimler olduğunu fark ederiz. Bebekler, bir hamur yığını değildir. Ancak, Watson, çocuğa bakan kişilerin, çocuğun benlik algısının gelişimi konusunda önemli bir role sahip oldukları konusunda haklıdır. Çocukların kişiliğini etkilemenin en önemli yolu, onlarla olan iletişimimizdir. Onlarla ilgilenmek, konuşmak ve oynamak, fiziksel, sosyal/duygusal ve zihinsel benlik algıları konusunda onlara temel dersler verir. Bu sayede, ırklarını ve cinsel kimliklerini, duygularıyla nasıl baş etmeleri gerektiğini ve doğru ahlaki yargılarda bulunmayı öğrenirler.

Bir diğer deyişle, çocuklarımızın benlik algısını geliştirme konusunda *mutlak güce* sahip olduğumuzu düşünmek tamamen bir efsanedir. Onlara her dakika zeki olduklarını söylememizin, kendilerine güvenmelerini sağlayacağını düşünmek de bir efsanedir. Çocukların, çabaları için övülmeleri gerekir, zekâları için değil. Daha önce de bahsettiğimiz gibi çocuklar, benlik algılarını yavaşça ve zamanla geliştirirler. Ve bu gelişim fiziksel benlikten, sosyal/duygusal benliğe ve zihinsel benliğe kadar, pek çok alandadır. Çocukların ebeveynleri ve bakıcıları olarak, bizler onları destekleyip, süreci geliştirebiliriz. Bir sonraki kısımda, bunun olmasına yardım etmek için bazı stratejiler verilecektir.

DİKKAT ETMEKTE FAYDA VAR

Eğer, çocukların benlik algısı gelişiminde bir rol oynadığımızı düşünüyorsak, o hâlde bu gücü mantıklı bir şekilde kullanmalıyız.

Çocuklarınızın karşısında, onlarla ilgili nasıl konuştuğunuza dikkat edin. Ebeveynlerin çoğu, küçük çocukların kim olduklarının farkında olmadıklarını ve kendileri hakkında konuşulduğunu anlamadıklarını düşünür. 18 aylık bebeklerin, sadece 50 kelimelik bir dağarcıkları olduğu ve 20 aylık olana kadar da bunu 200 kelimeye çıkardıkları bir gerçektir. Ancak psikologlar, çocukların dil konusunda üretebildiklerinden çok daha fazlasını *anlayabildiklerini* keşfetmiştir. Bizler de dil kavrayışı ile ilgili bir araştırma yürüttük ve sonuç olarak küçük çocukların bile dil konusunda çok fazla bilgi sahibi olduğunu görünce çok şaşırdık. Örneğin, hiçbir şey konuşamayan 17 aylık çocuklar, "Kurabiye Canavarı'nı öpen Minik Kuş nerede?" gibi 5 6 kelimelik cümleleri anlayabiliyorlardı. Çocuğunuzun henüz konuşmuyor oluşu, söylediklerinizin çoğunu anlamadığı anlamına gelmez. Eğer çocuklar bizlerden aşağılayıcı sözler duyarlarsa bu, onların öz saygısını etkileyebilir.

Sokakta birbirinin yanından geçen iki psikiyatrla ilgili bir espri vardır. İkisi de geçerken, "Merhaba," deyip gülümser. Sonra ikisi de, "Bunu derken ne demek istedi acaba?" diye merak eder. Eğer yetişkinler bile —psikiyatr olmayanlarımız bile— kendilerine söylenen şeylerin ne anlama geldiğini merak ediyorlarsa, küçük çocukların nasıl hissediyor olabileceğini bir düşünün! Dile bizlerden daha az hâkim olmaları ve henüz ironiyi anlayamıyor olmalarına rağmen, kim oldukları algısının çoğunu, bizlerin onlara nasıl davrandığımıza ya da onlarla ilgili nasıl konuştuğumuza bakarak geliştirirler. "Ah, çok güzel iş!" "Ne kadar sevimli bir kızsın!" Tüm bu ifadeler benlik tanımı değirmenine öğütülecek tahılı vermektedir. Bu nedenle ve çocukların dili konuşabildiklerinden çok daha fazlasını anlayabildiğinden yola çıkarak, insanların bir çocuğun önünde, onun hakkında konuşurken ya da onunla konuşurken dikkatli olmaları önemlidir. Bu, çocuğunuzun sinirli bir anınızda sizden duyduğu küfürlü bir sözü tekrarladığında daha net anlaşılacaktır. Ayrıca, çocuklarınızdan bahsederken onların adlarını kullanın. Bu, etkili ve dikkat çekici bir detaydır!

Çocuğunuza bir birey gibi davranın. Bu tavsiye, bir ya da iki çocuk sahibiyseniz, hâlihazırda beklentileriniz ve bir tarzınız olacağından, biraz zor gelebilir. Ancak çocuklar, bu dünyaya kendi huylarıyla gelirler ve bu huylar sizin beklentilerinizle çelişiyor olabilir. Ebeveyn olmanın en zor yanlarından biri, huyu sizin huyunuzdan çok farklı olan bir çocuğun ebeveyni olmaktır. Çocukken siz utangaçsanız ancak çocuğunuz dışa dönükse, bu sizin için mutlu edici ama farklı bir durum olacaktır. Eğer siz dışa dönükseniz ve çocuğunuz geç ısınan ve utangaç biriyse, bu sizi daha da huzursuz edecektir. Burada dikkat etmeniz gereken şey, çocuğunuzun dünyaya sizinle aynı yaklaşamayacağını bilip, onun kendisi gibi olmasına izin vermektir. Bazı çocuklar, birçok şeye alışmak için başkalarından daha fazla zamana ihtiyaç duyar. Çocuğunuzun kendisini huzursuz hissettiği bir şeyi yapması için onu zorlamayın. Bunun yerine onu teşvik edin. Çocuğunuza, yapmaktan emin olmadığı bir şeyi yapmanın ne kadar eğlenceli olduğunu gösterirseniz, bir sonraki sefer bunu deneyecektir.

Çocuğunuza her şeyin mümkün olduğunu gösterin. Araştırmalar çocukların, yetişkin kadınların ve erkeklerin neler yapabileceklerini kendileri kavramaları durumunda, onları erkeklerin ve kadınların yapacağı şeylere daha fazla maruz bırakmamız hâlinde, ufuklarının genişleyeceğini göstermektedir. Çocuğunuz başta, babaların hemşire olamayacağını düşünürse şaşırmayın! Kadınların "erkeksi", erkeklerin "kadınsı" işleri yaptığına daha fazla tanık oldukça, düşünceleri de gelişecektir. Çocuğunuz büyüdüğünde ne olmayı seçerse seçsin, seçimlerinin cinsiyet kavramının sınırlarıyla kısıtlanmayacağını bilmesi daha sağlıklıdır. Çocuğunuza sık sık "Kamyon süren kadını gördün mü?" "Dr Judy'nin —senin doktorun— aynı zamanda bir anne olduğunu biliyor muydun?" gibi şeyler söyleyerek, basmakalıp olmayan ve herkesçe yapılabilecek olan rolleri görmesini sağlayın.

Çocuğunuzla duygular hakkında konuşun. Benlik algınızın bir kısmı, size nasıl davranıldığı ve sizinle nasıl konuşulduğu ile ilgilidir. Size dünyadaki olayları anlamanız konusunda yardım edip, Victor'un oyuncağını kırdığınızda, onun neden üzüldüğünü anlamanıza yardım edebilirsem, daha iyi bir insan olursunuz. Duygular içimizdedir. Ebeveynler, çocuklarıyla duygular hakkında konuştuklarında, onların duygularını *ortaya*, gün ışığına —duygularının incelenip, değerlendirilebileceği ve anlaşılabileceği bir yere— çıkarmasına yardım etmektedirler. Bir çocuğun daha iyi, daha güçlü bir insan olmasını sağlamak için mağazalarda satılan bir set yoktur çünkü bu tür öğrenmeler, sadece başkalarıyla iletişim kurarak gerçekleşir. Çocuklarımızın bize ihtiyacı olduğu anda, kendi duygularını ve eylemlerini, başkalarının tavır ve duygularını anlamalarına yardımcı olmak için yanlarında olmalıyız. Çocuklarımızın günlük hayatlarında yeterince yer almıyorsak, onları en iyi üniversitelerinden birine sokmak ve mesleklerinin zirvesinde olmalarını sağlamak adına zihinsel fonksiyonlarını geliştirme konusunda acele etmek, zaman kaybından başka bir şey olmaz. Çocuğunuzun, "başarılı" ancak mutsuz ve duygularını düzene sokamayan, insanların davranışlarının nedenini anlayamayan, zavallı bir insan olmasının ne yararı vardır? Duygulardan bahsetmenin, hayata adapte olmak ve başarılı olmak gibi uzun vadeli sonuçları vardır.

Duygusal zekânın, yaşamda başarıyla ilgisi olduğunun farkına varın. Duygusal benlik önemlidir. Hem de çok. Daniel Goleman'ın *Emotional Intelligence (Duygusal Zekâ)* kitabı, bunu çok net bir şekilde ifade etmektedir: Ne kadar zeki olduğunuzun ve sınavlardan kaç puan aldığınızın bir önemi yoktur. İnsanlarla nasıl geçinmeniz gerektiğini bilmiyor, işaretleri okuyamıyor ve onların hislerini hesaba katamıyorsanız, hayatınızda büyük hatalar yapacaksınızdır ya da en azından, hiçbir zaman ileri gidemeyeceksinizdir. Bu kitapta, Goleman, insanın yaşamda yolunu bulması için duygusal zekânın öneminden bahseden psikolog Howard Gardner ile bir röportaj yapmıştır. Sekiz farklı zekâ türü olduğuna inanan Gardner, "içsel zekâdan" ya da kendimiz ve duygularımızla ilgili zekâdan bahsetmiş, bunları kendi davranışlarımıza nasıl rehber aldığımızı anlatmıştır. Öte yandan, "kişiler arası zekâ" da başkalarıyla ilgili bilgilerimiz, onların ruh hâllerini, arzularını ve güdülenmelerini anlama yeteneğimizdir. Hayata iyi adapte olmak için bunların ikisi de önemlidir. Gardner şöyle diyerek bunu daha da netleştirmiştir: "İçsel zekâsı zayıf olan, 160 IQ'lu pek çok kişi; içsel zekâsı kuvvetli olan, 100 IQ'ya sahip kişiler için çalışmaktadır. Ve günlük hayatta en önemli zekâ türü kişilerarası zekâdır. Eğer buna sahip değilseniz, kiminle evleneceğiniz ya da hangi işi yapacağınız gibi kararları yanlış verirsiniz."

Başka bir deyişle, hayattaki başarınız IQ puanınızdan ya da SAT puanınızdan daha fazlasıdır. Ve Gardner'ın söylediği gibi, hayatta başarının SAT puanıyla bir ilişkisi yoktur. Yüksek puanlar almak size bir avantaj sağlamaz. Yine de, çocuklarımız için oluşturduğumuz sıcak aile ortamında, zihinsel benliği geliştirme konusundaki ısrarımız, benliğin önemli olan duygusal yanını gölgede bırakmıştır. Ancak dünyamız insanlarla dolu olduğundan ve hepimizin öncelikli isteği çocuklarımızın mutlu olması olduğundan, belki de bilimin, mutlu ve uyumlu çocuklar yetiştirmek konusunda bize söylediklerine kulak asma zamanı gelmiştir. Ve belki de odak noktamız, çocuğun geliştirdiği benlik algısı türü olmalıdır.

BÖLÜM 8

SENİ TANIYORUM

Amanda, Cigna'da bir sigortacı. Jeff de bir borsacı. İkisi de anne baba oldukları için çok keyifliler. Yine de, 4 yaşındaki kızları Courtney için yeterince "kaliteli" zaman ayıramadıklarından endişe ediyorlar. Tüm kitapları ve eğitsel oyuncakları aldılar ve akşamları ile hafta sonlarını mümkün oldukça verimli bir şekilde programladılar. Sonuçlar gayet tatmin edici. Courtney, alfabenin tüm harflerini öğrendi ve kısa kitapları okuyabiliyor. Suzuki kemanı çalıyor ve basit sayılarla toplama çıkarma bile yapıyor. Amanda ve Jeff çok gururlu anne babalar ancak, şimdilerde bir kaygıları var. Evde böylesine güzel bir başlangıç yapan Courtney, ana sınıfının üstesinden nasıl gelecek? Müzikte ve okumada kendisi kadar ileride olmayan çocuklarla birlikte olunca sıkılacak mı? Okuldan soğuyacak mı? Bazı çocuklar tarafından korkutulduğu anaokulunda zaten bazı sorunlar yaşamıştı. Jeff ve Amanda, bu korkutmanın nedeninin Courtney'nin diğer çocuklardan çok ileride olmasından dolayı kıskançlık kaynaklı olduğunu anlamışlardı. Ana sınıfında da, aynı şeylerin yaşanmasından endişe ediyorlar. Courtney'ye teşvik edici bir ortamda başarılı bir eğitim sağlarken, onu nasıl koruyacaklar?

SOSYAL YETENEKLER'E GİRİŞ

Jeff ve Amanda'nın tepkileri, çoğumuzunkine benziyordu — tüm dikkatlerini çocuklarının zihinsel gelişimine verip, sosyal gelişimine fazla odaklanmıyorlardı. Aslında anne baba olarak çoğu zaman, çocuğumuzun zihinsel gelişiminin desteklenmeye ihtiyacı olduğunu ancak, sosyal gelişiminin kendi başının çaresine bakabileceğini düşünürüz. Sosyal yeteneklerin çocuklarımızın *öğrenmesine* gerek olmadığı şeyler olduğunu düşünürüz. Sosyal ve duygusal gelişim, akademik öğretiler gibi yazılı olmadığından, bize daha az önemliymiş gibi görünür. Sonuçta sosyal gelişim kendiliğinden olur, öyle değil mi?

Ancak bu varsayımlar doğru mu? Biz öyle olduğunu zannetmiyoruz. Sosyal ilişkilerinizi yürütmenin ne kadar önemli olduğunu bir an düşünecek olursanız, sosyal bağları idare etmenin bir mayın tarlasını andırdığını anlarsınız. Bu, kendi duygularınızı (örneğin kaprisli olmanın size yardımcı olmayacağını bilmeniz) düzene sokmanızı gerektirir. Diğer insanların duygusal ve sosyal ipuçlarını anlamanız gerekir (insanların pijamasını giymesi, gitme vaktinizin geldiğini gösterir). Kendinizi başkalarına ifade etmeniz ve onlara ne yapmak istediğinizi anlatabilmeniz gerekir. (İnsanların "emirlere" olumlu tepkiler vermediklerini zaten öğrendiniz!) Ve bu, sevmediğiniz insanlarla iyi geçinmenizi gerektirir (Örneğin, iş yerinde şefinizi görmezden gelmeniz neredeyse imkânsızdır). Çocuğunuzun başarısını garantilemenize gelirsek! Bir kokteylde, gaf yapan kişi, insanları sıkmanın ne kadar kolay olduğunu bilir. Bu partiye gitmeyi baştan reddeden kişi (eşinizi, komşularınızı, Matilda teyzeyi ve hayatınızdaki diğerlerini kırmadan) bu sosyal engeli aşmak için ne kadar çok emek harcaması gerektiğini bilir. Ve iki kişiden daha fazla insanın olduğu bir yerde çalışmış olan herkes (yani, neredeyse tüm okuyucular), iş hayatında başarı için sosyal yeteneklerin ne kadar önemli olduğunu bilir.

Kültürümüzde, mutlu olmanın ve arkadaş sahibi olmanın, okuldaki başarınızla bir ilgisi olmadığına yaygın bir şekilde inanılmaktadır. "İnek" öğrencilerin akıllı olduklarını ancak, sosyallikten nasiplerini almadıklarını düşünürüz. Uzay Yolu filminden Mr. Spock buna mükemmel bir örnektir. Çok akıldır ancak sosyal zorluklar yaşar. Araştırmalar, şaşırtıcı bir şekilde, medyada gösterilenin tam tersini anlatmaktadır. Daha popüler çocuklar, okulda da daha başarılıdır. Profesör Martha Bronson, oldukça saygı gören kitabı *Self-Regulation in Early Childhood: Nature and Nurture*'da yaşıtlarınızla iletişim kurma yeteneğinizin ve yaşıtlarınız tarafından kabul görmenizin, okulda ve sonrasında daha iyi seviyelerde olmanıza yardım ettiğini belirtmektedir! İster inanın ister inanmayın, ana sınıfı öğrencilerinin ne kadar çok arkadaş edindikleri ve arkadaşları tarafından ne kadar çok kabullenildikleri, sınıf etkinliklerinde ne kadar yer aldıklarını ve akademik görevlerde ne kadar bağımsız hareket edebildiklerini etkiler. Bu da çocukların ne kadar sosyal olurlarsa o kadar bağımsız öğreniciler olacakları anlamına gelir. Ana sınıfı öğrencileri yeni arkadaşlıklar kurarken, kendilerini akademik yeterlilik elde etmek için daha iyi öğrenme koşullarına adapte etmektedirler.

Araştırmalar bize, sosyal yeteneklerin, öğrenilmesi gerektiğini göstermektedir. Sosyal Zekâ kendiliğinden oluşmaz; "yaşayarak" öğrenilir. Yani, yaşamda başkalarıyla kurduğumuz anlamlı iletişimler vasıtasıyla. Çocukların büyüdüklerinde oldukları kişi;s onlarla evde, kreşte ve okulda nasıl iletişim kurduğumuzun bir sonucudur.

Günümüzde, çocukların IQ'sunu arttırma konusuna yapılan yoğun vurgu nedeniyle, çocukların SQ'larının (Socal Intelligence Quotinent yani Sosyal Zekâ) yerlerde sürünüyor olması şaşırtıcı değildir. Ciddi sorunlar yaşayan çocuklar değilse de, normal çocukların, ebeveynlerinin gelişmesine yardımcı olamadığı bazı temel sosyal teknikleri öğrenmesine yardımcı olmak için psikolojide ve eğitimde yeni bir alan geliştirilmektedir. Çocuklar, anne babalarının onlara ve başkalarına nasıl davrandığını gözlemleyerek öğrenirler. Daha sonra bunu yaşıtları üzerinde denerler. Kreşler ve anaokulları, genellikle bunun pratik edildiği yerlerdir. Buralar aynı zamanda öğretmenlerin ve ebeveynlerin, çocukların sosyal yeteneklerini desteklemek için sosyal bir yapılandırma sağladıkları yerlerdir.

SOSYAL ÖĞRENMENİN EŞ MERKEZLİ DAİRELERİ

Bizler sosyal olmayı, bir dizi eş merkezli daireyi andıran ve sürekli genişleyen ilişkiler sayesinde öğreniriz. Bebekler, ilk dairenin içinde, insanları nesnelerden ayırt etmeye başlar. İlk daireyi içine alan ikincisinde, bizleri *duygusal* canlılar olarak algılarlar. Son olarak da diğer dairede, bebekler bizlerin beden ve duyguların dışında aynı zamanda *akla* da sahip olduğumuzu fark ederler. Bu bölümde sosyal öğrenmeyi, bebeklikten başlayarak gözlemeyecek ve günlük iletişimlerin, çocukluğumuzu nasıl mükemmel ya da korkunç bir deneyime dönüştürdüğünü göstereceğiz.

GİZLİ YETENEKLERİ KEŞFETMEK

BİR BEBEĞİN DÜNYASINI KEŞFETMEK

Bu etkinlikte, kendinizi bir bebeğin yerine koymanız gerekecek. Bir bebek olmanın nasıl bir şey olacağını düşünün. Dünyaya bu pencereden bakın. Dünyanızı kaplayan nesneleri ve insanları, onlara ilk kez bakıyormuşsunuz gibi görmeye çalışın. Bu nesnelerle ilgili var olan bilgilerinizi yok saymaya çalışın. Ne görüyorsunuz? Öncelikle, bazı şeylerin hareket ettiğini bazılarının da etmediğini göreceksinizdir. Sokaktaki çöpler orada öylece dururken, araba gibi diğer nesneler hareket eder. İkinci olarak, nesnelerin farklı ve gizemli şekillerde hareket ettiğini fark edersiniz. Arabalar ve ağaç dalları, insanlar ve hayvanlardan farklı şekillerde hareket eder. Üçüncüsü de kafanızı kaldırdığınızda, beyaz küçük şeylerin (eski bebek bezi olabilir mi?) bir maviliğin içinde hareket ettiğini fark edersiniz. Hangisi canlıdır? Bu şeylerin hareket etmesini sağlayan nedir?

FİZİKSEL VARLIKLAR OLARAK DİĞERLERİ

Bunlar bebeklerin farkına varmaları gereken şeylerdir. Birçok şey hareket ediyor olsa da, bunların bazıları canlıdır, bazıları değildir. Sandalye ve lamba gibi cansız nesneler kendi başlarına hareket etmezler. Beşik ve bebek bezi değiştirme masası gibi daha büyük cansız nesneler, bebeklerin kendilerini ayakta tutmalarına yardımcı olan dayanaklardır. Arabalar cansızdır. Tıpkı bulutlar gibi. Bebekler, onların neden hareket ettiğini merak ediyor olmalı. Ancak bebekler için asıl soru işareti canlı şeylerdir. İnsanlar gibi canlılar, tahmin edilemez şekillerde hareket ederler. Canlılar o nedenle berbat sınır taşlarıdır. Araştırmacılara göre, bebekler canlı ve cansız varlıklar arasındaki farkı çok erken zamanlardan itibaren anlarlar. Sonuçta, insan gibi canlılar, sadece bebeklere gıda ve fiziksel konfor sağlamakla kalmaz, kimi zaman görünüp kimi zaman kaybolurlar. Dahası, şimdiye kadar kimse bir sandalye tarafından bezlenip kucaklanmamıştır. Bu nedenle, hayatta kalmak istiyorlarsa bebeklerin, canlı varlıkları bulmaları gerektiğini bilmeleri önemlidir.

Neyse ki canlılar, bebekler için oldukça dikkat çekicidir. Örneğin, bebekler fiziksel simetriyi sever ve bu da yüz tercihlerinde belirgindir. Yüz hatları karışmış bir yüz resmi ile düzgün olan bir yüz resmini yan yana düşünün. Bir laboratuvar testinde araştırmacılar, bebeklerin, düzgün olan yüze bakmayı tercih ettiklerini görmüştür. Küçük bebekler, doğumun hemen ardından, dağınık ve düzgün yüzleri kolaylıkla ayırt eder. İki gözün simetrik bir şekilde burnun üzerine, saç çizgisinin aşağısına yerleşmiş olduğu resimlere bakarken daha fazla zaman harcarlar.

Bebekler sadece simetriyi değil, kontrastları da severler. Gelişmiş teknoloji sayesinde bebeklerin, yüzün hangi kısmına bakmak için gözlerini hareket ettirdiklerini takip edebilmekteyiz. Bir bebeğe yeni bir yüz gösterdiğinizde, genellikle gözlere ve saç çizgisine bakarlar. Buralar, aydınlık ve karanlık arasındaki yoğun kontrastı simgeler ve bebekler bize baktıklarında, hep bu kısımlara odaklanırlar. Tabii ki iki ayın sonunda, yüzümüze daha fazla alıştıklarında, bebekler sadece kontrast bölgelerine değil, yüzümüzün farklı kısımlarına da odaklanırlar.

Son olarak, bebekler hareket eden şeylere bakmaktan hoşlanırlar. Birçok deney, bebeklerin her zaman hareketli nesnelere bakmayı, sabit nesnelere bakmaya tercih ettiklerini göstermiştir. Bebek dönencelerinin bu kadar popüler olmasının nedeni de budur! Aslında, bebeklerin çok erken zamanda, tek mi çift mi nesneye baktıklarını algılamak için hareketli nesneleri görmeleri gerekir. Eğer nesneler ayrı ayrı hareket ediyorsa, bebekler karşılarında iki nesne olduğuna karar verir. Ama nesneler hareket etmiyorsa, tek nesneye mi çift nesneye mi baktıklarından emin olamazlar. Bu nedenle hareket, bebekler tarafından net bir şekilde fark edilir. Yüzlerimizin de hareketli olduğunu unutmayın —hem iç kısımları (göz kırpma, dudakların gülüşü ve açılışı) hem de boynumuzun yukarısında gerçekleşen hareketler.

Eğer bir bebek "inşa edecek" olsanız, kendisiyle ilgilenecek olan canlıların (anne babalarının) yüzlerini ve özelliklerini bilen bir bebek yapmak isterdiniz. Doğa da tam olarak bunu yapmıştır. Saf fiziksel bir varlık olan insan, bebeklerin dikkatini çekmek için gerekli her şeye sahiptir. Yeni doğan insan yavruları, hayvanlar dünyasındaki diğer yavrulara göre çok daha çaresizdir. Bu nedenle, bebeklerin yetişkinlere bakıp, onları koltuklardan ya da bulutlardan daha ilginç bulmaları iyi bir şeydir.

Bu bebeği inşa ettiğinizde, sadece büyüklerini ilginç bulması size yetmeyecektir. Onların küçük dünyalarında var olan insanlarla sosyal iletişim kurmasını da istersiniz. Diğer fiziksel canlılarla iletişimin özünde, taklit vardır. Washington Üniversitesi'nden Profesör Andrew Meltzoff, bebeklerin taklitleri konusunda bir uzmandır. Meltzoff'un, yeni doğmuş bebeklerin bile —iki günlükken— yüz ifadelerini *taklit edebildiklerini* keşfetmesi tıp dünyasını sarsmıştır. Bu durum, zihinsel jimnastiği de içerdiğinden, oldukça şaşırtıcıdır!

GİZLİ YETENEKLERİ KEŞFETMEK

TAKLİT

Yaş: Doğumdan 2 aya kadar

Yenidoğan bebeğinizi kucağınıza alın. Ona dikkatle bakarken, dilinizi on kez dışarı çıkarın ve onun da dilini çıkararak size karşılık verip vermeyeceğine bakın. Eğer işe yararsa, muhtemelen bu, biri size dilini çıkardığı için sevineceğiniz tek an olacaktır! Ya da, ağzınızı yavaş yavaş on kez kocaman açın ve bebeğinizin de bunu yapıp yapmadığına bakın. Yeni doğan bebeğinizin sizin mimiklerinizi taklit etmesi ve bu sayede sizinle iletişim kurması gerçekten çok heyecan verici bir durumdur.

Bir bebeğin, bir başkasıyla böyle bir bağlantı kurabiliyor olmasının dikkate değer yanı nedir? Bebeklerin yüz ifadelerini taklit edebilmeleri neden bu kadar şaşırtıcıdır? Bu durumu biraz daha yakından inceleyelim. Bebeğinize dilinizi çıkardığınızda bebeğiniz, yüzünüzü ve simetrik yüzünüzün alt tarafındaki tuhaf çıkıntıyı fark eder. Aslında, diliniz dudaklarınızın arasından ileri geri giderken aptal gibi görünüyorsunuzdur. Bebeğinizin, bu ifadeyi taklit etmesi için gördüklerini bir tür hareket programıyla tercüme etmesi ve böylece onun da dilini çıkarıp geri çekmesi gerekir. Burada, nasıl göründükleri konusunda hiçbir fikirleri olmayan yeni doğmuş bebeklerden bahsettiğimizi unutmayın. Sizi taklit ettiklerinde kendilerini göremezler. Ağzınızı açtığınızı gördüklerinde, gözlerini açıp kapatmak yerine, ağızlarını açmaları gerektiğini nereden "bilirler"? Hiçbir görsel ipuçları olmasa da bunu gerçekleştirebilirler.

Diğer insanlarla böyle bir bağlantı, sosyal bir uyanış olabilir. İskoçya Edinburgh Üniversitesi'nden Profesör Colwyn Trevarthen, başlangıçtan itibaren, bebeklerin, diğerlerinin farkında olan sosyal canlılar olduklarını söyler. Bu şaşırtıcı örnekte bebek, sizi taklit ederek sizin gerçekliğinizi sizinle paylaşır. Burada kurulan şey, Trevarthan'ın "özneler arasılık" olarak adlandırdığı ya da "sen ve ben, duyguları ve deneyimleri paylaşabiliriz" duygusunun gelişmesi olarak açıklanabilecek bir durumdur. Bundan emin olamasak da, bebeklerin başından beri bizlerin sosyal hareketlerinin farkında olduklarını biliyoruz.

Bebeklerin, etraflarındaki fiziksel ve sosyal ritme ayak uydurabildikleri gerçeği, Atlanta, Emory Üniversitesi'nde olan Profesörler Rochat ve Striano'nun yaptığı bir deneyde açıkça gösterilmiştir. Profesörlerin bulduklarına yakından bir göz atalım:

Sylvia, ikinci çocuğu olan 4 aylık Joel'i laboratuvara getirir. Joel'i, özel tasarlanmış olan bir bebek sandalyesine oturtur ve güvende olması için kemerini takar. Bebek, bir kameraya dönüktür ve önünde büyük bir televizyon ekranı vardır. Annesi başka bir odaya gittiğinde, Joel annesini ekranda görecek ve aynı anda da kaydedilecektir. Sylvia da Joel'i ekranda görecek ve aynı anda kaydedilecektir. Sylvia'dan, Joel'in kendisine bakmak yerine, ekrandaki görüntüsüne bakması ve o görüntüyle iletişim kurması istenir. Sylvia ve Joel'in neşeyle kurdukları iletişim bir süre devam eder. Sylvia'nın varlığından habersiz olduğu bir araştırmacı, Joel'in görüntüsünü birkaç saniye geciktirir. Bu nedenle Sylvia'nın söylediği ya da yaptığı şeylere Joel'in tepkisi, olması gerekenden biraz geç gelir.

Araştırmacılar, bu testte ne olmasını bekliyorlardı? Bebek gerçekten Sylvia ile olan iletişiminde üzerine düşeni yapıyorsa Sylvia, bebeğin cevaplarındaki gecikmeyi dikkat dağıtıcı ve kafa karıştırıcı bulacaktır. Eğer Sylvia bir "diyalogdan" ziyade monolog yürütüyorsa o zaman, Joel'den gelen cevapların onu rahatsız etmemesi beklenir. Peki, sonuçta ne olmuştur? Sylvia, Joel'in anında cevap vermemesini rahatsız edici bulmuştur. Joel'in cevaplarının çok yavaşlamış olmasına şaşırmış ve kaşlarını çatmıştır. Kendisiyle iletişim kuran sosyal partneri birden iletişimlerinin ritmini kaçırmıştır!

Belli ki, bebekler 4 aylıkken bile ebeveynleri ve bakıcılarıyla kurdukları sosyal paylaşımda aktif ve katkı sağlayan bir rol üstlenirler. Bu sosyal paylaşımlar, gerçek bir konudan yoksun olsa da (en son ne zaman aynı cümleyi üç kez tekrar eden ve sindirim seslerinizle ilgili tekrar tekrar yorumlar yapan biriyle iletişim kurdunuz?) bebekler, ortak bir paylaşım hissine kapılırlar. Bu sosyal paylaşımdaki karşılıklı davranış, "sen ve ben" —özneler arasılık— hissi oluşturur ki bu da insanlarla bağlantı kurmanın temelidir. Sosyal bağ, diğerleri hakkında bir şeyler öğrenmenin temel yoludur. Çocukları sosyal anlamda güçlendirmek için bunu çokça yaparız. Anne ve çocukların iletişimlerini izlediğinizde, yetişkinlerin, bebekleriyle iletişim kurarken belirli düzenlemeler yaptıklarını görürsünüz. Öncelikle, bebeğin yaptığı şeyleri *taklit ederiz*! Bunu diğer yetişkinlerle yapsak kaba karşılanırdık. İkinci olarak abartılı yüz ifadeleri kullanırız ki bu da yetişkinlerle olan iletişimlerde kullanılması tuhaf olacak bir şeydir. Gözlerimizi ve ağızlarımızı çok geniş açarız. Kaşlarımızı neredeyse saçlarımızla birleşecek kadar kaldırırız ve parlak gülüşlerle, etrafa heyecan saçarız. Abartılarımız aslında ders planımızın bir parçasıdır; bebeklerin, bizlere eşlik etmesi için bu işaretlere ihtiyaçları olduğunu hissederiz. Sylvia, Joel'in yüz ifadelerini taklit ettiğinde, onun hislerini yansıtır ve ona sosyal bir şeyler öğretir. Joel, karşısındakinin kendisinden farklı olduğunu ancak, aynı hisleri paylaşabileceklerini öğrenir —özneler arasılık. Sylvia'nın da "kendisi gibi" olduğunu çünkü onunla aynı hisleri paylaştığını öğrenir. Sylvia'nın, Joel'in duygularını ifade etmesine koçluk ediyor olduğu da söylenebilir.

DUYGUSAL VARLIKLAR OLARAK DİĞERLERİ

Daha önce hiç bebeklerle dolu bir yerde, örneğin bir çocuk doktorunun muayenehanesinde bulundunuz mu? Biri ağlamaya başladığında, birden sirenler korosunun oluşmasına neden olabilir ve tüm çocuklar aynı anda bağırmaya başlar. Bu duygusal bulaşıcılık, bebeklerin empati yeteneğinin ilk işaretidir, bir diğer deyişle başkalarının hislerinin farkında olduklarının ve onların duygularını dolaylı olarak hissettiklerinin. Empati olmadan bizler, kendimiz için yaşayan, bunun başkalarını nasıl etkilediğini umursamayan canavarlara ya da sosyopatlara dönüşürdük. Empati, bizim işimize yaramasa bile, başkalarına karşı iyi olmamız için bizleri motive eder. Ve empati, beşikte başlar!

Connecticut'ta bir kreşin müdürü olan Sherry, 22 aylık çocukların sabah erken saatte karlı bir sabahta yürüyüşlerini dikkatle incelemiştir. İçeri ilk giren, yorgun ve şikâyetçi bir şekilde ağlamaya başlar. İçeri giren ikincisi de (kar kıyafetleri çok ağırdır!) yorgun görünmektedir ve arkadaşlarının gözyaşları onu endişelendirir. Çocuk, kendi battaniyesini alıp bunu arkadaşına verir. "İşte bir bebek bakım programını sürdürüyor olmak bu yüzden büyük bir keyif," diye belirtmektedir Sherry. "2 yaşındaki çocuklar bile, diğer bebeklerin hislerine karşı hassas olabiliyorlar! Henüz pek fazla konuşamıyorlar ancak birilerinin kötü hissettiği zamanı kesinlikle anlayıp bunu düzeltmeye çalışıyorlar."

Laboratuvarda yürütülen araştırmalar da Sherry'nin kreşte fark ettiklerini desteklemektedir. Araştırmacılar, 2 yaşındaki çocukların annelerinden, üzgün numarası yapmasını istediklerinde, bebekler inanılmaz tepkiler vermiştir. Bebekler, annelerine battaniyelerini vermiş, onların dikkatini dağıtmaya çalışmış ve annelerine kendilerini iyi hissettirmek için sarılmışlardır.

Başkalarına duygusal olarak nasıl bağlanırız? Duygularımızı düzenlemeyi ve bir şeylere üzüldüğümüzde etrafımızdakilere vurmamayı nasıl başarırız? Bunlar, bağlanma ve duygusal düzenleme alanlarının altındadır ve gelişim psikolojisinin en çok çalışılan alanlarındandır.

GİZLİ YETENEKLERİ KEŞFETMEK

EMPATİ

Yaş: 1-2/2.5 yaş

Evinizde empatinin gelişimini takip etmeyi deneyin. Canınız yanmış ve ağlıyormuşsunuz gibi davranın. Çocuğunuz ne yapıyor? Ya da başka bir yetişkinden bunu yapmasını isteyin ve bebeğinizin ne tepki verdiğini yakından takip edin. Bebeğiniz tüm insanların sıkıntısına dikkatini veriyor mu? Yetişkinin dikkatini dağıtmak ya da onu rahatlatmak için bir şeyler yapıyor mu? Mesela en sevdiği oyuncak ayısını ağlayan kişiye vermek gibi? Çocuğunuz bir tepki verene kadar, birkaç ayda bir bunu tekrar edebilirsiniz. 2.5 yaşına kadar, çocuklar başkalarının üzüntüsüne tepki vermezler. Eğer çocuğunuz empati ile karşılık vermiyorsa bunun, onun umursamaz bir kişi olacağı anlamına geldiğini düşünmeyin! Çocuğunuz bunun "numara" olduğunu anlamış olabilir.

BAĞLANMA: İLK İLİŞKİLER TEMEL OLUŞTURUR

Bebeğinizi sosyal dünyaya dâhil etmek çok kolaydır ve özel bir ders ya da video gerektirmez. İletişim bunun anahtarıdır. Ama çok fazla iletişim. Gertrude teyze, bebeğinizi çok fazla uyarmanın gereğinin olmadığını, onunla çok fazla konuşmanıza, çok fazla oyun oynamanıza gerek olmadığını söylediğinde yanılıyordur. Araştırmalar, net bir şekilde bebeklerin sosyal iletişimlerle geliştiğini göstermektedir. Aslında, ilk yakın ilişkilerini şekillendiren sosyal iletişimler, sonraki sosyal iletişimleri için temel oluşturur.

Psikologlar, yetişkinlerle olan ilişki tarzınızla ilgili sorular sorarak, çocukken ne tür bir bağlanmanız olduğunu bile anlayabilir. Bir testte, annenizi size hatırlatan ve babanızı tanımlayacağınız beşer sıfat söylemeniz istenir. Daha sonra, neden bu sıfatları seçtiğiniz sorulur. Klinik bir ortamda, psikologlar bu ve benzeri cevapları ("Çocukken canınız yanınca ne yapardınız?" gibi), sizin ebeveynlerinize ne tür bir bağlanmanız olduğunu ve çocuğunuzla şu anki bağlanmanızın nasıl olacağını bulmak için kullanırlar. Şaşırtıcı bir şekilde, ilk ilişkilerimiz, bizlerin duygusal olarak kim olduğu ve diğer insanlarla nasıl iletişim kurduğumuz konusunda çok fazla bilgi verir. Bunlar ayrıca, kendi çocuklarımıza nasıl ebeveynler olacağımız konusunda da pek çok bilgi verir. Ancak asıl hikâye, ilk duygusal bağ olan bebeklik bağlanmasıyla başlar. Bebekler sevgi ve güvenin temellerini bu dönemde öğrenirler.

SEVGİ DOLU ANNE Mİ YOKSA BESLEYİCİ ANNE Mİ?

Bebekler, bizlerle iletişim kurmayı severler ve bakıcılarına kısa sürede bağlanırlar. Bebekler Tabiat Ana tarafından, hayatlarındaki özel insanlara karşı güçlü bir sevgi ve bağ geliştirmeye programlı olarak dünyaya gelirler. Psikologlar buna "bağlanma" der. İlk yıllarının ikinci yarısında bebekler, fiziksel bakımlarıyla ilgilenen ve onları uyaran tanıdık insanlara bağlanırlar, sadece annelerine değil. Bir bebeğin, annesiyle olan duygusal bağının, ilerideki tüm ilişkilerinin temeli olduğunu ilk söyleyenler arasında Sigmund Freud da vardır. Ancak Freud, sevginin, annenin bebeğinin karnını doyurmasından kaynaklı ortaya çıktığını düşünür. Sonuçta oral dönemde olan bebekler, oral uyarıcılar için can atarlar. Freud, bebeklerin, annelerine, temel oral ihtiyaçlarını gideren tek kişi oldukları için bağlandıklarını söyler. B. F. Skinner'in davranışçı teorisi de ilişkilerdeki bağlantının temelinin beslenme üzerine olduğunu söylemiştir ancak onun nedenleri biraz daha farklıdır. Skinner, bebeklerin açlığın azalması hissini, kendilerini besleyip, gerginliklerini ortadan kaldıran anneye bağladıklarına inanır.

1940'larda bağlanma çalışmalarında etkileyici bir değişiklik yaşandı. Psikologlar, bebeklerin duygusal iyiliğinin temelinde *beslenmenin* olmadığını, tutarlı bir bakıcının *sürekli var olmasının* olduğunu keşfetti. Araştırmacılar, korkunç bir keşif yapmıştı: Eski yetimhanelerdeki ve hastanelerdeki çocuklar (düzenli beslenen) annelerinden ayrıldıklarında, fazlasıyla depresif bir hâl alıyorlar ve hatta hasta oluyorlardı. Bu bebeklere ne oluyordu? Temel ihtiyaçlarının karşılandığı steril çevreler, yeterince iyi değil miydi? Ve depresyonlarının nedeni annelerinden ayrılmaları mıydı?

Bebeklerin iyi beslenmelerine rağmen bu kadar depresif olmaları, araştırmacıları meraklandırdı. Şaşırtıcı bir fikir şekillendi: Belki de bebekler annelerine beslenme nedeniyle bağlanmıyordu. Belki de bağlanmak için sadece "besleyici" annelerden ya da besin ihtiyaçlarının giderilmesinden daha fazlasına ihtiyaç duyuyorlardı. Belki de bebeğin ihtiyaç duyduğu şey, genelde beslenmeye eşlik eden temasla, yakın ve şefkatli ilişkiyle ilgiliydi. Bebeklerin annelerinin "beslemesinden" ziyade sevgisine ihtiyaç duyup duymadığı sorusu, literatürde artık klasik bir çalışmaya dönüşen doğrudan bir testle, maymunlara uygulandı. Bu çalışma, 1950'lerde Wisconsin Üniversitesi'nin genç profesörü Harry Harlow tarafından gerçekleştirildi.

MAYMUNLAR, ANNELERİNİ SEÇTİKLERİNDE

Harlow, Freud ve Skinner'ın anne sevgisi teorisine, şefkat, konfor ve besleme rollerinin incelendiği bir doğrudan test ile karşı çıktı. Harlow ve meslektaşları, iki tür "anneleri" olan maymunlarla çalıştılar. Bir standın üzerinde 45 derecelik açıyla duran tel örgülü bir silindir hayal edin. Annenin "göğsüne" sadece meme ucunun dışarı çıkabileceği bir şişe yerleştirildi. Diğer "anne" de aynı beden ve ebatlara sahipti ancak, onun üzerinde şişe yoktu. Bu anne de tam sarılmalık, tüylü bir kumaşla kaplıydı. İki "anne" de bebeklere gülümsüyordu. Dünyayı şaşırtacak bir şekilde, maymunlar net bir seçim yaptılar. İki anne de oradayken, maymunlar üzerinde tüylü kumaşı taşıyan anneye gidip, diğer anneyi arkalarında bıraktılar. Eğer açlarsa, silindirdeki anneye gidip karınlarını doyuruyor, ardından da hemen Kumaşla Kaplı Anne'nin kucağına sıçrıyorlardı. Bebeklerin güvende hissetmesi için ihtiyaçları olan şey, fiziksel konfordu.

Ortaya çıkan sonuç gayet netti. Anneniz tarafından beslenmek, sizi ona bağlayan şey değildir. Bakımevlerindeki zavallı, depresif bebeklerin hasta olmalarının nedeni gerekli besini alamamaları değil, kendilerini kucaklayıp onlara sarılacak kimsenin olmamasıdır.

Bebekler —hem insan hem de maymun— genellikle kendileri için yeni ve potansiyel olarak korkutucu deneyimler yaşarlar. Kumaşla Kaplı Anne'nin üzerine atlayan maymunlar, onu güvenli bir dayanak olarak kullanmışlardır. Şişeli Anne'yi görmezden gelmişlerdir. Yetimhanelerdeki zavallı bebekler de sadece Şişeli Anne'nin benzerlerine sahiplerdir; sarılabilecekleri ya da korkup kararsızlık yaşadıklarında sığınabilecekleri sabit ve şefkatli yetişkinler yoktur. Bir diğer deyişle, bakımevlerindeki bebekler annelerini özleseler de, *herhangi bir* yetişkin onlara tutarlı bir şekilde destek olsa, muhtemelen sorun yaşamazlardı. Bu bağlanma biçimini doğada görmek de şaşırtıcı değildir. Bu bağlanma, doğanın bebekleri yırtıcılardan koruma ve daha bilgili olan annelerine yakın olarak hayatta kalmalarını sağlama yoludur. Anne sadece nerede yemek bulacağını değil, aynı zamanda nasıl başkalarına yem olmayacağını da bilir.

BAĞLANMA NASIL GERÇEKLEŞİR?

Maymunlardaki bulgular, bağlanma teorisinin babası olan psikanalist Dr. John Bowlby'nin üzerinde büyük bir etki yarattı. Dr. Bowlby, kitabında, bağlanma ile ilgili yeni bir zemin oluşturdu ve ilişkide bağlanmanın adımlarını belirledi. Dr. Bowlby'ye göre, bağlanmanın başlangıcı, bebeğin yaşamının ilk 6 ayında, bebeğin bakıcısının dikkatini çekmek için kullandığı sinyallerle ortaya çıkar. Bebek ağlar, gözlerinize bakar, gülümser ve hatta serçe parmağınızı tutar. Bebek, sizinle iletişimi sağlayacak ve sizinle bağlanmasını gerçekleştirecek şekilde sizi keşfeder.

Sonraki birkaç ay içinde bebek, kimlerin yakını olduğunu anlamaya başlar —Madagaskar'da yaşadığı için nadiren gördüğü Oscar amcadansa, annesi ve babasına gülümser ve onların yanında daha özgür hareket eder. Etrafındaki canlıları ayırt eder ve kendisine en yakın olanlarla bir iletişim ağı oluşturur. 8 aydan 2 yaşa kadar, kendine bakanlarla olan bağı öyle güçlüdür ki, o kişi gittiğinde buna itiraz eder. Buna "ayrılık kaygısı" denir ve bu kaygı, 15. ayda zirve yapıp ardından azalmaya başlar. Ve sevdiği biri etrafındayken, bebek onu güvenli bir dayanak olarak kullanır. Tıpkı Harlow maymunlarının Kumaş Kaplı Anne'yi kullanmaları gibi.

İlişkileri sağlamlaşıp, tahmin edilebilir bir hâl aldığında, çocuklar kendilerine bakan ve en sevdikleri kişiye, geri dönmesi şartıyla, gitmesi konusunda izin bile verebilirler. Dr. Bowlby'ye göre, ortaya çıkan bu süreç, çocukların bağlanma şekillerinin "içsel çalışma modeli" inşasıdır. Dr. Bowlby, başta yazılarında bağlanma figürünün anne olması gerektiğini söylemiştir. Ancak çok sayıdaki araştırma, bebeklerin sadece bir kişiye değil, birçok kişiye bağlandıklarını göstermektedir. Anneleri etrafta olmadığında bebekler, babalarıyla oynamaktan keyif alırlar ve ikisi birden gittiğinde de ilgili, hassas ve uyumlu bir bakıcıyla gayet iyi hissedebilirler. Aslında bebekler birçok kişiyle duygusal ilişki kurmakta —tıpkı bizim gibi— ve bazı insanları diğerlerinden daha fazla sevmektedirler.

Artık bebeklerin, etraflarındakilerle sıkı bir duygusal bağ kurduğunu biliyoruz. Konuyla ilgili yapılan daha fazla araştırma, bu bağlanmaların, çocuğun duygusal ve akademik düzenlemesine büyük bir etkisi olduğunu göstermiştir. Wisconsin Üniversitesi profesörü Alan Sroufe ve meslektaşları, bebekken iyi bağlanmalı ilişkileri olan çocukların, ileride birçok alanda daha iyi düzenlemeler yapabildiklerini gösteren bir dizi çalışma yapmıştır. Örneğin, bebekken güvenli bağlanmaları olan 2 yaşındaki çocukların, daha gelişmiş ve karmaşık, hayali oyunlar oynayıp, sorunlarla karşılaştıklarında daha çok ve ısrarcı bir şekilde çabaladıklarını görmüşlerdir. Bebekken güvenli bağlanmayı deneyimleyen 4 yaşındaki çocukların, problemli bağlanmaları olan çocuklara göre daha fazla empati kurdukları ve daha yüksek öz saygıya sahip oldukları görülmüştür. Ancak erken bağlanmalardaki güven duygusu ile ilerideki bağlanmalar arasındaki ilişki, çocukların ancak sevgi dolu ve destekleyici ortamlarda olması durumunda *devam etmektedir*. Bir diğer deyişle, bebekken iyi bir bağlanmaya sahipseniz, bu sizin için iyi bir başlangıç olur. Ancak bunu hayatınız boyunca sürdüremezsiniz. Eğer doğru bir şekilde yetişecekseniz, büyürken de, hassas ve istekli karşılıklar almanız gerekir. İçinde bulunduğunuz şartlar değişebilir: Aileler boşanır, insanlar işlerini kaybeder, akrabalar vefat eder ve anneler tam zamanlı işlere girer. Tüm bu strese neden olan faktörler, ebeveyn-çocuk ilişkisini etkiler. Bağlanmanın doğası bu tür faktörlerle değişebileceğinden, denge konusu çokça tartışılmaktadır. Eğer daha az strese neden olan faktörün bulunduğu orta sınıf bir ailedeyseniz, muhtemelen daha değişken ve riskli bir çevrede olacağından daha dengeli bir bağlanmanız olacaktır. Bağlanmayı test etmemiz için standardımız, Profesör Mary Ainsworth'ün Yabancı Ortamlar/Durumlar deneyidir.

BAĞLANMAYI NASIL ÖLÇEBİLİRİZ?

Baltimore, Johns Hopkins Üniversitesin'de Profesör Ainsworth'ün oyun odasına, Amanda ve 15 aylık Courtney girer. Yere oyuncaklar dağılmıştır. İstekli ve dikkatli araştırmacılar, arkasını gösteren bir aynanın arkasında, ellerinde bir kayıt cihazıyla beklemektedir. Yaklaşık 20 dakikada olan tüm bu olaylar, Amanda'ya detaylı bir şekilde anlatılmıştır.

Sahne 1: Profesör Ainsworth, Amanda ve Courtney'yi oyun odasına alır ve sonra oradan ayrılır.

Sahne 2: Courtney, oyuncaklarla oynarken Amanda oturur.

Sahne 3: Başka bir kişi içeri girip Amanda ile konuşur.

Sahne 4: Amanda dışarı çıkar. Courtney huzursuz olursa yabancı, onu rahatlatır.

Sahne 5: Amanda geri döner ve ihtiyacı olduğunda Courtney'yi rahatlatır. Yabancı dışarı çıkar.

Sahne 6: Amanda odadan yeniden çıkar.

Sahne 7: Yabancı yeniden içeri girer ve Courtney'yi rahatlatır.

Sahne 8: Amanda geri döner, Courtney'yi selamlar ve ihtiyacı olduğunda Courtney'yi rahatlatmak ister ve Courtney'nin ilgisini oyuncaklara çekmeye çalışır.

Bu kısa sahnede, bir annenin bir yabancıyla (en azından bebeğe göre yabancı bir kimseyle) ortama girişini görüyoruz. Daha sonra da anne ve bebeğin iki kez ayrılıp birleşmesini görüyoruz. Bu veriyi, Courtney'nin Amanda'ya olan bağlanması ile ilgili nasıl kullanabiliriz? Burada araştırmacıların sorduğu kilit soru, bebeğin annesiyle "güvenli" bağlanmasının olup olmadığıydı. Courtney, Amanda'yı güvenli bir dayanak olarak kullanacaktır. Annesinden ayrıldığında, ağlayacak ya da ağlamayacaktır. Amanda odaya döndüğünde, Courtney, aktif bir şekilde Amanda'yı arar ve Amanda onu rahatlatır. Amerikalı bebeklerin %65'i "güvenli bağlanma" modeli göstermektedir. Güvenli bağlanması olan çocuklar, başkalarına güvenmeyi, onlara güvenebileceğini ve ihtiyaçlarının giderileceğini öğrenir. Güvenli bağlanması olan çocuklar, sosyal çemberlerini nasıl geliştirmeleri gerektiğini bilir ve en yakınlarında olanların dışında insanlarla da bağ kurar. Sık sık bakıcı değiştirmenin, bebekler için iyi olmamasının nedenlerinden biri de bakıcının, bebeğin verdiği sinyalleri okumayı öğrenmesinin gerekmesidir. Daha sonra, rutinlerini oluşturup küçük oyunlar oynayabilirler. Bu, birbirini tanımanın zaman aldığı bir süreçtir! Bu nedenle, güvenli bağlanmanın temelinde hassas ve istekli bir bakım ve bebeğin ihtiyaçlarını ilk plana koymak vardır.

Güvenli bağlanmanın alternatifi, araştırmacıların güvensiz bağlanma olarak düşündüğü bağlanmadır. Araştırmacılar, güvensiz bağlanmanın, yaşamın ilerleyen dönemlerinde birçok soruna neden olacağını söyler. Güvensiz bağlanma yaşayan çocuklar, okulda daha başarısızdır, daha az arkadaşları vardır ve yetişkinliklerinde de anlamlı ilişkiler kurmakta zorlanır.

ÇALIŞAN ANNELER VE KREŞ

Bağlanma üzerine yapılan araştırmaların sayısı, annelerin iş yaşamına rekor katılım sağladıkları günümüzde, iyiden iyiye arttı. Hem annenin hem de babanın çalışmasıyla aileler, çocuk bakımı sorunuyla boğuşmak zorunda kaldı: Bebeklerimiz tüm günlerini başka yetişkinlerle geçirirlerse, bizi yine de sevip, onların anne ve babaları olduğumuzu bilebilirler miydi? Diğer bir deyişle, çocuklar zamanlarını kreşlerde geçirirlerse, yine de ebeveynlerine bağlı olabilirler miydi? Bağlanacaklarını varsaysak bile, bu bağlanma zayıf mı olurdu? Sihirli bir saat sınırının altında, bebeğe başkasının bakması kabul edilebilirken, bu saatin üzerinde olması, bağlanmalarına zarar mı verirdi? 21. yüzyılın başlarında, 6 yaşın altında çocukları olan evlerin %66'sında, her iki ebeveyn de çalışıyordu. Çocuk bakımı sadece ailevi bir mevzu değildir. Aynı zamanda ulusal bir konudur.

1980'lerde ve 1990'larda bu sorular, bilimsel literatürde mercek altına alındı. Ve yüzyılın başına kadar, sık sık sorulan bu soruların bazılarına cevaplar bulundu. İlk cevap, mevcut bağlanma araştırmalarıyla uyuşuyordu. Bilim adamları, bebeklerin kendilerine bakan birden fazla kişiye bağlandıklarını ve aynı anda bakımlarını üstlenen birden fazla kişiyle duygusal ilişki geliştirdiklerini biliyordu. Bu nedenle, başkası tarafından bakılan çocukların —bu, çok uzun sürelere denk gelse de— ebeveynlerine de bağlı olmaları şaşırtıcı olmamalıydı. Aslında, içimizden birinin (Kathy) üzerinde çalıştığı, devam etmekte olan ve dönüm noktası niteliğindeki çalışma, *NICHD Study of Early Child Care and Youth Development* (NICHD Erken Çocuk Bakımı ve Gençlik Gelişimi Çalışması) çocukların, haftada 30 saatten daha uzun süre bakım almaları durumunda bile, çocuğun sosyal ve bilişsel iyiliğine, ailenin, çocuk bakım merkezlerinden daha fazla katkı sağladığını bulmuştur. Ebeveynler önemlidir ve çocuklar, çocuk bakım merkezlerindeyken bile ebeveynlerine bağlıdır. Ancak eksik bir şeyler olması gerektiğini düşünüyor olmalısınız. Bu çocuklar daha az mı bağlı? Cevap yine *hayır*. Çocuk bakım merkezlerindeki çocukların %67'si güvenli bağlanma yaşamaktalar —çocuk bakım merkezinde olmayanlarla aynı sayıda— ve hem sosyal hem de akademik anlamda normal sınırlardalar. Gerçi bahsettiğimiz ikinci konu biraz tartışmalı olabilir. Bazı uzmanlar, çocuk bakım merkezindeki çocukların bazı duygusal sorunlar gösterdiklerini, daha fazla "yaramazlık" yapıp, bakım merkezinde daha az kalan çocuklardan daha agresif olduğunu göstermektedir. Bu bulguyu incelemek için konunun biraz dışına çıkalım.

2000 yılının nisan ayında, çocuk bakım merkezlerinde geçirilen zamanın, *okula daha hazır olunmasını sağlarken, daha fazla zorbalığa neden olduğu* manşetlerde belirdi. Veriyi daha yakından incelediğinizde, çocuk bakım merkezlerindeki çocukların kaderinde, sınıflardaki zorbalara dönüşmek *olmadığı* ve şiddetli tavırlar sergileme risklerinin olmadığı ortaya çıktı. Birileriyle alay etme ve birilerine vurma konularında, normal sınırın üst noktasındaydılar. Burada etkili olan terim "normal"dir. Bir çocuk, diğer bir grup çocukla birlikte büyüyüp, gözünü diktiği oyuncağı almak istediğinde daha ısrarcı olmalı; aksi takdirde, okul öncesi sınıflardaki "süt çocuklarından" biri olur. Bu, daha saldırgan çocuklar anlamına mı gelmeli yoksa ileride CEO olabilecek çocuklar anlamına mı gelmeli, bundan emin değiliz. Bu örneğin vurguladığı nokta ise kitabın bu bölümünün odak noktası: Çocuklar, sosyal durumlarla nasıl baş edeceklerini, ebeveynler, bakıcılar ve öğretmenler de bu sürece nasıl yardım edeceklerini öğrenmek zorundadır.

O hâlde, bağlanma literatürü, bizlere çalışan ebeveynlerle ilgili ne söylemekte? Bizlere, ebeveynlerin, çocuklarının bakımı için çok farklı seçeneklere sahip olduğunu söylemekte. Eğer ebeveynler, evde kalmayı tercih ederlerse o zaman hassas ve duyarlı olmaları, çocuklarının güvenli bağlanmasına neden olur. Eğer çocuklarını bakım merkezine götürmeyi tercih ederlerse, seçtikleri merkezin de, yenidoğanlara karşı hassas ve duyarlı olması, çocuğun büyüdükçe kendini temiz, güvenilir ve ilham veren bir ortamda bulması gerekir. Eğer evde yüksek kalitede bir ortamınız varsa ve yüksek kalitede bir bakım ayarladıysanız, çocuğunuz sizinle ve bakıcılarıyla iyi duygusal bağlar kuracaktır. Ve ebeveynler ile çocuk arasındaki bağ, her zaman en kuvvetli bağ olacaktır.

ÇOCUK BAKIMININ KALİTESİNİ ÖLÇMEK

Evde biraz çalışma ve araştırma yaparak, çocuğunuzu en doğru merkeze götürdüğünüzden ya da onun için en iyi bakımı sağlayacağınızdan emin olabilirsiniz. Amerika'da çok farklı çocuk bakım yöntemleri vardır. Akrabaların sizin evinizde ya da kendi evlerinde çocuğunuza bakması, bakıcıların evde çocuk bakması, çocuk bakım merkezleri... Seçtiğiniz çocuk bakımının sadece sizin için uygun olmasındansa, çocuğunuzun iyiliği ve güvenliği için de en iyisi olmasını istersiniz. *Güçlü* bağlar kurmak için yüksek kalite çok önemlidir. Çocuğunuz böylece, siz yanında olmasanız bile doğru eğitilir ve sevilir.

Farklı çocuk bakım yöntemlerinin arasından seçim yaparken, bakmanız gereken belli şeyler vardır. En iyi kalitedeki yerler, iyi eğitimli bakıcılara sahiptir (eğitim konusunda bir diplomaya sahiplerdir ya da çocuk gelişimi bölümlerinden mezunlardır); meslekte daha deneyimlilerdir ve kadrolarına düşen çocuk sayısı daha azdır. Bebeklerin ve çocukların farklı ihtiyaçları vardır. Bir yaşından küçük bebekler için az sayı ile biraz daha büyük çocuklar için az sayı farklıdır. 3 4 bebeğe bir bakıcı düşmelidir. 4 yaş civarındaki çocuklarda, 6 ila 10 çocuğa bir bakıcı olmalıdır. Bu sayılar, eyaletler arasında farklılık gösterir. Bazı eyaletlerde, bakıcı başına düşen çocuk sayısı daha yüksektir. Bazılarındaysa, çocuk bakım merkezleri lisanslı olmalıdır. Lisanslı olanlar, olmayanlardan daha iyidir. Yüksek kalitedeki ortamlar, temizdir ve kuralları vardır.

Bakıcıyla görüşün. Bu önemlidir. Ve bakıcının nasıl biri olduğuna ve işletmenin nasıl çalıştığına dair bir "izlenim" oluşturun. .Tüm bakıcıların ne kadar zamandır orada çalıştığını öğrenin. Yüksek kalitedeki çocuk bakım merkezlerinde, düşük kalitedekilere oranla daha az çalışan sirkülasyonu vardır. Eğer bir merkezi geziyorsanız, çocukların ihtiyaçlarına karşı hassas olan bir yerde olup olmadığınızı anlamanın bir yolu da, bakıcıların, çocukların isteklerine karşılık vermek için sizinle sürdürdükleri konuşmayı yarıda kesmeleri olacaktır. Yüksek kalitedeki merkezler, çocuklarınıza karşı anlayışlıdır. Onların isteklerine duyarlılardır ve çocuklar dikkatlerini çekmek istediğinde onlara karşılık verirler. Sıradan bir günde neler olduğunu sorun. Yüksek kaliteli yerler, uygun ve ilham verici bir müfredata sahiptir. Tüm yaşlara göre kitapları, 3, 4 ve 5 yaşlar için blokları ve giyinme köşeleri gibi özellikleri vardır. Bakıcılar sigara içmez ya da çocuklarınızla birlikte gün boyu televizyon izlemez.

Eğer çocuk bakım merkeziniz, yüksek kalitede bir ortam olduğuna dair ipuçları veriyorsa, o zaman çocuğunuz sosyal ve duygusal ağlarını geliştirip, başkalarını da bu ağa dâhil ederken bakıcılarla da iyi duygusal bağlar kuracaktır.

DUYGULARIMIZI, DAVRANIŞLAR İÇİN REHBER OLARAK KULLANMA

Bağlanma, duygusal bağ geliştirmektir. Ve ilk bağlanmalarımız, diğerleriyle kuracağımız ilişkiler için bir yol haritası olacak, büyüdükçe ne tür ilişkileri tercih edeceğimizi belirleyecektir. Özellikle küçükken bağlanmayı, dünya ile ilgili nasıl hissetmemiz gerektiğine dair önemli bir kaynak olarak kullanırız. Davranışlarımız genellikle, sevdiğimiz kişilerin söyledikleri ve yaptıklarıyla yönlenir. Sırf iyi bir arkadaşınızın izlemeye değmez olduğunu söylemesi üzerine, kaç kez sevdiğiniz bir programdan vazgeçtiniz? Yemeğiyle ilgili birilerinin olumsuz izlenimi olan bir restorana gitmekten kaç kez kaçındınız? Çocuklarımız da bizim gibidir. Dünyaya nasıl bakmaları gerektiğine rehberlik etmeleri için, sosyal bağlanma ağlarındaki kişileri dinlerler. Araştırmalar, 9 aylık bebeklerin bile insanların yüzündeki duygusal ifadelerin anlamını çözdüğünü göstermektedir. Üzgün ya da şaşkın olduğunuzu, sevindiğinizi ya da korktuğunuzu anlarlar. Ve bunu yapabildiklerinde, psikologların "sosyal referans alma" dediği sürece dâhil olurlar yani belirsiz durumlarda, güvendikleri kişilerden duygusal bilgi beklerler.

Sosyal referans alma, çocuklarımız için karmaşık bir yetenektir. Bir an için bunun neleri gerektirdiğini bir düşünün. Bu, "Bu nesneyi gördüğünü biliyorum (başkalarının da görebildiği bilgisi). Ve senin değerlendirmenin benimkinden daha farklı olabileceğini de biliyorum (sen benden farklısın ve bağımsız değerlendirmeler yapıyorsun). Aslında, senin nesneleri değerlendirmen benim bu yeni nesne karşısında (hayatta kalmak için oldukça önemli bir yetenek!) doğru davranmam için çok önemli (kaçmalı mı yoksa keşfetmeli miyim?)

Sosyal referans alma konusunda laboratuvar araştırmalarının bize ne söylediğine bakalım:

Julie, 10 aylık Emmanuel'i, yerel üniversitenin laboratuvarına götürür. Julie, bir rol için çağrılacağını duyduğunda, Akademi Ödülleri'ni kazanmaya en yakın noktaya geldiği için çok heyecanlanmıştır! Emmanuel, elinde bir simitle mama sandalyesine oturtulurken, Julie de deneyi yapacak olan kişilerden bilgi alır. Bir buçuk metrelik bir robot odaya girecektir ve içeri girdiğinde Julie, hiçbir şey söylemeden, korkmuş gibi hareket edecektir. (Başka bir durumda, bir diğer anne de, tam tersi talimatları almış ve robotun girişi üzerine meraklı ve mutlu görünmesi gerektiğini öğrenmiştir.) Bu deneyin yapılmasının nedeni, Emmanuel'in kafa karıştırıcı bir nesne içeri girdiğinde, tepkisini ölçmek için *annesinin* tepkisine bakıp bakmayacağını görmektir.

Emmanuel, robotu gördüğünde, annesine bakar. Annesi, ellerini ağzına götürüp korkmuş bir yüz ifadesine bürünür. Emmanuel ağlamaya başlar ve mama sandalyesinden inmeye çalışır. Ancak araştırma, Julie'nin mutlu ve meraklı görünmesi durumunda, Emmanuel'in tam tersi bir tepki vereceğini göstermiştir. Belli ki, sosyal referans alma bu noktada, bebeğin tehlikeyle güveni, zevkle acıyı birbirinden ayırmasına yardım etmektedir.

GİZLİ YETENEKLERİ KEŞFETMEK

SOSYAL REFERANS ALMA

Yaş: 6 ay-18 ay

Çocuğunuzda sosyal referans almayı gözlemlemek için ona anlamı belirsiz olan bir nesne ya da durum sunun. Örneğin, bebeğiniz tarafından korkunç ya da ilginç olarak algılanabilecek bir Cadılar Bayramı maskesi güzel bir tercih olabilir. Ya da birisinden, başına bir mont örtüp yüzünü saklamasını isteyebilirsiniz. Bir arkadaşınız ya da eşiniz bunu yapıp odaya geldiğinde, bebeğinizin, "Bununla ne yapacağım?" diye sorar gibi size baktığını görüyor musunuz? Bebeğiniz bir sıra dışı uyarıcıya, bir sizin yüzünüze mi bakıyor? Bebeğiniz, olay karşısında mutlu göründüğünüzde, korkulu ya da kaygılı göründüğünüzdekinden farklı tepki mi veriyor? Bunu iki türlü de denerseniz —hem mutlu ve heyecanlı, hem de korkulu ve kaygılı— bebeğinizin yüz ifadelerinizi okuduğundan emin olabilirsiniz. Tabii ki, ikincisini denerseniz, deney biter bitmez bebeğinizi kucağınıza alın ve onu sakinleştirin!

Sevilen kişilerin yüz ifadelerini kontrol etmek, çocuktan çocuğa değişir. Bunun nedeni sadece ebeveynlere bağlı değildir. Aynı zamanda çocukların eşsiz kişiliklerinin de bunda payı vardır. Çocuklarımızdan biri (Kathy'nin büyük oğlu Josh), annesinin tepkilerini çok nadir kontrol ederdi. Tiny Tot sınıfında[7], tüm ebeveynler, 3 yaşındaki çocuklarını, anne babalarından ayıran küçük bir cam pencerenin hemen arkasında kendilerine bir yer bulmaya çalışırlar. Kathy'nin hatırladığı kadarıyla, ebeveynler, şeker dükkânındaki çocuklar gibi burunlarını cama yaslamış durumdadırlar. Trampleni ilk keşfeden benim çocuğum mu olacak, yumuşak topların olduğu alana atlayacak mı, paralel barları kullanacak mı? Her bir çocuk bir sonraki "jimnastik" etkinliğine giderken, ebeveynlerinin gözlem duvarına kazınan yüzlerine bir bakış atar. Duygusal olarak rahatlayan çocuklar, görevleri cesurca başarır. Sadece bir çocuk annesine bakmaz. Sadece bir çocuk annesine bakmadan dünyayla tek başına baş edebileceğini düşünür. Josh, diğer etkinliğe doğrudan dalış yapar. Hâlbuki erkek kardeşleri Mike ve Benj onun yaşındayken, annelerinin duygusal tepkilerini ölçmeden tek bir adım atmazlardı. Bireysel farklılıkların aile içinde bile kendini göstermesi, ilginçtir. Josh —artık 20 yaşında— daha kuvvetli bir içsel duygu ölçümüne sahip ve sosyal anlamda daha çekingen. Kardeşleri ise onun tam tersi. Duygusal tepkilerine ve deneyimlerine rehberlik etmesi için sosyal ipuçlarını kolaylıkla okuyabiliyorlar.

Çocuklarımız için sadece olayların duygusal tanımlamalarını yapmakla kalmaz, aynı zamanda onların olaylara karşı verdikleri

7 Yurt dışında oldukça yaygın olan, çocukların bedensel aktivitelerini geliştirecek oyunların oynandığı bir sınıf. (e. n.)

tepkileri *düzenlemelerine* de yardım ederiz. Bu, çocukların etraflarındaki insanlarla ve dünyayla baş etmeyi öğrenme şeklidir. Çocuklarımızın, duygularını düzenlemesine yardım etmenin farklı yollarını gösteren bir güzel örnek de Temple Üniversitesi'nden Profesör Amanda Morris ve Profesör Jennifer Silk'in yürüttüğü bir çalışmadan gelmiştir.

DUYGU DÜZENLEMESİ: NE TÜR BİR EBEVEYNİM?

Çocuklarımıza, sosyal durumlarla nasıl baş etmeleri gerektiğini ve duygularını, farkında bile olmadan nasıl düzenleyeceklerini öğretiriz. Aşağıdaki senaryoyu düşünün:

Allison, anne babası, evlerine bir araştırma ekibini davet etmiş olan 4 yaşında, kıvırcık saçlı bir çocuktur. Mezun öğrenciler, kendilerini tanıtıp deneyi onlara anlatır. Daha sonra Allison'a, bu ziyaretin sonunda bir ödül alacağı söylenir. Allison, kendisine 10 potansiyel "ödüle" bakma ve onları en iyi ödülden en kötü ödüle doğru sıralama şansı verildiğinde çok heyecanlanmıştır. Kamyondan oyuncak bebeğe, kırık bir güneş gözlüğünden bir çift çoraba kadar… Allison'a daha sonra, en çok sevdiği ödülü alacağı söylenir.

Allison etkinliği bitirdikten sonra, mutlu bir şekilde bekler çünkü ödülünü alma zamanının geldiğini bilir! Ancak bir dakika! Bir şeyler fena hâlde yanlış gitmektedir. Araştırmacılar, bir hata yaptıklarını ve Allison'a listenin en sonuna koyduğu —en az sevdiği seçeneği— vermek zorunda olduklarını ve bunun da bir çift kahverengi çorap olduğunu söylerler. Hayır, bu hiç adil değil! Ortada çok BÜYÜK bir hata var!

Şimdi, asıl soru şudur: Ebeveynler, çocuklarının bu hayal kırıklığıyla başa çıkmalarına nasıl yardım edecekler? Bu bize, çocukların duygularını düzenlemeleriyle ilgili nasıl bir bilgi verir? Allison'ın sizin çocuğunuz olduğunu düşünün. Sizin tepkiniz, araştırmacıların gözlemlediği dört tip ebeveyn tepkisinden, hangisi olurdu? 1) Çocuğunuzun dikkatini hayal kırıklığı yaşatan ödülden, güzel paket kâğıdına mı çekerdiniz? 2) Çocuğunuzu kucağınıza alıp, ona tatlı sözler söyleyerek onu rahatlatmaya mı çalışırdınız? 3) Olaya yeni bir pencereden bakmak adına çorabı elinize geçirerek, bir kuklaymış gibi davranıp çorabı sevecek olan başka bir çocuğa vermeyi mi teklif ederdiniz? 4) Çocuğunuzu, durumu değiştirmek için teşvik mi ederdiniz? Mesela araştırmacıyla konuşması ve yanlış ödülü aldığını söylemesi yönünde?

Çocuklarımızla kullandığımız stratejilerin, onlarda farklı duygusal tepkilere neden olacağı ortaya çıkmıştır. Çocuğun dikkatini dağıtmak ve zihinsel yeniden çerçevelendirme, daha düşük üzüntü ve öfke seviyeleriyle bağdaştırılmıştır. Bu çocuklar, umut ışığını görmeyi öğrenirler. Eğer çocuk, ebeveynlerinin kendisine karşı samimi ve hassas olduğunu anlarsa, o zaman bu, daha da doğru olacaktır. Şaşırtıcı bir şekilde, araştırmayı yapan kişiyle konuşup, durumu değiştirmesi yönünde teşvik edilen çocuk, diğer çocuklardan daha öfkeli ve üzgündür. Ancak bu çocukların tamamı, hayal kırıklıklarıyla nasıl baş etmeleri gerektiğini öğrenmektedir. Bu stratejilerin hiçbiri "kötü" ya da "iyi" olmak zorunda değildir. Bu araştırmadan öğrendiğimiz şey, önemli olanın ne yaptığımız olduğudur. Çocuklarımızla birlikte çalışıp, onlara model olarak duygularını düzenlemelerine yardım etmekteyizdir.

Şanslıysak, çocuklarımızın etrafındaki yetişkinler, onlara her gün sosyal zekâ konusunda ders verirler. Kim olduğumuza dair duygusal temel çok erken atılır! Duygusal varlıklar olduğumuzu öğrenmemiz önemlidir çünkü bu bize (diğer avantajlarının yanı sıra), empati geliştirmemiz konusunda da yardımcı olur. Ancak, başkalarıyla ilgili öğrenmemiz gereken bir diğer anahtar unsur daha vardır: onların birer zihinleri olduğu bilgisi. İnsanların niyetleri, kararları, düşünceleri ve inançları vardır. Ve kimi zaman, bunlar bizimkilerden çok büyük farklılıklar gösterir. Diğer insanların da düşündüğü ve farklı bakış açıları olduğunu öğrenmek, insan olmanın olmazsa olmazıdır. Aslında, sadece başkalarının nasıl düşündüğünü öğrenerek ilişkileri anlayabilir, farklı bakış açılarını değerlendirebilir ve insanların olası dünyalar ile ilgili fikirlerini paylaşabiliriz.

ZİHİNSEL VARLIKLAR OLARAK DİĞERLERİ

Dünyamız, bizim ve niyetlerimizin etrafına kurulmuştur. Ayağıma bastın! Bu bir kaza mıydı? Yoksa bilerek mi yaptın? Yaptığım bir şeyler için intikam mı almak istemiştin? Bebekler, başkalarının niyetlerini, hayatlarının çok erken döneminde öğrenmeye başlarlar ve bu, diğer insanların da zihinleri olduğunu anlamaları için bir başlangıçtır. Başkalarının niyetlerini ve zihinlerini dikkate alma konusundaki bu erken yeteneğin en güçlü göstergesi, prestijli bir dergi olan *Nature*'da yayınlanan, Profesör Gergley'nin çalışmasıdır. Bu çalışma, *New York Times*'ın salı günü bilim ekinde bile yer almıştır. Büyük bir manşette şu yazmaktadır: "Macar Psikologlar, Bebeklerin Yetişkin Tavırlarını Yargıladıklarını Keşfetti." Ama nasıl? Bunu anlamak için bir laboratuvar sahnesine bakalım.

14 aylık Tanya, Preofesör Gergley'nin laboratuvarında bir mama sandalyesinde oturuyor. Sandalyede oturan ve gülümseyen bir kadına bakıyor. Kadının karşısındaki masanın üzerinde 10 cm çapında beyaz bir ışık duruyor. Tanya, kadının alnını bastırarak ışığı açışını izliyor (ışık dokunmatik). Garip bir şekilde, kadın elleri boş olmasına rağmen alnını kullanıyor.

Bir diğer 14 aylık olan Gregor başka bir zamanda içeri girip, tek bir farkla aynı sahneyi görüyor. Kadının elleri bu sefer müsait değil. Elleriyle üzerindeki battaniyeyi tutuyor ve üşüyormuş gibi davranıyor. Işığı, daha önceki gibi alnıyla açıyor.

Bir hafta sonra hem Tanya hem Gregor, yeniden laboratuvara getiriliyor. Bu kez soru, ışığı kadını taklit ederek alınlarıyla açacaklar mı yoksa ışığa basmak için ellerini mi kullanacaklar? Bir ışığı alnınızla açmak gayet tuhaf bir eylemdir. Bebekler, kadının ellerinin ne yaptığına bakmaksızın, bunun bu eylemin yapılması gereken yol olduğunu mu düşünüyor? Kadının ellerinin boş olduğunu gören Tanya da ışığa başıyla basmaya karar veriyor. Sanki bunun bu işin yapılma şekli olduğuna karar vermiş gibi. Ancak, kadının ellerinin battaniyeye sarılı olduğunu gören Gregor, ışığı açmak için ellerini —başını değil— kullanıyor.

Eğer Tanya ve Gregor, sadece kadının hareketlerini taklit ediyor olsalardı, o zaman onların da, ışığı açmak için tıpkı kadın gibi başlarını kullanmaları gerekirdi. Gregor'un başını kullanmaması bize bir şeyler anlatmakta. Bize, çocukların sadece *gözlemci* olmadıklarını, insan davranışlarını aynı zamanda *yorumladıklarını* göstermekte. Gregor, battaniyeli kadının, eğer mümkün olsa ellerini KULLANACAĞI sonucuna ulaştı. Sonuçta, eylemleri yerine getirmek için genellikle başımızı değil, elimizi kullanırız. Tanya, kadının ellerinin boş olduğunu ve buna rağmen, yine de ışığı açmak için başını kullandığını gördü. Tanya muhtemelen bunun bir KAFA LAMBASI olduğuna karar verdi! Bu çocukların aynı tuhaf davranışları gözlemlemelerine rağmen, iki farkı durumda farklı tepkiler vermiş olması, bize yetişkinlerin tavırlarını yorumladıklarını ve değerlendirdiklerini göstermektedir. 14 aya kadar, Tanya ve Gregor (ve yaşıtları) gördükleri yüzeysel davranışların ilerisine geçip, yaptığımız şeyleri neden yaptığımızı da değerlendirmektedirler.

PAYLAŞMAK YA DA PAYLAŞMAMAK?

Eğer bebekler, bizlerin davranışlarını 14 aylıkken değerlendirmeye başlıyorsa, o hâlde neden paylaşım konusunda daha iyi değiller? Sonuçta paylaşmak çok zor değildir. Yoksa öyle midir? Paylaşmak, başkalarının açısından bakmayı ve Tanya ile Gregor'un yukarıda yaptığı gibi basit bir davranışı değerlendirmekten daha fazlasını içerir. Yine de Amerikalı annelerin hayatlarında, paylaşmayı bilen kibar çocuklar yetiştirmekten daha önemli pek bir şey yoktur.

Harvard Üniversitesi'nde bir araştırma grubu olan Zero to Three tarafından yakın zamanda yapılan bir anket, ebeveynlerin %51'inin, 15 aylık çocukların, oyuncaklarını paylaşmaları gerektiğini düşündüğünü ortaya çıkarmıştır. Yine de hiçbir şey gerçeklerin ötesine geçemez. 2 yaşındaki çocuklar bile henüz buna hazır değildir. Peki, neden?

Paylaşıma dâhil olan şeyleri düşünün. Başka insanları yeni tanımaya başlayan bir çocuk için bu hiç de kolay değildir. Pekâlâ, bu yetişkinler için bile çok kolay değildir. İş yerinizde, çok değer verdiğiniz mükemmel ve yeni bir kalemi kullanmakta olduğunuzu düşünün. Bir iş arkadaşınız gelip, "Vay canına! Gerçekten çok pürüzsüz yazıyor. Deneyebilir miyim?" diye soruyor. O sırada orta önemli bir işle uğraştığınızı hayal edin. İş arkadaşınızı iter misiniz? Ona arkanızı dönüp, kalemi yakalayamaması için bedeninizi kaleme siper mi edersiniz? Hayır. Ancak, çocuğunuz —6 yaşına kadar— bu şekilde davranır çünkü içgüdülerini düzenleme yeteneği henüz sınırlıdır. Siz ise, zarif bir şekilde, "Tabii ki deneyebilirsin," deyip kalemi iş arkadaşınıza verirsiniz. Bunu neden yaptınız? İş arkadaşınıza, bitirmek istediğiniz bir işi bölmesine ve kalemi vermek istememenize rağmen, bu şekilde davranmayı nereden öğrendiniz?

Paylaşma eyleminin gerçekleşmesi için zihninizden geçenleri dikkatle inceleyelim. Paylaşmak için kısaca birkaç nedeniniz var. Birincisi, iş arkadaşlarınızla iyi ilişkilere sahip olmak istemeniz. İkincisi, başkalarına uzak duran insanların iyi olmadığını düşünmeniz. Sonuçta, sizin de ileride ona ihtiyacınız olabilir. Üçüncüsü de paylaşmazsanız, hakkınızda dar görüşlü ve bencil olduğunuzun düşünülecek olması. Çocuklar, bu kadar karmaşık ve dolambaçlı yollardan düşünemezler. Çünkü burada geleceği de düşünmek gereklidir. Diğerlerinin sizi nasıl gördüğünü düşünmek ve içgüdülerinizi kontrol etmek gereklidir. Çocuklar, sevdikleri bir şeyi vermeme içgüdüsüne karşı koymayı bırakın, salyalarını bile tam olarak kontrol edemezler! Bu nedenle ebeveynlerin ve bakıcıların sabırlı olması gerekir! Verdiğiniz dersler önemlidir. Sadece çocukların, bu dersleri tam olarak uygulayıp dünyayı başkalarının bakış açısından görmeleri biraz zaman alacaktır.

BAKIŞ AÇISI MESELESİ

Başka birinin bakış açısını dikkate almak, paylaşmak için önemlidir. Bu, ayrıca iyi bir insan olmanın yanı sıra, empati göstermek için de önemlidir. Ancak küçük çocukların bunu ne zaman yapabildiği zor bir sorudur. Onların neler yapabildiğini biraz daha yakından değerlendirelim.

18 aylık olduklarında çocuklar olaylara sizin açınızdan bakabilirler. Yani en azından kısmen. Temple Üniversitesi ve Delaware Üniversitesi'ndeki kendi laboratuvarlarımızda gördüğümüz üzere, çocuklar ancak 18 aylık olduklarında, karşılarında daha ilginç bir oyuncak olsa da, sizin *sıkıcı* olarak adlandırdığınız bir oyuncağın adını öğrenebilirler. 12 aylıkken ise bebekler, sıkıcı oyuncağın adını öğrenemezler çünkü ilginç oyuncağın —onların açısından— özellikleri dikkatini çeker. Sıkıcı oyuncağın adını öğrenmeleri için, SİZİN açınızdan bakmaları gerekecektir. Berkley'deki Gopnik Üniversitesi'nden Profesör Betty Repacholi ile Alison Gopnik'in, 18 aylıkken bebeklerin, sizin arzularınızla ilgili bir şeyler anlayabileceği ve bunların kendilerininkinden farklı olduğunu kavrayabileceğine dair mükemmel bir çalışmaları vardır. Bir çift zeki araştırmacı, bebekleri brokoli ve krakerlerle

dolu olan laboratuvarlarına getirir. Bebekler yiyecekleri, *araştırmacıların* açısından görüp, onların sevdikleri ve sevmedikleri yemekleri dikkate alacak mıdır?

Bebekler 14 ve 18 aylıktır. Her bir yaş grubundan bir grup öğrenciyle bir araştırmacı, brokolinin tadından çok keyif alıp, krakerin tadından midesi bulanıyormuş gibi davranır. Bir araştırmacı da diğer bebek grubuna tam tersini yapar: kraker onun için âdeta bir çikolatayken, brokoli iğrençtir! Daha sonra, bebeklerden araştırmacılarla biraz yiyecek paylaşmaları istenir. Tipik bir 14 aylık bebeği olan Donna, krakeri kendi başına neşeyle kıtır kıtır yer ve sadece kendi tercih ettiği yiyeceği yani krakeri ikram eder. 18 aylık Steven ise tam tersine, kendi tercihine *bakmadan*, araştırmacıya az önce çok beğendiğini gördüğü yiyecekten ikram eder. Bu çok önemlidir. Bu bebekler, başkasının arzularını fark etmiş ve diğerlerinin istediğini düşündükleri yiyecekleri onlarla paylaşmışlardır. Bu, bakış açısı ile ilgilidir.

GİZLİ YETENEKLERİ KEŞFETMEK

BAŞKASININ BAKIŞ AÇISINI ANLAMAK

Yaş: 12-24 ay

Bebeğinizin sizin tercihlerinizi dikkate alıp almadığını görmek için bu deneyi, birkaç ayda bir tekrarlayın. Bebeğiniz mama sandalyesinde otururken ona iki yiyecek sunun ve birini yerken çok mutlu olduğunuzu, diğerindeyse midenizin bulandığını canlandırın. Hangi yiyeceği ne zaman yediğinizin anlaşıldığından emin olun. Midenizi bulandıran yiyeceğin, sonrasında bebeğinizin de yememesini isteyeceğiniz, en azından iğrenç olduğunu hatırlayacağı bir yiyecek olmasına dikkat edin! Daha sonra iki yiyeceği de mama sandalyesinin tepsisine koyun. 5 dakika bekleyin ve bebeğinizden sizi beslemesini isteyin. Mama sandalyesine değil de bebeğinizin gözlerine bakın çünkü hangi yiyeceği istediğinizle ilgi ona kopya vermemelisiniz. Bebek, size hangi yiyeceği veriyor? Sizin sevdiğinizi mi yoksa kendi sevdiğini mi?

Bebekler, başkalarının niyetlerini ve hatta arzularını anlayabilseler de bu, bebeklerin, insanların kendilerinden farklı inançları olabileceğini gerçekten anladığını kanıtlayamaz. Arkadaşlarımız olduğunda, onların sadece niyetlerini ve arzularını dikkate almakla kalmadığımızı düşünün. Aynı zamanda dünyaya onların bakış açısından bakmaya çalışırız. Aslında, birden çok bakış açısının olabileceğini fark etmek bile büyük bir başarıdır. Araştırmacılar bu başarıyı *zihin teorisi* gelişimi olarak adlandırmaktadır. (Biz buna kısaca TOM diyeceğiz –*Theory of Mind*)

DİĞERLERİNİN DE ZİHİNLERİ OLDUĞUNU FARK ETMEK

Diğer zihinler kavramını edinmek oldukça zordur ancak, çocuklar bir gün paylaşacak, doğruyu söyleyecek ve HER ZAMAN haklı olmadıklarını (hepimiz bu kilometre taşına ulaşamamış kişileri —özellikle de eski eşleri— tanıyoruzdur) anlayacaklarsa, o zaman eninde sonunda bunu öğrenmeleri gerekir. Bu alanda çalışan bilim adamları, çocukların bu TOM engelini ne zaman aştıklarını görmek için bir test geliştirmiştir. Bu testin adı "yanlış inanç" testidir ve çocuklar bu teste 4 yaşlarında başlamaktadır. Çocukların, başkalarının zihinleriyle ilgili fikirleri konusunda, testin bize ne söylediğine bir göz atalım.

Burada 3 yaşındaki Janice ve annesi ile tanışıyoruz. Çocuğun üzerinde Oshkosh marka kıyafetler var ve ara sıra rahatlamak için başparmağını emiyor. Gerçi tam şu anda başparmağı ağzından dışarı çıktı çünkü araştırmacı ona her yerinde M&M çikolatalı draje resimleri olan bir kutu gösteriyor —içlerinde en yeni renklerden de var. Janice, M&M'i çok seviyor ve bazen annesini ikna edip, marketten bunları aldırıyor. Bu yüzden, bu kutuyu daha önce de görmüş. "Kutuda sence ne var?" diye soruyor araştırmacı. Bu hiç zor bir soru değil. "M&M!" diyor Janice umut dolu bir gülümsemeyle. Kaşlarını heyecanla havaya kaldırıyor. Tabii ki haklı. Araştırmacı daha sonra, Janice'in annesine, kutuda ne olduğunu soruyor. "M&M," diyor annesi de kendinden emin bir şekilde. Sonra sahne değişiyor.

Janice'in annesinden, odayı bir süreliğine terk etmesi isteniyor ve araştırmacı, küçük bir oyun oynayacaklarını söylüyor. Araştırmacı kutuya M&M yerine, kurşun kalem koyduklarını anlatıyor. "Kutuda ne var Janice?" diye soruyor. "Kalem," diye bağırıyor Janice heyecanla. "Tamam, annen odaya geldiğinde, sence kutuda ne olduğunu düşünecek?"

Bu, tabii ki şaşırtmacalı bir soru. Janice, annesinin kutuda M&M olduğunu düşüneceğini bilebilecek mi? Sonuçta, annesi kutudakilerin değiştirildiğini görmedi. Yoksa Janice, annesinin M&M kutusunda, kalem olduğunu bileceğine mi inanacak? Janice yanılıp, "Kalem," derse, henüz kendi zihni ve annesinin zihni arasındaki farkın pek de farkında olmadığı anlaşılacak. Ve cevap —heyecanlı bir müzik sesi lütfen!— şöyle oluyor: Janice, yanılıyor ve annesinin "kalem" diyeceğini düşünüyor.

Bu deney, farklı oyuncaklar ve farklı insanlarla tekrar tekrar deneniyor (sonuçta, bazı çocuklar, annelerinin her şeyi bildiğine inanırlar!). Sonuç ise, özel durumlar dışında, 3 yaşındaki çocukların genellikle bu testi geçemedikleri, 4 yaşındakilerinse geçtikleri yönünde. 4 yaşındakiler, 3 yaşındakilerin henüz geliştiremedikleri zihin teorisine sahiplerdir.

GİZLİ YETENEKLERİ KEŞFETMEK

YANLIŞ İNANÇ TESTİ

Yaş: 2-5

2-3 yaşındaki çocuğunuzla saklambaç oynarken, "yanlış inanç" testini uygulayın. Bir çocuk, başka zihinlerin kendi zihninden farklı içerikleri olabileceğini anlayamadığından, ilginç bir şekilde saklanır. Jordy gözlerini kapatıp, tam karşınızda bir köşede durarak, "Jordy saklandı. Gel beni bul!" diyebilir. Tuhaf, değil mi? Evet. Ama Jordy sizi göremiyorsa, sizin de *onu* göremediğinizi düşünür. Bu tür davranışlar ne zaman sona erer? Oynamaya devam edin ve saklanmanın, sizin bakış açınızdan daha mantıklı bir hâl alabildiği bir zaman olup olmadığını görmeye çalışın.

Daha sonra, az önce bahsettiğimiz yanlış inanç testini uygulayın. Çocuğunuzu önce 2 ila 4 yaşlarında, sonra da 4 yaşından sonra test edin ki, bu durumu kendinize kanıtlamış olun! İçinde neler olduğu etiketinden belli olan bir kutu bulun. İşbirliği yapması için bir yetişkine ya da daha büyük bir çocuğa da ihtiyacınız olacak. Bizim anlattığımız sırayı takip edin. Çocuğun gösterdiğiniz nesnelerin isimlerini söylemesini sağlayın. Ardından yetişkinin gördüğü nesneleri adlandırın ve yetişkinin odadan çıkmasını isteyip, hile yaparak kutunun içindekileri değiştirin. Daha sonra çocuğa, yetişkinin geri döndüğünde kutuda ne olduğunu düşüneceğini sorun. Çocuğunuz yeni ve değiştirilmiş içeriği söyleyerek yanılıyor mu yoksa yetişkinin değişimden önce gördüğü içeriği söyleyip, testi geçiyor mu? Çocuğunuz, kendi bilgisinin başka zihinlerdekiyle aynı olmak zorunda olmadığının farkında mı?

Yanlış inanç testinde, başkalarının bakış açılarını hesaba katmakta sorun yaşamaları, küçük çocukların yanlış davranışlarında kinci ya da intikama yönelik bir yan olamayacağını göstermektedir. Bir şeyi inadına yapmak (ki bazı yetişkinler bu konuda çok iyilerdir) aşağıdaki düşünce süreçlerini gerektirir: '.........' (boşluğu doldurun) engel olduğu için anneme kızgınım. Bu nedenle bunu yeniden yapacak olursam, annem çok kızar ve ben de en başında bana engel olduğu için ondan intikam almış olurum.' Ancak, annenizin zihninden geçenleri göz önünde bulunduramazsanız, tüm bunları nasıl anlayabilirsiniz? Olaylara onun bakış açısından bakıp, neyi sinir bozucu bulacağını nereden bilebilirsiniz? Bunu yapamazsınız. Bu nedenle de küçük çocuklar kindar tavırlar sergilemezler!

Ne yazık ki ebeveynlerin tamamı, çocuklarının bu yaşlardaki kısıtlılıklarının farkına varamaz. Zero to Three araştırma grubu, ebeveynlere şimdi okuyacağınız senaryoyu vermiş ve tepkilerini incelemiştir: 12 aylık bir çocuğun, anne babası izlediği sırada, televizyonu sürekli açıp kapattığını varsayın. Çocuğun kızgın olması ve bunu, anne babasından intikam almak istediği için yapıyor olması ne kadar olasıdır? Araştırma sonucunda, araştırmaya katılan ebeveynlerden %39'u, 12 aylık çocukların (!) kötü niyetle ve akıllarında intikam duygusuyla hareket edebileceklerini düşündüğü ortaya çıkmıştır!

Peki, anne babalarının çocuklarıyla ilgili sahip oldukları sosyal kavramanın ne önemi var? Çocuklarımızın davranışlarıyla ilgili çıkarımlarımız, onlara verdiğimiz *tepkileri* şekillendirir. Bir diğer deyişle, eğer senin kinle hareket ettiğini düşünürsem, sana çok kızabilirim. Hatta sana vurabilirim bile. Öte yandan, sadece televizyonun düğmesiyle oynamakla ilgilendiğini düşünür ve seni bundan vazgeçiremezsem (3 kez "hayır" dememe rağmen), o zaman seni ortamdan uzaklaştırırım ya da dikkatini dağıtmaya çalışırım. Çocukların başkalarıyla uygun bir şekilde iletişim kurmasına yardımcı olmak için ebeveynler, çocukların yeteneklerinin doğal sınırlarına karşı duyarlı olmalılardır. Bu durum, 2 3 yaşındaki çocukların "yalanlarında" da böyledir.

KÜÇÜK, ÇOCUKSU YALANLARLA BAŞ ETME

Çocukların 4 yaşlarına kadar, başkalarının bakış açılarından bakamadıklarından eminsek, o hâlde çocukları söyledikleri "yalanlar" yüzünden de cezalandırmamamız gerekir. Masum bir ifadeyle annesine ve sonra da yerde duran çini vazonun parçalarına bakan küçük Alexandra'yı düşünün. Alexandra, "Rüzgâr gelip onu yere attı," diye ısrar etmektedir.

Yalan nedir? Başkalarının fikirlerini, kendi fikirlerin yönünde değiştirmeye, belki de kendinizi korumak için onların yanlış bir şeylere inanmasını sağlamaya çalışmaktır. "Vazonun, masadan rüzgâr nedeniyle düştüğünü düşünmeni istiyorum. Benim onu kırdığımı düşünmeni değil (ki ben kırdım)." Ancak başkasının aklından geçenleri anlayamayan çocukların gerçekten yalan söylediği düşünülemez! Onlar, muhtemelen olayı, olmasını *istedikleri* şekilde anlatıyorlardır. Bu, doğruyu sizden saklamaya çalışmakla aynı şey değildir. Alexandra, birinin yanlış bir şeye inanmasını sağlamak için ne yapması gerektiğini bile henüz bilmiyordur. Meslektaşlarımız, Berkley'de California Üniversitesi'nden Profesör Alison Gopnik ile Washington Üniversitesi'nden Profesör Andrew Meltzoff ve Profesör Patricia Kuyhl şöyle yazmıştır: "2 3 yaşındaki çocuklar berbat yalancılardır ve tam olarak yalancı oldukları bile söylenemez. 3 yaşındaki bir çocuk, sokağın diğer tarafında durup, size bağırarak yolu kendisinin geçmediğini söyleyebilir."

Bazen, yeterince şanslı ve dikkatliyseniz, bir çocuğun aklında ne olduğunu tahmin edebilirsiniz. 3 yaşındaki Jonathan, bir tabak daha yemek isteyip istemediği sorulduğunda, "Aklım evet diyor ama karnım hayır diyor," demiştir. Ve kimi zaman, çocuğunuzun, başka zihinlerin de olabileceğini düşündüğüne dair anlar yakalayabilirsiniz. Neredeyse 3 yaşında olan çocuklarımızdan biri Jordy, güzel bir yaz akşamında, kararan havada bebek arabasından aya bakıp, "Biz de onların Ay'ı mıyız?" diye sordu. Ben (Roberta) başta şaşırdım. Jordy'nin sorduğu şey, Ay'da yaşayanların bakış açısından söylenmişti!

HEPSİNİ BİR ARAYA GETİRMEK: FİZİKSEL, DUYGUSAL VE ENTELEKTÜEL BİREYLER

Az önceki sayfalarda gördüğümüz, bilimin bize, çocukların insanlarla ilgili nasıl düşündükleri konusunu daha iyi anlamamız için sunduklarıydı. Sonuçta, insanların fiziksel özellikleri, duygusal nitelikleri ve görünmez zihinsel güçleri vardır. Çocukların kim olduğumuzu tüm yönleriyle anlaması zaman alır. Aslında biz yetişkinler bile insanların nasıl düşündüğü ve hissettiği konusunda sorunlar yaşarız (boşanma oranlarını düşünün!). Hepimiz bu konuda eşit derecede başarılı olsaydık, Dale Carnegie işsiz kalırdı. Bu bilginin edinildiği yer beşik olsa da (aslında, bu kitapta bahsedilen birçok şey için bu geçerlidir) bunun işe yaramaya başlaması zaman, deneyim, ebeveynler, bakıcılar ve diğer çocuklarla iletişim gibi faktörleri gerektirir. Eğer bizler ebeveynler ve bakıcılar olarak, bu bilgiyi edinmek için gerekli olan sürecin uzunluğunu kavrayabilirsek, çocukların paylaşma konusundaki sorunlar ya da küçük beyaz yalanlara yatkınlık gibi istenmeyen davranışlarının bazılarını daha iyi kavrayabiliriz. Bu bilgi, çocukların diğerlerine nasıl davrandığı, neden o şekilde davrandığı ve arkadaşlıklarını nasıl kurduğu konusunda yeni bir bakış açısı geliştirmemiz konusunda bize yardımcı olur. Bu konudan, oyunlar bölümünde bahsedilecek.

Çocukların, başka insanlarla ilgili nasıl düşündüklerini inceleyerek, sosyal gelişimin kendi başına gerçekleşeceği ve bu konuyla ilgili fazla düşünmemiz gerekmediği konusundaki efsaneyi çürütmüş olmayı umuyoruz. Ebeveynler, zihinsel gelişimi desteklemeye çalışırken, çocuklarıyla günlük, sıradan ve olağan iletişimlerinin, aslında nasıl sosyal olarak hünerli bireyler oluşturduğunun farkına varmayabilirler. Sınıflarda ya da eğitici kartlarla harcanan zaman, ebeveynlerin zorlu durumlar konusunda, çocuklara duygusal "koçluk" yapabileceği zamandan çalmaktadır. Önden paketlenmiş zihinsel derslere harcanan zaman; çocuğunuzun, ebeveynlerinin ve bakıcılarının olgunluğundan, onların başkalarına karşı hassasiyetinden faydalanmasına katkı sağlamamaktadır.

İlgili ebeveynler, çocuklar için yol haritaları çizerler ve duygusal ve sosyal yaşamlarının mayın tarlalarından nasıl geçeceklerini onlara gösterirler. Ve bu, hepimizin hayatımız boyunca üzerine çalıştığı bir şeydir. Freud haklıdır: İlk ilişkilerimizin gücü göz ardı edilemez. Anlamsız şeylerin gelişimini gereğinden fazla desteklemeye çalışırken, hayal kırıklıklarıyla baş edip; hayatın sıkça önüne sunduğu engellerle baş edebilen, mutlu çocuklar yetiştirmenin temelinde yatan gelişimlere gerekli vurgu yapılamamaktadır.

UYGULAMAKTA FAYDA VAR

Çocukların sosyal ve duygusal olarak gelişmesine nasıl yardımcı olabiliriz? Gelişim psikolojisindeki araştırmaların da gösterdiği gibi, çocuğumuzdan beklediğimiz sosyal inceliklerin çoğunun gelişimi zaman alır çünkü bunlara sahip olmak için önden, düşünme ve muhakeme konularında bir gelişim sağlanmış olması gerekir. İyi haber şudur ki; ebeveynler, çocuklarının duygusal olarak uyanık bireyler olmalarına yardım edebilirler. Ancak, kendi hayatımızla ilgili duygusal anlamda akıllıca kararlar verdiğimiz zaman, bizi (ve diğerlerini) duygusal olarak nelerin mutlu ettiğini anlarız.

Diğer insanların duygularını konuşmak için fırsatlar yaratın. Diğer insanların belli bir durumda nasıl hissedeceğini açıklayarak çocuğunuza, başkalarının gözünden bakmayı öğretebilirsiniz. "Eğer Irving'in kafasına bu kamyonla vurursan, muhtemelen kendisini çok kötü hisseder ve ağlar. Bunun olmasını ister misin?"

Duyarlı bir insan yetiştirmek çaba gerektirir! Genellikle sinir bozucu ve tehlikeli çocuk davranışlarını sadece *durdurmak* ve aslında bu davranışın ne tür sonuçlar doğurabileceğini anlatıp, sonuç olarak birilerinin nasıl hissedebileceğini ve bunu neden hissedebileceğini açıklamakla vakit kaybetmemek en kolayıdır. Tabii ki, yarın birileri çıkıp, çocuğunuza başkalarıyla nasıl çalışıp oynaması gerektiğini öğreten bir video hazırlayacaktır. Ancak iki kalp ve zihnin birlikte öğrendiği ikili ilişkilerin gücünün yanında, bu tür ürünler devede kulak kalacaktır. Asıl önemli olan, sosyal ihtiyacın bir ürünü olarak, çocuk ve yetişkinin *iletişimidir.* Bu, çocukların insanların davranışlarının nedenlerini ve nasıl hissettiklerini anlamaları için tek yoldur.

Kullandığınız dile dikkat edin. Araştırmacılar, kullandığımız dildeki küçük farklılıkların, çocukların zihin teorisini geliştireceğine inanmaktadır. Eğer, "İnanıyorum ki..." ya da "Bence.." gibi sözler söylerseniz, çocuğa sahip olduğunuzun sadece bir bakış açısı olduğunu gösterebiliriz.

Başkaları ile ilgili bir bakış açısı geliştirmenin bir diğer yolu da, çocuğa birlikte okuduğunuz hikâyelerdeki karakterler ile ilgili sorular sormaktır. Hikâyeye bir ara verip, "Sence bu kişi (karakter) nasıl hissetmiştir? Eğer sen onun yerinde olsan nasıl hissederdin? Sence, o kişinin arkadaşları, onun iyi hissetmesi için ne yapabilirler?" gibi sorular sorun.

Aslında, çocuklara, nasıl iyi bir insan olmaları gerektiğini öğreten mevcut sosyal ve duygusal programların birçoğu da çocukların farklı bakış açılarını dikkate almasını sağlayan oyunları kullanmaktadır. Profesör Myrna Shure'un ilkokul çocukları için Kişilerarası Bilişsel Problem Çözme Programı buna bir örnektir. Yetişkinler, çocuklara bazı sahnelerin resimlerini gösterdikten ya da okuldaki bir kavga ya da bir sinir anı gibi bir senaryoyu sözlü bir şekilde tanımladıktan sonra, onlara "Sence hikâyedeki bu kişi nasıl hissetmiştir? Eğer sen onun yerinde olsan nasıl hissederdin? Diğerlerinin sana nasıl davranmasını istersin?" gibi sorular sorar. Bu programlar, çocukların agresif tavırlarını azaltıp, diğerlerinin zihinlerini anlamaları konusundaki eğitimlerini sağlamak adına çok faydalıdır. Artık, bu tür programlar, okul programlarında yaygın bir şekilde kullanılmaktadır.

Çocuğunuza, insanların hislerinin nedenleri olduğunu açıklayın. Pennsylvania State Üniversitesi'nden Profesör Judy Dunn ve meslektaşları tarafından yapılan araştırmada, elli tane 33 aylık çocuğu evlerinde, anneleriyle duygular ve bu duygulara nelerin neden olduğu konusunda konuşurken incelemiştir. Örneğin, bir anne, "Gözlüğümü kırdın (neden) ve bu beni çok üzdü (sonuç)." demiştir. Bunlar, Dunn ve meslektaşlarının ebeveyn-çocuk konuşmalarında odaklandıkları detaylardır. Yedi ay sonra, çocuklar 40 aylık olunca, Dunn ve meslektaşları bu evlere dönüp çocuklara, "yanlış inanç" testi uygulamıştır. Ayrıca çocuklardan, küçük sahneler canlandıran bir kuklanın gözünden bakmalarını isteyip, kuklaların bu sahnelerde nasıl hissetmiş olabileceklerini sormuşlardır. Tabii ki bu yaştaki çocuklardan güvenilir, sözlü cevaplar vermesi beklenemez. Bunun yerine, çocuklardan "mutlu, üzgün, kızgın ve korkmuş" yüz ifadelerinin olduğu dört kumaş parçası arasından seçim yapmaları istenmiştir.

Dunn, 40 aylık çocukların, duygular ve diğerlerinin zihinleri konusundaki fikirlerinin çok büyük farklılıklar gösterdiğini bulmuştur. Ancak, daha da önemlisi, çocukların bilgisinin, annelerinin bu konuyla ilgili çocukla konuştuklarıyla sınırlı olduğunu görmüştür. Örneğin, kardeşler arasındaki anlaşmazlığı, diğer çocuğun yanlış inancından kaynaklandığını anlatarak çözmeye çalışan annelerin çocukları daha gelişmiş zihin teorisine sahiptir. Yani, eğer Sadie, oyuncağını aldığı için Irving'e kızarsa, nedensel açıklamalar yapan bir anne, "Onunla işinin bittiğini düşündü, Sadie," der. Bu çalışmanın sonuçları bize, duygular ve duygulara neyin neden olduğu hakkında konuşmanın, çocukların zihin teorisinde fark yarattığını göstermektedir. Başkalarının davranışları için bir açıklama duymak, en az iki şeye neden olur. Bir şeye canınız sıkıldığında, doğal olarak gelişen öfkenize engel olmanızı sağlar ve böylece daha yapıcı davranabilirsiniz. Ayrıca, ilerideki münakaşalarda da kendi başınıza hafifletici açıklamalar yapabilmenize yardımcı olur. Ve bu farklılıklar, çocukların, yaşıtları ve öğretmenleri tarafından daha iyi algılanmalarını da etkiler.

Zorbalığı anında durdurun. Diğerlerinin iyiliğini düşünmeyen çocukların en uç örneği de, zorbalık vakalarıdır. Çocuğunuz sürekli zorbalığa maruz kalıyorsa bu, onun sosyal anlamda yetersiz olduğu ve bu nedenle de daha az arkadaşı olduğu, daha savunmasız göründüğü anlamına gelebilir. Sosyal anlamda daha yeterli olan ve daha çok arkadaşı olan çocukların, zorbalığa daha az maruz kaldıkları görülmüştür.

Araştırmacılar, hem zorbaların hem zorbalığa maruz kalanların, belirli karakteristik özelliklere sahip olduklarını göstermektedir: Örneğin kurbanların çoğu, zorbaların taleplerine teslim olup ağlayan, kendilerini savunmada ve karşı koymakta başarısız oldukları için onlara güç veren tiplerdir. Kurbanlar genellikle, fazla kontrolcü ve aşırı korumacı ebeveynlere sahiplerdir. Bu, ebeveynlik tarzı kaygıyı, düşük öz saygıyı ve bağımlılığı arttırır ve bunlar da savunmasız duruşu destekler. Bir çocuğu zorba yapan neden nedir? Zorbalar genellikle, kurbanlarının bağımlılığına ve savunmasızlığına güvenirler. Diğer çocuğun bağırmayacağını ve onlara karşı koymayacağını bilirler. Bu da kendilerini güçlü hissetmelerini sağlar. Tabii ki zorbaların da sosyal yetersizlikleri vardır. Genellikle samimiyetin ve şefkatin az olduğu ailelerden gelirler. Aileleri de duygularını paylaşmakta sorun yaşamaktadır. Kimi zaman zorbaların ebeveynleri cezayı fazla kullanan ve sert disiplinleri olan kişilerdir. Son olarak, acıya ve soruna neden olma düşüncesi zorbaları, normal çocuklardan daha az rahatsız eder.

O hâlde, zorbalar ve onların kurbanları için ne yapılabilir? Yaşıt sosyalleşmesinin, müfredata yerleştirildiği kreşler ve ana sınıfları, onlara yardım etmek için doğru yerlerdir. Kaygılı ve içine kapanık çocuklar, tek bir iyi arkadaşlık geliştirmekten büyük ölçüde faydalanacaklardır. Ve yaşıtlarıyla sorunlar yaşadıklarında bile (evet, sorunlar kaçınılmazdır) sosyal ipuçlarını doğru bir şekilde yorumlamak konusunda önemli dersler alıyor olacaklardır. Ancak okulda öğretilen sosyal yeteneklere ek olarak, çocuğunuzla kurduğunuz ilişkiyi değerlendirmek de çok önemlidir. Özellikle de çocuğunuz bir zorbaysa. Unutmayın ki zorbalar, genellikle şefkatin az olduğu ve paylaşım duygusunun az deneyimlendiği ailelerden gelirler. Çocuğunuza nasıl hissettiğini sormak için zaman ayırın ve cevabını *gerçekten* dinleyin. Öfkesini ya da rahatsızlığını dile getirdiğinde, olumsuz duygularını düzene sokmasına ve bunları çözmek için barışçıl yollar bulmasına yardım edin. Son olarak, yaşıtlarıyla yaşadığı sorunlardan bahsettiğinde, bu sorunları çözmesine yardım etmek için onunla birlikte beyin fırtınası yapın.

Ayrıca, zorba ya da zorbalık kurbanı olmayan çocukların, diğer çocukların davranışlarını şekillendirmede güçlü bir rolü vardır. Çocuğunuza, zorbalığa uğrayan çocukların adına konuşmayı öğretin. "Ona bu şekilde davranma, bu hiç hoş değil." "Vurmak, sorunları çözmek için iyi bir yol değildir."

Sosyal zaman için yer açın. Çocuklar bazen sadece başkalarıyla takılmak ya da yalnız kalmak ihtiyacı duyarlar. Böyle anlarda "hiçbir şey" yapmıyor gibi görünebilirler ancak, kendi başlarına ya da başka çocuklarla geçirdikleri plansız zamanlardan da öğrenecekleri çok fazla şey vardır. Çocukların düşünmeden davranabilmeleri yani boş zaman geçirebilmeleri gerekmektedir! Çocuklarımız için oyun randevuları hazırlamak, sosyal dünyalarını çeşitlendirip, daha farklı sosyal zorluklarla baş etmek için yeni sosyal araçlar geliştirmelerine yardım eder. Ve sosyal iletişimler, size duygusal durumları ve diğerlerinin bakış açılarını konuşabilmeniz için ortam hazırlar. Bu aniden ya da arabada ettiğiniz kısacık sohbetlerle mümkün olmaz. Sadece sizin de ortamda bulunup gözlemlediğiniz, yorum yaptığınız ve bu duygu durumları gerçek olduğunda koçluk ettiğiniz gerçek bir sosyal iletişimlerle olur.

Çocuğunuz kreşte ya da çocuk bakım merkezindeyse, çocuğunuzun öğretmeni ya da bakıcısıyla iyi ilişkiler geliştirmeye dikkat edin. Çocuğunuz, sizinle değilken de, duygularının ciddiye alınmasını ve yaşadığı sorunlarda, ona duygusal koçluk yapılmasını istersiniz. Çocuğunuzun bakıcısıyla her gün konuşup, çocuğunuzun nasıl davrandığını, yaşıtlarıyla nasıl geçindiğini ve anlaşmazlıkların nasıl çözüldüğünü sorarsanız, duygusal koçluğun ve danışmanlığın söz konusu olup olmadığını daha iyi anlarsınız. Çocuğunuzun birlikte zaman geçirdiği insanlarla güçlü bağlar kurun. Çocukların, ebeveynlerinden tutarlı mesajlar almalarının fark yaratacağı gibi, bakıcılarından alacakları mesajların tutarlılığı da önemlidir.

Sosyal gelişimi desteklemek için yapabileceğimiz pek çok şey olsa da, psikolog Dr. Daniel Goleman, klasikleşen kitabı *Emotional Intelligence: Why it Can Matter More Than IQ?*'da *(Duygusal Zekâ: Neden IQ'dan Daha Önemlidir?)*, sosyal olarak bilgili çocuklar yetiştirmek isteyen ebeveynlerin *yapmamaları* gerekenler listesine birkaç madde eklemiştir.

Çocuğunuzun duygularını görmezden gelmeyin. Çocuğunuzun sessiz bir şekilde acı çekmesine ve fırtınanın dinmesini beklemesine izin vermeyin. Bu tür duygusal anları, duygusal koçluk yapmak için uygun anlar olarak kullanın. Çoğu zaman bu tür duygusal huzursuzlukların bir an önce geçmesini isteseniz de bu anlar, çocukların bu tür durumlardan nasıl kaçınmaları ya da böyle durumları başkalarının hislerini de göz önünde bulundurarak nasıl çözmeleri gerektiği konusunu öğretmek için önemli anlardır.

Fazla serbest bırakmayın. Her duygusal huzursuzluğa karşılık vermek zorunda olmasanız da, buna neden olan her tavrı kabullenmeyin. Örneğin, birine vurmak, çocuk çok küçük olsa ve karşıdakinin canı acımasa da normal bir durum değildir. Bu tür örnekler, çocuklara alternatif duygusal ve davranışsal karşılıkları yani, hayatta onlara yardımcı olacak tepkileri öğretmek için iyi fırsatlardır.

Çocuğunuzun olumsuz ruh hâlinden çıkması için onunla pazarlık yapmayın ya da ona rüşvet vermeyin. Bunun yerine, onunla ruh hâlinden konuşun. Farklı hissetmesi ve daha iyi bir yerde olması için farklı yolların olduğunu görmesine yardımcı olun. Bu, duygusal koçluğun mükemmel bir şeklidir ve araştırmalar, olumsuz durumları "yeniden çerçevelendirmede" iyi olan insanların, daha mutlu ve daha huzurlu bireyler olduklarını göstermektedir. Bu, çocuğunuzun limondan limonata yapmayı öğrenmesine yardım etmenin başka bir örneğidir. Herkes, zaman zaman inişler yaşar. Ebeveynler, çocuklarıyla bu durumun normalliğini konuşsa ve sonrasında da, çocuğun öfke/üzüntü/ kızgınlık —ya da çocuğun yaşadığı herhangi bir duyguyu— gibi duygularını ifade edişini kabullense mükemmel olurdu.

Çocukların hislerini küçük görmeyin ve acılarına ilgisiz kalmayın. Çocuklarımıza acı veren şeyler, genelde bize acı veren şeylerden daha farklıdır. Çocuğun belirli bir duygusuyla alay etmek, ona saygısız olduğumuzu gösterir. Bir arkadaşınıza sizi rahatsız eden bir şeylerle ilgili güvenseniz ve o da sizinle alay edip gülse nasıl hissederdiniz? Çocuklarının duygusal durumlarına karşı ilgisiz olan anne babalar genellikle olumsuz duyguların ifade edilmesinden rahatsız olurlar çünkü kendilerine olumsuz duyguları nasıl yaşayacakları ve bunları nasıl iyileştirecekleri konusunda koçluk yapılmamıştır. Ancak, bu durumda, çocuğunuza verdiğiniz ders, olumsuz duyguların belli edilmesinin imkânsız olduğudur. İçimizden birinin, küçük kuzeni ağladığında, "Neden ağlıyorsun? Dur ben sana ağlaman için gerçek bir neden vereyim!" deyip, çocuğa vuran bir teyzesi vardı. Belli ki, çocuklarımızın duygu düzenlemelerine yardımcı olmak istiyorsak, kendi negatif duygularımızla nasıl baş edeceğimizi bilerek, onlara doğru rol modeller olmamız gerekmektedir!

Bu bölümün özü, çocuğunuzla konuşup, onu sizinle konuşmaya davet etmektir. Onun nasıl hissettiğini ne kadar anlamaya çalışır, bu duruma nasıl ulaştığını anlamasına ne kadar yardım ederseniz, çocuğunuzun bu durumlarla baş etme konusunda o kadar çok yeteneği olur. Ve belgelere dayalı örneklerle anlattığımız gibi, sosyal yetenekler, okulda ve yaşamda başarılı olmak için *olmazsa olmazdır.*

BÖLÜM 9

“OYUN” DEYİP GEÇMEYİN

Büyük bir ofis malzemeleri dükkânının müdürü olan Marianne Myers, tostunu yiyip, buzdolabına magnetlerle tutturulan büyük takvimi inceliyor. Bahçe tasarımcısı eşi Dennis de portakal suyunu kafasına dikip kapıya yöneliyor. "Biliyorum! Öğle yemeğini geç yiyip onu 3'te alacağım ve Gymboree'ye götüreceğim. Tamamdır, anladım," diyor Dennis.

"Ve sonra..." diyerek devamını bekliyor Marianne. Marianne, bunları not etmek istiyor çünkü eşi geçen hafta Alyson'ı, Tiny Tot sınıfından alıp, Ginny Rymer'ın evindeki doğum günü partisi yerine eve getirmişti. Ve evde geçirdikleri zaman da hiç verimli değildi. Alyson sadece pelüş hayvanlarıyla oynamıştı. Ve Marianne'in tekrar tekrar hatırlatmasına rağmen Dennis, çocuğun tek başına gayet iyi olduğunu düşünüp, hayal kurma oyununda ona katılmamıştı. Bunun yerine, işleriyle uğraşmıştı.

"Ve sonra..." Dennis tereddüt ediyor ve bir yandan da bugün her şeyi eksiksiz yapmayı umuyor. "...Bayan Majors'a."

"Hayır, tatlım," diyor Marianne elinden geldiğince kibar bir sesle. "Keman dersini bugüne almak zorunda kaldık çünkü yarın hayvanat bahçesine gezi var. Tüm bunları akılda tutmanın zor olduğunu biliyorum. Doğruyu söylemek gerekirse ben de dünün perşembe olduğunu düşünüp, Alyson'ı resim dersine götürdüm!"

"Ah, doğru. Tamam, anladım," diyerek bir nefes veriyor Dennis ve aracına yöneliyor. Kimi günler çocuklarla uğraşmaktansa, ağaçlar ve çalılara uğraşmak, ona dinlenme gibi görünüyor! Bu karmaşık düzene nasıl ayak uydurabileceklerini merak ediyor.

Alyson'ın anne ve babası, Alyson'ın tüm boş zamanlarını şekillendirip, "zenginleştirici" etkinliklerle itinayla planlarken, 4 yaşındaki Alyson, yemek salonunda birkaç pelüş hayvanıyla sohbet ediyor. Televizyonun karşısında yere oturup iyi olmakla ilgili ders veren Barney'ye ara sıra göz atıyor. Pelüş hayvanına dalmış durumda. Bloklardan bir kale yapıyor çünkü birazdan hayali bir oyun oynayacak. Beanie Baby Kitty'sini alıyor. "Tamam, sen piyenses ol." Sonra büyük oyuncak ayısını alıp, "piyenses"e doğru büyük adımlar attırıyor. Piyenses, küçük cüssesine rağmen, ayıya doğru gidiyor ve "Kayemi teyket!" (Tercümesi: Kalemi terk et!) diyor. Piyenses, hızla geri çekilen ayıyı birkaç kez daha itiyor. Alyson, ayıyı geri çekerken, kazara kale görevi gören bloklardan bazılarını deviriyor ve yere düşüp büyük bir ses çıkarmalarına neden oluyor. Alyson sıçrıyor ve annesi şaşırarak, "Alyson! Ne *yapıyorsun*?!" diyor.

Bu ilginç bir soru. Alyson oyun oynuyor. Ama bu tam olarak ne demek?

OYUNLARIN MANTIĞI NEDİR?

Marianne ve Dennis, günümüzdeki pek çok anne baba gibi, serbest oyunların önemsiz ya da zaman kaybı olduğu gibi yanlış bir düşünceye sahipler. Çocukların "sadece" oyun oynadıkları anlarda, bir şey öğrenmediklerini düşünüyorlar. Ancak, oyun zamanları, öyle görünmese de, öğrenmek için çok iyi fırsatlardır. Bunun kanıtı çok nettir: Oyunlar, gelişimi destekler ve bunu birçok açıdan yaparlar. Örneğin oyun, problem çözme yeteneğini ve yaratıcılığı teşvik eder. Ayrıca, dikkat süresini arttırıp sosyal gelişimi destekler. Ancak, oyun tüm bu yararları —ve diğerlerini de— nasıl sağlar? Oyunların mükemmelliğinden bahsederken, bize katılın.

4 yaşındaki Felix ve 5 yaşındaki Minerva, bir çalışmadaki (artık klasikleşen) çocuklar arasındadırlar. Önlerinde ulaşamayacakları bir

arkası görünür kutu vardır. Ve bu kutuda, bu deneyin mücevherleri vardır: bir parça renkli tebeşir ya da çocukların daha önceden oyuncak olarak seçtikleri bir mermer. Çocukların önündeki görev kolaydır ancak imkânsız gibi görünür: oturdukları yerden kalkmadan hatta kutuya doğru eğilmeden, oyuncağı alacaklardır. Çocuklar, tebeşiri kutudan nasıl çıkaracaklar? Bunun kesin bir çözümü vardır. Bunun için bir araya getirildiğinde yeterince uzun olup, kutunun içine ulaşabilecek olan iki çubuğu birbirine tutturmaları gerekir.

Felix ve Minerva, çubuklarla serbestçe oynayabilen gruptadırlar. Tebeşiri alma görevi onlara verilmeden hatta tebeşir ile mermer arasında seçim yapmaları istenmeden önce, ellerine oynamaları için farklı uzunluklarda çubuklar verilir. 10 dakika boyunca çocuklara herhangi bir yönerge verilmez. Çocuklar, yapmaya alışık oldukları üzere, çubukları keşfedip onlarla hayali oyunlar oynar, çubukları asker gibi düşünürler. Hatta bazı çubukların birbirinin içine yerleşebildiğini ve böylece daha uzun çubuklar olabildiklerini keşfederler. Çubuklara olan ilgileri dağılmaya başladığında, Felix ve Minerva tebeşiri seçer ve ardından da kutudan nesneyi alma görevini öğrenirler.

Felix ve Minerva orada oturup, araştırmacıların kendilerine bir çözüm önermesini mi beklediler? Çubukları sadece birbirine vurup, halıyla mı oynadılar? Pekâlâ, belki de bunu biraz yapmış olabilirler. Kendilerine yakın ancak uzak olan tebeşire bakarken bir süre sessiz kalırlar. Daha sonra, kendi kendilerine oyunun kurallarını hatırlatırlar:

Felix: "Ayağa kalkamayacağımızı söylüyor."

Minerva: "Evet, ama... belki de çubuklar..."

Ve sonra çubukların birbiriyle birleştirilebileceğini keşfedip, birleşebilen en uzun olanları bulmayı akıl ederler. Sorunla büyük bir coşku ve ciddiyetle baş ederler. Sonunda, bu küçük dedektifler, en uzun iki çubuğu bularak, onları birbirine geçirir ve kutuya ulaşıp içinden ödülü alır. Sorunu çözerler. Bravo!

Diğer çocuklara önden oynamaları için çubuk verilmez. Onlara, problemle ilgili sorularının cevabı verilir. Araştırmacı, onlara iki çubuğun birbirine nasıl yerleştirileceğini anlatırken, çocuklar onu sessizce izler. Daha sonra araştırmacı, onları sorunla ve Felix ile Minerva'ya verilen çubukların aynılarıyla birlikte yalnız bırakır ve problemi nasıl çözeceklerini izlemeye koyulur. Çocukların bazıları problemi anında çözer. Sonuçta, araştırmacının problemi nasıl çözdüğünü hepsi görmüştür. Ancak diğer çocuklar kimi zaman başarısız olur. Ve başarısız olduklarında hemen pes ederler. En sonda, üçüncü gruptaki çocuklara, ne çubuklarla oynamaları için zaman verilir ne de araştırmacının problemi çözüşü seyrettirilir. Bu gruptaki neredeyse tüm çocukların testten kalmaları hiç de şaşırtıcı değildir.

Bu deney ve diğer deneyler bize ne anlatıyor? Oyun vasıtasıyla kendi başına yapılan keşifler, size problem çözmeyi eğlenceli bir şekilde "öğreten" deneyimlerdir! Tabii ki yetişkinlerin çözümlerini gören çocukların bazıları da, hemen doğru sonuca ulaşmıştır. Ancak, başarısız olduklarında *pes etmişlerdir*. Sanki "Bu kadın nasıl yapılması gerektiğini biliyor ama ben bilmiyorum. Hepsi bu," diye akıllarından geçirmiş gibilerdir. Felix ve Minerva gibi kendilerine görev verilmeden önce çubuklarla oynayan çocuklarsa, kararlılıkla çabalamış, sorunu istekli bir şekilde çözmüştür. Araştırmalar, oyunun büyük bir yaratıcılıkla, hayal gücüyle ve hatta yüksek okuma seviyeleri ve IQ puanlarıyla ilgisi olduğunu göstermektedir. Araştırma kanıtlarına dayanarak, yeni bir denklem kurmak mümkündür: OYUN = ÖĞRENME.

Araştırmalar, oyunlarla ilgili bir başka ilginç gerçeği de kanıtlamaktadır. Çocukların oyun seviyeleri, yetişkinler de onlarla birlikte oynadığı zaman *artmaktadır*. Yetişkinler kendilerine katıldığında, çocukların dâhil oldukları oyun türleri de artmaktadır. Ve "katılmak", kontrol etmekten farklıdır. Kontrol etmek, çocukların, ebeveynlerinin düzenini takip etmesine ve bilişsel gelişmelerinin, yetişkinlerin onların düzenini takip ettiği zaman olduğu kadar yoğun gerçekleşmemesine neden olur.

Kahverengi gözlü ve 22 aylık olan Khara'yı düşünün. O ve annesi Maxine, oyun ile ilgili bir çalışmada yer almaları için, Syracuse Üniversitesi'nde Dr. Barbara Fiese'nin laboratuvarına davet edilirler. Araştırmacılar, olan biteni videoya alır. Daha sonra araştırmaları dâhilinde ilgilendikleri davranışların çözümlemesinde bu videoları kullanırlar. Öncelikle, Maxine'den, Khara'nın oyun alışkanlıklarıyla ilgili bir anketi doldurmasını isterler ve onlar da bu sırada, Khara'nın etraftaki oyuncaklarla tek başına oynayışını izlerler. Daha sonra Maxine'den, Khara ile birlikte yere inmesini ve onunla evdeki gibi oynamasını isterler. Sonrasında, Maxine'e, Khara'ya bebeğin dişlerini fırçalamak gibi hayali şeyler göstermesini söylerler. Son olarak da, Maxine ve Khara'nın, hiçbir talimat olmaksızın oynayışını izlerler.

Bu deneyde Dr. Fiese, çocukların yetişkinlerle birlikte oynadıklarında (bu deneyde anneleriyle) nesnelere *gerçek* nesneler olarak değil, diğer nesnelerin *sembolleri* olarak davrandıklarını gösteren diğer deneylerin izinden gitmiştir. Bir blok, araba gibi kullanıldığında ve yerde "vınnn vınn vınnn!" diye sürüldüğünde, çocuğun, dünyada bir şeylerin başka bir şeyleri simgeleyeceğini bildiğini anlarız. Bu neden önemlidir? Gelişimin anahtar bileşenlerinden biri *sembolleri kullanarak soyut akıl yürütmeyi* başarmaktır. Sonuçta dil, sembollerin kullanımından başka nedir ki? Kelimelerin sesleri (örneğin "sandalye") temsil ettikleri nesneye (gerçek bir sandalyeye) hiç de benzemez. Ve çocuklar, eğer yeni fikirleri yaratıcı şekillerde birleştireceklerse, karşılarında somut bir şekilde duran nesnelerden daha fazlasını düşünmelilerdir. Nesnelere, onlar başka bir şeymiş gibi davranmak, önemli bir yeteneğin başlangıcıdır! Ve nesneleri sembolik olarak kullanmak, onlara gerçekten oldukları şeyden farklı bir şeymiş gibi davranmak, çocuğun dil gelişimiyle ilgilidir.

Dr. Fiese, Khara'nın oyununun karmaşıklığını, yaptığı şeylerin keşfe dayalı (dokunma, bakma gibi) ya da fonksiyonel (bir arabayı beklendiği gibi hareket ettirmek gibi) ya da sembolik (boş bir fincana, bir içecek döküyor gibi davranıp, hayali bir akşam yemeği senaryosu kurmak gibi) oluşuna göre değerlendirmiştir. Khara tek başına oynadığında, en az gelişim göstermiştir. Annesi de ona katıldığında, oyunları daha gelişmiş görünmüştür. Maxine, Khara'ya hayali oyunlar (bebeğin dişini fırçaladığını hayal etmek gibi) göstermiştir. Khara, bu oyunları en karmaşık şekilde oynamıştır. Maxine'in, Khara'nın oyununa katılması, çocuğun başka bir seviyeye, daha zengin ve soyut düşünmesini teşvik edecek bir seviyeye geçmesine yardım etmiştir.

Şaşırtıcı bir şekilde, çocuklarına çok soru soran, çocuklarını çok izleyen ve oyunlara katılmak yerine, oyunu yöneten annelerin çocukları, daha az sembolik oyun oynayıp, daha çok keşfe dayalı oyunlar oynamaktadırlar. Çocuklar —Khara'nın durumunda olduğu gibi— liderlik yapmalarına izin verildiğinde, daha kapsamlı oyunlar oynarlar. Bu nedenle, bir dahaki sefere, çocuğunuzun tek başına oynamasının sorun olmadığını düşündüğünüzde, sizin varlığınızın fark yaratacağını unutmayın. Bu, yalnız oynanan oyunların kötü olduğu anlamına gelmemektedir. Hem de hiç. Ancak çocuğunuzla birlikte oynadığınızda, oyunlarını *taciz ettiğinizi* düşünmeyin. Aslında, farkına bile varmadan, muhtemelen çocuğunuzun nesnelerle oynamasını ve daha soyut düşünmesini sağlıyorsunuzdur.

GİZLİ YETENEKLERİ KEŞFETMEK

OYUNU DEĞERLENDİRMEK

Yaş: 12 ay-3/3.5 yaş

Dr. Fiese'nin deneyini evde yapabilirsiniz fakat başka bir yetişkinin ya da bakıcının yardımına ihtiyacınız olacak çünkü çocuğunuzun hareketlerini yakından izlemeniz gerek.

Öncelikle, yeni oyuncaklar alın ve çocuğunuzun onlarla oynamasına izin verin. Bu sırada gönüllü yardımcınız (bu kişi neyi incelediğinizi bilmemelidir) bir dergi okuyor gibi davransın. Çocuğunuzu yaklaşık 8 dakika kadar gözlemleyin ve yeni oyuncaklarla ne yaptığını izleyin. Yardımcınızın, çocuğun oyuna davetini, "Bir dakika sonra," gibi cümlelerle ertelemesini sağlayın. Çocuğunuz öncelikle oyuncakları keşfediyor mu? Nesnelerle hayali oyunlar oynayıp onlara, aslında oldukları şeyden farklı bir şeymiş gibi davranıyor mu? Çocuğunuzun bu nesnelere sembolik bir şekilde davrandığını görebiliyor musunuz? Sonrasında yardımcının da oyuna dâhil olmasını isteyin. Yardımcı, çocukla bir süre oynadıktan sonra, oyunun hayali bir hâl alıp almadığına bakın. Sonrasında, yardımcıya bir kâğıt parçası verip çocuğunuzla iki hayali şeyi denemesini söyleyin. Örneğin, bir çay partisindeymiş gibi davranmak olabilir. Çocuğunuzun oyun seviyesi yükseldi mi? Çocuğunuzun, kendisine sembolleri kullanmak konusunda nazikçe rehberlik eden bir yetişkinle iletişim kurduğunda, zihinsel süreçlerinin gözlerinizin önünde esnediğini gördüğünüzü hissedeceksiniz. Yetişkinlerle oynamak, net bir şekilde bilişsel gelişim için önemlidir!

OYUN

Oyun, tarifi zor bir kavramdır. Janet Moyles'in kitabı *The Excellence of Play* kitabında da söylediği gibi, "Oyun kavramını kavramak, su baloncuklarını yakalamaya çalışmaya benzetilebilir. Her ortaya çıktıklarında, sanki tutunacak bir şeymiş gibi hissedersiniz. Kısa ömürlü doğası, ele alındığı anda çözünüp gider." Mutfakta, tencereleri birbirine vuran 12 aylık bir çocuk oyun oynuyordur. Beşiğinde, uyumadan önce, bildiği tüm kelimeleri yüksek sesle sayan 18 aylık bir çocuk oyun oynuyordur. İlk futbol takımına katılan 4 yaşındaki çocuk oyun oynuyordur. Arkadaşıyla kapsamlı hayali bir oyun oynayan 5 yaşındaki çocuk oyun oynuyordur. O hâlde bunların ortak noktaları nedir? 500 öğretmenden, oyunu tanımlamaları istendiğinde, öğretmenlerin sayısı kadar farklı yanıtlar alınmıştır! En tanıdık kelimelerin, kimi zaman tanımlanması en zor kelimeler olması çok ilginçtir, değil mi?

Maine Üniversitesi'nden Profesör Catherine Garvey ile Maryland Üniversitesi'nden Kenneth Rubin gibi ünlü araştırmacılara göre, oyunun beş unsuru vardır. Birincisi, oyun *keyifli ve eğlendirici* olmalıdır. Bu, oyun oynarken kahkahalarla yerlere yatmanız anlamına gelmemektedir. Ancak, keyifli olmalıdır. İkincisi, oyunun *dışa dönük bir hedefi olmamalıdır*. Oyun oynamaya, "Hmm, sanırım şimdi oyun oynayacağım ki böylece okuma öncesi yeteneklerimi geliştireyim," diyerek başlamazsınız. Oyun, oyun için oynanır. Bir işlevi yoktur; faydacı değildir. Üçüncüsü, oyun *anlık gelişir ve gönüllüdür*. Oyuncular tarafından özgürce seçilir. Bir oyunu görev olarak veremezsiniz. Aslında bir çalışmaya göre, ana sınıfı öğretmenleri, öğrencilerine oyun oynama görevi verdiğinde, çocuklar bunun bir görev olduğunu düşünmektedir. Ancak diğer zamanlarda, aynı etkinliği oyun olarak tanımlamaktadırlar! Eğer çocuğunuz, futbolu kendisi için iyi olduğundan oynuyorsa, bu oyun sayılmaz. Ve bunu stresli buluyorsa da bu kesinlikle bir oyun değildir! Dördüncüsü, oyunlar, oyuncuların *aktif katılımını* gerektirir. Oyuncunun bunu yapmak istemesi gerekir. Eğer oyuncu, pasif bir şekilde oturup olan bitene katkı sağlamazsa bu bir oyun değildir. Ve son olarak oyun, *hayal* unsurunu da içerir. Çocukların oyunlarının, mecazi bir unsuru, gerçeklikten uzaklaşan bir yanı vardır. Bir sıvıyı döküyormuş gibi yapıp, ardından da döktüğü şeyi içiyormuş gibi yapan çocuk, oyun oynuyordur.

İronik bir şekilde, günümüzde pek çok ebeveyn, oyunun bir ya da daha fazla unsurundan rahatsız olmaktadır. Bu kriterlere göre ölçüldüğünde, çocuklarımıza yaptırdığımız bazı etkinlikleri oyun kategorisine dâhil edemeyiz. Ebeveynleri ve test bilinci olan öğretmenleri incelediğimizde, çocukların oyunlarını seçmesine izin vermek yerine, onların oyunlarını kendilerinin seçtiğini ve oyunu tanımlayan bazı unsurları hiçe saydıklarını görürüz. Oyun, *çocuğun* arzusundan doğmalıdır. Tabii ki, çocuklara belirli seçenekler sunup, bu seçenekler arasından seçim yapmalarını isteyebiliriz. O zaman oyunlarına *yardım etmiş* oluruz ve bu, bizim için uygun bir roldür.

Aşırı hızlı toplumumuzda, oyunun unsurlarını hiçe sayan en kötü şey, ikinci unsuru ilgilendirmektedir: Oyunların dışa dönük bir hedefi olmamalıdır. Kaçımız, çocuklarımızın gerçekten hiçbir amacı olmayan oyunlara katılmasına izin veriyoruz? Onlar için seçtiğimiz oyuncakların bile öğrenmelerine katkı sağlamak gibi bir amaçları var. Son trendi düşünün: 1995 yılında, "Wall Street Journal"deki bir makalede, sınıf öğretileri kokan bir oyuncağın anlamsız olduğu yazılmıştı. Ancak 2002 yılında, yani sadece 7 yıl sonra, eğitsel oyuncakların satışı tavan yaptı! Örneğin (ki bunlardan çok fazla var), LeapFrog adında bir şirket, okumayı ve matematiği öğreten oyuncaklar yapmaktadır. Bu şirketin, ilk yılında (1995) 3 milyon dolar kazancı vardı ve 2002 yılında, satışları 500 milyon doları buldu! Bu, olağanüstü bir artıştır! Belli ki ebeveynler, büyükanneler ve büyükbabalar, çılgınlar gibi eğitsel oyuncaklar almaktadırlar. Peki, bunların hepsi kötü müdür? Hayır! Çocukların keyif aldığı oyuncaklarda sorun yoktur. Ancak, oyuncakların *çocukların tercihi* olması gerektiğini unutmayın. Bir sonra yapılacak şeye çocuk değil, oyuncak karar verir.

Küçük çocukları sınıflara götürdüğümüzde, iyi zaman geçirip, diğer çocuklarla oynamalarını mı umuyoruz yoksa içten içe onları istediğimiz belli bir şeye maruz bırakarak gizli bir yeteneğin gelişmesini mi umuyoruz? 5 yaşındaki çocuklarımız Little League beyzbol listesine eklendiğinde, gerçekten sadece eğlenmelerini mi umuyoruz? Onların, eldivenle top yakalamak gibi bazı yeni yetenekleri öğrenmelerinin mükemmel olacağını ve bunun ilerideki mutluluklarına katkısı olacağını mı düşünüyoruz? Yoksa şampiyonluk maçına çıkmasını ve hatta maçı kazanmasını mı hayal ediyoruz? 4 yaşındaki oğlunu, atletizm için eğitmeye başlayan bir baba şöyle söylemiştir, "Kimi zaman, yanlış davrandığımı ve çocuğumun hislerine yeterince saygı göstermediğimi kabul etmeliyim." Ebeveynlerin, çocuklarının spor karşılaşmalarındaki atışmaları, her geçen gün artmaktadır. Bu örnekler, çocuklarımıza etkinlikler organize ederken onların gerçekten oynamalarını mı istiyoruz gibi ilginç bir sorunun doğmasına neden olmaktadır.

Bir muhabir yakın zamanda, içimizden birine şu soruları sormuştur: "Ebeveynlerin, çocuklarını kaydettirdikleri etkinlikler kulağa eğlenceli gelmektedir. Neden sizin bahsettiğiniz türde serbest oyun zamanı gereksin ki?" Cevap mı? Çocuklar, serbest oyunlar sayesinde, diğer çocuklarla eğlenmenin yanı sıra, kendi başlarına etkinlikler yaratmayı da öğrenirler. Girişimi öğrenirler. National Association for the Education of Young Children'dan (Küçük Çocukların Eğitimi Ulusal Organizasyonu) Dr. Susan Bredekamp şöyle yazmıştır, "Çocuklar, kendi kendilerine belirledikleri görevlerde yer aldıklarında başarılı hissederler. Öğretmenlerin; karmaşık yapılı, öğrencilerin ne yapacağına ve ne zaman yapacağına öğretmen tarafından karar verilen, öğrencinin pasif bir şekilde dinleyeceği ya da uzun süreler kalem kâğıt görevleriyle ilgileneceği dersleri kullanması, gelişim açısından uygun karşılanmaz." Kulağa korkunç gelmiyor mu? Bizim için evet. Neredeyse üst sınıf bir Oliver Twist gibi geliyor kulağa! Ancak, giderek artan sayıda ebeveyn, kreşlerin ve anaokullarının, bu sisteme sahip olmasını istiyor. Bizler de "bilgisayar teknolojileri" ve "matematik eğitimi" veren anaokullarını ziyaret ettik. Çocuklar buralarda, meşgul görünüyor olabilirler ancak asıl soru, bunun karşılığında neyden feragat ettikleridir.

Öğrenmeyi, oyundan önemli tutan akademik anaokulları popüler hâle gelmiştir çünkü ebeveynler, çocuklarının hayata sağlam bir adım atmasını istemektedir. Hayat zor, bundan yana kimsenin şüphesi yok. Fakat en iyi öğrenmenin, sadece büyük ve akıllı bir yetişkinin, çocuğun her hareketini yönlendirmesiyle gerçekleşeceği doğru değildir. Ve akademik olarak düzenlenmiş anaokullarına giden çocukların, okula daha iyi yeteneklerle ve öğrenme konusunda daha iyi tutumlarla başlayacağı da doğru değildir. Yıllar süren araştırmalar, çocukların kendi oyun etkinliklerini yönetmeleri gerektiğini göstermiştir. Çocuklar, oynama şansları olduğunda, yaratıcılık ve problem çözme konularında gelişme gösterirler.

Artık oyunun başka bir önemli işlevine geldik: Çocuklara güç algısı kazandırmasına. Günün her anında, kendisine ne yapması gerektiği söylenen insanlar, gücün iyi bir şey değil, emredici bir şey olduğunu düşünürler. Serbest oyunda, çocuklar liderdir ve gerçek yaşamdan uzaklaşmışlardır. Serbest oyun sayesinde çocuklar, gerçek ya da hayali bir dünyada patron olurlar ve olası seçenekler arasında özgürce karar verirler. Oyun sayesinde çocuklar, yeni bir şeyler keşfedip sorunlara çözümler önerebilir. Kurgulanmış etkinlikler de önemlidir ancak onları oyunlarla karıştırmamalıyız. Çocuklara en önemli düşünsel ve sosyal avantajları sağlayan, basit ve sıradan oyunlardır.

OYUN EKSİKLİĞİ NEDEN ZARARLI OLABİLİR?

Çok az oyun, çocuklar için bir sorun mudur? Bazı uzmanlar, "oyun yetersizliğinin" çocuklarda depresyona ve düşmanlığa neden olabileceğini iddia etmektedir. Sonuçta hiç mola vermeseniz siz de depresyona girebilirsiniz! Çocuklarınızın dünyayı anlamak için ne kadar çok çabaladıklarını bir düşünün. Bazı günler bunu hissetmeseniz de bu konuda kontrol *sizdedir*. Diğer taraftan, çocuklarınız ne olduğu, nasıl olduğu ve ne zaman olduğu konusunda çok az kontrole sahiptir. Çocuklarınızın, öğrendikleri şeyleri özümsemek, yeni yeteneklerinde uzmanlaşmak, korkutucu duygusal deneyimleri çözmek ve sadece eğlenmek için molaya ihtiyaçları vardır! Az oyunla ilgili en iyi veri, hayvanlar üzerinde yapılan çalışmalardan gelir çünkü çocukları oyundan yoksun bırakarak bir deney yapmak etik değildir. Hayvanlar, oyundan yoksun kaldıklarında ne olur?

Bazı yakın zamanlı araştırmalar, hayvanları oyundan yoksun bırakmanın, zihinlerinde olumsuz etkilere neden olabileceğini söylemektedir. Bowling Green Üniversitesi emekli profesörü Dr. Jaak Panksepp'in fareler üzerinde yaptığı çalışmalar, oyunun beynin ön lobunda, kişinin otokontrolünün bulunduğu kısma ev sahipliği yapan yerde bir etkisi olduğunu göstermiştir. Dr. Panksepp ve öğrencisi Nikki, oyun olmadan, beynin olgunlaşmasında gecikmeler olduğunu bulmuştur. Hâlihazırda ön loblarında hasar olan farelerin oyun oynamasına izin verildiğinde, hasarın bir kısmı kendiliğinden iyileşmiştir. Ön lobdaki hasar, çocukların Dikkat Eksikliği ve Hiperaktivite Bozukluğu (DEHB) yaşadıkları zamankine benzemektedir. Eğer fazla etkin oyunlar, farelerin daha az yaramaz olmalarını sağlıyorsa, o hâlde bu durum insanlar için de doğru olabilir. Aslında, çocuklarla çalışan araştırmacılar da benzer etkiler bulmuştur. Fazla etkin oyunlar, çocukların dürtülerine hâkim olmalarına ve okulda önemli konulara konsantre olmalarına yardım ederek, DEHB konusunda onlara fayda sağlayabilir.

Minnesota Üniversitesi'nden Dr. Anthony Pellegrini'nin çalışmasından da bildiğimiz üzere, okul çağındaki çocuklara oyun araları vermek, düşünmeyi kapsayan okul görevlerinde dikkat seviyelerinin en üst düzeye çıkmasını sağlar. Okulların giderek, oyun fırsatlarını azalttıklarını bir düşünün. Dr. Pellegrini'nin de söylediği gibi, bu tür bir hamle "...yanlış olur ve hatta çocuklara zarar bile verir."

OYUN, 21. YÜZYILDA NEDEN DAHA DA ÖNEMLİDİR?

Yıllar süren araştırmalarımız sonunda, *bir araba için benzin neyse, çocuk için de oyunun o olduğu* sonucuna vardık. Çocuklarımızın katıldığı her zihinsel etkinlik, gücünü buradan alır. Araştırmacılar, oyunun zekâ gelişimi, yaratıcılık ve problem çözme konularında güçlü bir temel hazırladığı konusunda hemfikirlerdir. Ve oyunlar bunun dışında, duygu gelişimi ve önemli sosyal yeteneklerin gelişimi için de bir araç görevi görür. 21. yüzyılda, yaratıcı problem çözücüler, bağımsız düşünürler ve sosyal yetenekler konusunda uzman olanlar, kaçınılmaz bir şekilde sadece doğru cevapları almayı öğrenmiş olanları sollarlar. Ansiklopedik bilgiler zaten parmaklarımızın ucunda bolca mevcuttur. Nasıl okumanız gerektiğini biliyorsanız, bir bilgisayarınız varsa ve Google gibi hizmetleri nasıl kullanmanız gerektiğini biliyorsanız, aklınızdan geçebilecek neredeyse her sorunun cevabına ulaşabilirsiniz. "Sonuçları öğrencinin geleceğini belirleyecek testlerin" başrol oynadığı yeni eğitim hareketinde, önemli olan doğru cevaplar olsa da, gerçekten yaratıcı, en anlamlı katkıları sağlayan bireyler, *hâlihazırda formülleri belirlenmiş problemlere cevaplar bulmaktan daha fazlasını* yapabilir. Bu bireyler, yeni sorular sormayı ve yeni cevaplar bulmayı nasıl öğrenir? Tabii ki oyun vasıtasıyla. Oyun, *çok yönlü ve kıvrak* zihinsel yetenekleri geliştirir. Oyun, problem çözmenin gerçekleştiği yerdir. Ancak, oyun sadece bizim dönemimizle ilgili bir kavram değildir. Einstein, şu cümleyi söylediğinde, oyunun önemini gayet iyi biliyordu, "...oyun, yaratıcı bilimsel düşüncenin en önemli özelliği gibi görünmektedir. Diğerleriyle iletişim kurmak için, kelimeler ve birbiriyle ilişkili olabilecek diğer işaretleri mantıklı bir şekilde bağlamaya henüz başlamadan önce bile".

Başarı odaklı toplumumuzda, çocuk oyunlarının zaman kaybı olduğuna dair var olan yaygın söylenti, ebeveynlerin, çocuklarının zekâsıyla övünme istekleriyle doğru orantılıdır. Bu yüzden, çocuklarımızın her anını doldurup, içten içe önemli olduğunu bildiğimiz değerlerden vazgeçeriz. Zekâ, oyunlardan fazlasıyla beslenir ancak çocuğun zekâsını geliştirenin çalışmak olduğu fikri daha öne çıkmaktadır. Çocukların zekâsını geliştirmek için onları teşvik eden deneyimler çöpe atılmış, onun yerine sonuçları çok önemli olan testler getirilmiştir. Bilgi, sadece bilgi! Çocuklarımızı bilgiyle doldurmak, beyin gelişimini teşvik etmemektedir. Bilgiyi öğrenmeyi, sadece internet arama motorlarının kolaylıkla (ve ücretsiz olarak) verdiği bilgileri öğrenmeyi teşvik etmekteyiz.

Çocukların serbest oyunla geçirdikleri zaman, 1980'lerden beri sürekli olarak azalsa da, ebeveynler evrensel olarak, oyunun değerini anlamış gibi görünmektedir. 2000 yılında Harvard Üniversitesi Zero to Three araştırma grubu tarafından yapılan bir araştırmada, 3 ila 5 yaşındaki çocukların ebeveynlerinin %87'si, oyunun sağlıklı gelişim için önemli olduğu konusunda hemfikirdir! Ebeveynler, çocuklar için hangi *tür* oyunların daha iyi olacağını bile biliyorlar. Araştırmada, ebeveynler belirli etkinlikleri —bloklara vurmak (6 aylıkken), çay partisindeymiş gibi davranmak (2 yaşında), resim aletleriyle resim yapmak (4 yaşında) ve babasıyla iskambil kâğıdı oynamak (6 yaşında)— fazla uyarıcı olarak puanlamışlardır. Bilgisayar oynamak gibi etkinlikler (2 yaşında), bilgisayarda resim yapmak (4 yaşında) ve hafıza kartlarını ezberlemek (4 yaşında), en iyi gelişim için daha az önemli sayılmaktadır. Araştırma, ebeveynlerin ve araştırmacıların aynı fikirde olduğunu göstermektedir. Azalan oyun sürelerine bakılacak olursa, bu sayılar çok enteresandır. *Ne yapmamız gerektiğini biliyoruz ancak sadece kendimizi bunu yapmaya ikna edemiyoruz.* İçgüdülerimize güvenirsek —çocuk gelişim uzmanlarının bildikleriyle tamamen tutarlı olan içgüdülerimize— çocuklarımız bazı kritik yetenekleri öğrenmekten mahrum kalır mı? 3 yaşındaki Rebecca'nın annesi Francis, bunu en iyi şekilde açıklıyor: "Eğer sadece oyun oynuyorsa, öğrenerek geçirebileceği zamanı boşa harcıyordur. Çocuğumun geride kalmasını istemiyorum. Diğer tüm çocuklar, benim çocuğumdan önde olursa nasıl hissederim? Eğer onun geride kalmasına izin verirsem, Rebecca nasıl hisseder?"

Yine de, serbest oyunun ve yönlendirilen oyunun, daha başarılı hayatların —sadece çocuklar için değil, aynı zamanda ebeveynler için de— anahtarı olduğunu görmeye başlıyor olmanızı umuyoruz. Oyun, mutlu, zeki ve tutarlı çocuklar yetiştirmek için anahtardır.

Oyunun ne demek olduğu ve çocukların hayatlarında ne kadar önemli olduğu konusundaki kanıtları daha yakından incelemeden önce, oyun oynayan farklı yaştaki çocuklara bir göz atsak iyi olur. Neden mi? Çünkü oyun her yaşta farklıdır. Biz yetişkinler, nasıl ki küvette kayıklarla ya da fincanlarla oynamıyorsak, küçük çocuklarımız da, Scrabble ya da bizi ilgilendiren diğer kelime oyunlarını oynayamazlar. Oyunun 12 aylıkken, 2 yaşındayken ve 4 yaşındayken farklı tarzları vardır. Çocukların zihinlerinin gelişimi gibi, oyunlar da zamanla gelişip, zenginleşir.

ÇOCUKLAR NASIL OYNAR?

Bebekler henüz 3 ila 6 aylıkken, oyunlara dâhil olmaya başlarlar yani nesneleri tutabilmeye başlar başlamaz. Bu yaştaki bebekler, neredeyse tüm nesneleri oyuncak olarak kullanmakta ustadırlar. Parçalanmış bir kâğıt parçası, bir ayakkabı ya da bir dolar banknotu!

Turuncu saçlı 9 aylık Carol'a bakalım. Yerde oturmuş, yirmi santimetrelik plastik, pembe bir çekiçle oynuyor. Bir süre boyunca çekici büyük bir dikkatle inceliyor. Sanki özelliklerini inceliyormuş gibi ve bir elini çekicin kıvrımlarında gezdirip onu elinde çeviriyor. Daha sonra biraz daha inceleyip keşfetmek için ağzına götürüyor. Çekici ağzından çıkarıp yüzünü ekşitiyor (tadı kötü olmalı) ve yukarı aşağı sallayıp belki de bir ses çıkarmayı umuyor (belki bir çıngıraktır?). Metal bir silindire yanlışlıkla çarpıyor. Bam! Vay canına, işte bu ilgisini çekiyor! Çekici bir kez daha sertçe vuruyor ve çıkardığı sesten çok keyif alıyor! Bu kez daha da istekli bir şekilde, metale çekiçle vuruyor. Çekici bizim tutacağımız gibi değil, yandan tutuyor. Kendi başına yaptığı bu gösteriden dolayı her seferinde yerinde neşeyle hafifçe sekiyor!

6 ila 9 aylık bebekler, bu tür nesne keşiflerine yeni başlamışlardır. Aslında, New York'taki Albert Einstein College'tan Psikolog Holly Ruff, nesnenin özelliklerine göre, bu yaşlardaki bebeklerin nesneyi farklı şekillerde tutmaya başladıklarını bulmuştur. Bebekler büyüdükçe nesneleri ağızlarına daha az götürmeye başlarlar. 9 aylık olmadan önce Carol, bir nesneyi sadece bir elinden diğerine geçirir, duruşunu değiştirmez, ona farklı açılardan bakıp o nesneyi incelemezdi. Carol, nesneler arasında ilişkiler kurmaya yeni başlıyor. Gerçi şu anda, kolunun sıradan bir hareketiyle, kazara bir ses çıkardı. Merhum İsviçreli psikolog, çocuk gelişiminin kurucu babalarından Jean Piaget, bebeklikte, çocukların oyunun en saf hâline dâhil olduklarını söylemiştir. İlginç buldukları nesneleri

dünyalarına yerleştirirler. Nesnelerle genellikle birer birer oynarlar ve nesneleri en basit yollarla kullanırlar ve nesneyi yapan kişinin niyet etmediği bir şekilde kullanmazlar.

Şimdi de sadece 14 ay sonra, 23 aylık Carol'a bakalım. Carol mutfakta, yerde, daha önce gördüğümüz oyuncaklarla çevrelenmiş bir şekilde oturuyor. Oyuncak bir telefonu alıp, bir süre tuşlara dikkatle basarak bip seslerini dinliyor. Birkaç tuşa bastıktan sonra, alıcıyı kulağına götürüyor (tamam, belki kulağına götürmeden önce biraz yalamış olabilir) ve yeniden tuşlara basmaya çalışıyor. Bundan sıkılıp biraz önce bahsettiğimiz çekici görüyor. Telefonu bırakıp çekici alıyor —bu kez doğru tutuyor— ve telefondaki tuşlara biraz kuvvetli bir şekilde vuruyor! Bu, önceden düşünülmüş ve planlanmış gibi görünüyor. Sanki Carol, "Bu çekiç, benim tek parmağımla çıkarabildiğimden daha fazla tuş sesi çıkarabilir!" diye önden düşünmüş gibi. Ara sıra (tam isabet ettiremiyor) tuşlardan bip seslerini duyuyor. Yerde, yanında mavi pijama giymiş, plastik suratlı, yumuşak bir oyuncak bebek duruyor. Carol oynarken, belli aralıklarla bebeği alıp onu yatırıyor ve üzerini kendi battaniyesiyle örtüyor. Battaniye, psikologların tabiriyle, Carol'ın "rahatlatıcı nesnesi" ve ona çok fazla zor anda yardım etmiş durumda!

Carol'ın 9 aylıkken oynadığı oyunlara göre, artık çok şey değişmiş durumda. Çocuk oyunları konusunda uzman psikolog olan Dr. Fergus Hughes, yaşamın ikinci yılındaki oyunun üç şekilde değiştiğini söyler. İlk büyük değişim Carol'ın artık çekici, telefonun üzerinde kullanmasıdır. Oyunun geliştiğini gösteren işaretlerden biri, nesneleri birer birer kullanmaktaki azalış, aynı anda iki ya da üç nesneyi kullanmadaki artıştır. Carol artık nesneler arasında ilişkiler kuruyordur. Telefonla çekiç; oyuncak bebekle battaniye arasında olduğu gibi... Bir çalışmada araştırmacılar, bebeklerin nesneleri kaç kez tekli ya da çoklu kullandıklarını saymıştır. Sonuç olarak 7 ila 9 aylıkların, oyunlarının %90'ının tekli nesnelerle, %10'unun iki nesneyle olduğunu görmüşlerdir. Ancak 18 aylık olduklarında, sayılar fırlamıştır! Oyunların sadece %20'si tekli nesnelerle oynanırken, geri kalanı iki ya da daha fazla nesneyle oynanır. Bu gerçekleştiğinde, çocuk tek nesneyi keşfetmenin ötesine geçmiş demektir. Bunun yerine nesneleri birbirleriyle ilişkilendirmektedirler. Bu da nesne kullanımının daha karmaşık bir yoludur.

Carol'ın, 9 aylıkken çekice nasıl davrandığını hatırlıyor musunuz? Bizim yapacağımız gibi sapından tutmuyor, tenekeye çekicin başıyla vurmuyordu. Bunun yerine, metale yan tarafıyla vuruyordu. 23 aylık olduğunda Carol, çekici bir usta gibi kullanmaya başlamıştı! Oyunun, yaşla değişmesinin ikinci yolu da nesneleri *doğru şekillerde* kullanmaya başlamaktır. Carol artık telefonun da nasıl çalıştığını biliyor gibi görünüyordu. (Gerçi yetişkinler genellikle numarayı çevirmeden önce telefonu yalamazlar Çocuğunuzun, üniversiteye gidene kadar telefonu yalamayı bırakmış olacağına söz veriyoruz.) Yani, Carol'ın dünyadaki nesnelerle deneyimi —başkalarını gözlem yoluyla ya da kendi başına— nesneleri olması gerektiği gibi kullanmasını sağlıyor.

Carol, bebeğini gerçekmiş gibi kucaklayıp, gerçekten üşüyormuş gibi üzerini örttüğünde, bize hayal gücünü kullandığını gösteriyor. Artık sadece şu ana ve buraya bağlı değil. Nesneler canlıymış *gibi davranıp* onlara gerçek muamelesi yapabiliyor. Oyunların bu üçüncü değişimi, araştırmacıların hayal gücünü en çok zorlayan ve ilgilerini en çok çeken değişimdir. Bu, kesinlikle Profesör Piaget'nin de ilgisini çekmiştir. Profesör, çocukların hayali oyunlara dâhil olduklarında, gelişimsel bir dönüm noktasına ulaştıklarını fark etmiştir. Artık sembolik düşünebilmektedirler ve bir nesnenin bir diğerini *temsil edebileceğinin* farkındadırlar. Sembollerin kullanımı, insanları hayvanlardan ayıran düşüncelerin temel özelliğidir. Bu, dilin, okumanın, problem çözmenin ve diğer türdeki üst düzey düşünmenin yapıldığı alandır. Dünyanın her yerindeki insanlar, ister kulübelerde ister köşklerde büyütülmüş olsunlar, sembollerle düşünürler.

Son sahnemizde, Carol artık 3.5 yaşında. Oyuncak zevkleri değişti ve artık eski oyuncakları göremiyoruz. Artık boyama kitapları, resimli kitaplar ve minyatür hayvanların olduğu oyuncak çiftlik setleri var. O küçük pembe plastik çekiç hâlâ etrafta ve yerde bir de eski cep telefonu var. Carol, yerde karnının üzerine uzanmış, bir yandan kendi kendine sessizce konuşup, bir yandan da hayvanları çiftliğin içinde gezdirirken biz de onu izliyoruz. Minyatür ineği, ahırına götürürken bir yandan da, "Tamam, inek, şimdi ahırına geri git ve uyu çünkü dışarıda hava kararıyor. Uyumak için oyuncak bebeğine ihtiyacın var. Onu bulalım," diyor. İneğin oyuncak bebeğini arıyor ama bulamıyor (ne büyük sürpriz!) Onun yerine cep telefonunu alıyor. "Ah, bebeğin burada. Adı Lulu," diyor. İneği, ahırına "park ediyor" ve yan yatıp, cep telefonunu yere uzanmış hâlde bıraktığı ineğin ayaklarının yanına koyuyor. "İyi geceler," diyor ve ineğin üzerini örtüp, ineğin cep telefonundan bebeğini de bir tür örtü olarak kullandığı pembe plastik çekiç ile örtüyor.

Bu tür hayali oyunlar, hayatın üçüncü yılında aşırı derecede artar ve çocuklar, kendi oyun senaryolarının usta yönetmenleri olurlar. Carol büyüdükçe, oyun senaryoları —özellikle bir ebeveyni ya da yaşıtıyla olanlar— daha da karmaşık bir hâl alacak ve resimli kitaplarında gördüğü tüm hikâyeleri yansıtacak. Çocuğunuz ileride bir film yönetmeni olsa da olmasa da, cansız nesnelerin, asıllarına uygun olmayan fonksiyonlar üstlendikleri bu sahnelerin yaratılması çok önemli bir oyun gelişimi göstergesidir. Bir cep telefonu, oyuncak bebek olmuş; çekiç, örtü olarak kullanılmıştır! Bu bir gelişmedir. Peki, neden? Çünkü Carol, artık nesnelerin özelliklerine bağlı değildir. Onlara, başka bir şeymiş gibi de davranabilmektedir. Bu tam anlamıyla, fikir üretme ve bir problemi irdeleme sırasında gerçekleşir. Diğer şartların da gerçek *olabileceğini* ve durumların değişebileceğini düşünebiliriz. Daha sonra yeni bir fikirle ya da değişik bir çözümle ortaya çıkarız. Bu nedenle, hayali oyunlar, çocukların kendilerini gözlerinin önündeki gerçeklerden uzaklaştırmasıdır. Hayali oyunlar, çocukların kalıpların dışındaki cevapları da düşünmesine izin verir. Hayali oyunlar çocuklarımızın alternatif dünyaları dikkate almalarını sağlar.

Carol'ın oyun oynadığı bu üç sahne boyunca neler olduğuna dikkat edin. Nesnelerin tamamına aynı şekilde davranmaktan (genellikle onları ağzına götürmekten), onlara farklı davranıp onların özelliklerini keşfetme aşamasına geldi. Daha sonra, her bir nesneye gerçek dünyada yaptıkları işe göre (Carol, çekici doğru şekilde tutup uygun bir şekilde kullandığında) gerçekçi davrandı. Son olarak da Carol nesnelere semboller ya da başka nesneleri temsil eden objeler gibi davrandı (Carol'ın telefona, bebekmiş gibi davranması).

Dikkatli baktığınızda, çocuğunuzun oyunlarında görebileceğiniz değişikliklerin genel hatlarını çizdiğimize göre, şimdi bu değişikliklerin *ne anlama* geldiğini sormamız gerek. Oyunun yararlarından ve çocukların gelişimi için önemli olan yanlarından bahsettik. Ancak, biraz daha derine inip farklı oyun türlerinden (tüm örneklerimiz tek başına oynanan, nesne oyunlarıydı), oyunların duygusal yararlarından ve çocukların oyunlarına ebeveynler ile bakıcıların katkılarından bahsedelim. Birazdan bunu yapacağız ama tabii ki neşeli bir yolla!

NESNELERLE OYNAMAK ZEKÂ GELİŞİMİ İÇİN YARARLI MIDIR?

Az önce bahsettiğimiz tek başına nesne oyunları ve anlattığımız keşifler, çocukların, dünyanın işleyişi ile ilgili ilk anlayışlarını geliştirmelerini sağlar. Kendi küçük deneylerini yapmak ve hangi nesnelerin işlerine yarayıp, hangilerinin yaramadığını bulmak onlar için şanstır. Bunları kendi başlarına keşfetmeleri gerekmektedir;

başkalarının nesneleri kullanışını izleyerek öğrenilebilecek çok fazla şey vardır.

Büyük fizikçi Isaac Newton *Ascent of Man (İnsanın Yükselişi)* kitabında şöyle yazmıştır,

"Dünya beni nasıl görecek bilemem ama ben kendimi; keşfedilmemiş, kocaman bir gerçekler okyanusu önümde dururken kıyıda oyalanan, arada bir pürüzsüz bir taş bulup sevinen ve ardından daha güzel bir deniz kabuğu bulup daha çok sevinen bir çocuk olarak görüyorum."

Belki de çocuklar, göllere çakıl taşları atıp suyun daireler oluşturduğunu izlerken bunları hissediyordur. Nesneler ve maddeler dünyasını keşfediyorlardır. Onlar küçük bilim adamlarıdır ve fiziksel maddelerin özelliklerini test ediyorlardır. Bebekken bile deney yaparlar: "Çıngırağımı bırakırsam ne olur? Bak! Yere düşüyor! Bak! Yine düşüyor! Her seferinde öyle mi oluyor? Bir bakayım." 2 yaşındaki çocuklarımız, tencerelere vurduklarında uyguladıkları güç ile sesin yüksekliği arasındaki ilişkiyi öğrenirler. Bu, bebek fiziğidir! Hayatlarının ilk iki yılında çocuklar, karşılaştıkları her yeni nesnede "Bununla ne yapabilirim?" sorusunu soruyor gibilerdir. Bebekler ve çocuklar, hangi nesnelerin ne yaptığını, nasıl çalıştığını ve nesnelere bunları yaptırmak için ne yapmaları gerektiğini öğrenirler.

Bloklarıyla, kibrit kutularından arabalarına yollar yaptıklarında, 8 küçük bloğun, 1 büyük blok kadar uzun olduğunu öğrenirler. Bu matematiktir! Arizona Üniversitesi'ndeki matematikçi Ranald Jarrell, küçük çocukların matematiksel düşünmesinin gelişmesi üzerine bir uzmandır ve bize oyunun, çocukların matematiksel kavramları anlamaları için neden çok önemli olduğunu net bir şekilde anlatmaktadır:

Oyun, çocukların matematiksel düşünmelerinin gelişimi için çok önemlidir. Bazı bilgi türlerinin aksine, nesneler arasındaki ilişki ile

ilgilenen matematiksel bilgi, yetişkinlerin bundan bahsedişini dinleyerek öğrenilmez. Oyunlar üzerine yapılan deneysel araştırmalar, oyun ile matematiksel anlayışın gelişimi ve gelişmiş matematik performansı arasında güçlü bir ilişki olduğunu gösterir...oyun olmadan...çocukların, matematiksel mantık yetenekleri ciddi bir şekilde gelişmemiş olacaktır.

Bu, eğitici kartlardan ya da çocuklardan setler arasında karşılaştırma yapıp, basit saymalar ve eklemeler yapmalarını isteyen bilgisayar oyunlarından edinilebilecek bir bilgi midir? Hayır. Asıl gereken, günlük keşif deneyimleri, eliyle oynama, düzenleme, bölme ve çocukların nesnelerle oynarken yaptığı gibi yeniden birleştirmedir. Bebekler, yaşamlarının ilk yılının sonlarına doğru bile, oyunlarda karşılaştıkları benzer nesnelere dayanarak yeni nesnelerle ilgili çıkarımlarda bulunurlar. Oregon Üniversitesi'nden Profesör Dare Baldwin ve Profesör Ellen Markman ile Standford Üniversitesi'nden Profesör Rikka Melartin, 9 ila 16 aylık bebeklerin eline yuvarlak yeri sıkılınca ses çıkaran klaksonları vererek, bir araştırma yapmıştır. Çocuklar bir süre oynadıktan sonra, ilk klakson uzaklaştırılmıştır. Daha sonra aynı şekilde ancak farklı renklerde klaksonlar verilmiştir. Bebekler, bu yeni klaksonların da ses yapacağını anlayacak mıdır? Eğer anlarlarsa bu, "tümevarımsal düşünceye" sahip oldukları, benzer görünen nesnelerin benzer işlevleri olması gerektiğini varsaydıkları anlamına gelir.

Bebekler, klaksonların yuvarlak kısmını hemen sıkmış ve eski nesneye dayanarak, yeni nesne ile ilgili çıkarımda bulunduklarını göstermişlerdir. Bazı klaksonlar önceden bilerek kırıldığı için istenilen etkiyi göstermediğindeyse, bebekler ses çıkarabilmek için daha fazla çabalamışlardır! Bu bebekler, nesnelerin *göremeyeceğiniz* özellikleri ile ilgili —ses çıkarma özelliği— çıkarımlarda bulunuyordur. Çocuk oyunu mu? Evet. Ve bu dünyayı öğrenmek için büyük önem arz eder!

GİZLİ YETENEKLERİ KEŞFETMEK

NESNELERLE İLGİLİ ÇIKARIMLARDA BULUNMAK

Yaş: 6-16 ay

Aynı işlevi olan ancak, birebir aynı görünmeyen iki ucuz oyuncak bulun. Bir oyuncağın ses çıkarması, çocuğunuzun keşfetmesi için güzel bir gizli yetenek olacaktır. Bebeğe oyuncaklardan birini verin ve onunla oynamasını izleyin. Bu değişik özelliği kendi başına keşfedip keşfedemeyeceğini gözlemleyin. İşlevini anlamadan önce onunla ne kadar süre oynadığını hesaplayın. Bu önemli çünkü 1. oyuncağa ve 2. oyuncağa gösterdiği davranışlarını karşılaştıracaksınız. Bir süre sonra, gizli yeteneği keşfedemezse bunu nasıl yapacağını ona gösterin. Bir süre daha oyuncakla oynamasına izin verin —bu ilginç işlevi kendi başına yeniden üretiyor olmasını umuyoruz— ve sonra, yeni oyuncağı eskisiyle değiştirin. Ne oldu? Bebeğinizin, ikinci oyuncağa da aynı işlevi yaptırması ilk oyuncakla oynadığı süreye kıyasla ne kadar zaman aldı? Bu oyuncağı da birinci oyuncakla aynı sürede mi keşfetti? Yoksa işlevi hemen kullanmaya başladı mı? Bebeğin birinci ve ikinci oyuncaklarla olan uğraşında farklılık görüyorsanız, çocuğunuzun bilişsel gelişiminde *sınırlı miktarda* oyunun etkilerini gözlemlediğinizi unutmayın. Bebeklere ve küçük çocuklara oyun oynamaları için yeterince zaman verilse, aslında dünya ile ilgili ne kadar çok şey öğrenebileceklerini bir düşünün.

Çalışmalar tutarlı bir şekilde, oyun materyallerinin, zihinsel gelişim için çok önemli olduğunu göstermektedir. Bu, sözde "eğitsel" en yeni oyuncakları almak anlamına gelmiyor. Çocuklar, hayatlarının ilk 2 yılında, birbirine geçirebilecekleri, açacakları, itip çekecekleri oyuncakları, müzikli oyuncakları ve el göz koordinasyonu gerektiren oyuncakları severler. Geniş bir oyuncak seçeneği olan çocukların, 3 4 yaşlarındaki zihinsel gelişimlerinin zenginleştiği görülmüştür. Arkansas Üniversitesi'nden Profesör Robert Bradley'nin zaman içinde 130 çocukla yaptığı araştırmada, oyun materyallerinin, çocuk okula girdiğinde dahi, zekâsı üzerinde en tutarlı belirleyici olduğunu ortaya çıkarmıştır. Ve oyun materyallerine sahip olmanın bilişsel gelişim üzerindeki etkisi, ebeveyn-çocuk iletişiminden bağımsızdır. Bu, ebeveynlerin önemsiz olduğu anlamına gelmemektedir. (Ebeveynlerin ne kadar önemli olduğunu size kısaca göstereceğiz.) Bu, çeşitli oyuncaklara sahip olmanın, zihinsel gelişim üzerinde farklı ve ölçülebilir bir etkisi olduğu anlamına gelmektedir.

Okul öncesi çocuklar için zihinsel gelişim, nesnelerle oynanılan oyunlar vasıtasıyla güzelce gerçekleşmektedir ve bunun milyonlarca örneği vardır. Örneğin blokları ele alalım. Az önce de bahsettiğimiz gibi, sıradan bloklarla oynayan çocuklar, matematiksel eşdeğerliği keşfeder. "Kaç tane bu boydan blok kullanırsam, ilk seferki gibi bir kule daha yapabilirim?" gibi kendileri için yarattıkları problemlerle yüzleşirler ki bu çok önemlidir. Bloklarla oynamak, diğer kavramların gelişmesine de katkı sağlar. Çocuklar blokları kendiliğinden boyutlarına, şekillerine ya da renklerine göre ayırdıklarında, Piaget'nin "mantıksal sınıflandırma" olarak adlandırdığı şey üzerinde uzmanlaşmaya çalışıyordur. Çocukların, yeşil ve kırmızı blokların bir araya gelerek bütün bir blok oluşturduğunu anlamaları gerekir. Bu, bize çok açık görünse de, çocukların parça ve bütün arasındaki ilişkiyi keşfetmesi zaman alır. Blokları geri yerine koymak bile (toplarken olduğu gibi, evet!) çocuklara, blokların özelliklerini ve nasıl aynı ya da farklı olduklarını gösterir.

Hamur da okul öncesi çocukların oynamaktan zevk aldıkları bir maddedir. Aaron'ı izleyelim:

Aaron büyük bir hamur parçasıyla dikkatli bir şekilde oynamaktadır. Hamuru, masanın üzerinde defalarca yumruklayıp büyük bir parça alır ve birkaç küçük parçaya böler. Ardından bunları top şeklinde yuvarlar. Kısa süre sonra yuvarlamaktan yorulur ve topları, krep gibi dümdüz yapıp masada oturan diğer üç çocuğa uzatır. Daha sonra krepleri alır ve onlardan birer sosisli sandviç yapar. Bunları daha sonra yine topa çevirir. Daha sonra topların bazılarını alıp, ikiye böler ve küçük parçalardan daha küçük toplar yapar.

Ve böyle devam eder. Daha fazla devam edebilirdik çünkü Aaron devam etti. Bu oyun dizisi neden bize çok sıkıcı ve sıradan gelirken, Aaron'a çok ilginç geliyor? Çünkü Aaron, miktar ve madde ile ilgili çok temel bir kavrayış üzerinde çalışıyor. Çocukken oynadığımız oyunlar sayesinde, biz de bu kavrayış üzerinde çalıştık ve artık hepimiz buna istisnasız sahibiz. Dünya ile ilgili ve dünyadaki değişikliklere neden olan şeylerle ilgili çok fazla bilgiye sahibiz. Ancak, okul öncesi çocuklarımız bu bilgiye sahip değil.

Henüz bu tür zihinsel oyunların, zihinsel merakı ve ustalığı nasıl zenginleştirdiğinden bahsetmedik bile. Çocuklar iş başındadır. Çocuklar kontrolü ellerinde tutar, kendi sorunlarını yaratıp kendi öğrenmelerini kontrol ederler.

OYUN TÜRLERİ

Zihinsel oyunlar çok farklı şekillerde karşımıza çıkabilir. Bazı oyun türleri çocukların problem çözme yeteneğini tam anlamıyla geliştirebilir. Psikologlar "yakınsak" ve "ıraksak" sorunlardan bahsederler. Yakınsak sorunlar, bölümün başında da bahsettiğimiz gibidir —çubukları bir araya getirerek, kutunun içindeki nesneyi almak gibi. Yakınsak sorunlar için tek bir olası çözüm vardır. Yakınsak problemleri çözme yeteneği, standart sınıflardaki başarılı performanslar ve tek bir doğru cevabın olduğu zekâ testleriyle ilişkilidir. Iraksak sorunların, bloklarla oynarken olduğu gibi birden fazla çözüm yolu vardır: İnşa edilebilecek çok çeşitli yapı vardır. Iraksak sorunları çözmek, daha fazla yaratıcılık gerektirir çünkü bunların tek bir doğru cevabı yoktur. Bazı çalışmalar oyun materyallerinin, okul öncesi çocukların ıraksak sorunları —kalıpların dışını da düşünmeyi gerektiren sorunları— çözme yeteneğine katkısını incelemiştir. Bu çalışmalardan birinde yer alan Amala ve Michael'ı ele alalım.

Amala, yaşından daha olgun görünen 3.5 yaşında, güzel bir kız çocuğudur. Büyümüş de küçülmüş gibidir. Michael, yaptığı her şeyde çok istekli olan, kaslı bir erkek çocuğudur. Bir grup çocukla birlikte Amala'ya oynamaları için bir grup birbiriyle ilişkili oyuncak —yapboz gibi— verilir. Bu oyuncaklarla oynamanın tek bir doğru yolu vardır. Amala'nın grubu bir yanda oynarken, diğer yanda Michael'ın grubuna da uyumsuz oyun materyalleri verilir. Tek bir sonuç gerektirmeyen bloklar gibi. İki grup da yaşıtları ve oyuncaklarıyla ayrı ayrı eğlenmektedir. Amala ve Michael'ın gruplarına çözmeleri için ıraksak sorunlar verildiğinde test başlar. Örneğin, her iki gruptan da oyun materyallerinin 45 tanesiyle bir köy inşa etmeleri istenir. Araştırmacılar, her iki grubun yaptıklarını, inşa ettikleri yapıların sayısını ve bu yapıları isimlendirmek için kullandıkları eşsiz isimleri gözlemler. Farklı materyallerle oynayan Michael'ın grubu daha farklı yapılar inşa edip, onlara daha eşsiz isimler verir. Görevleri üzeride iyice çalışır, çıkmaza girdiklerinde pes etmezler. Michael'ın grubu, deneme yanılma yöntemini çok kez kullanır. Amala'nın grubu ise çok farklı davranır. Birbiriyle uyumlu olan ve tek bir doğru yanıtı olan oyuncaklarla çalışan grup, kilitlenir ve aynı şeyleri tekrar tekrar yapıp ıraksak sorunu çözemez! Michael'ın grubundan daha çabuk pes ederler. Sanki problemin tek bir çözümü olacağını öğrenmiş gibilerdir. Michael'ın grubu ise bir şeyi yapmanın birden fazla yolu olduğunu öğrenmiştir. Michael'ın grubunda yaratıcılık filizlenmiş gibidir!

Günümüzde piyasadaki tüm o pahalı eğitsel oyuncaklar nasıldır? Çoğu yakınsak özelliktedir ve *yetenekleri* öğretmekle meşgul olduklarından, tek ve doğru bir çözüm yolu ararlar. Az önce bahsettiğimiz araştırma, Michael'ın grubunun sadece problem çözmede yaratıcı olmakla kalmayıp, daha kararlı ve istekli olduğunu da göstermiştir. Bunlar, çocuklarımızda oluşturmaya çalıştığımız tutum ve davranışlardır. Onların tek bir doğru cevabı aramalarını istemeyiz. Okulda bunu zaten yeterince yapacaklardır. Çocuklarımızın doğru bir cevap olduğunda, doğru cevabı nasıl bulmaları gerektiğini bilmesini ancak, kalıpların dışında düşünmesini isteriz. Yaratıcılık nereden gelir? Güzel ve eski yapıdaki, gözlemlenmeyen, kurgulanmamış, serbest ve açık oyunlardan.

Aslında uzmanlar, yakın zamanda, çocukların sıkılmasının sorun olmadığını yazmıştır. Tüm ebeveynler mızmız çocuklarının "Sıkıldım. Yapacak hiçbir şeyim yok," dediğini duymuştur. Tüm zamanlarının onlar için planlanmasına alışık olan çocuklar, kendilerini eğlendirecek kaynakları bulmakta başarısız olurlar. Kendini eğlendirmek sağlıklıdır! Kafanızı dinlemek, dersler, oyun buluşmaları ya da televizyon olmadan bir şeyler yapmak hiç de kötü değildir! Çocukların kendilerini uyarma yeteneğini geliştirmeleri gerekir. Bu da oyunun bir parçasıdır ve bazı çocuklar, bunun nasıl yapıldığını unutmuş gibidir!

Oyunu ve etkilerini düşündüğünüz zaman, yeni denkleminizi unutmayın: OYUN = ÖĞRENME. Bu noktaya kadar, sadece *nesne oyunlarının* zihinsel gelişimi nasıl desteklediğinden bahsettik. Çocukluğu sihirli bir hâle sokan oyunlardan bahsetmedik bile: hayali oyunlar ve onların zihinsel gelişime katkılarından. *Hayali olma* faktörü ve gerçeklerden uzak olan değişik içerikler de çocukların zihinsel gelişimine büyük katkı sağlar. Örneğin araştırmalar, çocukların hayali oyunları ne kadar gelişmişse, ıraksak sorun çözmede o kadar başarılı olduklarını göstermiştir! Hayali düşüncenin, çocukların daha yaratıcı olmasına katkı *sağladığını* söyleyemesek de, farklı çalışmalarda böyle bir bağ bulunmuştur. Hayali oyunlarla, ıraksak düşünme arasında neden bir bağ olmalı? Hayali oyunların yapısı bize, bir taşın fincan olduğunu düşünmenin neden bilişsel bir hızlandırıcı olduğunu anlatmaktadır!

KRALLAR VE KRALİÇELER: HAYALİ OYUNLARIN NE YARARI OLABİLİR?

Araştırmacılar, tüm çocukların takip ettiği hayali oyun davranışları gelişimini listelemiştir. Rutgers Üniversitesi'nden Profesör Lorraine McCune, yıllardır hayali oyunları çalışmaktadır çünkü Piaget'yi takip ederek, nesneleri diğer nesneler için semboller olarak kullanmanın, çocukların dil yetenekleriyle ilgili önemli bir başarı olduğuna inanır. Bu saçma bir fikir değildir. Eğer "ayakkabı" kelimesi bir sembolse ve bir ayakkabı yerine blok kullanmak da bir sembolse, o hâlde çocukların bu iki alanda da sembolleri kullanma yetenekleri arasında bir ilişki olabilir. Bu ilginç soruyu incelemek için, McCune 8 ila 24 aylık 102 çocuğun nesnelerle nasıl oynadığını ve aynı sürede dil gelişimlerinde nelerin olduğunu inceledi. Ve çocukların nesnelere davranışlarıyla, dil gelişimlerinin seviyesi arasında bir bağ buldu. McCune'un gözlemlediği oyunlarda, David'in, hayali oyunların beş aşamasından geçişini gözlemleyelim.

9 aylık David'in simsiyah saçları ve büyük, kahverengi gözleri vardır. Video ekipmanlarıyla, evlerine onları ziyarete gelen McCune'u neşeyle karşılayan mutlu bir bebektir. McCune, önden seçilmiş bir oyuncak seti çıkarıp yere, annesi ile bebeğin arasına bırakır. David'in istekli bir şekilde oynadığını izleyip kaydederken,

kendisi sessizce oturur. Birkaç dakika sonra David, dudaklarına bir fincan götürür ve sonra onu yere koyar. İçmiş ya da yutmuş gibi yapmaz. McCune, bunun çok erken hayali oyun örneğinin henüz tam hayali olmayan bir örneği olduğunu düşünür. En azından David'in, fincanların ne için kullanıldığını bildiğini göstermektedir. David henüz hiçbir şey söylememiştir. Bu, McCune'un şemasında 1. Seviye'dir.

Birkaç ay sonra, David 13 aylık olduğunda, fincanı abartılı bir şekilde alır ve Paul Newman'ı gururlandıracak bir performans sergiler! Ağzını şapırdatıp, fincanı dudaklarına götürür ve başını abartılı bir şekilde arkaya iterek sonuna kadar içiyormuş gibi yapar. 9 aylıkken, fincanın ne için kullanıldığını henüz yeni fark ettiği sıralarda, fincanla yaptıklarına kıyasla, bu çok büyük bir gelişmedir. Artık net bir şekilde hayali davranıyordur. David ve bu şekilde hayali davranabilen diğer çocukların, birkaç kelime bilmeleri de tesadüf değildir. Ancak, David'in hayali davranmalarında sadece kendisinin olduğunu unutmayın. Henüz başka karakterleri hayallerine dâhil etmiyor. Bu 2. Seviye, "kendi başına yapar gibi görünmedir". 3. Seviye olan "başkalarıyla yapar gibi görünme" David'in 2 ay sonra, bir adım ileri gidip, *diğerlerini* de bu hayalin bir parçası olarak kullanmasıyla gerçek olacaktır. Artık Elmo bebeğine içecek sunup, Elmo'nun dudaklarına fincanı götürecektir. Uygulamada, 2. ve 3. Seviye'lerde olan çocuklar, aynı dil seviyesindedirler, yani kelimeleri bir bir kullanırlar.

19 aylık olana kadar, David'in hayali oyunları daha da gelişmiştir. Artık hayali oyun jestlerini *birleştirmektedir*. David, Elmo'ya ardından da pelüş dinozoruna içecek ikram eder. Başka bir zaman David, boş bir fincandan bir diğer fincana bir sıvı döküyor gibi davranır ve sonra bunu Elmo'ya ikram eder. Bu birleşimler daha kapsamlıdır çünkü David'in zihninden geçen daha karmaşık bir betimlemeyi ifade eder. Artık çoklu karakterlere —kendisi dışında— içecek verip (Elmo ve dinozor), fincanla birden fazla eylem

yapılabilmektedir (dökmek ve içmek). 19 aylık olana kadar David, "Baba kamyon," "Kurabiye bitti," gibi kelime kombinasyonlarını da kullanabilmektedir. Bu 4. Seviye'dir.

Son olarak David, daha da eğlenceli bir hâl alıp, önden planladığını ve düşündüğünü gösteren işaretler sergileyerek bu tür yalnız hayali oyunların zirvesine ulaşır. Artık 5. Seviye'de (hiyerarşik hayali oyun) olan David, kendini aşar. Fincanı görür ve "Elmo'yu beslemeliyim," der. Ardından Elmo için bir mama sandalyesi arar ve Elmo'yu iki büyük bloğun arasına yerleştirir. Ardından Elmo için bir önlük arar ve bulduğu peçeteyi Elmo'nun göğsüne yerleştirmeye çalışır. Peçetenin yapışma özelliği olmadığından yere düşer ve David pes etmeden önce bunu birkaç kez dener. Daha sonra fincanı yeniden alıp Elmo'ya, "Süt iç," der ve dudaklarına götürür. Bu karmaşık akış bize David'in bir planı olduğunu ve attığı adımların mantıklı bir şekilde gerçekleştiğini gösterir! David ve hiyerarşik olarak düzenlenmiş eylemlerin yer aldığı oyunları (Elmo'yu yerleştirmek, önlüğü koymak ve beslemek) oynayan tüm çocuklar, daha ileri düzey dil yeteneklerine sahiplerdir. Genellikle daha uzun cümleler (bu aşamada 2 3 kelimelik) kullanırlar.

Bu çalışmanın ilginç yanı, McCune'un üzerinde çalıştığı tüm çocukların, tam olarak aynı yaşlarda olmasa da, oyunlarında bu basamaklardan geçmesidir. Ancak çocuklar hiçbir basamağı atlamamaktadır. McCune'un üzerinde çalıştığı tüm çocuklar hayali oyun ile dil arasındaki paralel gelişimi göstermese de, genelinde bu bağ vardır. Çocuğun dili ile hayali oyun seviyelerinin neden bağlantılı olması gerekir? Belki de *bunların altındaki yetenekler aynıdır*. Hayali oyunlar, çocukların sembolleri kullanımını güçlendirir. Kimse insan yavruları dışında diğer memelilerin yavrularının oynarken hayali oyunlar kurduklarını görmemiştir. Hayali oyunlar, kendini mekândan ve zamandan soyutlamayı gerektirir. *Mış gibi* yapabilmeyi gerektirir. Bizi insan yapan şeylerden biridir ve dilin dışında da matematik, fizik, ekonomi, resim gibi diğer sembolik düşünmeler için bir platform görevi görür. Çocuklar, hayali oyun dünyasına girdiklerinde, kendi inşa ettikleri ve yöneticisi oldukları yeni bir dünyanın kral ve kraliçesi gibidirler. Nesnelerin asıllarına güvenmek yerine, onları *dönüştürme* ve kendi amaçlarına uygun bir şekilde kullanma gücüne sahiplerdir. Bu, tam anlamıyla yaratıcı düşünmedir. Ve hayali oyun, çocukların sembolleri kullanmaları için tam da uygun alıştırmadır.

Hayali oyunun, gelişmeyle değişmesinin bir diğer şekli de, çocukların başka nesnelerin yerine kullanmak için seçtiği nesnelerdeki değişimdir. David büyüdükçe, seçtiği objeler giderek asıllarına daha da az benzemektedir. Örneğin, David 18 aylıkken başta, oyuncakları arasından bir nesneyi telefon olarak kullanmak isterse, dikdörtgen bir blok gibi belirsiz işlevi olan bir nesneyi seçerdi. Araba gibi belirli işlevi olan herhangi bir nesneyi seçmezdi. Gerçek bir işlevi olan nesnenin verdiği ipuçlarını görmezden gelmek için David'in semboller konusunda daha iyi olması gerekir. Bunun bir nedeni de, çoğu küçük çocuk gibi David'in de aynı anda bir şeye iki açıdan bakamamasıdır. Bu nedenle, bir arabayı hem bir araba hem de bir telefon olarak düşünmek çok zordur. David yaklaşık 3 yaşına geldiğinde, biberonunu tarak, arabasını telefon ya da bebeğini kitap olarak kullanabilecektir! David, ancak o zaman oynadığı nesnelerin algısal özelliklerinden kurtulmuş olacaktır. Bu, büyük bir gelişmedir! Kreşte, yani bir sonraki oyun aşamasında, çocukların sonunda nesnelerle ilgili bir ipucuna sahip olmaları gerekmeyecektir. Artık yola koyulmuş olacaklardır!

GİZLİ YETENEKLERİ KEŞFETMEK

HAYALİ OYUN VE DİL GELİŞİMİ

Yaş: 8 ay-2 yaş

Çocuğunuz hangi hayali oyun aşamasında oynuyor? Gerçek nesnelerin minyatürü olan ve hayali oyuna destek olacak bazı nesneler koyun. McCune oyuncak bebeklerin, pelüş hayvanların ve oyuncak bebek boyutlarındaki tarak ve biberon gibi nesnelerin de; damperli kamyon, sünger ve oyuncak telefon gibi oyuncaklar kadar hayali oyunu teşvik ettiğini görmüştür. Bu eğlenceli olacaktır çünkü birkaç ayda bir deneyip çocuğunuzun hayali oyun ve dil gelişimini takip etmenize yardım edecektir. Eğer bir bebek defteri tutuyorsanız, bebeğinizin yaşını, ona verdiğiniz nesneyle ne yaptığını, hangi seviyedeki hayali oyunu oynadığını ve hangi seviyede dile sahip olduğunu (tek kelime, kombinasyonlar, küçük cümleler) yazabilirsiniz. Çocuğunuzun, en üst hayali oyun seviyesinde olduğunu hayal edin. Bunu ilerleyen zamanlarda çocuğunuz geliştiğinde, karşılaştırmak çok eğlenceli olacaktır. Çocuklarınızın nesnelerin yerine geçmesi için seçtiği diğer nesneleri de not etmeyi unutmayın. Yerine seçtiği nesneler, asıl nesneyi andırıyor mu? Yoksa seçtiği nesneler, asıl nesneye hiç benzemiyor mu? Eğer benzemiyorsa, o hâlde çocuğunuz, hayali oyunun en üst seviyesindedir.

YAŞITLARLA HAYALİ OYUN SOSYALLEŞTİRİR

Oyunun, çocuklar için pek çok avantajı vardır ve bunlardan sadece bazıları çocukların zekâsını besler. Oyunlarda, nesneleri ve nesnelerin ilişkilerini öğreniriz ancak, bunun dışında insanlar ve ilişkilerle ilgili de bir şeyler öğreniriz. Oyun, çocuklarımızın korkularını yenip duygusal sorunlarının üstesinden gelecekleri, güvenli bir limandır. Aslında çocuklarla yapılabilecek olan tek terapi, "oyun" terapisidir. Çocuklar doktor, itfaiye eri ve süper kahraman olmayı da oyunlar sayesinde, hiçbir fiziksel risk almadan öğrenirler. Oyun, çocukların dünyalarını ve kendilerinin o dünyadaki yerini öğrenebilecekleri geniş bir alandır. Oyun, çocukların telaşlı günlük yaşamlarıyla baş etmelerine izin veren bir yerdir. Tufts Üniversitesi profesörü David Elkind'in de yazdığı gibi, "Oyun, stresin hem çocuklar hem de yetişkinler için olanıyla baş etme yoludur."

Kuklalarla, sevdikleri karakterleri ya da hayvanları canlandıran 3 yaşındaki çocuklar, kendi başlarına farklı bir bakış açısını öğrenmektedirler. (ve 5 6 yaşına kadar bunda daha da iyi olurlar.) Çocuklar oyun sayesinde, duygusal bir rahatlama yaşarlar. En sevdikleri battaniyelerini ya da oyuncak ayılarını hiç bırakmazlar. Pelüş hayvanlarının yanlarına ilaçlarını alması gerekir ya da dökülen bir bardak sütten, oyuncak ayıları sorumlu olabilir.

Çocuklar sosyal iletişimden bağımsız faaliyette bulunmazlar. 2.5 yaşından sonra, hayali oyunlar, diğer çocuklarla ve hatta çocuk şanslıysa ebeveynlerle ve bakıcılarla da oynanmaya başlar. Başta, çocukların başkalarıyla oynadığı hayali oyunlar, karşılarında duran materyaller tarafından yönlendirilir. Eğer bir mutfak önlüğü bulup üstlerine geçirirlerse "anne" olurlar ve başka bir konuşmaya ya da sahne dekoruna ihtiyaç duymazlar. Ancak, 3, 4, 5 yaşlarının sonlarına doğru, çocuklar daha kapsamlı hayali oyun sahnelerine geçerler ve oyunları çok uzun sürer! Bazen çocuk, oyunun senaryosunu başka bir çocuğa anlatır ve birlikte harekete geçerler. "Hadi güzel bir otele tatile gidelim!" gibi. Ve sonra, pek çoğumuzun (ailesinin maddi durumu güzel otellerde tatile yetmeyenlerin!) oynadığı oyun senaryoları vardır: hırsız-polis oyunları, ev ve okul ortamlarında geçen oyunlar gibi. Tıpkı bizler gibi çocuklarımız da rol yapmayı, sorunlar yaratıp onlara çözümler aramayı bilir. Psikologlar artık çocuk oyunlarının pek çok amaca hizmet ettiğini bilmektedir.

OYUNLARIN DİĞER YARARLARI

Piaget'nin dışında, oyunlara olan bakışımızı en çok etkileyen kuramcılardan biri de başarılı Rus psikolog Lev S. Vygotsky'dir. 36 yaşında trajik bir şekilde ölse de, Vygotsky'nin bize bıraktığı miras, oyunu çocuk gelişiminin kalbine yerleştiren oyun kuramıdır. Vygotsky, çocukların oyun oynadıklarında, gelişimlerinin *en üst seviyesinde* olduklarını söylemektedir. Örneğin, 5 yaşındaki Jessica, yanında ona destek olan bir öğretmen bile olsa, sınıfta 3 dakikadan daha uzun süre oturamaz. Ancak hayali oyunlarda, yaşıtlarıyla birlikteyken, iyi bir öğrenci gibi davranıp, 10 dakikadan daha uzun bir süre oturarak konuya odaklanabilir! Vygotsky, "Oyun sırasında çocuk, ortalama yaşından daha büyüktür ve günlük tavırlarından daha iyisini sergiler. Oyun sırasında çocuk, sanki birden büyümüş gibidir," demiştir.

Vygotsky, oyunların üç işlevi olduğuna inanmaktadır. Birincisi, çocukların "yakınsal gelişim alanını" oluştururlar. Bölüm 6'da da bahsettiğimiz gibi bu, çocukların bir yaşıtının ya da yetişkinin yardımıyla, yalnız başına başarabileceğinden biraz daha fazlasını başardığı alandır. Oyunun bir diğer işlevi, çocukların düşünceyi ve eylemi birbirinden ayırmasını sağlamasıdır. Bu, hayali oyunlarda çocukların nesnelerin özelliklerinin ötesini nasıl düşündüğünü anlatırken bahsettiğimiz şeydir. Vygotsky bunu şu şekilde güzelce özetler, "Çocuk bir şeyi görür ancak gördüğü şeyle davranışları farklıdır. Böylece, çocuğun gördüğünden bağımsız bir şekilde davranmaya başladığı bir duruma ulaşılmış olur." Son olarak, Vygotsky oyunu, *kendini kontrol etmenin* gelişimi için de işlevsel bulmuştur. Bölüm 7'de, kendini kontrol etmenin ne kadar temel bir özellik olduğundan bahsettik. Bebekken ağlamamıza engel olmamızdan, kötü hissettiğinizde başkalarına kötü sözler etmemeye kadar. Bu, hayatta başarılı olmak ve yaşıtlarımızla iyi anlaşmak için önemli bir özelliktir. Oyunlarda kendini kontrolün nasıl pratik edildiğine güzel bir örnek de, "evcilik" oynayıp, bebek rolünü üstlenen 2.5 yaşındaki Louis'tir. Louis 2.5 yaşında bile, eğer ağlayacaksa "babası" onu rahatlattığında susması gerektiğini bilir. Bu hayali ağlama dikkat ve düşünce gerektirir çünkü bu acı ya da rahatsızlıktan kaynaklanan gerçek bir ağlama değildir. Oyunun küçük çocuklarda bu tür kontrolü gerektirmesi, onların kendi davranışlarını düzenleyebilme yetenekleri için çok önemlidir.

Çocukların kendilerini kontrol etmelerinin bir diğer yolu da kendi kendilerine konuşmalarıdır. Zor bir işi başarmaya çalıştığınızda, kendi kendinize konuştuğunuzu hiç fark ettiniz mi? Vygotsky de çocukların hayali oyunları sırasında kendileriyle bol bol konuştuklarını fark etmiştir —başkalarıyla oynadıklarında bile. O, buna "özel konuşma" demiştir ve bu sayede çocukların yapmak istedikleri şeye çözüm üretmeye çalıştıklarını, fantezilerinin nasıl işlediğini görmüştür. Bu da çocukların oyun oynarken sözlü ifadeler kullanabilecekleri ortamlarda olmaları gerektiğini gösteren nedenlerden biridir.

Profesör Vygotsky, çocukların oyunlarının gerçekten *kültürün* parçası olduğunu ilk fark edenlerdendir. Toplumumuzda nasıl davranmamız gerektiğiyle ilgili "kodları" özümserken, kültürümüzde işlerin nasıl gittiğini görürüz. Profesör Vygotsky konuyla ilgili, oyun oynayan iki kız kardeşin sevimli örneğini verir. Dikkat çekecek bir şekilde, bu örnekte kız kardeşler, iki kardeşi *oynayıp*, bunun ne anlama geldiğini çözmeye çalışmaktadırlar. Oyunda, kendi davranışlarında sergilemedikleri kurallar koyarlar ve "Kız kardeşler birbirine vurmaz," gibi şeyler söylerler. Çocuklar, hayali oyunlarda hep kurallar koyarlar ve bunlara uyulması konusunda da ısrarcı olurlar!

Hayali oyunun bu yeni şekli, tasarım açısından karmaşıktır ve bize çocukların içinde yaşadıkları dünyayı nasıl içselleştirdiğini gösterir. Bazen çocuklar kaleler yapıp, dünyayı kurtarmak için kötü adamları yakaladıkları sahneler canlandırırlar. Bazen de bizler için çok sıradan olan günlük yaşamdan kareleri canlandırırlar. Philadelphia'daki Lütfen Dokunun Müzesi'nde, çocuklar plastik poşetleri alıp rafların arasında minyatür alışveriş arabalarıyla dolaştıktan sonra, marketten ürünleriyle ayrılırken "ödeme" yaptıkları hayali süpermarkete hücum etmektedirler. Çocuklar gerçekten alışveriş yapmaya başlayana kadar, toplumun kurallarına hâlihazırda bağlanmış gibidirler.

Bunun eğlenceli olmasının bir nedeni de oyuna kendi kurallarınızı yansıtmaktır. Çocuğunuzun oyunlarını dinlediğinizde, onun kadar çok şey bildiğine şaşıracaksınız. Sadece oyunlarında fark edebileceğiniz, birçok ilginç teori geliştirdiğini göreceksiniz. Kızlar, inşaat işçisi olabilir mi? Bir kadın hem anne hem avukat olabilir mi? İster inanın ister inanmayın, çocuklar insanların oynayabileceği çoklu rollerden her zaman tam anlamıyla emin olamayabiliyorlar. 4 5 yaşlarından önce, insanların çoklu rolleri olacağına kesinlikle ikna olmuyorlar. Profesör Vygotsky bize hayali oyunlarda, hayali durumun *belirgin*; oyun kurallarının ise genelde *belirsiz* olduğunu söyler. Çocuklar, kültürümüzün içinde bizlerin yaptıklarını taklit etmeye çalıştıklarında bile, bir şeyleri kendi eşsiz yöntemleriyle yorumlamaktadırlar.

GİZLİ YETENEKLERİ KEŞFETMEK

OYUN METNİ

Yaş: 3-5

Gizlice dinleyin. Bunu yapmanın hoş bir şey olmadığını biliyoruz ancak çocuğunuzun oyununun karmaşıklığını anlamanız için biraz yanlış davranmanız gerekecek. Çocuğunuz hayali oyununa kendini kaptırınca, onu dinleyin ancak dinlediğinizi belli etmeyin. Çocuğunuz yüksek sesle konuşuyor mu? Ne söylüyor? Konuşmalarında önceden plan yapıyor mu? Kendi adına mı konuşuyor yoksa hayali oyun karakterleri adına mı? Sosyal iletişimin kurallarını sıralıyor mu? Örneğin McDonald's'a gittiklerini canlandırırken, kuralları doğru uygulayıp uygulamadığına dikkat edin. McDonald's'a gittiğimizde ne olur? "Havaalanı" kuralları nelerdir? "Otobüse binme" kuralları? Çocuğunuzun hayali aktörleriyle iletişim kurduğu ve sizi mükemmel bir şekilde taklit ettiği şaşırtıcı anları izleyin!

Hayali oyunlarda, bu olay yapılarını geliştirmek, hafıza ve çoklu etkinlik gerçekleştirebilme ve onları kültürel bir düzende sıralayabilme yeteneğini gerektirir. Sosyal gelişim ile zihinsel gelişimin kesiştiği o önemli nokta da tam olarak bu sıralamadır.

OYUNLAR, DUYGUSAL VE SOSYAL GELİŞİMİ DESTEKLER

Oyunların bir diğer önemli yararı da, çocukların zorlu duygusal olayları atlatmasına yardımcı olmasıdır. Çocuklar hayali oyunları konusunda çok ciddilerdir ve çoğunlukla oyunlarını yarıda kesen yetişkinleri kovarlar. Bu, onlar için neden çok önemlidir? Bazen canlandırdıkları konular, kontrolü ellerine almayı istedikleri konulardır. Bir önceki gün okulda bir arkadaşlarıyla yaşadıkları sorunu canlandırmaları gibi. Çocuk oyunları konusunda dünyaca ünlü bir uzman olan Profesör Greta Fein, sosyal hayali oyunların, çocukların incelemek istedikleri duygusal deneyimlerde dizginleri ele alma ihtiyacından ilham aldığını iddia etmiştir. Hayali oyun ve gerçek hayat arasındaki fark ise çok belirgindir. Hayali oyunlarda çocuklar, olayların akışını istedikleri gibi değiştirip düzenleyebilirler. Gerçek hayatta, genellikle bir şeylerden etkilenenler hep çocuklardır. Hayali oyunlarda çocuklar, henüz yetişkinlerle konuşmak için yeterince tecrübeli olmadıkları konuları ifade edebilirler. 4 yaşında bir çocuğun yeni boşanmış annesi Laurie, çocuğunun oyunlarını izleyerek, onun neyden korktuğunu öğrendiğini anlatıyordu. Laurie, kocası evden taşındıktan sonra, çocuğunun hiçbir sorun yaşamadığını düşünüyordu. Hatta oğlu ile beraber yeni ve daha küçük bir eve taşınmak zorunda kaldıklarında bile. Ancak çocuğunun hayali oyununu dinlediğinde çocuğunun kaygısına tanık oldu: Çocuk pelüş hayvanlarını kullanıp yüksek sesle konuşuyordu. Annesinin de gideceği ile ilgili bir senaryoyu canlandırıyordu. Laurie, oğlunu kaygılandıran şeyi hayali oyun sayesinde anladığı için çok mutlu oldu. Bu olaydan sonra her fırsatında, oğlunu bağlılıkları konusunda ikna etmek için çabaladı!

Son olarak, sosyo-dramatik oyun, okuryazarlığı da etkiler çünkü hikâye anlatmak için bir pratik görevi görür. Çocukların duymayı sevdiği hikâyeler ve hayali oyunlarda yaşıtlarıyla canlandırdıkları hikâyelerin çok fazla ortak yanı vardır. Ayrıca bu tür oyunlar bize gerçeklerden uzaklaşıp, gördüğümüz şeyin, her zaman ulaştığımız şey olmayacağını fark etme şansı verir. Mekânların ve hikâyelerin, dokunup, tutabileceğimiz bir şeyden değil de, zihnimizden kaynaklandığını anladığımız zaman, düşünme ile algılama arasındaki farkı anlarız. İç dünyalarımızı inşa etmeye başlarız. Bu, kitap okurken de yaptığımız şeydir. Kendi başımıza deneyimleyebileceğimizin ötesinde yeni dünyaların ve maceraların sayfalarını açarız. Başkaları vasıtasıyla öğrenmeye kendimizi açarız. Bu nedenle, hayal etme ve kendi yatak odalarımızın güvenli ortamında yeni yerler oluşturma yeteneği, aslında dil, okuma ve problem çözme yeteneklerine hazırlıktır.

Küçük çocukların hatırlamasına, sembolleri kullanmasına, kurallar oluşturmasına ve yönetmesine izin veren yetenekler, onların okula hazır olması için gerekli olan yeteneklerdir. Bu yetenekler sayesinde, daha zengin bir dil, olay örgüsü, hafıza, dikkat ve planlama ortaya çıkar. Sosyallik ve zekiliğin birleşimiyle, mutlu çocuklar akıllı çocuklar hâline gelir. Oyun vasıtasıyla çocuklar, farklı yollardan öğrenmek için cesaret ve güven kazanırlar.

FARKLI YAŞLARDA NE TÜR SOSYAL OYUNLAR BEKLEMELİYİM?

Çocuklar büyüdükçe, nesnelerle farklı şekillerde oynadıkları gibi, büyüdükçe birbirleriyle oynama şekilleri de değişir. İlk yılın sonunda çocuklar, birbirlerine nesneler gibi davranırlar. Birbirlerini iterler ve odada başka birinin varlığının bile farkında değilmiş gibi yan yana oynayıp birbirlerini görmezler. Buna "paralel oyun" denir. Bu çocukların, halıda yan yana oynadıklarını ve sadece keşfetmekten bile büyük keyif aldıklarını görebilirsiniz! 13 14 aylık olduklarında çocuklar, iş birlikçi oyunlara başlarlar. Birbirlerini ararlar ya da birbirlerinden oyuncaklar alırlar. Bu yaşlarda, paylaşma konusunda çok iyi değillerdir. Ancak diğer kişinin de orada olduğunu fark ederler. Ve tanıdıkları çocuklarla, tanımadıkları ve sadece oyun oynamak için gelen çocuklarla oynadıklarından daha karmaşık oyunlar oynarlar. Oyun gruplarında, okul parklarında gördüğümüzden daha üst düzey oyunlar görürüz çünkü çocuklar buralarda birbirleriyle bir şekilde tanışmışlardır.

2 yaş civarında, çocuklar yaşıt oyunlarına doğru ciddi bir adım atarlar. İlk kez, otobüs sürücüsü ya da hayvanat bahçesi görevlisi gibi roller üstlenirler. Etkinliklerine arkadaşlarını da dâhil ederler. İkinci ve üçüncü yıllarında rutinleri bile olur. Julie ve Marge birer plastik telefon alıp, birbirleriyle konuşmaya başlarlar. Ya da üzerlerini giyinip, plastik fincan ve fincan altlıklarının olduğu hayali bir masada birlikte oturarak "çay saati" yapabilirler. 2 yaşındaki bu oyun sahneleri, çocuklar başka bir etkinliğe geçmeden önce, sadece birkaç dakika sürer. Aynı çocuklar, 3 4 yaşına geldiklerinde, oyun daha kapsamlı bir hâl alır ve saatlerce sürebilir. "Ben anne olayım, sen de bebek." Bu oyunlarda genellikle, oturma odasındaki üzgün oyuncak bebeği kurtaran, yeni süper kahramanlarla tanışırız.

Çocuklar daha fazla oynamaya motive oldukça, başarılı oyunlar için sosyal yeteneklerini de geliştirmeleri gerekir. Bu ne anlama gelir? Çocukların, oyunların nasıl işlediğini görmesi gerekir. Oyun bahçesinde bir sahneyi düşünün. Julie, arkadaşlarından dördünü evcilik oynarken görür ve eğlenmek için onlara katılmaya can atar. Ancak dışarı biraz geç çıkmıştır ve geldiğinde oyun çoktan başlamıştır. Bu nedenle, kenarda oturur ve onlara bakıp davet edilmeyi bekler. Şanslıysa düşünceli bir 4 yaş çocuğu etrafına bakarken Julie'yi görür ve ona neşeli bir sesle, "Gelmek ister misin?" diye sorar. Bu bir olasılık olsa da, sanki kimse Julie'nin orada olduğunu bile fark etmeyecek gibidir. Julie, bu durumda ne yapabilir? Bunu öğrenmesi gerekir. Kaba bir şekilde oyuna dalabilir fakat bu büyük ihtimalle işe yaramaz ve diğer çocuklar buna çok sinirlenir. Julie, bu anı diğerlerinin sosyal farkındalığı için öğrenilebilir bir ana çevirebilecek olan bir öğretmene gidebilir. Ya da en iyi ihtimalle, Julie etkinlikte mola verilmesini bekler ve senaryoda iyi bir rol alamayacağını bilse de hızlıca oyuna dâhil olur.

Görebileceğiniz üzere, hayali oyunların bu tür anları kendiniz ve başkalarıyla ilgili bir şeyler öğrenmek için çok elverişlidir. Jimmy, bebek olmak istemezse ne olacak? Sarah çay saati oyunu oynamak ister ama Jesse alışveriş oyunu oynamak isterse? Anlaşmayı, uzlaşmayı ve ihtiyaçları karşılayan bir yönetici olmayı öğrenmek, çok önemli sosyal yeteneklerdir. Bu tür anlar biz öğretmenlere ve ebeveynlere, çocuklarımızın duygusal düzenlemeyi öğrenmelerine yardım etmemiz için fırsat verir. İstediğinizi elde edemezseniz, öfke nöbetine girer misiniz? Yüzünüzü asıp diğerlerinin suçlu hissetmesine mi neden olursunuz? Yoksa pazarlık yapıp, "Önce senin istediğini yapalım, ardından alışveriş oyunu oynarız," mı dersiniz?

Oyunlar, sosyal yetenekleri öğretmek için önemli bir rol üstlenir ve çocuklar için duygusal bir rolleri de vardır. Oyunlar, çocukların karmaşık dünyayla baş etmelerine yardım eder. Oyunun bu rolü, psikoloji alanında uzun bir geçmişe sahiptir. Ve birçoğumuz bunu ilk elden deneyimlemişizdir. Mikey'nin (Kathy'nin oğlu) oyunların benlik algısı geliştirmemizde ve korkularımızı rahatlatmakta ne kadar güçlü olabileceğini nasıl anladığını izleyelim.

Simba geldiğinde Mikey 2 yaşındaydı. Evet, ünlü Disney filmi Aslan Kral'daki Simba, kahramanı artık Mike'ın yanı başında yatağının yanındaydı. Anlatılamayacak kadar büyük bir heyecanla (çok heyecanlıydı), Simba'yı dikkatle kutusundan çıkardı ve ona sıkıca sarıldı. Simba artık onundu ve ona göre bu gerçek Simba'ydı, sahtesi değil. Simba, kısa sürede Mike'ın evin içinde hep yanında gezdirdiği, çok yıpranmış olan, sevdiği diğer oyuncağı Blankie ile tanıştı. Sadece 3 ay içinde, Simba, aile tatillerine bizimle katılmaya başladı. Arabaya bizimle biniyordu. Hatta annesinin bisikletine Mike'la birlikte binme ayrıcalığına bile sahipti. Mike, Simba'ya güveniyordu. Çoğu günler, yatağa gitmeden önce, Mike'ı Simba'ya kitap okurken ya da o gün olan biteni ona anlatırken bulabilirdiniz. Mike ağabeyiyle tartıştığında, Simba onu korurdu. Mike korktuğunda, Simba ona siper olurdu. Mike'ın anne ve babası da Simba'nın dikkate alınması gereken bir güç olduğunun farkındaydılar. Mike büyüdükçe, yanlış davranan artık *Simba* olmaya başladı. Şaşırtıcı bir şekilde, hayvanları yatak odasının etrafına dağıtan da *Simba*'ydı! Mike'ın yiyemediği makarnayı, çöpe döken Mike değil, *Simba*'ydı! Mike böyle bir şeyi asla yapmazdı!

Oyunlarda, çocuklar yetişkinlerden izin almaksızın dünyayı kendi istedikleri gibi şekillendirebilirler.

ARKADAŞLARLA OYUN —FAKAT HAYALİ ARKADAŞLARLA

Çocukların oyunlar vasıtasıyla bir şeylerin üstesinden gelmeyi öğrenmesinin bir yolu da, sadece seyircinin zihninde var olan arkadaşlar yaratmalarıdır. Calvin ve Hobbes karikatürlerinden de gördüğümüz gibi, Hobbes, Calvin için çok iyi bir arkadaştır ve Calvin gayet normal ve yaratıcı bir çocuktur. Hayali arkadaşlar, mükemmel hayal güçleri olan 3 ila 5 yaş çocukları için genellikle gayet normaldir. Profesör Marjorie Taylor, yakın zamanda çıkan kitabı *Imaginary Companions and the Children Who Create Them*'de bizlere hayali kahramanları olan çocukların genellikle, bu tür arkadaşı olmayan çocuklardan daha zeki ve daha yaratıcı olduklarını söylemektedir. Bu, çocuklarımızın zihnine hayali bir arkadaş yerleştirmemiz gerektiği anlamına gelmiyor! Çocuklarımızın, oyun vasıtasıyla daha zeki ve daha yaratıcı olmalarını sağlamanın başka yolları da var. Ancak çocuklarımız zaman zaman kendi kendilerine konuşarak ortalarda dolanıyorlarsa endişelenmemize gerek yok. Calvin'in annesinin de fark ettiği gibi, onları yargılamak yerine onlara katılmak daha iyidir.

Okul öncesi yıllarda, çocuklar sadece olasılıklar dünyasını öğrenirler ve onlar için fantezi ile gerçeklik arasında puslu bir ayrım olabilir. İçimizden biri, eski filmlerin başlangıcında çıkan MGM aslanından[8] korktuğunu hatırlıyor. Bu görüntüyü dev ekranda her gördüğünde, anne babasının kendisine söylediklerini tekrarlıyordu: "Gerçek değil. Gerçek değil. Gerçek değil." Onların eğlenen yüz ifadelerinden ve sakinliklerinden güç alıyordu. Çoğu çocuk dolaplardaki canavarlardan korkar. (kendilerine buraların sadece kıyafetlerin "yaşadıkları" yer olduğu sık sık tekrarlansa da). Burada da oyunlar yardımcı olabilir. 2.5 yaşındaki Benj, canavardan gerçekten korktuğunu ifade ettiğinde, hayalet avcılarındaki gibi canavar avcılarına dönüştük. Bir araya gelip, belirli bir gün ve saatte canavarı kovaladık ve sonunda da tuvalette kıstırıp sifonu üzerine çektik. Neyse ki bir daha asla geri dönmedi. Hayatımızın tamamı fanteziler ile gerçeklik arasındaki sınırın uzlaşmasıyla geçer. Yetişkinler bile dünyanın nasıl oluştuğu ve doğanın diğer gizemleri ile ilgili hikâyeler uydurur. Kültürel hikâyelerimizle yaşarız ve bu hikâyelerin bazıları, başkalarına efsane ya da hayal ürünü gibi görünebilir.

Sosyal oyunun çok fazla yararı vardır. Ancak, belki de en önemlisi başka insanları da içermesidir. Daha fazla sosyal oyun oynayan çocuklar, daha mutludur. Çocuklar mutlu olduğunda, yaşıtlarıyla daha iyi ilişkiler kurarlar ve daha popüler olurlar. Sosyal oyunlar sadece sizi mutlu ve zeki yapmaz. Aynı zamanda ilerisi için sosyal yeteneklerinizi de geliştirir. Çocukken sosyal oyunlar oynayan çocuklar, yetişkinliklerinde de oyunlar vasıtasıyla streslerini azaltmayı başarabilirler.

8 MGM aslanı: MGM (Metro Goldwyn Mayer) şirketinin filmlerinin ünlü kükreyen aslan sembolü. (ç.n.)

EBEVEYNLER, ÇOCUKLARIN OYUNLARINI ETKİLER Mİ? ELBETTE!

Çocuklar tek başlarına ya da arkadaşlarıyla gayet güzel oynayabilecekken, ebeveynler de çok önemli oyun arkadaşları olabilirler. Oyunlarda, ebeveynlerin, çocuklarını tek başına yaptıklarından biraz daha ileri gitmeleri için zorlayacakları "öğretilebilir anlar" vardır. Birçok araştırmacı, rehberlik edilen oyunların, öğrenmeye giden en anlamlı yol olduğunu söyler. Bu öğretilebilir anları nasıl bulabilir ve oyunları nasıl düzenleyebiliriz? Eğer çocuğumuza hikâye anlatıp, daha sonra ona canlandırması için hikâyeden roller verirsek, çocuğumuz daha ilgili olur ve olay örgüsünü daha iyi takip edip, okumadan önceki dönemde geliştirmesi gereken yetenekleri geliştirir. Lehigh Üniversitesi'nden Profesör Ageliki Nicolopoulou, kendi oluşturduğumuz hikâyelerde çok fazla kontrolcü olmamamız konusunda bizi uyarmaktadır. Dil konusunda da olduğu gibi, çocukların partneri olmamız gerekir ve onların kendi konularını hikâyeye yerleştirip, hikâyenin yönetimini ellerine almalarına izin vermeliyiz.

ÖĞRETİLEBİLİR ANLAR

ROL YAPMA

Çocuğunuzun okuma öncesi yeteneklerini geliştirmesine yardım etmek için, her bir çocuğun size, birlikte ziyaret ettiğiniz bir yerde olan bir olayı anlatmasını isteyin. Olay, marketteyken bir alışveriş arabasının annenin arabasına çarpması kadar basit ya da Grand Canyon'a gerçekleştirilen kamp gezilerini saymak kadar heyecan verici olabilir. Çocuğunuz hikâyeyi anlatırken, söylediklerini yazın ve gerektiğinde, fazladan detay verip olay örgüsündeki eksiklikleri tamamlayın. Daha sonra da çocuğunuzu ve diğer çocukları cesaretlendirip, anlatılan hikâyeyi canlandırmalarını isteyin.

İnsanların Oynadıkları Oyunlar

Piaget'nin belirttiği gibi, oyunların büyük finali, çocuklarımızın sadece kurallar oluşturmakla kalmayıp, bunlara uymaya da başladıkları zamandır. Hayali oyunlarda çocuklar, arkadaşlarıyla kurallar koyup, bunlarda uzlaşır. Bu sayede birlikte oynamayı öğrenirler. Ancak masa oyunları ve sporlar, çocuklara kendi iradeleriyle kurallar oluşturma imkânı vermez. 3 yaşındaki bir çocukla iskambil oyunu oynamaya kalkan herkes bunu bilir! Kuralları onlar koymak ister ve sizden de onun hayal gücünü takip etmenizi beklerler. Bu nedenle, çocuk —oyun kontrolü konusunda mükemmel bir strateji kullanarak— her seferinde kazanan olur.

Gerçek dünya oyunları ise daha karmaşıktır ve her bir kural, daha büyük ve karmaşık bir kurallar sisteminin parçasıdır. Çocuklarımızın futbol liglerinde yıllarca oynadıklarını izledikten sonra, bazılarımız hâlâ köşe vuruşunun karmaşıklığını anlamaya çalışırız! Çocuklar, takım ve kural fikirleriyle baş etmek için ne zaman gelişimsel olarak hazır olur? Bu karmaşık oyunlarda, önemli olan sadece ne yapmanız gerektiğini anlamak değildir. Yanınızdaki kişinin ne yaptığı ve bir sonraki adımının ne olacağı da önemlidir.

Diğer gruptaki kişinin de bir sonraki adımda ne yapacağını göz önünde bulundurmanız gerekir. Bu nedenle çocukken, topu ileri atmanız gerektiğini öğrenmiş olabilirsiniz ancak tek yaptığınız bu olursa, o zaman tam anlamıyla futbol oynuyor olmazsınız. Aslında, futbol sahasında 4 5 yaşındaki çocukları izleyen herkes, top hareket hâlindeyken, sahadaki iki takımdan tüm çocukların topa aynı anda vurmaya çalıştıklarını bilir! Asıl komik olan da küçük çocukların kendi kalelerine gol atmasıdır — kurallar da bir yere kadar! 7 8 yaşına gelene kadar çocuklarımız, kuralları, strateji ve planlamayla oynamayı tam olarak öğrenemezler. Aynısı masa oyunları için de geçerlidir. Sadece zar atıp, öne arkaya hareket etmenizi gerektiren basit bir oyun, onların başlaması için iyi bir seçenek olabilir. Çocuklarımız bunu öğrendiğinde, oynamayı sever, yeniden oynamak ister ve her "bir kez daha" lafında bizim fenalık geçirerek ağlamamıza neden olurlar.

FİZİKSEL OYUN: ETRAFTA KOŞMANIN FAYDALARI

Oyun ile ilgili düşündüğümüzde aklımıza ilk ne gelir? Dışarıda, güneşte ya da belki de oyun bahçesinde olmak ve koşmak. Küçükken birçoğumuz bunu yapmıştır. Birçoğumuz —şehirlerde büyümüş olsak da— arkadaşlarla gezip, seksek ve farklı top oyunları oynamak konusunda özgürdük. Her yerdeki çocukların aynı oyunları nasıl bildiğini hiç merak ettiniz mi? Biz ettik. Büyükanne ve babanızın yaşadığı yere gittiğinizde, nasıl olur da oradaki çocuklar da sizin evde oynadığınız el vurma oyunlarını bilir? Çocuklar, aynı yaşlarda genellikle aynı oyunu oynar çünkü oyun, çocukların düşüncelerinin ve motor yeteneklerinin bir aynasıdır. Oyun, zamanla değişir ve çocuğun fiziksel ve zihinsel kapasitesi değiştikçe, öngörülür bir şekilde karmaşıklık kazanır. Sadece 3 yaşında olan bir çocuk henüz tek ayağının üzerinde zıplayıp seksek oynayamaz. 5 yaşındaki çocuklar, çok fazla pratik yapmadan, uzun süren anlamsız el vurma oyunlarını kavrayamaz! 3 yaşındaki çocuklar da, dışarıda oynanacak kurallı oyunları oynamak için yeterli kapasiteye sahip değillerdir.

Tabii ki oyunların çok çeşidi vardır. Bir tren setiyle oynayan 4 yaşındaki Jill'e bakalım. İlginç bir ray kurmak için farklı parçaları bir araya getiriyor. Bu sayede küçük motor yeteneklerini (parmaklarıyla) pratik ediyor. 2 yaşındaki kız kardeşi Samantha da, arkadaki masaya tırmanıp büyük motor yeteneklerini (göğüs, bacak, kol) çalıştırıyor. Bu fiziksel etkinlikler, çocuklarımızın dünyasında bol bol bulunur ve gelişimleri için çok önemlidir çünkü gelişmekte olan yeteneklerini, bunların nasıl çalıştığından ve bunların farklı kullanım şekillerini test etmekten keyif alırlar. "Eğer bacaklarımı pedalın üzerinde çok hızlandırırsam, sandalyeye çarptığımda çok büyük bir ses çıkarabilir miyim? Vay canına! Bu çok eğlenceliydi. Sanırım bir kez daha yapacağım!" diyebilirler kendi kendilerine. Yüzme, resim dersi ya da yerel jimnastik programları gibi etkinliklerin hepsi bu fiziksel oyun yetenekleri üzerine kuruludur. Ancak, kurgulanmış etkinlikler olmasa bile, fiziksel oyun fırsatları her yerde bulunabilir: arka bahçede, bebek yürütecinde ve hatta portatif çocuk parklarında bile. Boyalarla çizgiler çizerken, oyun hamuru oynarken, yapbozun parçalarını bir araya getirirken çocuklar gelişmekte olan motor yeteneklerini pratik ediyorlardır.

Eğer çocuklara, güvenli yerlerde oynama imkânı sunarsak, yeteneklerini geliştirip, ileride spor yapmak ve yazmak için ihtiyaç duyacakları kaslarını geliştirirler. Ancak zorluk seviyesi yeterli olursa bunu "işlevsel" hâle getirebilirler. Çocukların, kapasitelerini geliştirmek için kendi gelişim hızları vardır. Çoğu çocuk doktoru, artık yapılandırılmış egzersiz sınıflarını bebeklere önermiyor çünkü bebekler, doğal sınırlarından ilerisine zorlandığında kemik kırılmaları ve kas incinmeleriyle karşılaşılıyor.

Doğrusu, dışarıda oynanan oyunların azaltılmasının da, oyunların ebeveynler tarafından yapılandırılmasının da nedeni, ebeveynlerin çocuklarının güvenliğinden endişe etmesi. Bir parkın hemen yanında oturan bir ebeveyn bize, "Ben 5 yaşındayken, yaşadığımız yerin yakınındaki parkta oynardım ve buna kimsenin bir itirazı olmazdı. Şimdi ise Erin'in parka bir arkadaşıyla gitmesine izin vermekten korkuyorum. Park, hemen yanımızda olsa bile! Günümüzde tüm olanlara bakılacak olursa bu çok normal!" diye durumu anlatmıştı. Bu, bizlerin ebeveynlerinin sahip olduğu türden bir kaygı değil. Yalnız ciddi bir soru söz konusu: Çocukların karşı karşıya oldukları risk gerçekten arttı mı yoksa medyanın olaylara aşırı şekilde yer vermesi nedeniyle, bizler risk faktörlerine karşı daha *duyarlı* mı olduk? Bu durumun önemli sonucu, çocukların özgürce yapabilecekleri etkinliklerin azaltılmasının, çocukluğun neşesinin ve doğallığının bir kısmını götürmekte oluşudur. Dışarıda yalnız ya da arkadaşlarla oynamak giderek daha nadir bir durum hâlini almaktadır. Dışarıda oynanan özgür oyunların yerini çocuklarımızı henüz 4 yaşlarındayken kaydettirdiğimiz yapılandırılmış spor etkinlikleri almaktadır. Yapılan bir araştırma, 6 ila 8 yaşlarında, yapılandırılmış sporların, çocuğun oyun zamanının yaklaşık %20'sini aldığını göstermiştir. Eğer güvenlik sizin için bir sorunsa, çocuğunuzun arkadaşlarının aileleriyle zamanlar belirleyip, çocuklar dışarıda oyun oynarken onlara bir yetişkinin eşlik etmesini sağlayabilirsiniz. Bir diğer seçenek de çocuğunuz dışarıda oyun oynayacağında ve siz onun yanında olamayacağınızda, güvenilir bir liseli gençle anlaşıp ondan çocuğunuza göz kulak olmasını istemeniz olabilir.

UYGULAMAKTA FAYDA VAR

Oyun, çocukların zihinsel gelişiminin önemli bir parçasıdır. Oyunlar, çocukların dünyalarına anlam katar, kendileri hakkında bilgi sahibi olmalarını sağlar ve çok önemli bir şekilde, başkalarıyla nasıl geçinmeleri gerektiğini öğrenmelerine yardım eder. Ancak bunların tamamının doğru olduğunu bilsek de, toplumumuzda oyuna ayrılan zaman giderek azalmaktadır. Kendimizi, çocuklarımızın oynamasına izin vermeye ikna etmekte zorluk yaşarız çünkü çocuğumuzun başarılı olabileceği anları oyunlarla boşa harcadığına inanırız. Bunun yerine, çocuklarımızın oyunlarını oyuncaklar, sosyal iletişimler ya da dersler vasıtasıyla daha fazla yapılandırmaya çalışırız.

Elimizde bulunan kanıtlar sayesinde, belki de dünyada var olan bu ironiyi değiştirebiliriz. Oyunların önemli olduğunu biliyorsak, eylemlerimizle de bunu belli etmeliyiz. Kreşleri ve ana sınıflarını yeniden, öğrenmeyi neşeli hâle getiren kapalı oyun parklarına dönüştürelim. Evlerimizi oyuna açalım ve oyunları etkinliklerin çevresine sıkıştırmak yerine, etkinlikleri oyunların çevresine sıkıştıralım. Ayrıca, çocukların oyunlarını sürdürmeleri için onlara çevreyi hazırlamamıza, oyunlarına girip, dünyadan önemli bilgiler vererek onlara yardım etmemize ihtiyaç duyduklarını unutmayalım. Oyun, mutlu, sağlıklı ve zeki çocuklar yetiştirmeye giden yoldur. Einstein bunu biliyordu ve artık siz de biliyorsunuz!

Tufts Üniversitesi Çocuk Gelişim Profesörü *The Hurried Child* kitabının yazarı David Elkind, çocukları zorlamak ve zamanlarını fazlasıyla planlamak konularına ilk dikkat çeken kişiydi. Profesör Elkind, "Ne yazık ki, telaşlı toplumumuzda oyunların hem değeri hem de anlamı tam kavranamamıştır. Toplumumuzda yetişkinlerin yaşadıklarını artık çocuklarımız da yaşamaktadır. Oyun, işe dönüştürülmüştür. Bir zamanlar eğlenceli olan etkinlikler —sporlar, yaz kampları, müzik eğitimleri—artık profesyonelleşmiş ve rekabet hâlini almıştır," yazmıştır.

Oyunu, çocuklarımızın hayatına yeniden yerleştirmek için dengeyi kurmalıyız CEO ebeveynler olarak sorunumuz korkumuzdur: Eğer çocuğumuzu tüm etkinliklere kaydettirmezsek, değerli bir zamanı boşa harcıyor oluruz korkusu. Korkmayın! Veriler, içgüdülerimize güvenebileceğimizi göstermektedir. Düzenli, sıradan ve günlük oyunlar, çocuklara en az (hatta belki daha fazla) yapılandırılmış oyunlar kadar avantaj sunar. Araştırmaların bize öğrettiği şeyi unutmayın: OYUN = ÖĞRENME. Ve böylece çocuğunuza yetişkinlerin kararlaştırdığı etkinlikleri zorla yaptırma isteğinize engel olun.

Çocuğunuza ufuk açıcı oyun kaynakları temin edin. Sadece oyun oynayabilecekleri nesnelere sahip olmaları bile çocukların ilerideki zihinsel gelişimleri için önemli bir unsurdur. Peki, neden? Oyuncaklar ve oyun materyalleri, çocukların keşfetmesi için teşvik edicidir. Bunlar, çocuklara ilginç geldiğinde, çocuklar onlardan daha fazla şey öğrenir. Oyuncaklar ve oyun materyalleri, iletişimin de en önemli parçasıdır. Oyuncaklar onlara ilginç geldiğinde, çocukların bir araya gelip tek bir etkinlikte buluştuklarını görürsünüz. Yalnız olmak yerine bir grupla oynadığımızda ne olduğunu düşünün. Daha çok konuşur, daha çok üretir, daha çok katılırız. Bunlar da öğrenmenin temelini oluşturur.

Ancak birkaç uyarımız var. Öncelikle, neredeyse her şeyin oyuncak olabileceğini unutmayın. Öğrenme ve sosyal iletişim gibi yararları olan güzel bir oyuncak almanıza gerek yok. Bunun yerine düşük maliyetli alternatifleri düşünün: Battaniye ve sandalyeleri çadır ve kale yapmak için kullanabilirsiniz. Çocuklarımız bu tür oyunları sever. Belki de bunun nedeni, kendilerini güvende hissetmeleri ve kendi sorumluluklarında olan (oyunda bile olsa!) özel bir alana sahip olmalarıdır. Plastik çatallar, inşaat işlerinde kullanılmak için güzel bir alternatiftir ve sıradan, ucuz beyaz kâğıt tabaklar ve biraz ip de, maske yapımı için idealdir. Plastik kaplarınızı ve farklı miktarlarda pişmemiş pirinç, fasulye ve bezelyeyi çalgı aleti yapımında kullanmaya ne dersiniz? İçlerinde dolu olan şeye ve ne kadar dolu olduklarına göre çıkardıkları sesin değişimini test edebilirsiniz.

Oyuncak Hikâyesi filmi çocuklar için mükemmeldi çünkü oyuncaklar, filmde canlanıyordu. Pelüş hayvanlar, çocuğunuzla birlikte kuracağınız derin fantastik senaryoların karakterleri olabilirler. Hayvanları oyun parkına, okula, arabaya götürebilirsiniz! Seyahatlerde toplanan deniz kabukları da çok güzel oyuncaklardır. Tıpkı eski tenis topları ve eski üniformalar ile (ikinci el mağazalarını deneyin) ucuz okul aletleri (renkli kâğıt ataşları çok eğlencelidir), kullanılmış kâğıtlar (hiç uçak yaptınız mı? Ya da şapka?) ve eski bozuk paralar gibi. Bozuk paraları ayırmak çok eğlenceli olabilir. Dikkat etmeniz gereken, çevreye çocuğunuzun gözüyle bakmanızdır. Çocuğunuzu her zaman uzak durması için uyardığınız şeyler, onu büyülüyor olabilir. Bunu, onun için güvenli hâle getirip, oynamasını sağlamalı ya da onlara benzer bir şeyler bulmalısınız.

Laura Berk, mükemmel kitabı *Awakening Children's Minds'ta*, anne babalara ve bakıcılara, bir sonraki oyuncağı almadan önce kendilerine üç yararlı soruyu sormalarını önermektedir: "Bu oyuncak, hangi etkinliklere ilham verecek? Bu etkinlikler hangi değerleri öğretecek? Çocuğum bununla hangi sosyal kurallara uymayı öğrenecek?"

Sıklıkla, çocuklarımızın istediği oyuncakları alırız ve bu oyuncağa sahip olmalarının onlar için iyi olup olmadığını düşünmeyiz. Ancak kontrol bizdedir. Tıpkı televizyonun açık ya da kapalı olmasının bizim kontrolümüzde olması gibi. Piyasaya çıkan her bir eğitsel oyuncağa ya da çocukların televizyondaki reklamlarda gördüğü her oyuncağa para akıtmak zorunda değiliz. Çocuklarımız arada mutsuz olurlarsa, bizler kötü anne babalar olmayız.

Eğlenceye katılın. *The New York Times*'ın köşe yazarı Jane Brody, "Oyuncaklar genellikle oyun araçları olarak görülürler. ...oyuncaklar ebeveyn ve bakıcıyla aradaki iletişime destek olmak için kullanılmalı. Oyuncakların, çocukların oyununa yetişkinlerin katılımına alternatif olması beklenmemelidir," yazmıştır.

Çocukların oyunlarına katılmak belki de karşılaşabileceğimiz en büyük zorluktur. Birkaç masa oyununa hayır demeyebiliriz ancak onların dünyasına girmek konusunda çok iyi sayılmayız. Genellikle çok çabuk sıkılırız. Onların yaptıklarının önemli olduğuna gerçekten inanmazsak, o zaman ya oyunu kontrol etmeye ya da oyunlarından çıkmaya çalışırız. Fakat mümkün oldukça onların oyunlarına katılın ve "Ah güzel, yalnız oynuyor. Ben de yapmam gereken o görüşmeyi yapayım!" diye düşünmeyin. Oyuna katılmak kendinize yeniden bir çocuk olmanız konusunda izin vermeniz ve dünyayı o açıdan görmeniz anlamına gelecektir. Su birikintilerine atlamanın mükemmel olduğu ve bisküvileri ayırıp, ortalarındaki kremayı yaladığınız zamanları hatırlıyor musunuz? Bunu yeniden yapın. Gayet güzel olduğunu göreceksiniz.

Çocuğunuzun lider olmasına izin verin. Çocukların yönettiği oyunlar, daha fazla merak uyandırır ve öğrenmeyi daha fazla teşvik eder. Oyunları kontrol edip, sınırlandırmaya çalıştığımız zaman, çocuklarımız ilgilerini yitirir ve biz de onlarla bir olup hayal kurma fırsatını yitirmiş oluruz. Oyuna destek olmak ve evlerdeki, sınıflardaki oyunları yönetmek arasındaki hassas dengeyi korumak için çabalamalıyız. Eğer çocuğumuza bir resim projesi yaptıracaksak, son aşamada projenin nasıl görüneceğine çocuğun karar vermesine izin vermeliyiz. Çocukların, lider oldukları zamanlarda mümkün olduğunu düşündüğünüzden çok daha ileriye gidebileceklerini görmek sizi şaşırtacaktır. Unutmamanız gereken şey, önemli olanın *ürün* değil, *süreç* olduğudur.

Hassas bir oyun partneri olmaya çalışın. Çocuğunuzun oyuna ne kadar dâhil olmanızı istediğini gösteren işaretlerini dikkate alın. Oyun partneri olma konusunda iyi olan anne babalar, çocuklara ne yapmaları gerektiğini söylemez, sürekli sorular sormaz ya da çocuğa oyunun nasıl oynanacağı konusunda ipuçları vermez.

Çocuğunuzu hayal gücünü kullanması yönünde teşvik edin. Çocuğunuzun hayal gücünü canlandırmanın bir yolu da hayali oyunlar kurup, onun da buna dâhil olmasını sağlamaktır! Örneğin, çocuğunuzla büyükannesinin evine gittiğinizi canlandırın ve onun liderlik etmesine izin verin. Belki de arabadaki koltukların yerine geçmesi için sandalyeleri kullanmasını sağlayarak başlayabilir ve arabayı onun kullanmasını isteyebilirsiniz! Giderken tüm ilginç şeylerin yanından geçebilir ve kar yağdığı için hava konusunda endişelenebilirsiniz. Ve küçük yıldızlara, ineklere, kâselere ya da neye istiyorsanız ona benzeyen kar taneleri görebilirsiniz. Yüzme havuzuna yapılan hayali bir yolculuk da gayet iyidir —özellikle de soğuk kış günlerinde! Halıda yüzerken, tüm balıkları, bitkileri, bozuk paraları, diğer çocukları ve aile üyelerini görebilirsiniz.

Bizim evde (Kathy'nin) en çok oynadığımız oyun "Hayal gücü..." oyunuydu. Birlikte yatağa oturup gözlerimizi kapatırdık ve "Hayal gücü, yatakta uzanıp, gözlerini kapatıp açmaktır. Açtığında başka bir yerdesindir," derdik. Çocuklar bizi bu oyunla bir sürü güzel yere götürürlerdi. Bir hayvanat bahçesine, ormana, Ay'a götürebilir ya da gökyüzünde uçurabilirlerdi. Bazen dev olur, bazen de karınca olup, "Eyvah Çocuklar Küçüldü" filmindeymiş gibi dünyaya farklı bir şekilde bakardık. Her durakta bir macera yaşardık ve yolculuğun devam etmesini istediğimizde, tek yapmamız gereken, "Hayal gücü..." demekti. Çocuklarımızın yöneteceği bu oyun için hepimiz gözlerimizi kapatmalıyız. Hayali oyunlar sadece çocuklar için değil, yetişkinler için de çok eğlencelidir.

Çocuğunuzun yapılandırılmış etkinliklerini değerlendirin. Elbette, çocuğunuzun katılacağı tüm yapılandırılmış etkinlikleri terk etmeniz gerekmiyor. Ancak, çocuğunuz için seçimler yaptığınızda, en eğlenceli görüneni seçin. Bazı sınıfları ve etkinlikleri ziyaret edip çocukların neler yaptıklarını görün. Burası, çocukların liderlik edip yaratıcılıklarını gösterebilecekleri bir yer mi? *Çocuk merkezli* mi? Hayali ve sosyal oyunlar oynanıyor mu? Burada mutlu bir ortam var mı ve çocukların ortalığı dağıtmasına izin veriliyor mu? Etkinliklerin yapılandırılması iyi bir şeydir ancak çok fazla kontrol iyi değildir. Ayrıca, kendinize etkinliğin amacının ne olduğunu da sorun. Öncelikli amacı eğlence, ikincil amacı öğrenme olmalıdır. Kendi seçimlerimizi ve dürtülerimizi ne kadar çok sorgularsak, çocuklar için iyi olduğunu düşündüğümüz şeylerle, onların zamanlarıyla tam olarak yaptığımız şeyler arasındaki boşluğu kapatabiliriz.

BÖLÜM 10

İYİ EBEVEYNLİK İÇİN YENİ FORMÜL

"Tanık Koruma Programı'ndan kaçınacak çocuklar yetiştirmek her zaman emek, umut, sevgi ve şansın birleşimi olduğundan… bunun için kesin bir kural ya da bununla ilgili herhangi bir kural yoktur: Kısa ve net. Çocuk yetiştirmenin en iyi yolu zorlamamak, düşük vites kullanmak ve kimi zaman boşta gitmektir."

Ralph Schoenstein, *My Kid's an Honor Student, Your Kid's a Loser: The Pushy Parent's Guide to Raising a Perfect Child* kitabının yazarı

Albert Einstein mükemmel bir beyne sahipti. Bu, beyni, çok büyük miktarlarda bilgiyi özümsediği için değil; mükemmel bir düşünür olduğu için böyleydi. Yani onun mükemmelliği tamamen süreçle ilgiliydi. Albert Einstein'ın annesi bir piyanistti ve oğlunun altı yaşında müzik dersleri almasını sağladı. Oğlu, yıllarca çok az gelişme gösterdi. Ancak Einstein, 13 yaşında birden Mozart sonatlarına karşı bir tutku geliştirdi ve keman konusunda gerçek bir uzman oldu. "Sevgi, görev duygusundan daha iyi bir öğretmendir," demişti Einstein, müzik başarısını anlatırken.

Öte yandan Einstein'ın, mantık yürütme gücünü geliştirmek için çok az teşvike ihtiyacı vardı. Küçükken, bir şeyleri düzeltmek için çok istekliydi ve görevleri sonuna kadar götürmekte sıra dışı bir isteği vardı. Sık sık yapboz ve problem içerikli oyun etkinliklerine katılırdı. Henüz küçükken gayet itinalıydı ve bloklardan detaylı yapılar inşa edip, sonrasında da iskambil kâğıtlarından evler yapmaya başlamıştı. Albert, okul çağına geldiğinde, orada da uzmanlaştı. Okulda olmadığında, zamanını metal inşaat setleri ya da bir akrabasının kendisine verdiği model buhar makinesi gibi zihinsel olarak ilham verici etkinliklerle geçiriyordu. Albert 11 yaşındayken, bilim ve felsefe üzerine çoğu çocuğun anlayamayacağı kitaplar okumayı seviyordu. Aynı zamanda, matematikten de çok keyif alıyordu ve Pisagor teorisini kanıtlamaya kararlıydı.

Einstein'ın çocukluğu ile ilgili bu anılardan ne ders çıkarmalıyız? Kısaca özetleyecek olursak, Einstein kendi yolunu kendi çiziyordu. Çocukken, öğrendiklerinin çoğu, oyunlar vasıtasıyla öğrenilmişti. Ebeveynleri ve ailesi, onun ilgi alanlarına dikkat ediyor ve onu kitaplar, oyuncaklar ve kitaplarla besliyordu ve belli ki istediği gibi davranması için ona biraz özgürlük veriyordu. Einstein kendi başına kararlar alma, ilgisini çeken problemlerin peşinden gitme özgürlüğüne sahipti.

Eğer Einstein'ın annesi, oğluyla hiç hafıza kartı kullanmadıysa, o hâlde neden modern dünyadaki ebeveynler okul öncesi çocuklarıyla belirsiz gerçekler üzerine alıştırmalar yapıp, onlara henüz ana sınıfına bile gitmeden önce okumayı öğretmeleri ya da 3 yaşından önce aritmetik öğretmeleri gerektiğini düşünürler? Neden kreş ve anaokulu öğretmenlerinin ve yöneticilerinin çoğu, çocukların kendi başlarına oyun oynamalarına çok az zaman bırakan akademik odaklı müfredatları kullanmaktadır? Ve hükûmet yetkilileri neden, okul öncesi öğrencilerin öğrenmelerini değerlendirip, çocukların ilerideki potansiyel başarılarını formülleştirme ihtiyacı duymaktadırlar?

Bu çabaların hepsi iyi niyetlidir. Ebeveynler, öğretmenler ve seçilmiş yöneticiler çocukların yükselmesi ile ilgili kültürel efsanelere kulak vermekte ve en son tavsiyeleri uygulamaya koymaktadırlar. Ancak "en son araştırmalar", en iyi bilimsel araştırmalara dayanmamaktadır. Bu bölümün başındaki mizahi ve karamsar söze rağmen, bilim son 30 yılda çok uzun bir yol gitmiştir. Çocukların nasıl gelişip, öğrendiğini, biz ebeveynlerin ve eğitimcilerin, çocukların, zihinsel potansiyellerine ulaşırken mutlu olmalarına nasıl yardım edeceğimizi çözmüştür. Ne yazık ki bu mesaj, ebeveynlere ve eğitimcilere aktarılırken bulandırılmıştır.

Sorunu anlarsak, doğrudan eyleme geçip, kendimizin ve çocuklarımızın hayatlarını iyileştirebiliriz. Bu bölümde size, bunu nasıl yapabileceğimizi göstereceğiz. Öncelikle, ebeveynleri ve yetkilileri etkisi altına alan hatalı ve baskın varsayımı anlamak gerekir. Daha sonra, mutlu ve zeki çocuklar yetiştirmek için dört rehber ilkeyi takip ederek, bilimin ürünlerinin, okullarda olduğu gibi evlerimizde de uygulanması için yolları keşfedebilirsiniz. Bu bakış açısıyla, aile hayatınızda daha fazla denge sağlayıp, "başarı"dan kastedileni yeniden düşünecek ve çocuk gelişimine yeni bir açıdan bakacaksınız. Bir alışveriş merkezinde yürüyüp, arkadaşınızla son moda derslerden ve anaokulu öğrencilerinin sahip olması gereken ürünlerden bahsederken, konuyla ilgili bir şeylerin farkına varıp buna karşı koyabilir ve toparlanabilirsiniz.

YANLIŞ GİDEN NEYDİ?

Eğer çocuklar ile ilgili çok fazla araştırma varsa o hâlde uygulama, neden bilimin arkasında kalmıştır? Neden araştırmalar evlerde ve sınıflarda daha fazla kullanılmamaktadır? Birkaç unsur bir araya gelip, dâhi bebekler yetiştirme hedefini oluşturmuş ve kanıt-dayalı pratiklerden uzaklaşılmıştır. Suçluluk, Korku ve Bilim parçaları işin özetidir.

Bugün birçok ailede, hem anneler hem de babalar çalışmaktadır. Ve ebeveynler çoğunlukla, daha önceki nesillerden daha uzun süreler çalışmaktadırlar. Eğer yanlarında olup çocuklarımızı yetiştiremiyorsak, onların en iyi ellerde olduğundan emin olmaya ve iyi kalitede dersler alıp, bizimle geçirecekleri anın bir dakikasının bile eksikliğini hissetmemelerini sağlamaya çalışırız. Hem anneler hem de babalar, çocuklarının yanında olamadığı için kendilerini suçlu hissederler. "Kendilerinin" yerine geçip, çocuklarına ihtiyacı olan eğitimi verecek olan birini bulmaya çalışırlar. Çocuklarının bakıcılarının yeterince iyi olmadığından yakınır, çocuklarıyla geçirdikleri her anın önemli ve "nitelikli" olmasını sağlamaya çalışırlar.

Korkudan da motive oluruz. Giderek daha da tahmin edilemez bir hâl alan küresel ekonomimizde, çocuklarımızı hatalara karşı mümkün olan en iyi "silahlarla" donatmak isteriz. Hiçbir mesleğin hatta hiçbir kariyer yolunun garanti olmadığı dünyada, çocuklarımız için en iyisini temin etmek isteriz. Böyle bir dünyada tek savunma, hücumdur.

Son olarak, medyada duyduğumuz bilimsel verilerden de etkileniriz. Önceki 20 30 yılda, bilim adamları çocukların nasıl öğrendiği ile ilgili çok şaşırtıcı şeyler keşfetmişlerdir. Ancak, bilime basında yer verme telaşı nedeniyle, gazeteciler genellikle karmaşık kısımları es geçip, bize sonuçları sunarlar. Problem de asıl burada yatmaktadır. Haberler (ve ürünler!), statükoyu devam ettirmeniz için sizi teşvik ediyorsa, o hâlde dikkat çekici değildir. "Çocuklarınızla oynarsanız, şımarırlar." Bunun gibi manşetler, heyecan ve coşkudan uzaktır. "Bebeğinizi daha zeki yapmanın bilimsel yolları," ise dikkat çeker ve korumacı ebeveynleri rahatlatır.

YANLIŞ BİLGİLENDİRME: SOSYAL OLARAK BULAŞAN BİR HASTALIK

Korku, suçluluk ve bilim parçaları, ebeveynler ve öğretmenlerde bir panik havası yaratır. Bu panik de bulaşıcı bir hâl alır ve kültürümüzde, çocuk gelişimini yönlendiren dört sağlıksız varsayıma yol açar. Bunların herhangi biri size de tanıdık geliyor mu?

NE KADAR HIZLI O KADAR İYİ —VINNN!

Koşturmacalı toplumumuz, ne kadar hızlı o kadar iyi mantığındadır. Söz konusu yiyecek, benzin ya da yağ yakımı, ne olursa olsun, tüm toplumumuz hız üzerine kuruludur ve her şeyi mümkün olan en kısa zamanda yapmaya çalışır.

Günümüzde, çocukların hem bilişsel hem de sosyal gelişimlerini hızlandırmaya gayet kararlıyızdır. Onlardan sadece akademik konuları erkenden öğrenmelerini istemekle kalmaz, bir de onları Baby Gap ve çocuk Abercrombie kıyafetleriyle, küçük ergenler gibi giydirmeye çalışırız. Bazı antropologların bize söylediği gibi çocuklarımızla aramızda yeterlilik farkı görmekten huzursuz olduğumuz için "kendimizi küçültüp çocuğumuzu büyüten" tamamlayıcı etkinlikler sergileriz. Kendimizi küçültürken, davranışlarımızı çocuğumuzunkine uydururuz. Örneğin, konuşmamızı çocuğumuzun anlayacağını düşündüğümüz bir şekle sokarız. Çocukları büyütürken de, onlara olduklarından daha yeteneklilermiş gibi davranıp, bebeklerin tüm beden hareketlerini, bizimle ilk "iletişimleri" olarak yorumlarız. Bunların ikisi de, çocuğun gelişimi için kötü değildir ve hatta onları ileriye de götürebilir. Sorun, yetişkinler ile çocuklar arasındaki farklılıklar giderek yok olurken, bu davranışların kontrolden çıkmasıdır. Küçücük çocuklara, zenginleştirilmiş sınıflar ve karma sosyal etkinlikler planlarken, onları çocukluklarının ve çocukluğun önceliklerinin ilerisine itiyoruzdur. Onları giderek daha telaşlı, aceleci, coşkulu ve heyecanlı bir hâle sokuyoruzdur.

HER ANI ANLAMLI KILMAK

"Her anı anlamlı kılmak" nasıl yorumlandığına bağlı olarak iyi bir şey olabilir. Ancak telaşlı ebeveynler tarafından yorumu genellikle anı yaşamak gibi ulvi bir anlam taşımaz. Bunun yerine çocukların hayatlarını mümkün oldukça fazla yapılandırmak ve onları öğrenmeye teşvik etmek anlamını taşır. Bu, çocuklarımızın hayatta başarılı olacaklarsa, tek bir anı bile kaçırmamaları gerektiği inancıdır. Toplumumuz, farkında olmadan Harvard Üniversitesi Bilişsel Çalışmalar Merkezi'nin kurucusu Psikolog Jerome Bruner'in desteklediği görüşü kabullenmekteydi. Bruner, çocuklara her bilgiyi her anda kolaylıkla öğretebileceğimizi yazmıştı.

Ancak gelişim psikolojisi, Jean Piaget ve Lev Vygotsky'nin çalışmalarından çok etkilendi ve bu inancın yanlış olduğunu gösterdi. Çocukların öğrenme şekilleri, bizimkinden çok daha farklıdır. Çocuklar çok aktif öğrenicilerdir ve bizimkiyle aynı olmayan, kendi gerçeklik görüşlerini inşa ederler. Bizlerin, beyinlerini dünya ile ilgili bilgilerle doldurmamızı pasif bir şekilde beklemezler. Çocuklarla ilgili genel kaygılarımızda, belli ki "gizli öğretici" olan doğanın —biyolojinin— çocukların öğrenmeye hazır oldukları anlarda önemli bir rol üstlendiğini unutuyoruzdur. Kesinlikle ılımlı ve besleyici bir ortamın yararı olacaktır. Ve tabii ki bu bizi yine oyuna getirir. Küçük çocuklar, önemli şeylerin çoğunu oyunlarla öğrenirler. Oyun, boşa vakit harcamak olamaz çünkü OYUN = ÖĞRENME'dir. Çocuklarımızın yaşamlarının her anını, gelecek için büyük bir planın parçası olarak görmek yerine, onların hayatlarını yaşamalarına izin vermeliyiz. Hayat bir prova değildir. Hayat, anın ta kendisidir!

EBEVEYNLERİN HER ŞEYE GÜCÜ YETER

Birçok ebeveyn, çocuklarının zekâsının, atletik yeteneklerinin, sanatsal başarılarının, duygu düzeninin ve sosyalliğinin tek sorumlusunun yalnız kendileri olduğunu düşünür. Ancak çocuklar, aslında sadece hayatlarımızdan geçiyorlardır. Bu dünyaya benzersiz insanlar olarak gelirler ve bizlerden hem beslenme hem de eğlence ihtiyaçlarının karşılanmasını beklerler. Ebeveynlerin her şeye gücü yetmez. Onlar sadece olgun partnerlerdir ve çocuklarının gelişim labirentinden geçişine yardım ederler. Ebeveynler ne kadar çabalarlarsa, çabalasınlar, çocuklarına sundukları deneyimler yoluyla, onların geleceğine karar veremezler.

Çocukluğun önemini (Shakespeare'in de dediği gibi, "Çocuk büyür ve adam olur") ya da ebeveynlerle, bakıcıların önemini inkâr etmesek de, toplum bu konuda çok aşırıya kaçmış durumdadır. Çocukluk, artık sadece yetişkinlik için bir temel olarak görülmektedir. Tüm o saçmalıklar, oyunlar, karmaşa, anlamsızlık, hayatın keyifli bir dönemi olarak görülmek yerine, tedavi edilmesi gereken bir hastalık olarak görülür! Ve bu çocuksuluğu mümkün olduğu kadar çabuk atlatmak için ebeveynler tek sorumlu kişiler olarak görülür. Peki neden? Çünkü ebeveynler artık çocukların zekâsının ve kapasitesinin tasarımcısı olarak görülmektedir. Ancak bizim rolümüz gerçeklikten saptırılmıştır. Heykeltıraşların, üzerinde çalışacağı bir heykele ihtiyaçları vardır fakat çocuklar, yaratıcılığın çoğunu kendileri üstlenirler. Hazırlanmış hatlarla gelirler (insan beyni ve öğrenmek için büyük bir motivasyon) ve bu sayede heykelin ana hatlarını çizip, işi kolaylaştırırlar. Ebeveynler rahatlayabilirler. Çocukların gelecekteki hayatının mimarı olmak zorunda değillerdir. Eğer öyle olduklarını düşünüyorlarsa, kesinlikle kendilerini kandırıyorlardır!

ÇOCUKLAR BOŞ KAPLARDIR

Eğer ebeveynlerin her şeye gücü yeterse, öğretmekten ve çocukların ileride ihtiyaç duyacağı, tüm yetenekleri ve özellikleri aşılamaktan sorumlularsa, o hâlde çocuğa ne kalır? Çocukların sürücü koltuğunda olmadığı, arka koltuğa gönderilip, istenilen yere götürülmeyi bekledikleri kesindir. Bu sadece, çocuklarını sürekli etkinliklerine taşıyan anne babalar için geçerli değildir. Bu aynı zamanda deneyimlerin kendisine yaşatılmasını bekleyen pasif çocuklar için de metaforik olarak geçerlidir. Çocuklarımız bir etkinlikten diğerine, bir dersten diğerine koşarken mutlu görünebilirler ancak bizler, dünyayı öğrenmek için çok pasif olan bir topluluk üretiyoruzdur. Bunlar, ilkokullarda oldukça tanıdık olan hastalığın ilk belirtileridir: "Sıkıldım." Sıkılan çocuk, birilerinin kendisine katılacağı bir sonraki etkinliği söylemesini bekleyen çocuktur. Sıkılan çocuk, yaratıcı olmayı hiçbir zaman öğrenmemiş olan çocuktur.

Çocuk gelişimi ile ilgili öğrendiğimiz bir şey varsa, o da çocukların bu dünyaya öğrenmeye ve dünyaya adapte olmaya kararlı bir şekilde geldikleridir. Kendileri için ulaşılabilir olan her bilginin tüketicisidirler. "Tüketici" tabii ki satın alan anlamında değil, yiyen ya da "özümseyen" anlamındadır. Çocukların bilgiye karşı doyumsuz bir iştahları vardır. Çocuğunuzun nasıl her şeyi öğrenmek istediğini, kısa ve yetersiz açıklamalarla hiç de mutlu olmadığını fark ettiniz mi? "Neden" diye sormaya başladıklarında, dünyaya geldiğinizden beri hiç cevaplamadığınız kadar çok soru cevaplamak zorunda kalırsınız! Dünyayı bizlerden farklı bir açıyla görseler de, bizim bakış açımızdan bakmak için çok çaba sarf ediyorlardır ve yavaş yavaş bu konuda başarılı da olurlar.

Eğer çocuklar, bilgiyi çekme konusunda sünger gibilerse, o hâlde çocuklara belli gerçeklikleri hızlı bir şekilde öğretmeyi amaçlayan oyuncakların ve etkinliklerin ne sakıncası vardır? İlki, bunun, onların bireysel girişimciliklerini köreltecek bir eğitim olmasıdır. Diğeri de, oyuncaklar ve dersler vasıtasıyla sağladığımız "paketlenmiş" öğrenmenin, gerçek öğrenme olmamasıdır. Ne demek istediğimizi anlamak için gerçek ve yapay öğrenmenin farkını görmelisiniz. Gerçek öğrenmede çocuklar, öğrendiklerini alıp, geniş bir alana uygulayabilirler. Örneğin, bisiklet sürmeyi öğrendiklerinde, her bisikleti sürebilirler (boyları yettiği sürece). İki küçük sayıyı toplamayı öğrendiklerinde, hesap yeteneklerini, ne tür nesneleri içerdiğine bakmaksızın, her tür topluluğa uygulayabilirler. Çocuklar bilgilerini, öğrendikleri asıl durumun ötesine uygulayabildiklerinde, öğrenmeleri sağlamdır. Öğrendiğimizi uygulayabilme yeteneğine "transfer" denir. Ne yazık ki, erken öğrenme hareketinde, transfer yeteneği öğretilmemektedir. Yapay ve sadece öğrenildikleri bağlamda anlamlı olan bilgiler öğretilmektedir. Ve yeteneklerimiz, onları öğrendiğimiz kalıplarla sınırlı olduğunda, yaratıcı olmayı ya da bilgimizi yeni ve heyecan verici yollarla kullanmayı öğrenmiyoruzdur.

Özetle, lütfen ebeveynlerin geri çekilmelerini ve çocukların her şeyi kendilerinin keşfetmeyi beklemelerini söylediğimizi zannetmeyin. Hiçbir şey öğretmeyen, asla "Hayır, bu uygun değil," demeyen ya da bir şeylerin nasıl çalıştığını ve neden o şekilde olduğunu hiç anlatmayan bir ebeveyn hayal edin. Çocuklara boş kapmış gibi davranmanın ve her anı anlamlı kılmaya çalışmanın, onlar için de bizim için de sağlıklı olmadığını söylüyoruz. Eğer her durum, bilgi vermek için bir potansiyelse, çocuklar, bu aşırı yapılandırılmış durumların dışında, kendi başlarına hiçbir şey öğrenemezler. Aynı çocuklar, okula başladıklarında kendi başlarına öğrenmeye hazırlıksız olurlar ve "doğru" cevapları almazlarsa, başarısız olduklarını düşünürler. Bazılarımız, hata yaptığımızda çok daha iyi öğreniriz. Küçük mükemmeliyetçiler yaratmayı kimse istemez! Bizim işimiz, çocukları aktif öğreniciler olarak görüp, dünyayı ilginç derslerle dolu bir okul olarak düşünmek ve çocuklara hem bir şeyler öğretip hem de çocukluğun plansız yararlarından istifade etmelerini sağlamak arasındaki dengeyi kurmaktır. Bu, öğrenme tesadüfî ve bir oyunun parçası olduğunda (bir alıştırmanın parçası olmasındansa) ve duygusal olarak destekleyici bir ortama yerleştirildiğinde gerçekleşir.

Bu dört kapsayıcı varsayım bizleri ikilemde bırakır. Bir yandan, işlerin yanlış gittiğini, çocukluğa yetişkinlik için bir hazırlık sınıfı gibi davrandığımızı, çocukluğun değerli anlarını, içinde yaşadığımız hızlı ve zorlu toplum yüzünden kaybettiğimizi fark ederiz. "Eğer toplum hızla ilerliyorsa, çocuğumuzun da hızlı trende olmasını istemez miyiz?" diye sorabilirsiniz. Öte yandan da, çocukların parklarda, gizli öğretiler olmadan, parmak boyaların hâlâ okul programında yeri olduğu bir ortamı özleyen ebeveynler ile öğretmenlere katılırız. Çocuklarımızın çocukluklarından vazgeçmeden öğrenmesini sağlamamızın bir yolu var mı? Ebeveynlerin kendilerini serbest bırakıp rahatlamalarını ve anne baba olmanın tadını çıkarmalarını sağlayabilir miyiz? Öğretmenlerin, OYUN = ÖĞRENME temelli ve sosyal yeteneklerin, akademik yetenekler kadar değer gördüğü müfredatlar geliştirmesinin bir yolu var mıdır? Bunun cevabı, "*evet*"tir. Bilim sayesinde bildiklerimizi uygularsak, çocuk geliştirme ile ilgili temel varsayımları değiştirebilir ve mutlu, sağlıklı, zeki çocuklar yetiştirmenin uygun yolunu bulabiliriz.

EBEVEYNLERİN UYGULAMASI GEREKEN DÖRT İLKE

Çocuğumuzun çocukluğunu aceleye getirip, zihinsel gelişimini hızlandırmamız gerektiği bilgisinin yanlış olduğunu anladığımızda, sağlıklı bir şekilde yolumuza devam edip, aşağıdaki dört ilkeyi uygulayabiliriz.

İlke 1: En İyi Öğrenme, Ulaşılabilir Öğrenmedir

Bölüm 6'dan da hatırlayacağınız üzere, Rus psikolog Lev Vygotsky "yakınsal gelişim alanı" terimini sunmuştur. Bu mükemmel bir kavramdır. Vygotsky, çocukların doğal kapasitelerinin sınırlarına ulaşabilmeleri için ebeveynlerine, bakıcılarına, büyük kardeşlerine, arkadaşlarına ya da öğretmenlerine ihtiyaçları olduğunu söylemiştir. Ebeveynler ve bakıcılar, çocukların olgunlaşmamış yeteneklerini esnetmeli, onları en temel kavramları bile anlayamayacakları bir dünyaya sürüklememelidir. Ulaşılabilir öğrenme fikri budur. Çocukların kapasitelerinin ilerisini öğrenmelerine, hayatta onlar için gerçekten yararlı olacak şeyleri öğrenmelerine yardımcı olmamız anlamına gelir. 3 yaşındaki çocuklar henüz bulutlar hakkında bile bilgiye sahip değilken, onlara uzay bilimlerini öğretmenin anlamı nedir?

Örneğin, okul öncesi öğrenciler matematiği oyunlarla öğrenir, eğitici kart alıştırmalarıyla *değil*. Nesne setleriyle uğraşarak öğrenirler: "Amanda, bana iki kaşık verir misin lütfen?" "Çamaşır sepetinden üç havlu getirir misin?" Yerdeki nesnelerin sayısını saymak bile bir öğrenme alıştırması olarak görülebilir. Çocuk ve bakıcısı arasındaki bu tür gündelik paylaşımlar, sayıların öğrenilmesini, eğitici kartlardan daha çok teşvik eder! Bu, ulaşılabilir öğrenmedir: Çocuklara günlük yaşamlarında onlar için anlam ifade eden, kendi bilgi alanları dâhilindeki sorunları sunmak.

Çocukların yakınsal gelişim alanları dâhilinde çalıştığımızda, onlara yapabileceklerinin dışında bilgiler sunarız, motivasyonlarını arttırır, erişmelerine yardım eder, onları fazladan adımlar atmak için zorlarız. Ve yetişkinler olarak, çocuğa biraz destek verip (kaleyi tutup son bloğun düşmesine engel olmak gibi) onun bilgisini yapılandırarak, yeni gelişmekte olan yeteneklerinin, görevin gerekliliklerini karşılamasına yardım edebiliriz. Erişilebilir öğrenme, çocukların bilişsel gelişimini destekler. Öte yandan, bir çocuktan başaramayacağı bir iş beklersek, öfke ya da daha kötüsü çaresizlik duygusu yaratırız. Eğer görev, onun yeteneklerinden fazlasını gerektiriyorsa, sonunda aslında çok da başarılı olmadığı inancına kapılabilir. Boş bilgileri sergilemesi için çok fazla baskı görmesi bir çocuğun depresif hissetmesine neden olabilir çünkü bunu gerçekleştirmesi için çok fazla çaba sarf etmesi gerekecektir.

Çocuğa deneyimlerinin dışında bir şeyler öğretmeye çalışarak, erişilebilir öğrenme ilkesini yok sayarsak, kendilerine söylediklerimizi ezberler. Ancak, gerçekten anlamaz ve daha da önemlisi, öfkeli ve mutsuz hissederler çünkü bilgi olarak değerlendirmeleri istenen şeyle ilgili hiçbir gerçek hisse sahip değillerdir. Erişilebilir bilgiyi öğrenmek, öğrenmenin anlamlı ve otantik olmasını sağlar.

İlke 2: Üründen Ziyade Süreci Vurgulamak, Öğrenmeye Karşı Sevgi Uyandırır

"Ürüne karşı süreç" ilkesi, bir çocuğun (ve ebeveynin) öğrenme sürecinden keyif almasının (ve bu süreci vurgulamasının) önemini anlatır. Çocukların *ne* öğrendiğiyle ilgilendiğimiz kadar, bunu *nasıl* öğrendikleriyle de ilgilenmemiz gerekir. Öğrenmeyi seven çocuklar yetiştirmek isteriz. Eğitimli fok balıkları gibi performans sergilemeye zorlanan çocuklar değil. Doğru yanıta ulaşılıp ulaşılmadığı tamamen süreçle —düşünme nasıl gerçekleşti, cevap nasıl üretildi— ilgilidir, sonuçla değil. Tabii ki doğru cevaba ulaşılması da önemlidir ve zaman geçtikçe bu daha da önemli olacaktır. Ancak okul öncesi yıllarda, çocuklar yollarını henüz yeni bulmaya başlamışken bu çok da önemli değildir. Ve ilk denemelerinde doğru cevaba ulaşamadığı için kalakalan çocuklar yetiştirmeyi de istemeyiz. Çocuğunuzun bir problemle ilgili nasıl düşündüğünü anlamak, hem sizin hem de onun için, tek bir doğru cevap olması gerçeğinde ısrarcı olmaktan daha ilginç olacaktır.

"Ürün" üzerindeki yanlış vurgu, anaokulu deneyimlerinin kendilerini bir okul için yeterince hazırlayıp hazırlamadığı test edilecek olan en az bir milyon çocuğu etkileyecektir. George W. Bush'un eğitimde sorumluluk için zorladığı, Avantaj programının bir parçası olarak, çocuklar okul hazırlıkları için artık sınava gireceklerdir. Teoride, bu mükemmel bir fikirdir. Pratikte ise tartışılan testin, üründen ziyade sürece odaklanması gerekmektedir. Avantaj programındaki yeni değerlendirme, okuma ve dil ile ilgili bilgiyi 13 açıdan ölçecektir. Bir anaokulu öğrencisinin başarması beklenenler arasında, alfabenin en az 10 harfini tanımak, bir yazının parçası olan bir kelimeyi tanımak ve sesleri, yazılı kelimelerle ilişkilendirmek yer almaktadır. Ancak en azından 10 harfi tanımak neden önemli olabilir? Tabii ki bu bunaltıcı bir test değildir! Ancak çocuklara kitap okuyup, okumayı öğrenmek için gerekli olan diğer okuma yazma etkinliklerine odaklanmak yerine çoğu eğitimci, öğretmenlerin artık test çözmeyi öğreteceğinden ve öğrencilerin en az 10 harfi bilmesi için çabalayacağından endişe ediyor. Harf bilgisi, okuma başarısıyla doğru orantılı olsa da, okuma başarısının bir *sebebi* harf bilgisi değildir. Harf bilgisi, size kitap okunması, birçok yazı görmeniz ve insanların bilgi edinmek için düzenli olarak okuduğunu görmeniz kadar önemli değildir. Bu nedenle önemli olan harflerin isimleri değildir. Önemli olan alfabenin ilkelerini anlayıp, yazıyla nasıl bir ilişkisi olduğunu kavramaktır. Bu, sürece odaklanmaktır ve çocuğun okumasıyla ilgili olumlu bir sonuç sağlar.

Bir teste girmenin nasıl bir şey olduğunu hatırlıyor musunuz? Bunu tanımlamak için "kaygı" en doğru sıfat olabilir mi? Buna rağmen her geçen gün daha fazla test yapıyoruz. Ve çocuklarımıza daha iyi düşünmektense, daha iyi test çözmeyi öğretiyoruz. Daha da kötüsü, onların korkak öğreniciler olmasına neden oluyoruz. Üründense, süreç üzerine odaklanmak, öğrenmeye karşı bir sevgi geliştirilmesine neden olur. Süreçtense, ürüne odaklanmak da olumsuz sonuç verir ve hem öğretmenler hem de öğrenciler için bir moral bozukluğu olur.

3. sınıfların öğretmeni olan Amy, yakın zamanda yeni müfredatı sınıfına tanıttı. "Bu hafta okulda ne öğreneceğiz bilin bakalım?" diye sordu. "Pazartesi günü, 1. test için hazırlık yapacağız. Salı günü, 2. test için…" Bu çocuklar, okulun başarılı görünmesini sağlamak için, testte çıkacak konuları ezberlemek zorunda kalacaktır. Belki de akademik ve sosyal gelişimi test etmek için süreç odaklı yollar düşünmemiz gerekir.

Aslında, 2003 yılında, aramızdan biri (Kathy), birkaç meslektaşımız ve Temple Forum ile bir araya geldi. Ülke genelinden, matematik, dil, okuma ve sosyal bilimler konusunda uzman olan önemli profesörleri davet ettiler. Toplantıdan fikir birliğiyle bir sonuç çıktı: Okulların başarısı için bilgileri test etmek, öğrenci ve öğretmenler için çok faydalı değildir. Tabii ki anaokullarının, çocukların ihtiyacı olan şeyleri öğrettiğini ve onların okula hazır olmasını sağladığını öğrenmek önemlidir. Ancak bu öğretimi ve testi yapmanın başka bir yolu vardır ve bu yol, birebir eşleme, iletişim kurma ve hazır bulunuşluğu ölçme gibi unsurları içerir. Peki, bu diğer öğretim ve değerlendirme nasıl olacaktır? Oyunların olduğu deneyimlere dayanacaktır. Öğrenmeye bağlam içerisinde bakacaktır. Çocukların bir doğum günü partisinde, tüm çocuklara pasta vermek için gerekli olan tabak sayısını hesaplayıp hesaplayamadığına ya da bir partide yer belirten karta kendi isimlerini yazıp yazamadığına bakacaktır. Eğer bağlam içerisinde, oyunlarla öğrenmeye odaklanıp, ürünle birlikte süreci de değerlendirirsek, çocuklarımızın sonraki okullarına hazır olup olmadıklarıyla ilgili daha net bir dayanağımız olur. Süreci vurgulayan bir yol daha vardır ve bu yol, öğrenmeyi neşeli hâle getirip, öğretmenleri test eğitimi vermekten kurtarır.

İlke 3: IQ değil EQ

Birçoğumuz Fred Rogers'ın oldukça başarılı programı *Mr. Roger's Neighborhood* ile büyümüşüzdür. Bu programın, çocuklar üzerinde neden çok fazla etkisi vardı? Muhtemelen, çocukların duygularıyla baş etmelerine yardım etmek gibi bir misyonu olduğu için. Fred Rogers, 2003 yılının ilkbaharında vefat ettiğinde, ölüm ilanında çocuklar üzerindeki büyük etkisi yerlere göklere sığdırılamamıştı. Fred Rogers, çocukların bu dünyada fena hâlde ihtiyacı olan bir şeyi temin etmişti. "Dünya her zaman kibar bir yer değildir," demişti birinde. "Bu, çocukların tamamının öğrendikleri bir şey. Bunu anlamaları için gerçekten yardımımıza ihtiyaçları var." Rogers'ın programının oldukça eğitsel olduğu düşünülüyordu. Ancak, bu program hayatın duygusal yanını da vurguluyordu. Belli ki, başarılı olmak için yüksek bir IQ'ya sahip olmaktan daha fazlası gerekiyor.

Tabii ki çocukların, okul müfredatları tarafından belirlenen bilişsel hedeflere ulaşmaları önemlidir. Çoğu insan, yeterince uyarılmış ve eğitimcilerin öğretmeyi seçtiği konularla baş edebilecek kadar iyi bir IQ'ya sahiptir. IQ bir saplantı ve övünülecek bir konu hâline geldiğinde, bir an için geriye bir adım atmalı ve IQ'nun başarı için bir gösterge olmadığını idrak etmeliyiz. IQ sadece bir yetenek bütününü ifade eder. Duygusal zekâ, sosyal anlayış ve pratik yetenekler olmadan, dahiler bile hayatta çok zorlanabilirler.

Ana sınıflarında bile, duygusal zekâ ve sınıf başarısı arasında bir ilişki bulunmuştur. Araştırmalar bize ana sınıfında kolayca arkadaş edinen ve sınıf arkadaşları tarafından hemen kabul edilen çocukların, aynı zamanda akademik yeterliliklerini geliştirecek şekilde kendi başlarına çok çalışan öğrenciler olduğunu göstermektedir. EQ (emotional intelligence/duygusal zekâ) ve IQ el ele ilerler.

Hem IQ hem de EQ'yu geliştiren şeylerden biri de sosyal oyundur. Sosyal oyun, önemli duygusal, bilişsel ve sosyal yararlar sağlar. Çocuklar birlikte oyun oynadıklarında, asıl yaptıkları şey, kültürümüzde, insanların üstlendiği farklı rolleri prova etmektir. İki tane tipik 4 yaş çocuğuna kulak verelim.

Jill: Ben otobüs şoförü olacağım. Sen de trafik görevlisi ol.

Jake: Otobüs şoförleri kadın olamaz.

Jill: Olabilir ama evlenemezler.

Jake: Ama Bayan Tuttle evli.

Jill: Ah, hayır, değil. O boşanmış!

Bu çocuklar her zaman başarılı olamasalar da, toplum kurallarını anlamaya çalışırlar. Oyunlar vasıtasıyla, çocuklar toplumda yer alan çeşitli rolleri keşfeder ve böylece gerçekten bir anne, baba, otobüs şoförü ya da veteriner olmadan önce kültürün nasıl işlediğini öğrenirler. Çocuğunuzun bu tür dünyevi iletişimler sayesinde edindiği sosyal bilgiyi (kimlerin hangi rolü yapabileceği ve hangi şartlarda bunu yapabileceğini öğrenmenin yanı sıra) düşünün. Bu çocuksu anlaşmazlıklar küçük ve önemsiz görünse de, çocuğunuz bu sırada hayatı boyunca ihtiyacı olacak olan önemli bir yetenek geliştiriyordur: Nasıl müzakerede bulunacağını.

Başarılı bir müzakerenin neyi içerdiğini düşünün. "Benden farklı düşündüğünü kabul etmeliyim. Daha sonra senin düşünceni değerlendirip, haklı ya da haksız olduğuna karar vermeliyim. Eğer haklı olduğunu düşünürsem, kendi düşüncemden vazgeçerim. Ancak, haksız olduğunu düşünürsem, seni hatan konusunda ikna etmek için argümanlarımı sunmam gerekir." Tüm bu zihinsel kurgular, çocuğun kendi düşüncesinden başka yol olmayacağı inancından kurtulmasını sağlar. Bunlar çocuğun, diğerlerinin bakış açılarını da dikkate almasını ve farklı inançlara sahip, farklı zihinler de olduğunu anlamasını sağlar. Kişinin yaşıtlarıyla ve şefleriyle iyi geçinmesi ne kadar da önemlidir! Duygusal zekâ budur ve başarı için IQ testlerinde ölçülen zekâ kadar önemlidir.

Oyunlar ayrıca, çocukların duygularıyla baş edip, onları düzenlemelerine de yardımcı olur. Çocuğunuzu hiç, oyuncak bebeğine, sizin onu azarlarken kullandığınız ses tonuyla kızdığını duydunuz mu? "Alexandra Beth Naeale! Erkek kardeşine vurma! Şimdi hemen odana gidiyorsun!" Korkutucu olan kısım, Alexandra'nın sizin biraz önce kullandığınızla tamamen aynı kelimeleri ve tamamen aynı ses tonunu kullanmasıdır! Öfkesinin yerini değiştiriyor, kendi güç algısını ve öz saygısını arkasına alıp, bebeğini azarladıktan sonra kendisini daha iyi hissediyordur. Bu, IQ ve EQ'ya nasıl bir katkı sağlar? Daha fazla oyun oynayan çocuklar, daha mutlu olmaya meyillidir. Ve daha mutlu çocuklar da, yaşıtlarıyla daha iyi ilişkiler kurarlar. Bu da, sınıf müfredatına daha çok katılmalarını sağlar. Sonuç olarak okulda daha başarılı olurlar! Hem EQ hem IQ, oyun tarafından beslenir.

İlke 4: Bağlam İçinde Öğrenme, Gerçek Öğrenmedir ve Oyun, En İyi Öğretmendir

İspanyolca kelime ve kalıpların Susam Sokağı'nda anlatıldığını duyan ve ana dili İngilizce olan bir çocuk, bu bilgiyi almaya ilgili de olabilir ilgisiz de. Ancak kreşteki yeni arkadaşı, Dominik Cumhuriyeti'nden geliyorsa, bu İspanyolca kelimeleri kullanabilmek için anlamak isteyecektir. Bu, arkadaşlığı bağlayan bir köprüdür. Gerçek yaşam bağlamında yer aldıklarında, bilgilerin kullanışlı olduklarını çocuk anlayabilir. Sorun şudur ki, çocuklara öğrettiğimiz şeylerin çoğu (hatta yetişkinlere öğrettiklerimizin çoğu da) yaşamlarıyla ilgili ya çok az bir anlam taşır ya da hiç taşımaz. Bu nedenle bunlara fazla kulak asılmaz. Bizlerin eğitimci ve ebeveyn olarak rolü, öğrenmeyi bağlam içerisine yerleştirmektir. Bu, öğrenmeyi eğlenceli hâle getirir ve çocuğun doğal merakını ve yaratıcılığını serbest bırakır. Şimdiye kadar, bunu yapmanın en iyi hatta tek yolunun oyunlar vasıtasıyla olduğunu öğrendiniz.

Oyun, gerçek yaşamda bir sonuca neden olmadığı ve hayali olduğu için her şeyi deneyebileceğiniz bir alandır. Bir kalenin fatihi olabilirsiniz ve kalenin bir duvarı üzerinize devrilebilir. Acı hissetmezsiniz! Veteriner Barbie ile oynayıp, hayvanlarla ilgilenmenin nasıl bir şey olduğunu deneyimleyebilirsiniz. Bilgiyi, oyunun bağlamı içerisinde öğrenmek; kontrolün çocukta olduğu bir dünyaya getirecektir. Hayal gücünün zincirleri kırıldığında, öğrenmek gerçekten anlam kazanır.

Bağlam içerisinde öğrenmenin tersi, anlamsız ve gereksiz bilgileri öğrenmektir. Bu tür öğrenmelerin gerçekleşmesi ebeveynleri ve öğretmenleri memnun etme isteğine dönüşür. Ezberlemek ve bunu sergilemek zorunda kalan çocuklar, öğrenmeyi sevdikleri için değil, bu görevi kendilerine vereni sevdikleri için öğrenmektedirler. Çocuklar sizi memnun etmek isterler. Sizin istediğinizi yapmak isterler. Ve bir etkinliğin önemli olduğunu düşünüyorsanız, bu konuda heyecanlanmış gibi davranmaya çalışırlar. Ancak, yeni edindikleri bilgileri yerleştirebilecekleri bir bağlam olursa, o zaman daha derin ve kalıcı öğrenme gerçekleşmiş olur. Bağlam dâhilinde öğrenmek gerçek ve otantik öğrenmedir.

Küçük çocuklarımız için, tüm öğrenmeler eğlenceli olmalıdır. Hiçbir zaman (disiplin kurmanın dışında) öğrenmenin çocuğa dayatıldığı ve iş olarak sunulduğu bir durum olmamalıdır. Diğer çocukların oyunları, öğrenme için en anlamlı bağlamdır ve bu bağlam sonraki öğrenmeler için de zemin hazırlar. Öğrenmelerini tatlandırmak için oyuna gerek kalmadığında bile. Bu ilke, Yahudi çocukların, İbranice öğrenmeye başladıklarında katıldıkları eski bir etkinliğe de yansımıştır. Çocuklara ilk kez İbranice ile karşılaştıklarında, şeker verilmektedir. Neden mi? Öğrenmelerini tatlandırmak için. Tabii ki şeker kullanmak zorunda değiliz. Oyunlar da aynı etkiye sahiptir!

DENGE ANAHTARDIR

Tüm bu bilgiler, çocukları için en iyisini yapmak isteyen ebeveynler için ne anlama geliyor? Okul öncesi öğretmenleri ve yetkililer için tüm bunlar ne anlam ifade ediyor? Eğer kanıta dayalı uygulamalar kullanmak isterlerse, bu bilgi onlar için dengeyi başarmanın ilkelerini temsil ediyor.

Bir daha oyuncak mağazasına gittiğinizde ya da çocuğunuzu farklı kurslara ve etkinliklere kaydettirmek zorunda kaldığınızda, başka alternatifleriniz de olduğunu unutmayın. Tabii ki mağazalardaki tüm oyuncaklar kötü değildir. Tüm kurslar zaman kaybı değildir. Artık çocuklukta öğrenmenin yolunun oyunlardan geçtiğini biliyoruz. Bu nedenle kendinize, "Bunu çocuğuma yetişkin dünyasını öğrenmesi için mi alıyorum? Yoksa çocuğumda ilgi uyandırması ve araştırmalarında teşvik edici olması için mi bu oyuncakla ilgileniyorum?" sorularını sorun. Odak noktanız süreç olmalı, ürün değil. Önemli olan ne yaptığınız değil, nasıl yaptığınızdır. Maddi durumunuzun yeteceğinden çok daha fazlasını alma isteğinize karşı koyup koyamadığınıza bakın. Evinizin, alışveriş merkezinin ve yerel fast food restoranının çevresine bakın ve şekilleri, sayıları, yazılı kelimeleri keşfedip, ahlaki davranışları pratik etmenin başka yolları olup olmadığını düşünün. Çocuğunuz için daha az şey alıp onunla daha fazla zaman geçirirseniz bu sizi çok mutlu edecektir çünkü çocukların oyunlarına dâhil olmak, onların öğrenmesine yardım etmenin en iyi yollarından biridir. Denge anahtardır.

Arkadaşlarınızın çocukları etkinliklere kayıt olduğunda ve sizden de onlara katılmanızı istediklerinde, durup çocuğunuzun ve sizin ne kadar boş zamanınız olduğunu düşünün. Artık çocukların kendi seçimleriyle gezip, boş boş oynayacakları, rahatlayıp sincapları fark edecekleri plansız zamana ihtiyacı olduğunu anladığınıza göre, bu telaşlı ebeveynlerin teklifine " hayır" diyebilirsiniz. Seçiminizin eğitsel bir yanı olduğunu bilmek ve bu teklife direnerek, iyi seçimler için model olduğunuzu hissetmek, size kendinizi güvende hissettirecektir! Her anı bir plana göre şekillendirilmiş olan bir çocuk, nasıl olur da doğru seçimler yapan bir yetişkin olabilir ki? Denge anahtardır.

Bir ebeveyn olarak, doğru yaptığınızı zannettiğiniz şeyi aslında yanlış yaptığınızı nasıl anlarsınız? Her an telaşlı ve yorgunken ve ebeveyn olmaktan keyif almazken, dengeler şaşırmış durumdadır. Telaşlı bir ebeveyn, her zaman olmasa da, çoğu zaman hedef şaşıran ebeveyndir. Einstein'ın ailesinin neden hiç hafıza kartı ya da eğitici kart kullanmadığını artık anladığınıza göre, üzerinizdeki yükün birazından kurtulun. Evet, kimi zaman bazı şeylerin azı daha iyidir! Hâlâ bir dâhi yetiştirmeye niyetliyseniz, çocuğunuzu dikkatle izleyip, nelerin ilgisini çektiğini ve nelerin onu beslediğini dikkatle gözlemleyin. Denge burada da anahtardır.

Eğer bir öğretmen ya da müdürseniz ve oyunu azaltıp, daha fazla bilgi eklemek için bir baskı hissediyorsanız, anne babalarla konuşarak onlara öğrenmenin bir süreç olduğunu anlatabileceğinizi unutmayın. Oyun etkinliklerini nasıl yapılandırırsanız, onların tüm etkinliklerini kontrol etmeden, bilgileri öğrenmesini sağlayabilirsiniz? Ne yaparsak, okul öncesi eğitimini, hem bilim parçalarının baskılarını dikkate alan hem de çocukları anlayan öğretmenler ve müdürlerle doldurabiliriz? Denge anahtardır.

Ve anaokulunuzun başarı seviyesini kabul edilebilir ölçüye getirmekle yükümlü sorumlulardan biriyseniz, bilim adamları ve yetkililere, zorunlu uygulamaların manşetler yerine gerçek bilimden etkilenip etkilenmediğini sorarak bundan emin olun. Öğretmenlerin bilimi nasıl öğreneceğini ve öğretilebilir anları sağlayanın süreç olduğunu nasıl anlayacaklarını sorun. Çocukların oyun dolu bir ortamda bilgileri öğrenip, okula hazır olmalarını ve öğrenmeyi sevmelerini nasıl sağlayacaklarını sorun. Denge anahtardır.

BAŞARI DENGESİ: DÜŞÜN, KARŞI KOY, TOPARLAN

Şundan şüphe yoktur ki 21. yüzyılda çocuk yetiştirmek çok zorlu bir süreç olabilir. Özellikle de çevremizden gelen, kafa karıştırıcı çocuk yetiştirme tavsiyeleri tufanı nedeniyle. Bu nedenle, eğer bahsettiğimiz sağlıklı denge konusundaki yeteneklerinizden kaygılıysanız, bu gayet anlaşılır bir durumdur. Neyse ki bu dengeyi sağlamanın yolu çok basittir. Bu da kitabın başında bahsettiğimiz üç kuraldır.

Düşünün. Kendinize bir sorun: "Neden 4 yaşındaki Jonny'yi bu kursa kaydettiriyorum? Jonny gerçekten bunu (resim, yoga, bilgisayar teknolojileri, müzik vb.) seviyor mu yoksa sadece, Jonny'nin yaşıtlarından geri kalmamasını mı bekliyorum? Her anın anlamlı olmasını mı istiyorum? Onun zihninin mimarıymışım gibi mi davranıyorum? Eğer yapılandırılmamış oyun için hepimizin biraz fazladan zamanı olsa, daha mutlu ve coşkulu mu olurduk?

Karşı koyun. Bize hızlının daha iyi olduğunu söyleyenlere karşı direnmek için cesur olmak gerekir. Arkadaşlarımızın Melanie's Music Class'ta çocuklarının yeni keşfettikleri yetenekleriyle övündüklerini duyarız. Biz parktayken, Janie'nin, Ralph'ı resim kursuna, Sue'nun Phyllis'i satranç kursuna götürdüğünü duyup, geriliriz! Yine de buna karşı koyun. OYUN = ÖĞRENME'dir. Sizin çocuğunuz da, Ralph ve Phyllis kadar çok şey öğreniyor. Ve üstüne üstlük, sizin araba sürmeniz gerekmiyor!

Toparlanın. Çocuk gelişiminde, bilime ve daha önce bahsettiğimiz dört ilkeye odaklandığınız için, dengeli ve sağlıklı bir karar verdiniz. Her bir bölümde bahsettiğimiz öğretilebilir anları bir daha düşünün. Öğretilebilir anlara dâhil olduğunuz her an —çocuğunuzla her oynadığınızda— çocuk gelişiminin gerçekleştiğini görürsünüz. Bu sayede, çocuğunuzla yeni bir şekilde bağ kurup daha hassas ve duyarlı bir ebeveyn hâline gelirsiniz.

Çocuğunuzun gelişimiyle ya da ne kadar bilgisi olduğuyla ilgili şüpheye düşecek olursanız, "Gizli Yetenekleri Keşfetmek" kısımlarına dönün ve çocuğunuzun yeterlilikleriyle ilgili yeni bir bakış açısı geliştirin. Unutmayın ki süreç, sonuçtan daha önemlidir. Bildiğiniz şey değil (sıkıcı bilgiler değil), nasıl bildiğinizdir yaratıcı düşünme, matematikte problem çözme, okuma ve dil gibi yetenekleri geliştirecek olan. Ve çocuklarınız, sizinle ve arkadaşlarıyla iletişim kuracakları boş zamanları olduğunda daha da mutlu olacaklardır.

DÖRT İLKEYİ KENDİ EVLERİMİZDE UYGULAMAK

Ailelerin —kaç kişilik olursa olsun— birlikte zaman geçirmeye ihtiyacı vardır. Ve bu kıymetli zamanlar, öğrenme ve duygusal paylaşım için çok güzel fırsatlardır. Belki de, yapabileceğiniz en önemli değişiklik, bir aile olarak akşam yemeklerini birlikte yemektir. Araştırmalar, birlikte akşam yemeği yiyen ailelerin, ergenlikte daha az sorun yaşayan çocukları olduğunu göstermiştir. Bu etkiyi yaratanın birlikte yemek yemek olması pek mümkün değildir. Bu, daha çok ebeveynlerin tavırlarıyla ilgili bir şeydir. Aile yemeklerini bir öncelik hâline getirdiğinizde, *biz önemliyiz, sen önemlisin ve birlikte olup paylaşmak önemli* mesajını veriyorsunuzdur. Bu, güçlü bir mesajdır. Ve birlikte yenen acele yemeklerden sağlanacak asıl yarar da, bunu bir derse çevirmektir.

Akşam yemeğinde neler olduğunu düşünün. Herkes birlikte oturur ve birbiriyle neredeyse 20 dakika kadar sohbet eder. Bu kulağa, çok uzun bir süre gibi geliyor, değil mi? Bu, çocuğunuzun sizin için ve kendisi için neyin önemli olduğunu anlamasına ancak yetecek bir süredir. Akşam yemeğine birlikte oturduğumuzda tüm telefonlar, mesajlar, e-postalar, ofisten kalan işler ortadan kalkar ve yetişkinlerin dikkatinde sadece çocuklar olur. (Bu, telefon çalsa da açmamamız gerektiği anlamına geliyor.) Günlük olaylardan, sevinç ve üzüntülerimizden bahseder, sırayla konuşur ve dinleriz. Bu anlar, öğrenmek için uygun bağlamlardır. Günlük olayları anlatabilmek için sıralarız ve bu, hafıza ile anlatımın gelişimini destekler. Birbirimizin yüz ifadelerini okumayı ve anlatılanın duygusal içeriğini anlamayı öğreniriz. Kimi zaman tavsiye verir ya da alırız. Ve farklı durumlarda nasıl davranmamız gerektiğini öğreniriz. Ebeveynlerinin birbirlerinden geri bildirim aldığını görmek bir çocuk için mükemmeldir. Birbirimize güvenebileceğimizi ve destek için birbirimize danışabileceğimizi bu şekilde dolaylı ancak net bir şekilde öğrenirler. Paylaşılan bir akşam yemeği saati (20 dakikalık bile olsa!) her birimizin ve ne yaptığımızın önemli olduğunu eşsiz bir şekilde gösterir.

Tanıdığımız bir aile, konuşmalarında ortaya çıkan bilgileri zenginleştirmek ve kanıtlamak için bir sözlük tuttu. Hatta herkesin bir kelime ve tanım uydurduğu, diğerlerinin de bunun gerçek bir kelime ve tanım olup olmadığını tahmin ettiği "sözlük" adında bir oyun bile oynadılar. Çocukların televizyon izlemesine ve bilgisayar kullanmasına koydukları saat sınırını da birlikte konuştular. Bilgisayar ve televizyonun etrafında birlikte oynayan çocuklar konuşmaz. Fantastik oyunlar oynamaz. Birbirlerine bakmaz ve yüz ifadelerini okumayı öğrenmez. Bu nedenle, bu kısıtlamaları azaltma konusunda bir talep geldiğinde, Nancy Reagan'ı gururlandıracak şekilde "HAYIR" demeliyiz!

Yoğun hayatlarınızın içinde, aile olarak mutfağın ya da yemek salonunun dışında geçireceğiniz zamanlar yaratın. Mümkün olan her an aile zamanlarına "evet" deyin. Bir oyun gecesi seçin. Okuma gecesi organize edin (her gece yatağınızda okuduğunuzun dışında). Yürüyüş gecesi seçin (mahallenizde ne güzel şeyler olduğuna bakın; güzel mantarlar ve kaldırımın yanındaki sümüklü böcekler bile olabilir!) Bu kulağa güdümlü bir eylem gibi gelse de, ilk başlarda sadece farklı etkinliklere ayrılan akşamlar organize etmeniz yeterlidir. Sonrasında, her şey daha doğal gelişecektir! Çocuğunuz geceleri farklı etkinliklerle geçirmek istediğinde şaşırmayın çünkü onlar, tahmin edilebilir yapıları severler.

Bildiğimiz bir diğer aile, beyzbol sezonu boyunca, Orioles'un maçlarını izlemek için her seferinde Baltimore'a 3 saatlik bir yola çıkıyordu. Bu ebeveynler, gerçekten çılgın Orioles fanları mıydı? Hayır, hem de hiç değillerdi ancak beyzbolu seviyorlardı. Peki, kendi takımlarını değil de başka bir takımın maçını izlemeye gitmek onların kendilerine ceza verme yöntemi miydi? Hayır, onlar da hepimiz gibi uzun yolculuklardan keyif almıyorlardı. Peki, bunu neden yapıyorlardı? İkisi de çok yoğun hayatları olan çalışan ebeveynlerdi. Bir ailenin 3 saat boyunca bir arabaya tıkılı kalmasının ne kadar değerli olduğunun farkındaydılar. Arabada birlikte oldukları sırada, konuşmalarının bölünmediğini (cep telefonlarını da kapatıyorlardı), birlikte oyunlar uydurduklarını ve güzel zaman geçirdiklerini söylüyorlardı. Bir düşünün, biraz daha büyük çocuklar için topa vuruş ortalamalarını hesaplamaktan daha iyi bir bağlam olabilir mi?

Daha fazla planlanmamış aile zamanına sahip olma sorunu, öyle yaygın ki yakın zamanda *New Yorker* karikatürüne bile konu oldu. İki tane 7 yaşında çocuk konuşarak kaldırımda yürüyorlar. Altyazıda şöyle yazıyor, "Çok fazla oyuncak, çok az plansız zaman." Birlikte aile zamanları belirlemek için çocuğunuzun okula gitmesini beklemeyin. Çocuğunuz küçükken ve siz, aile hayatınız ile ilgili bu beklentiyi gerçekleştirebilecekken hemen işe koyulun. Hepimiz çok yoğunuz ve hafta içinde yapamadığımız işleri, hafta sonları yapmaya çalışıyoruz. Yakın bir yerlere bir geziye gitseniz ya da ayda bir herhangi bir etkinliğe katılsanız, çocuğunuzun nasıl mutlu olacağını bir düşünün. Hayvanat bahçesine, bir çocuk müzesine, bir filme, çocuk gösterisine ya da parkta serbest bir yürüyüşe katılmak! Eğer çocuğunuz küçükken bu tür planlamalar yaparsanız, bu tahmin edilen ve sabırsızlıkla beklenen bir etkinlik hâline dönüşecektir! Başka bir hafta sonunda da, hepinizin katkıda bulunacağı, bir bahçe tasarlamak ya da bir şeyler ekmek, güzel bir yemek pişirmek gibi aile projeleri yaratın. Küçük çocuklar bile bir şeyleri karıştırıp, çırparak size yardımcı olabilir! Herkesin katkıda bulunduğu aile yapılarına destek olmayı ve bunun bir parçası olmayı çocuklar sevecektir. Çocuklar, kendilerine ihtiyaç duyulduğunu ve önemli olduklarını hissetmeyi severler. Bu, genellikle çocukların hissetmekte zorluk çektiği bir şeydir çünkü yetişkinlerle aralarındaki fark çok belirgindir. Tabii ki çocuğunuzun sizinle bolca kaliteli zaman geçirmesine izin verin, ona bilgi vermek yerine, oyunlardaki liderliğini takip edin!

DÖRT İLKEYİ KREŞLERDE VE ANA SINIFLARINDA UYGULAMAK

Evde kullanmanız için önerdiğimiz ilkeler, kreşlerde ve ana sınıflarında öğretmenlerin kullanması için de oldukça doğrudur. Kreşlerin ve ana sınıflarının doğası değişkendir. Araştırmalar, erken öğrenmenin önemini (özellikle de yoksul aileler için) vurguladıkça, toplum, dikkatini kaliteli erken eğitime çevirmektedir. Örneğin, Amerika'da, tüm çocuklar için okul öncesi eğitim hareketi başlamıştır. Eyaletler, kreş ve anaokulu öğretmenlerinin de, sınıf öğretmenleriyle aynı niteliklere sahip olmasını ve okulların genç vatandaşlarımıza başarılı bir eğitim vermesini dayatmaktadır. İki farklı tür anaokuluna bir göz atalım. Birine "Akademi" diyelim, diğeri de yolun karşısındaki (adı "Oyun Yolu" olsun) anaokulu olsun.

Akademi'de, günlük müfredat, ilan panosunun ortasında durur. Saat 8.00'da, okuma öncesi beceriler dersi başlar. Ardından resim köşesine geçilir. (öğretmenler tarafından kuralları konan, önden belirlenmiş projeler, eve götürecekleri kadar güzel görünen ürünler, çocuklar tarafından yapılır) İspanyolca dersini, atıştırmalıklar ve sonra da "bilgisayar teknolojileri" (evet, yanlış duymadınız!) takip eder. Bilgisayar dersinde, çocukların elleri, yetişkinler tarafından yönlendirilir ve bilgisayardaki farklı resimleri seçmek ve ardından yazdırmak için fareyi kullanmayı öğrenirler. Öğle yemeği ve uykunun ardından matematik dersi gelir. Burada çocuklar saymayı ve miktarları tanımayı öğrenir. Daha sonra serbest oyun ya da hikâye zamanı, atıştırmalıklar ve son olarak da mıknatısların nasıl çalıştığıyla, doğayla ilgili bilgilerle ve benzer konularla ilgili konuştukları bilim dersi başlar. Gelişimlerini ölçmek için yılda üç teste girerler. İçerisi bazen şaşırtıcı bir şekilde sessiz olsa ve çocuklar "Bu kadarı yeter! Biraz yalnız kalmaya ihtiyacım var!" der gibi blok köşesine gitseler de, mutlu görünürler.

Yolun karşısındaki Oyun Yolu'nda, işler bu kadar düzenli değildir. İlan panosunda, üzerinde çocukların isimlerinin olduğu, dağınık görünüşlü resim projeleri asılıdır. Resim projelerinin çoğu, sadece onları yapan kişi tarafından anlaşılabilmektedir. Ancak, sorulduğunda ressam (bunun kendi çocuğunuz olduğunu düşünün) mavi lekenin annesinin resmi olduğunu (üzgünüz annesi) ve kırmızı çizginin de onun arabası olduğunu uzun uzun anlatır. Etrafa bakarsak, çocukların katılabilecekleri farklı etkinlikler olduğunu görürüz. Kıyafetlerle dolu bir oyun köşesi, bir blok köşesi, kaydırağın ve kalın minderlerin olduğu bir jimnastik alanı, pelüş oyuncak ve hayvan köşesi, minyatür canlılara kullanmak üzere, minyatür kıyafetler ve mobilyalar köşesi bulunur. En önemlisi de okuma köşesidir! Burada kitaplar, çeşit çeşit minderler ve çocukların boyuna uygun sandalyeler ile küçük koltuklar bulunur. Burası yetişkinlerin de zaman geçirmek isteyeceği bir yer olabilirdi —tabii eğer mobilyalar biraz daha büyük olsaydı. Şövaleler, sulu boyalar, pastel boyalar, önlükler ve çocukların boyuna uygun büyük bir lavabonun da olduğu bir resim alanı vardır. Burası kayıklar, plastik kaplar, su oyunları için kırılmaz fincan ve şişelerle doludur. Çocuklar, hava iyi olduğunda dışarı çıkıp, salıncakta sallanır ve büyük oyun evlerinde oynayarak dönen kaydıraklardan kayarlar.

Ara sıra hayvanat bahçesine ya da Lütfen Dokunun Müzesi'ne geziye giderler. Hayvanat bahçesinde, çocuklardan biri bir çakıl taşını eline alır ve öğretmen de onunla birlikte taşa merakla bakar, "Sence bu taş neden pürüzsüz? Bizim okulumuzdaki pürüzlü taşlar gibi değil," der. Bu, suyun aşındırma kuvveti ile ilgili bilgi edinmek, ilkokul fiziği ve jeolojisi ile ilgili konuşmak için doğru zamandır. Ders, çocuğun ilgisini çeken bir şeyden ortaya çıkmıştır. Öğretmen, çocuğu yakından takip eder ve yeterince bilgiye sahip olduğu zamanı görür. Çocuğa fazla bilgi vermemeye dikkat eder. Bunun yerine sadece oluşan ilgisinin üzerine gider.

Oyun Yolu'ndaki öğretmenler hikâye okuduğunda, çocuklarla hikâye hakkında konuşurlar ve onlarla eğlenirler. Bir öğretmen, "Sam, ben yeşil yumurtaları ve salamı severim dedi!" der. Daha sonra da, "Hadi bakalım bagetlerimizi kelimelerin üzerine vurabilecek miyiz? Hepimiz aynı anda vuralım! Neredeyse bir şarkı gibi, değil mi? Siz ve ailenizin yemekten hoşlandığı sıra dışı bir yemek var mı?" der. Çocuklar, çok motive olduklarından yüksek sesle etkinliğe katılırlar. Öğretmen herkesin sırayla konuşması gerektiği kuralını söyler ancak, çocukların hepsine sıra gelir ve sıra onlara geldiğinde de herkes onları dinler.

Çocuklar kendi tercihlerini yapmakta özgürlerdir. Hata yapmakta da özgürlerdir. Hatta sorun yaşamakta da özgürlerdir. Böylece yetişkinler onlara sorunları çözmenin uygun yolunu gösterir. Test yoktur. Aslında, müfredat tamamen öğrenme sürecinden keyif almaya ve doğru davranmaya odaklıdır.

Diğer ülkelere kıyasla, küçük çocukları olan ebeveynleri desteklemek, kaliteli çocuk bakım merkezleri sağlamak ve esnek çalışma saatleri sunmak konusunda biz çok iyi değiliz. Yakın zamanda yapılan araştırmalar, ülkemizde yeterince kaliteli çocuk bakım merkezleri olmadığını göstermektedir. Yeni bir araştırma, çocuk yardımı annelerin işe geri döndüklerinde gayet başarılı olduklarını ancak, çalıştıklarında, çocuklarıyla ilgilenmek için yeterince iyi çocuk bakım merkezleri olmadığını göstermektedir. Ve çocuklarımız en büyük doğal kaynağımızdır!

Çocuk bakım ortamlarında ve anaokullarında, çocuğunuz için olması gereken dört ilkenin var olup olmadığını nasıl anlarsınız? Bunu değerlendirmek için okula gidip gözlem yapmanız gerekir. Ve bu ilkelere yer verilmeyen tüm okulları listeden çıkarmanız gerekir! Buraları, arkadaşlarınızın sizin için değerlendirmesine güvenemezsiniz çünkü onlar, çocukları için sizin kendi çocuklarınıza istediğinizden farklı şeyler istiyor olabilirler. Gidip gözlem yaptığınızda, mekânın duygusal havasını çabucak anlayabilirsiniz. Oyunlar vurgulanıyor mu? Etrafta yeterince yetişkin var mı? (4 bebeğe bir bakıcı, 4 yaşlarındaki 10 çocuğa 1 bakıcı) Öğretmenlerin eğitimi ne durumda? Çocukların, daha büyük çocuklar için belirlenen bir müfredatta uzmanlaşması mı bekleniyor? Sıradan bir günde neler oluyor? 4 5 yaşlarındaki çocuklar, harfleri ezberliyor mu yoksa harfleri yazma ve okuma bağlamında mı öğreniyorlar? Kitaplar ve yapbozlar var mı? Ortam çocuk merkezli mi yoksa yetişkin kontrolünde mi? Unutmayın ki çocuk merkezli ortamlarda da yapı vardır. Sadece buralarda yetişkinler daha az kontrol sahibidir.

Çocuğunuzu çocuk bakım merkezine bıraktığınızda, Ulusal Küçük Çocuk Eğitimcileri Derneği'nin belirlediği aşağıdaki altı kriteri dikkate alın:

1) Merkezdeki çocuklar genellikle rahat, huzurlu ve mutlu mu? Oyuna ve diğer etkinliklere katılıyorlar mı?

2) Erken çocuk gelişimi ve eğitimi konusunda uygun eğitim almış yeterli sayıda yetişkin var mı? (Küçük çocuklar, daha fazla bireysel bakıma ihtiyaç duyarlar. Bebeklerin 6 ila 8 bebekten daha fazla gruplarda olmaması; 2 3 yaşlarındaki çocukların 10 ila 14 çocuk sınırında olması, 4 5 yaşlarındakilerin de 16 ila 20 çocuk sınırında olması gerekir.)

3) Yetişkinlerin beklentileri, çocukların yaşlarına ve ilgi alanlarına göre değişiyor mu?

4) Çocuk gelişiminin her alanı eşit oranda vurgulanıyor mu? Bilişsel, duygusal, sosyal ve fiziksel gelişime, zaman ve dikkat veriliyor mu?

5) Görevliler düzenli bir şekilde toplanıp, programı planlayıp, değerlendiriyor mu?

6) Ebeveynlerin, gözlemlemesi, süreci değerlendirmesi, teklifte bulunması ve programda yer alması hoş karşılanıyor mu?

Siz bir öğretmen ya da yönetici olsanız ne olurdu? Tüm bu ilkeleri aklınızda tutup, okulunuzu değişimden geçirir miydiniz? Evet! İtalya'nın kuzeyinde, Reggio Emilia adında tuhaf bir kasaba bulduk. Burası, son 25 yıldır, kasaba bütçesinin %12'sini 6 yaş ve altındaki çocukların kaliteli bakımına ayıran bir yönetime sahip olmasıyla uluslararası ün kazanmış. Bu programı farklı kılan asıl faktörlerden biri de çocukların "sembolik dili" —çizimleri, heykeltıraşlıkları, drama oyunları ve yazmaları— konusundaki vurgusudur. Müfredatta, bu çocuk merkezli yaklaşımın bir parçası olarak, gerçek yaşam problemlerini çözme, yaratıcı düşünme ve keşfetme için sayısız fırsat bulunmaktadır. Öğretmenler genellikle az sayıdaki çocukla uzun zamanlı projeler üzerinde çalışır ve sınıfın geri kalanı da kendilerinin seçtiği çeşitli etkinliklerde yer alır. Reggio öğretmenleri, çocukların beklenmeyen şeyleri deneyimleyerek aldıkları zevke karşılık vermeye ve bunu arttırmaya büyük önem verir. Başarılı projeler, yeterince ilgi çeken, çocukların yaratıcı düşünmesini ve problem çözmesini teşvik eden projelerdir. Projeler öğretmenlerin çocukların ilgilendikleri konularda onları gözlemlemeleri ve onlara sorular sormasıyla başlar. Çocukların cevaplarına bağlı olarak, öğretmenler materyalleri, soruları ve çocukların konuyu daha detaylı keşfetmesini teşvik eden fırsatları sunarlar.

Bu toplum merkezli programda, ebeveynlerin de okul politikası, çocuk gelişimi ve müfredat planlama gibi konulardaki toplantılarda yer almaları istenir. Öğretmenler, çocukları anlama hedefine sahip olan öğreniciler olarak görülürler. Okul müdürü yoktur. Öğretmenler arasında bir hiyerarşik yapı da yoktur. Aynı öğrenci ve öğretmen grupları 3 yıllık sürelerle bir arada tutulurlar ve böylece toplum ve ilişki algısı gelişir. Her merkezde sınıf başına iki öğretmen düşer (bebek gruplarında 12 bebek, çocuk sınıflarında 18 çocuk, anaokulunda da 24 öğrenci bulunur) Bir öğretmen sadece resim konusunda eğitim almıştır. Birkaç yardımcı görevli vardır. Reggio sistemi, uluslararası boyutta saygı gören bir anaokulu programı olarak ün kazanmıştır. Belki de çocuk merkezli, süreç yaklaşımı, çocuklarımız üzerinde uygulamamız gereken yöntemdir. En azından, onların yaptığına benzer bir şeyler yapabiliriz. Sonuç? Bu ilkeleri evde ve okulda uygulamak mümkündür. Sadece bunu yapmak için isteğe ihtiyacımız vardır.

DÖRT İLKEYİ TOPLUMUMUZDA UYGULAMAK

Toplumumuz, bebeklere ve küçük çocuklara olan tavırlarında şizofrenik gibidir. Bir yandan, çocuk merkezli bir toplum olduğumuzu iddia ederiz. Diğer yandan da, ebeveynlerin çalışmayı seçtikleri ya da çalışmak zorunda oldukları ailelerin çocuklarına yeterli zaman ayırmalarını daha da zor hâle getiririz. Örneğin Family and Medical Leave Act (FMLA/Aile ve Sağlık Yasası) sadece 12 haftalık izin hakkı verir ve bu sürede maaş alamazsınız ve döndüğünüzde işinizin ya da aynı seviyede bir işin hazır bekliyor olacağını garanti eder. Ancak araştırma kanıtlarına göre, bebeklerin anne babalarıyla ilişkilerini doğumdan itibaren geliştirmeye başladıklarını ve bu tür ilişkilerin çocuğun duygusal, sosyal ve düşünsel başarısı için gerekli olduğunu biliyoruz.

Hayatlarımızı bahsettiğimiz dört ilkeye göre düzenleyeceksek, temelden toplumsal değişiklikler yapmalıyız. Ebeveynliğe ve çocuklara verilen değer sözde olmamalı böylece ebeveynler nefes alıp çocukları için kaliteli bakım sağlayabilmelidir. Yetkililer ve kanun yapan kimseler gözlerini açmalı ve ailelerin —özellikle de yeterli kaynağı olmayanların— insancıl politikaların olmamasından ve anne babalığın önemsenmemesinden muzdarip olduklarını görmelidir. Peki, bu durumdan en çok kim muzdarip? Tabii ki çocuklar. Bir fark yaratabiliriz. Sadece bunu yapmak için istekli olmalıyız. Bu kitapta, biz uyarıda bulunduk. Bunu ilk yapan biz değiliz. Ancak uyarmanın ötesine geçip kanıtlara dayalı çözümler de sunduk. Çocuklarla ilgili ne kadar çok şey bilirsek (ki hâlihazırda çok şey biliyoruz) onları geliştirmek için o kadar donanımlı oluruz.

ÇOCUKLARA ÇOCUKLUKLARINI GERİ VERMEK: SAVUNMACI EBEVEYNLİKTEN, ÖZGÜR EBEVEYNLİĞE

Ebeveynler, öğretmenler ve yetkililer, bilimsel keşiflerle ilgili toplumsal söylentilerin esiri olup, bilimin aslında ne gösterdiğini göremediler. Bu kitap, çocukların gelişimi ile ilgili büyümekte olan bu efsaneleri gözler önüne serdi. Çarpıklıkları gözlemleyip, bunları bilime karşı değerlendirerek konuyu yeni bir yere taşıdık. Çocuk gelişimi için asıl önemli olanın ne olduğunu ve bu söylentilerin bizi nasıl yanlış yönlendirdiğini anladığımız zaman, ebeveynler ve eğitimciler olarak daha rahat hissederiz ve çocuklarımızın zihinsel olarak teşvik edildiğinden ve sosyal olarak yeterli olduklarından emin olabiliriz.

Son 30 yıldır, bilim adamları bebeklerin ve küçük çocukların nasıl düşündükleriyle ve dünyalarında nasıl süreçlerden geçtikleriyle ilgili keşifler yapmak için yeni teknikler geliştirmiştir. Çocuklar —bebekler ve fetüsler bile— bizim fark ettiğimizden çok daha fazla şey bilirler! Gelişmekte olan bu araştırmaların sonuçları, çok değerlidir. Ancak dünyayı daha iyi bir yer yapma çabası içinde ve medyanın yeni olan her şeyi karmaşık parçalar hâlinde paylaşma hevesi nedeniyle, bu keşifler çoğunlukla yanlış yorumlanmakta ve sadece piyasanın yararına olmaktadır. Ne yazık ki bilim, küçük parçalara sığmaz. Bu nedenle, bu bulguları anlamak ve onları olmaları gereken yere yerleştirmek önemlidir. Araştırma ve uygulama arasındaki boşluğu kapatmak önemlidir. Bu kitap, laboratuvarlarındaki son bulguları hayata taşımaya kendini adamış olan birçok meslektaşımızı da içermektedir. Bu kitap, bulgularını paylaşmak isteyen araştırmacılara ve çocuklar için en iyisini isteyen ebeveynlere, doktorlara ve yetkililere adanmıştır. Bu kitap, bilim ve uygulama arasındaki köprüyü sağlamaya devam eden kişileri içermektedir. Bilim ve uygulama birleştiğinde, çocuklara oyunlarını geri vermeyi başaracağız. Ancak o zaman hayatlarımızdaki ve okullarımızdaki dengeyi tamir edip, tüm çocukların potansiyellerini fark etmelerini sağlayacağız.

Artık Düşünme, Karşı Koyma ve Toparlanma zamanı.

Çocuğum geceleri yalnız yatamıyor.

Çocuğum kardeşini kıskanıyor.

Çocuğum yemek yemiyor.

Çocuğum doktorlardan korkuyor.

Çocuğum oyuncaklarını toplamıyor.

Siz de buna benzer cümleleri sık sık kullanıyor ya da duyuyorsunuz, değil mi?

Birer anne baba olarak, günlük hayatta karşılaştığınız başlıca sorunlar bu kitapta bir araya geldi. Ve bu sorunların temel çözümleri, rahatlıkla uygulayabileceğiniz yöntemlerle desteklenerek sizler için derlendi.

Bu kitabı okurken yalnız olmadığınızı fark edecek, çocuğunuzu yetiştirirken daha sağlam adımlar atmaya başlayacaksınız.

Madonna, Michelle Pfeiffer, Pierce Brosnan gibi birçok ünlü Dr. Karp'ın teknikleriyle çocuklarını yetiştiriyor!

BAŞARILI BİR ÇOCUK YETİŞTİRMENİN YOLLARI

Çocuk gelişimi konusunda tanınmış bir uzman olan Dr. Harvey Karp, bu kitapta, ağlayan yumurcakları sakinleştirmede şaşırtıcı derecede etkili ve son yirmi beş yılın en faydalı tekniklerinden oluşan bir yöntem sunuyor...

"Harvey, birçok çocuk gelişimi kitabının değinmediği konular üzerine yazıyor. Her annenin ihtiyacı olan şey aslında işe yarayan araçlardır. Ve Harvey'ninkiler işe yarıyor!"

Michelle Pfeiffer, Aktrist/Yapımcı

Saygıdeğer bir çocuk doktoru ve çocuk gelişimi uzmanı olan Doktor Harvey Karp bütün ebeveynlere en huysuz bebeği bile mahallenin en mutlu bebeğine nasıl dönüştüreceklerini öğretebilir! Mantıklı tavsiyeleri sayesinde ebeveynler, büyük ebeveynler, hemşireler ve dadılar bebeklerinin ağlamasını durdurmayı ve onların daha uzun süre uyumasını sağlamayı öğrenecek.

Çocuklarınız kurallarınıza uymuyor, yanlış davranışlarda mı bulunuyorlar? Doğru davranmaları konusundaki önerilerinizi önemsemiyor ya da ret mi ediyorlar? Yumuşak ve otoriter eğitim modelleri arasında kararsız mı kalıyorsunuz? Oysa bu modellerden daha eğitici ve daha az çaba gerektiren bir yöntem var. *Çocuğunuza Sınır Koyma*, çocuklarınızın daha nazik ve saygılı olması için altyapı oluşturmanıza yardımcı olur.

Robert MacKenzie tarafından yazılmış ve tekrar gözden geçirilerek genişletilmiş bu baskı ile kanıtlanmış teknik ve yöntemleri öğrenecek ve çocuğunuzun sizinle işbirliği yapmasını sağlayacaksınız.

Çocukların, gelişimlerini yönlendirecek sınırlara ihtiyaçları vardır. MacKenzie'nin rehberliğinde sizler de mutlu ve tatminkâr bir aile hayatı için gerekli olan eğitici sınırları oluşturmayı öğreneceksiniz.